TEOLOGIA DA SAÚDE

Publicação comemorativa do IV centenário
da morte de São Camilo (1614-2014)
Celebração do Ano Jubilar – 14 de julho de 2013 a 14 de julho de 2014

Francisco Álvarez

TEOLOGIA DA SAÚDE

Dados Internacionais de Catalogação na Publicação (CIP)
(Câmara Brasileira do Livro, SP, Brasil)

Álvarez, Francisco, 1944-
Teologia da saúde / Francisco Álvarez. – São Paulo : Paulinas : Centro Universitário São Camilo, 2013.

Título original: Teología de la salud
Vários tradutores.
Bibliografia.
ISBN 978-85-356-3611-6 (Paulinas)

1. Saúde - Aspectos religiosos - Igreja Católica 2. Teologia pastoral I. Título.

13-09006 CDD-259.4

Índice para catálogo sistemático:

1. Teologia pastoral da saúde : Cristianismo 259.4

Direção-geral: *Bernadete Boff*
Editora responsável: *Vera Ivanise Bombonatto*
Assistente de edição: *Anoar Jarbas Provenzi*
Tradução: *Hanna Acunha Pereira, Maria Stela Gonçalves, Pietra Acunha Pereira, Rebeca Martínez e Américo Adail Sobral (coordenador)*
Coordenação de revisão: *Marina Mendonça*
Revisão: *Sandra Sinzato e Ana Cecília Mari*
Gerente de produção: *Felício Calegaro Neto*
Projeto gráfico: *Manuel Rebelato Miramontes*
Imagem da capa: *El Greco, "Jesus curando o cego" Pinacoteca dos Antigos Mestres em Dresden, Alemanha*

Paulinas

Rua Dona Inácia Uchoa, 62
04110-020 – São Paulo – SP (Brasil)
Tel.: (11) 2125-3500
http://www.paulinas.org.br – editora@paulinas.com.br
Telemarketing e SAC: 0800-7010081

Centro Universitário São Camilo

Rua Padre Chico, 688
05008-010 — São Paulo — SP (Brasil)
Tel.: (11) 3465-2603 — Fax: (11) 3465-2612
http://www.saocamilo-sp.br

Sumário

Apresentação à edição brasileira

Teologia da Saúde é uma agradável surpresa editorial no âmbito das publicações teológicas em português, no Brasil, sobre uma temática que interessa a todos, os que creem e os que não creem, indo muito além dos diferentes credos de fé, ou seja, a questão da vida e da saúde humanas. Temos entre nós abundantes publicações sobre a teologia da dor, sofrimento, doença e morte, mas quase nada sobre Teologia da Saúde. Faltava algum teólogo e/ou pastoralista que assumisse o desafio de refletir e aprofundar uma perspectiva teológica positiva da vida e da saúde, uma leitura evangélica da vida em uma chave de "saúde e salvação". Esse desafio foi abraçado como causa de vida por Francisco Álvarez, camiliano da Província Espanhola e que por mais de trinta anos vem refletindo, animando e ensinando aos profissionais da saúde, religiosos e religiosas no âmbito da Igreja, na Europa e na América Latina. Francisco Álvarez foi um dos fundadores do *Camillianum* (Instituto Internacional de Teologia Pastoral da Saúde), que em 2013 completa 25 anos de sua fundação.

Temos um longo e inquietante silêncio na história da teologia no Ocidente em relação ao "Evangelho da Saúde", e uma abundante e até repetitiva e cansativa reflexão em torno do "Evangelho do Sofrimento". Essa perspectiva teológica centrada unilateralmente na dor e sofrimento humanos alimentou por muito tempo uma espiritualidade "dolorista" e negativa da vida em vez de a vida saudável de seres renascidos na Páscoa do Senhor. É nesse contexto que entendemos por que o povo se sente muito mais próximo e identificado com a Sexta-Feira da Paixão, dia do sofrimento, agonia e morte do Senhor, do que com o Domingo da Ressurreição, do renascimento da vida, da vitória da vida sobre a morte. A popular *via crucis*, até não muito tempo atrás terminava na 14ª estação, com a morte do Senhor na cruz, e não na 15ª estação, que coroa a Páscoa, com a ressurreição do Senhor. Temos que resgatar a visão de Santo Irineu, que dizia já no início do cristianismo que "a Glória de Deus é o ser humano vivo".

Os significados de "saúde" e de "salvação", ao longo da história, são convergentes e sempre apresentaram uma relação profunda. Em diversas línguas, os termos nasceram de uma raiz única, e, por muito tempo, partilharam a mesma palavra. Em geral, "saúde" e "salvação" significaram plenitude, integridade física e espiritual, paz, prosperidade. Evidência disso é que, nas grandes romarias, o povo em sua fé sempre pede e agradece pela cura e pela saúde alcançada. Não é algo que somente ocorreu no passado, mas acontece ainda hoje.

A vida é o maior dom que Deus nos deu. Vivê-la de uma forma digna e elegante e cultivando saúde integral é a responsabilidade que temos. Dom de Deus e responsabilidade humana são duas faces de uma mesma moeda, na perspectiva cristã. Não podemos esquecer que em toda busca de saúde estamos diante de uma busca nostálgica de salvação! No Santuário Nacional de Nossa Senhora Aparecida, por exemplo, há a famosa "sala das promessas", no linguajar da teologia erudita, mas "dos milagres" na linguagem da fé simples do povo. Ali estão milhões de objetos "sacramentais" (fotos, roupas, velas, peças anatômicas em cera de todos os órgãos humanos com os mais diversos tamanhos), verdadeiros presentes do povo para a "Mãe da Saúde", os quais nos revelam histórias de salvação de perigos, acidentes, sofrimentos afetivos, doenças incuráveis, enfim, da morte! Corações agradecidos deixam sua marca de "ação de graças" pela cura e salvação alcançadas.

A publicação do Celam (Conselho Episcopal Latino-Americano e do Caribe), *Discípulos missionários no mundo da saúde: guia para a Pastoral da Saúde na América Latina e no Caribe* (2010), diz que "o mundo da saúde, em suas múltiplas expressões, ocupou sempre um lugar privilegiado na ação caritativa da Igreja. Através dos séculos, ela não só favoreceu entre os cristãos o nascimento de diversas obras de misericórdia, como também fez surgirem de seu interior muitas instituições religiosas com a finalidade específica de promover, organizar, aperfeiçoar e estender a assistência aos doentes, fracos e pobres" (n. 60).

Nesse mesmo documento, os Pastores da América Latina lembram que a Pastoral da Saúde foi compreendida em Aparecida (2007) como sendo "a ação evangelizadora de todo o povo de Deus, comprometido em promover, cuidar, defender e celebrar a vida, tornando presente a missão libertadora e salvífica de Jesus no mundo da saúde". O *Documento de Aparecida* complementa: "A resposta às grandes interrogações da vida, como o sofrimento e a morte, [são dadas] à luz da morte e ressurreição do Senhor" (n. 89).

Teologia da Saúde faz parte das comemorações do *IV Centenário da morte de São Camilo (1614-2014)*, cujo ano jubilar vai de 14 de julho de 2013 a 14 de julho de 2014. A Província Camiliana Brasileira e a Editora do Centro Universitário São Camilo, em parceria com Paulinas Editora, apresentam para o público brasileiro esta preciosa obra de reflexão teológico-pastoral sobre saúde. Será sem dúvida uma referência importante na formação dos agentes de Pastoral da Saúde, profissionais da saúde cristãos, religiosos e religiosas engajados no mundo da saúde, sem esquecer, é claro, da formação dos futuros sacerdotes.

Na *Constituição* dos religiosos camilianos lemos: "Pela promoção da saúde, cura da doença e alívio do sofrimento, cooperamos na obra de Deus criador, glorificamos a Deus no corpo humano e manifestamos nossa fé na ressurreição" (n. 45). O nosso querido Papa Francisco, que tem despertado tanta esperança, não só na Igreja mas também no mundo entre os não crentes, ao falar para as religiosas da União das Superioras Gerais (8/5/2013) enfatiza que as religiosas e os religiosos, com seus carismas, devem viver e estar presentes "com os humildes, os pobres, os doentes e todos os que se encontram nas periferias existenciais da vida".

Com esta obra, o nosso querido amigo Francisco Álvarez, após ter vivido e, portanto, ensinado e testemunhado a tanta gente estes valores evangélicos durante mais de trinta anos, deixa um precioso legado de amor e cuidado da vida e saúde, com e pelo qual aqueles que estão imersos no mundo da saúde dificilmente deixarão de se encantar e apaixonar. Fazemos votos de que esta obra seja amplamente divulgada e conhecida e de que seja o despertador de um maior compromisso com a promoção e o cuidado da saúde humana em uma perspectiva integral, sinal por excelência de uma vida saudável e feliz!

Pe. Leo Pessini
Provincial dos religiosos camilianos brasileiros
e presidente das organizações camilianas brasileiras.

Prólogo

Por volta do final da década de 1980, surgia na Igreja e no mundo uma nova especialidade da teologia: a Teologia Pastoral da Saúde. A aprovação do Instituto Internacional de Teologia Pastoral da Saúde (*Camillianum*) em Roma, por parte da Congregação para a Educação Católica do Vaticano, constituía, segundo penso, um sinal dos tempos.

Era reflexo de uma clara sensibilidade crescente da necessidade de formação e pesquisa específica no campo da Pastoral da Saúde. Era reflexo também de uma convicção: não bastava a chamada "pastoral dos enfermos", nem o enfoque meramente sacramentalista como chaves para a vida da Igreja e sua resposta ao mundo do sofrimento e da saúde.

Repensar a pastoral, reformular o conceito de saúde a partir da fé (a OMS já o tinha feito a partir de seus princípios), aprofundar-se na Sagrada Escritura com relação à vida, à saúde, ao sofrer e ao morrer, identificar estratégias de reflexão e discernimento diante da complexidade bioética, descrever e oferecer treinamento no acompanhamento pastoral concreto aos enfermos, aos doentes, a suas famílias, às pessoas com deficiência... constituíam desafios que encontravam validação como um espaço novo no quadro da teologia.

Nesse contexto da vida da Igreja – de uma perspectiva mundial –, uma das contribuições mais significativas, a meu ver, foi a de incluir nesses planos formativos a chamada "Teologia da Saúde". Estávamos acostumados a refletir sobre a teologia do sofrimento, o problema do mal etc., mas não a considerar a saúde a partir da reflexão antropológica, teológica, bíblica...

A pessoa do Pe. Francisco Álvarez, religioso camiliano (e primeiro secretário do *Camillianum*), foi um referencial crucial nesse contexto. Pode-se dizer que o plano de formação do Instituto, cuja missão primordial era a formação em Pastoral da Saúde, tinha Francisco como "cérebro e coração pensante". Por outro lado, também estava em suas mãos, e de modo muito especial, a inovadora tarefa de pesquisar a saúde a partir da teologia. Tratava-se de construir algo novo, não de reunir reflexões já existentes. Uma espécie de criação ou descoberta só podia ser feita por alguém que, de maneira carismática e com uma mente particularmente investigativa e reflexiva, articulara o que viria a ser uma "disciplina totalmente nova", diria eu.

E não foram poucos os que receberam a formação em Teologia da Saúde diretamente do Pe. Francisco Álvarez ao longo destes últimos trinta anos. Foi, contudo, mais que uma disciplina. Construir uma Teologia da Saúde supôs abrir uma nova janela a partir da qual observar a condição humana, a experiência do viver de forma responsável, o significado da salvação cristã que se encarna em nosso corpo como experiência de saúde. Foi também um modo de olhar a história da salvação em termos positivos, a fé como algo saudável, a pastoral como um espaço a curar e curadora, a vida como um presente do bom Deus, que deseja que a vivamos em sua "abundância" (Jo 10,10).

Este livro é, portanto, o resultado de uma criatividade muito especial no campo da teologia, um referente muito particular no contexto da Pastoral da Saúde. Mas é igualmente um compêndio do pensamento de uma pessoa voltada à causa da saúde-salvação como responsabilidade individual e coletiva de quem quer comprometer-se com o Reino.

Francisco dedicou a vida à reflexão e à formação nesse campo. Diríamos que sua dedicação constante produziu uma grande contribuição. Ele deu frescor à teologia. Considerou com olhos sadios a teologia e leu com olhar positivo a mensagem do Evangelho. Nele se inspiraram outros que trilharam caminhos que continuam a enriquecer e a buscar aplicações concretas para a espiritualidade e o acompanhamento pastoral.

Sua contribuição original, criativa e insólita não podia ficar no tinteiro ou no disco rígido de seu computador, ou ainda nas aulas do *Camillianum*. Por isso, para mim, este livro é um presente para a Igreja e para o mundo. Um presente para os agentes de Pastoral da Saúde, presbíteros ou não –, um presente para os religiosos e religiosas que trabalham no campo da saúde, considerada em sentido integral, e não só em termos biologicistas.

Um sentimento de gratidão muito particular merece tudo o que contêm estas páginas. Também pelo tempo que levou sua "produção". São trinta anos pesquisando, organizando, classificando, matizando... É provável que, caso dependesse da iniciativa única de Francisco, este conteúdo nunca viesse a ser publicado, dada também a existência desse afã de continuar pesquisando, acrescentando, questionando...

Mas já são trinta anos proclamando o Evangelho de modo saudável, falando bem da saúde, falando bem do corpo, fazendo bem às pessoas; essa dedicação merece de fato uma difusão para que outras pessoas possam receber este presente.

Obrigado, Paco, por oferecer-nos um pedaço de sua vida nestas páginas. Obrigado por abrir essa janela pela qual continuarão a olhar outros que, levando em conta o seu testemunho, continuarão a aprofundar-se na oferta da vida e da saúde que Deus nos fez! Obrigado por contribuir para humanizar o conceito e a tarefa da saúde.

José Carlos Bermejo
Religioso camiliano
e diretor do Centro de Humanização da Saúde
Três Cantos (Madri)

Introdução

Quando – já há mais de vinte anos – comecei a pesquisar o tema da Teologia da Saúde, guiavam-me algumas convicções que foram se aprofundando e que encontraram grata confirmação na reflexão teológica destes últimos anos.

Parecia-me, em primeiro lugar, que, na história da salvação, em particular no Novo Testamento, por meio da ação terapêutica de Deus, o que se enfatizava não era a doença em especial, mas a *saúde* oferecida aos enfermos. A meta e o horizonte eram, pois, a saúde, não a doença, mesmo quando o ser humano se vê na necessidade de conviver com ela até o final. O Deus que se revelou a nós gradualmente na história é o Deus da vida e de todas as experiências saudáveis que a acompanham ou nas quais se manifesta. Por isso, continua sendo, mesmo na experiência do limite, do sofrimento e da morte, o aliado, ou, melhor dizendo, o autor da vida.

Em segundo lugar, a *salvação* de Deus em Cristo não acontece só na história, mas também em meio a suas ambiguidades e experiências dolorosas, e penetra na biografia dos seres humanos, não apenas na história do povo. A salvação se revela de modo especial onde a vida se vê ameaçada, naqueles que apresentam na própria carne os sinais do mal e sentem dificultado, em suas entranhas, seu desejo de viver e viver em plenitude. Por isso, o mundo da saúde, da doença e do sofrimento é um "lugar privilegiado" da pedagogia salvífica de Deus.

À medida que eu avançava nessa pedagogia, parecia-me fundamental comprovar o ensinamento de Deus transmitido através de sua ação salvífico-terapêutica. Um dos dados mais relevantes é o fato de que a atenção não deve permanecer estática nas intervenções curadoras de Deus nem na doença. Se cura alguém, ele o faz para oferecer-lhe algo melhor. Em outros termos, a atenção se dirige especialmente ao *modelo de saúde* que se revela na ação de Deus.

Desse modo, eu ia descobrindo que a saúde, sempre vinculada com a salvação (da qual é sinal, manifestação, antecipação), se transforma em um verdadeiro *lugar teológico* para a compreensão global da história da salvação. Toda a história da salvação pode ser lida em termos de saúde (e terapêutica), o que não significa, entre outras coisas, que ela seja contemplada como um dom essencial e que a salvação não tenha outras traduções e sinais na história e na biografia dos seres humanos. Eu estava convencido, porém, da força reveladora contida na saúde oferecida por Deus, de sua presença constante na história de Deus com os seres humanos e do valor sempre salutar de sua salvação.

Firme nessas convicções, eu considerava que a saúde devia ter *conteúdo* próprio, um conteúdo que fora confiado à Igreja como dom e como missão. Fixava-me na ação secular da comunidade eclesial no mundo da doença e do sofrimento, e descobria assim um dado muito importante, mas também um limite: a Igreja desenvolvera ao longo dos séculos um *modelo de assistência* aos enfermos (aos pobres, aos "excluídos"), prolongando no tempo a caridade de Cristo, mas não desenvolvera um *modelo de saúde*, isto é, não incorporara a saúde à sua missão (proclamar e realizar a salvação), tal como lhe confiara Cristo, que uniu em uma única ordem a proclamação do Reino e a realização da saúde. Faltou, portanto, na ação caritativa, na reflexão teológica e na evangelização – embora não na liturgia – uma verdadeira tradução salutar da mensagem da salvação.

Por outro lado, eu não podia deixar de me perguntar o que o ser humano de hoje pode esperar do Evangelho vivido e proclamado pela Igreja, assim como sobre qual a relação entre o "Evangelho da Saúde" e a sede de saúde que se manifesta em todos os lugares. Perguntava-me como tornar hoje crível e histórica a salvação sem ceder às seduções de um cristianismo utilitarista e funcional, mas que ao mesmo tempo possa responder às aspirações mais profundas da humanidade, ao desejo de viver, e de viver em plenitude, e à promoção de uma qualidade de existência mais saudável.

Questionava-me, enfim, por que uma teologia atenta às realidades humanas, ao que acontece no ser humano, e à sede de plenitude de vida não podia vir a ser também Teologia da Saúde. No fundo, foi a mesma sensibilidade que levou outros a elaborar a Teologia da Libertação, a da Política, a do Trabalho e a do Progresso. Além disso, para a Teologia da Saúde, não é necessário um contexto socioeconômico específico, visto que ela não está destinada nem ao Primeiro nem ao Terceiro Mundo em especial, embora sem dúvida se veja condicionada pelos contextos sociais. Diferenciando-se da Teologia da Libertação, a Teologia da Saúde, enquanto leitura da salvação em termos de saúde e de plenitude, é sem dúvida histórica e deve ser contextualizada, mas se dirige a todos, aos que morrem por falta de assistência e aos vivem na "patologia da abundância".

Pode-se dizer hoje que se começa a vislumbrar uma fecunda confluência de interesses sobre o valor teológico e a Pastoral da Saúde. A reflexão teológica – que, afinal de contas, converge sempre para a reflexão sobre a salvação – é cada vez mais sensível a esse tema. Uma melhor compreensão do "Evangelho da salvação" e as exigências da nova evangelização começam a enfatizar a importância da saúde na proclamação da salvação. O novo e o antigo se unem. Recupera-se o estudo sobre a dimensão salutar e terapêutica da liturgia, pesquisa-se de maneira interdisciplinar a eficácia salutar da fé e da oração, fala-se abertamente da contribuição da comunidade eclesial para a promoção da saúde na sociedade e se volta a propor a imagem de um cristianismo aliado à vida como elemento propulsor de uma nova qualidade de existência individual e social.

I

O itinerário rumo à Teologia da Saúde

1. O longo silêncio da teologia

Uma constatação inicial: ao contrário do que ocorria há cerca de vinte anos, hoje a saúde assumiu uma relevância indiscutível nos diversos campos da reflexão bíblica, teológica e pastoral. A Teologia da Saúde,

> "além de seu estatuto de disciplina, chegou a ser um modo de pensar e de projetar não só a pastoral, como também a salvação em todas as suas dimensões (anúncio, celebração, prática, gesto) e, por conseguinte, a sacramentalidade da Igreja no mundo de hoje. O fato de que saúde e salvação sejam o eixo da Teologia Pastoral da Saúde significa que *também* a saúde, embora subordinada e orientada sempre para a salvação, é parte integrante do acontecimento Cristo, de seu mistério e, como consequência, da realização do desígnio salvífico de Deus no tempo."[1]

Isso aconteceu desse modo depois de um longo caminhar pelo deserto. Em termos metodológicos, talvez seja oportuno repassar a história do longo silêncio da teologia sobre a saúde. Somos devedores, ainda hoje, de alguns motivos e resistências do passado. Há luzes a acender, dúvidas a elucidar e questões a aprofundar.

Diversos autores falaram desse silêncio e procuraram descobrir suas razões.[2]

a) As suspeitas da racionalidade

A interpretação centrada na saúde da mensagem da salvação e sua incorporação à vida cristã se enraízam no mistério de Cristo, como veremos, e, de forma especial, em sua ação terapêutica em prol dos enfermos e dos considerados "sadios" de seu tempo.

Nas palavras de A. Harnack, "na realidade, o Evangelho chegou como a mensagem de um salvador e de uma salvação para o mundo.

---

1 ÁLVAREZ F., Teologia della salute, in: VV.AA., *Salute/Salvezza, perno della teologia pastorale sanitaria*, Ediz. Camilliane, Torino, 2009, p. 143.

2 Cf. HÄRING B., *La fe, fuente de salud*, Paulinas, Madrid, 1984, pp. 7-8; KELSEY M. T., *Healing and Christianity*, Harper & Row, New York, 1976; LAMBOURNE R. A., *Le Christ et la santé. Mission de l'Église pour la guérison et le salut des hommes*, Le Centurion-Labor & Fides, Paris, 1972, p. 13. ROCCHETTA C., Salute e salvezza nei gesti sacramentali, in: *Camillianum* 4 (1993), p. 10: GESTEIRA M., "Christus medicus". Jesús ante el problema del mal, in: *Revista Española de Teología* 51 (1991), p. 254.

Dirigia-se a uma humanidade enferma à qual prometia saúde. O cristianismo é uma religião medicinal".[3]

Não deve, pois, surpreender que a tradição patrística, como é bem sabido, atribuísse a Cristo o título de *Christus medicus* e que desenvolvesse muitos de seus aspectos. Essa dimensão medicinal nunca deixou de estar presente, sobretudo na liturgia. O Concílio Vaticano II recupera a figura do "Cristo médico" apenas na Constituição sobre a Sagrada Liturgia (n. 5), servindo-se de uma citação de Inácio de Antioquia (Efésios 7,2) e afirmando que Cristo foi enviado para "evangelizar os pobres e para curar os contritos de coração (cf. Is 61,1; Lc 4,18) como médico corporal e espiritual".

A partir do século XVI, desaparece aos poucos essa interpretação terapêutica. As razões dessa ausência são mais evidentes no espírito do Iluminismo e se resumem, em parte, na conhecida tese de R. Bultmann: "Já não é possível [...], em caso de doença, fazer uso da medicina moderna ou dos atuais instrumentos clínicos e, ao mesmo tempo, continuar crendo no mundo dos espíritos e dos milagres do Novo Testamento".[4]

Os relatos das curas realizadas por Jesus suscitavam inquietação e suspeita, requeriam uma mentalidade pré-científica e pré-moderna, exigiam uma adesão pré-crítica, sendo envolvidos por uma auréola de magia. No entanto, a essas razões era preciso acrescentar o temor de que a insistência na dimensão curadora pudesse favorecer uma aproximação mágica de Jesus e a redução do cristianismo a uma religião de "bruxos" e que isso pudesse despertar nas massas uma busca ansiosa por milagres.[5] Podia-se correr o risco de cair novamente em uma concepção utilitarista e funcional do cristianismo, caso em que o propósito de recuperar a leitura salutar e terapêutica do Evangelho seria um modo errôneo de "gestão cristã da saúde", algo semelhante à tentativa de recuperar as posições abandonadas antes do progresso inexorável da medicina. Por outro lado, formularia de maneira equivocada a questão da relação entre medicina (ciência) e religião.

---

[3] Cf. GESTEIRA M., "Christus medicus". Jesús ante el problema del mal, cit., p. 251.

[4] Citado por GESTEIRA M., "Christus medicus". Jesús ante el problema del mal, cit., p. 254.

[5] MARTÍN VELASCO J., Mundo de la salud y evangelización, in: VV.AA., *Iglesia y Salud*, Edice, Madrid, 1996, p. 222.

b) As difíceis relações da Igreja com a saúde

A teologia foi sempre sensível à experiência da doença. Viu nesta um sinal iniludível de fidelidade à ordem evangélica de curar e pregar, e, ao mesmo tempo, uma fonte de questões[6] às quais se sente chamada a responder.

Por isso, tanto a reflexão teológica como a atividade caritativa da Igreja se aproximaram de maneira preferencial do sofrimento e dos que sofrem, da enfermidade e dos enfermos, da morte e dos moribundos. Provas indubitáveis disso são o desenvolvimento das teologias relacionadas com essa realidade (compreendida a da cruz) e o protagonismo, durante séculos, por parte da Igreja e de suas instituições (em particular as da vida consagrada) na assistência aos pobres e aos doentes, um compromisso que é reivindicado ainda hoje como dever e missão que se inspiram no mandato evangélico.[7]

Um novo diagnóstico nos é oferecido por Bernard Häring quando afirma: "A teologia deixou à margem o tema da cura. Descuidou dele na cristologia, na soteriologia, na eclesiologia e, sobretudo, na proclamação da salvação".[8] Isso significa, entre outras coisas, que a Igreja cumpriu fielmente a ordem de batizar ("Ide e batizai"), mas nem sempre soube dar um conteúdo ao encargo deixado por Cristo: "Ide e curai".[9]

Como veremos, a ordem de curar não se limita às curas milagrosas (os milagres não são objeto de um mandato), ligadas aos "carismas de curas" ou ao exercício dos ministérios, nem à assistência ou à visita aos doentes, sempre expressões do amor. A cura, colocada no mesmo plano da proclamação do Reino, implica também a dimensão salutar do anúncio e da dimensão salvífica da promoção da saúde.

Nesse caso, a perda da perspectiva da saúde talvez obedeça, entre outras razões, às seguintes, que expomos de modo breve.

A ação da Igreja no mundo da enfermidade (e a compreensão de si mesma que dela deriva ou à qual remetia) foi, em larga medida, devedora das conquistas da ciência médica. Por longos séculos, a medicina em nada se distinguiu por sua capacidade curadora. Até

---

6 Cf. GS 10; SD 9; NA 1.

7 Cf. LG 8.

8 HÄRING B., *La fe, fuente de salud*, San Pablo, Madrid, 1990, p. 55.

9 PAGOLA J. A., *Es bueno creer. Para una teología de la esperanza*, San Pablo, Madrid, 1996, p. 115.

épocas relativamente recentes, morria-se de doenças hoje consideradas banais, e as instituições da saúde podiam ser consideradas antes "lugares de morte". Cuidava-se da profilaxia, mas o conceito de higiene pública e as medidas correspondentes não vão além do século XIX.

Não surpreende que a Igreja, nesse contexto, tenha exercido a caridade recebida de seu Mestre na assistência aos enfermos, em especial os mais necessitados, no acompanhamento dos moribundos, no alívio dos sofrimentos, no acolhimento dos excluídos. Sua ação pastoral não chegava, é evidente, a pôr a saúde como objetivo permanente em suas tentativas de encarnar no ser humano doente a ação salvífica de Deus; ela insistia, sobretudo, na espiritualidade da aceitação, gozosa inclusive, da enfermidade e no acompanhamento sacramental do doente e do moribundo. A *pastoral dos enfermos*, como se chamava, não se apoiava na força terapêutica de seus recursos, tendo, menos ainda, chegado a descobrir que, por detrás da ação curadora de Deus, que se encontra ao longo de toda a revelação, houvesse um desígnio e um modelo bíblico de saúde.

O modelo ocidental convencional de medicina, hoje altamente científico e tecnificado, favoreceu "a exclusão do sujeito da medicina" (von Weizsäker) em razão de suas linhas inspiradoras. De matriz cartesiana, a medicina moderna estabeleceu suas bases sobre o tripé da diferenciação (também institucional), da medicalização e da racionalização.[10]

As consequências foram múltiplas, complexas e nem sempre benéficas. Por exemplo, conseguiu um grande poder de "regime" sobre a sociedade, invadiu todos os acontecimentos biográficos (nascimento, saúde, doença, morte), não favoreceu a responsabilidade pessoal com relação à própria saúde, infravalorizou outros recursos terapêuticos não "médicos" e, por fim, se especializou no tratamento das doenças e não dos doentes, do corpo e não da pessoa, e na dor, mas sem considerar o sofrimento. Dessa concepção, sobretudo organicista, surgiu um modelo de saúde, felizmente questionado cada vez mais, que prescindia da noção de pessoa, que descuidava do sujeito.

Esse modelo tampouco favoreceu o interesse da Igreja e da reflexão teológica por uma realidade (a da saúde) considerada conceitualmente como "ausência de" (lesão, disfunção) ou, então, "positivamente" como silêncio do corpo e dos órgãos. Nesse contexto, não

---

[10] Cf. MCGUIRE M. B., Religión, salud y enfermedad, in: *Concilium* 234 (1991), pp. 294-301.

era a saúde mas sim a doença que formulava problemas à Igreja, aos pastores e aos teólogos.

Não obstante, as relações da Igreja com a saúde estavam (e continuam a estar) condicionadas por razões internas ainda profundas, vinculadas com a espiritualidade e com determinada visão antropológica.

> "A característica que prevalece ao longo da literatura ascética dos últimos séculos consiste na ênfase posta na enfermidade em um sentido dolorista-providencial, sem referência alguma ao valor positivo da saúde, consistindo de igual forma na convicção de que a saúde pode ser um 'perigo' para o ser humano e sua salvação."[11]

Observa-se nessa atitude, sem pretender explicar exaustivamente um fenômeno que se prolonga por tantos séculos e é muito complexo, um modo dualista de entender o ser humano, pessimista com relação ao corpo. Insiste-se na "união da alma com Deus",[12] a quem se mostrava impróprio todo o resto. O corpo e o que nele acontece é penalizado ou ignorado. Daí que a própria saúde, considerada mais vinculada com o corpo que às outras dimensões da pessoa, não seja devidamente valorizada, muito pelo contrário: ela pode ser considerada "perigosa". O corpo é objeto de suspeita.[13]

Nessa visão da saúde também se acha latente uma compreensão unilateral da pedagogia salvífica de Deus com relação ao ser humano. Deus ensinara apenas através da experiência do sofrimento, da doença e da morte. E em torno dessa ideia se foi desenvolvendo uma espiritualidade que fez escola e se arraigou de modo profundo na mente e no coração de muitos cristãos. Impulsionada talvez pela chamada "via da indigência", essa longa tradição acentuou unilateralmente um aspecto da revelação: o ser humano, por meio da experiência da indigência, da adversidade e da fraqueza, se abre à graça e à ação salvífica de Deus. O poder de Deus manifesta-se em nossa fraqueza (2Cor 12,9).

---

11 ROCCHETTA C., Salute e salvezza nei gesti sacramentali, p. 10.

12 Observe-se a esse respeito a correção dessa visão no n. 19 da GS.

13 Cf. SPINSANTI S., *Il corpo nella cultura contemporanea*, Queriniana, Brescia, 1985; ROCCHETTA C., *Teologia della corporeità*, Edizioni Camilliane, Torino, 1990.

Por esse caminho, chegou-se a considerar a doença "o estado natural dos cristãos",[14] a afirmar que "um corpo sadio não é com frequência um lugar habitado por Deus" (Hildegarda de Bingen e Tauler),[15] assim como às diversas formas de "dolorismo", cujo denominador comum é a exaltação do sofrimento, como se fosse o único caminho de salvação e de manifestação de Deus ao ser humano. Deus é envolvido, de modo especial, na origem da doença e em todo o processo de sua evolução. Exorta-se o ser humano a viver o valor salvífico da paciência e da resignação e, quando a saúde se recupera, não é vista como "lugar" em que se manifesta a salvação nem como um caminho de salvação.

Desse ponto de vista, a saúde – enquanto bem-estar, vigor, capacidade de trabalhar, ausência de sofrimentos e de limites corporais – faria parte dos "prazeres" que, embora legítimos, foram contemplados em especial a partir da vertente, sem dúvida real, de sua provisoriedade, de seu valor relativo e, sobretudo, como risco de que o ser humano se esqueça da verdade de si mesmo e caminhe por rotas de uma persistente ilusão.

c) A saúde, um conceito não "interessante"

Da perspectiva conceitual, a saúde aparece inevitavelmente ligada à doença ou a ela associada. "A saúde é um termo incompreensível se não for confrontado com seu oposto" (P. Tillich).[16] Nessa associação entre enfermidade e saúde, parece que a doença foi sempre a que prevaleceu, e isso de diversos pontos de vista.

Do ponto de vista epistemológico, enfatizou-se com frequência que o caminho para chegar à saúde passa através da enfermidade. A saúde seria como um límpido cristal com o qual se pode "conviver" por longo tempo sem percebê-lo, até que a mancha, isto é, a doença, o torne "visível", conhecido, interessante. M. Foucault considera que o anormal precede o normal e que apenas por meio da descoberta da anormalidade podemos descobrir a anormalidade.[17]

---

14 PERRIER V., *Vie de Blaise Pascal*, Paris, 1923, citado por ROCCHETTA C., Salute e salvezza nei gesti sacramentali, p. 10.

15 Citados por HÄRING B., *Moral y medicina*, Paulinas, Madrid, 1981, p. 152.

16 SCHAEFER H., Salute, in: RAHNER K. (dir.), *Enciclopedia teologica*, Morcelliana, Brescia, 1977, p. 318.

17 FOUCAULT M., *Nascita de la clinica*, Einaudi, Torino, 1969. Cf. GRACIA GUILLÉN D., En torno a la historia de la enfermedad, in: *Communio* 5 (1983), pp. 424-434.

Enquanto a doença não se instalar no corpo, a saúde – segundo se diz – será "silêncio", *santé vide* (Pierre Jordan),[18] não terá conteúdo próprio. É a doença que nos leva a descobrir o corpo.

Do ponto de vista experiencial, com efeito, estivemos mais inclinados a pensar que a saúde consiste, em especial, em *não sentir*. Será talvez porque o ser humano parece ter sido feito mais para sofrer do que para desfrutar?[19] Especialmente na arte, mas também na literatura, sensível com frequência ao mundo interior do ser humano, parece ser mais fácil, e sem dúvida mais frequente, exprimir antes o sofrimento que a alegria, antes a nostalgia da ausência e da privação que o fruir da posse. A própria sabedoria popular afirma que o valor dos bens (por exemplo, a saúde) se recupera e se aprecia principalmente quando os perdemos.

A saúde não seria, pois, uma experiência, algo percebido, incorporado à consciência, elaborado, valorizado, estimado. Poderia a teologia ocupar-se de uma "realidade" cujo valor se arraigasse no não deixar-se notar? Por outro lado, acaso não existia a convicção de que o discurso teológico sobre a saúde se esgotava em "pregar" a respeito dela o oposto da doença? Também hoje, quando se reflete sobre a atividade terapêutica de Cristo, com frequência se insiste mais na enfermidade (da qual é libertado o ser humano) e em seu significado, que na saúde doada e em seu valor salvífico. Tem-se a impressão de que a saúde "termina" no ato da cura, quando é nesse momento que tem início seu novo trajeto.

O certo é que a atenção à saúde por parte da teologia se limitou fundamentalmente ao campo da moral, a relacionada com o quinto mandamento, considerado como fonte de deveres e de direitos com relação à vida e à saúde dos outros, além de vincular-se com as obrigações sobre a própria saúde.

2. O caminho rumo à Teologia da Saúde

A Teologia da Saúde tem seu espaço natural no âmbito da Teologia Pastoral da Saúde, objeto hoje de especialização acadêmica e enriquecido por um amplo leque de disciplinas.

---

18 Cf. JORDAN P., Modèles socio-culturels sous-jacents au monde de la santé, in: *La Maison-Dieu* 113 (1973), p. 18.

19 Cf. CABODEVILLA J. M., *El cielo en palabras terrenas*, Paulinas, Madrid, 1990, pp. 18-19.

Como observei em outro lugar,[20] a Teologia Pastoral da Saúde gira, em larga medida, ao redor de uma insubstituível *trilogia*: (1) os "acontecimentos fundamentais da existência humana" (nascimento, saúde, doença, sofrimento, morte), (2) o âmbito sociocultural e sanitário em que ocorrem, e (3) os agentes (termo muito amplo que abrange a família, a escola, os profissionais, os pastores, a comunidade cristã etc.), que realizam aí o desígnio salvífico e salutar de Deus. Esses acontecimentos, profundamente arraigados na pessoa e na comunidade, estão no centro da história da salvação, são objeto do plano de salvação e, por conseguinte, imprescindíveis à compreensão do mistério de Cristo e da Igreja. São também objeto da práxis pastoral e ética, e "lugar" de evangelização. Portanto, a Teologia Pastoral da Saúde desenvolve essa trilogia a partir de uma ampla riqueza de perspectivas: bíblica, teológica, sociológica, psicológica, histórica, ética, pastoral, litúrgica e espiritual.

Esse sucinto panorama não explica de modo exaustivo, é óbvio, o esquema doutrinal e pedagógico da Teologia Pastoral da Saúde. Pretende apenas enfatizar sua amplitude. No âmbito dessa trilogia, a saúde ocupa um lugar de grande importância. Em certo sentido, pode-se afirmar que é um objetivo permanente, uma meta e um horizonte.

a) Algumas referências

Veio à luz na década de 1960 um movimento enriquecido por contribuições e sensibilidades diversas, que passou a despertar a atenção dos teólogos e dos pastores, acerca da necessidade de recuperar a interpretação terapêutica do mistério da salvação e, portanto, sua tradução salutar na ação evangelizadora. Indicamos a esse respeito duas intervenções.

O Conselho Mundial das Igrejas, reunido em Tubinga (Alemanha) em 1965, exprimia o desejo de um maior envolvimento da comunidade cristã na saúde dos indivíduos e da sociedade.[21] Esse desejo, cada vez mais urgente, obedecia à convicção de que a Igreja tem uma incumbência de grande alcance na promoção da saúde pessoal e comunitária.

[20] ÁLVAREZ F., La pastorale sanitaria, una sfida alla formazione, in: *Dolentium Hominum* 32 (1996), pp. 18-27.

[21] Cf. WORLD COUNCIL OF CHURCHES, *The Healing Church: The Tübingen Consultation*, Genève, 1965.

Uns anos antes, em uma reunião em Munique (Alemanha), especialistas europeus da pastoral no mundo da saúde se perguntavam de que modo fundamentar bíblica e teologicamente sua ação. Já não basta a teologia do sofrimento, da doença e da morte, dizia-se: é necessário acrescentar a "da saúde".[22] Em diversas Igrejas (e esse é um dado significativo), deixara-se de falar de "pastoral dos enfermos" e passara-se a falar de *Pastorale de la Santé*, *Pastorale Sanitaria*, *Pastoral Health Care*.

Essa nova sensibilidade brota em um contexto acerca do qual é preciso indicar ao menos alguns dados. Impulsionada pelas novas concepções da saúde, cada vez mais devedoras da antropologia e das ciências do comportamento, e diante da gradual incidência no ser humano das doenças mais relacionadas com o estilo de vida e com as culturas, questionava-se se ainda haveria lugar para as virtudes curativas do Evangelho e da fé proclamada e vivida. A Igreja, portadora e instrumento de vida, mestra na arte de esculpir o comportamento moral (e também o cívico) dos fiéis, sacramento de salvação na história, continua sendo capaz de dar uma contribuição específica à saúde integral, de responder ao desejo de viver e de viver em plenitude?

A maior atenção da teologia às "realidades humanas" e a tudo o que acontece no ser humano solicitava também um novo interesse pelo fenômeno da saúde, cada vez mais no centro das políticas sanitárias, como valor a ser preservado e promovido, bem como direito e dever, com graves implicações individuais e coletivas. Mesmo reconhecendo o valor da atividade sanitária e assistencial da Igreja, tornava-se paulatinamente mais clara sua perda de protagonismo no campo sanitário e na "gestão" da saúde da sociedade.

Por fim, a divergência entre fé e ciência médica – de maneira mais concreta a incidência nula dos profissionais cristãos da saúde nas instituições da saúde – levava à pergunta cada vez mais constante acerca de como interpretar hoje a rica e insuprimível dimensão terapêutica do Evangelho e, no fundo, de como unir o anúncio da salvação e o serviço à saúde que Cristo nos deixou em uma única ordem.[23]

No percurso para a atual reflexão teológica sobre a saúde, podem ser percebidas ao menos três diferentes frentes e nem sempre

---

22 Cf. ROBERT J. M., Théologie de la maladie et pastoral des malades, in: *Présences* 86 (1964), pp. 21-22.

23 Cf. HÄRING B., *La fe, fuente de salud*, pp. 7-8.

coincidentes: os teólogos (e também os biblistas), os agentes de pastoral do mundo da saúde e a chamada "Teologia Terapêutica".

b) Contribuições da teologia

A descoberta da saúde como "lugar teológico", tão importante quanto a doença e a própria morte, devia (e ainda deve) enfrentar *algumas dificuldades* ou questões.

Em primeiro lugar, *o aparente silêncio da Sagrada Escritura sobre a saúde* é uma objeção, embora facilmente contestável. Partindo do fato de que, na Bíblia, a saúde enquanto fenômeno da natureza, não é "interessante" e apoiando-se na constatação de que a saúde quase sempre aparece como fruto de uma cura (ou pelo menos das bênçãos de Deus), a atenção dos pesquisadores se centrou na doença e no fato de sua libertação. Derivava-se disso uma visão redutiva.

As intervenções terapêuticas de Deus em favor dos enfermos não esgotam toda a sua ação em prol da saúde. E, ainda que nossa história seja sempre história de *salvação* (logo, de libertação, de cura), as curas têm um valor salutar e salvífico, na medida em que, justamente por serem dom de Deus, oferecem um novo modelo de saúde e promovem uma nova qualidade de existência, uma verdadeira transformação do ser humano, sinal e antecipação da transformação final. Caso contrário, corre-se o risco, também em termos bíblicos, de esvaziar de conteúdo a saúde que brota de Deus e do Evangelho vivido e proclamado por sãos e enfermos.

A outra dificuldade remete à complexa e arraigada questão da *relação entre criação e redenção, natureza e graça*, e, por extensão, promoção humana e salvação. Nos esquemas teológicos que expressaram uma visão não unitária, como se houvesse duas ordens salvíficas (e até dois "deuses": o da criação e o da redenção-salvação), a saúde, em particular em seu componente físico, seria simplesmente um dado/fenômeno da natureza. Nessa perspectiva, a saúde foi objeto, também na espiritualidade e na pastoral, de alguns desequilíbrios e excessos. Por um lado, ela era polarizada no *corpo e na psique*, uma visão sem dúvida não global da saúde, porque lhe eram subtraídas as outras dimensões da pessoa, se ignoravam ou desvalorizavam as complexas interações que a modulam e, acima de tudo, era uma concepção individualista. Nesse sentido, eu me atreveria a dizer sem titubeios que a concepção individualista da saúde foi um dos motivos que retardaram e dificultaram sua recuperação por parte da teologia.

Separada da biografia do indivíduo, de seu projeto de vida, de seu rico tecido de relações, do mundo dos valores e dos significados, da experiência individual, religiosa e litúrgica, a saúde não chegava facilmente a fazer parte da fé e da vocação cristã. Isso é bem demonstrado por alguns fenômenos, como, por exemplo, a medicalização da vida e o "consumo" (amiúde esbanjamento), pouco solidários dos recursos sanitários, a irrelevância do Evangelho proclamado segundo os estilos de vida da sociedade, a ausência de uma catequese que ajude os sadios e os doentes a viver de forma cristã a saúde e a enfermidade.

Talvez no outro extremo seja preciso situar a visão que enfatizava o componente *espiritual* da saúde. Também esse é um fenômeno complexo. Tributário de uma longa história, ele se enraíza na perda gradual da tradição que, na catequese e na liturgia, atribuía à fé e a alguns sacramentos uma benéfica influência sobre a saúde ("tanto da alma como do corpo"), assim como na gradual dissociação entre ciência médica e fé. A ação da Igreja no que se refere à saúde foi avançando para duas únicas frentes: a assistência (sempre generosa) aos enfermos e a *cura animarum* ("cuidado das almas") nas instituições hospitalares e no domicílio dos doentes. Tratava-se, porém, de uma "cura" que pouco se relacionava com a saúde, visto que se centrava em outra "ordem": a da salvação final.

No percurso de que estamos falando, foi significativa a contribuição de Karl Barth,[24] cuja posição foi magistralmente resumida por Carlo Rocchetta.[25] O grande teólogo suíço tece seu discurso partindo da concepção bíblica que une a saúde à vida do ser humano, e a vida do ser humano ao projeto salvífico revelado em Jesus Cristo. A saúde se apresenta, no quadro da doutrina sobre a criação, como dom criacional e valor salvífico para a vida do ser humano neste mundo.

Transcrevo na íntegra o resumo feito por Rocchetta:

> "Segundo os relatos bíblicos da criação – em particular, o relato sacerdotal –, Deus prepara a terra como quadro para a existência da humanidade, homem e mulher. A criatura humana está no centro do interesse de Deus criador. O ser humano, objeto da primeira intervenção da graça de Deus, não é simplesmente o ser humano 'natural', mas o ser humano criado por graça e cha-

---

[24] Cf. especialmente BARTH K., *Dogmatique*, Labor et Fides, Genève, 1965, vol. 16.

[25] ROCCHETTA C., Salute e salvezza nei gesti sacramentali, pp. 14-16.

mado desde o princípio à salvação. Se, na perspectiva de Israel, a criação é o cenário em que se realiza a vocação do povo eleito, na perspectiva neotestamentária e da fé da Igreja, a criação é um acontecimento em Cristo. Criação e aliança, vida do ser humano e salvação estão relacionadas entre si de maneira profunda, histórica. Não existem duas ordens salvíficas, mas sim uma única ordem, que abrange a criação, a redenção e a escatologia. Toda concepção desencarnada da salvação colide com a frequência com que o Antigo e o Novo Testamento se interessam pelos problemas concretos do ser humano e de sua saúde: da terra ao alimento, à vestimenta, à casa, ao sono, ao descanso, à fraternidade, à doença, à morte, problemas constantemente vinculados com a promessa da salvação esperada (por Israel) ou realizada em Cristo (pela comunidade cristã). O *éschaton* da salvação não significa [...] uma depreciação da vida do ser humano e de sua saúde; ao contrário, supõe sua assunção em sentido pleno, à luz do acontecimento crístico, revelador e ativador da plenitude dos tempos."

Nesse quadro, compreende-se que o próprio fato de viver constitui um dom de Deus e um valor de graça:

"A permissão de viver – dado que vem de Deus – é sempre (quer se reconheça ou não!) um bem, um privilégio, um valor para cada um e, por conseguinte, para todos. Não, é claro, um bem absoluto, nem um privilégio incondicional, nem um valor supremo (Sl 73,26; 66,4). No entanto, ainda com esses limites, a vida continua sendo um bem, um privilégio e um valor, porque constitui a grande ocasião de encontrar a Deus e alegrar-se louvando-o. E isso continua sendo válido independentemente de tudo o que a vida possa representar ou não representar, independentemente do sentido que a própria vida possa ter ou não ter, das expectativas dos êxitos, da felicidade ou dos bens que se podem encontrar ou não. Sempre que temos algo a ver com um ser humano vivo, é com o milagre da graça de Deus com o qual, *ipso factu*, temos algo a ver."[26]

"Ao doar a vida ao ser humano – prossegue Rocchetta –, Deus lhe impõe também o mandamento de viver." "Deus criador ordena ao ser humano que honre a vida, a sua e a dos outros seres humanos, como um bem que Ele lhe concede. Há, pois, uma obediência conatural a Deus na existência humana como tal."[27] Essa ética da

[26] BARTH K., op. cit., pp. 14-15.

[27] SPINSANTI S., *Il corpo nella cultura contemporanea*, p. 102.

obediência à vida é a que funda o valor da saúde. "Sob sua forma de querer viver, o respeito à vida implica sempre a vontade de querer estar com saúde."[28] É claro que a saúde deve ser compreendida em sentido total e não parcial. A saúde representa não um fim em si mesma e para si mesma mas sim uma condição destinada à vida; deseja-se não viver para ter saúde mas sim ter saúde para viver e ser capaz de decidir sobre si mesmo diante da presença do Altíssimo. A saúde é a força de ser humano e de sê-lo no corpo e no espírito. A doença chega para contradizer ou para opor-se a esse chamado à saúde e à vida. Isso não significa que seja necessariamente uma condição de impossibilidade à vontade de ser humano. "Enquanto o ser humano viver, poderá continuar tendo, embora enfermo, a força de ser ele mesmo."[29] De todo modo, também a ele é pedido, nos limites de suas possibilidades, que busque a saúde. Esta é a regra fundamental da ética da enfermidade, conclui Rocchetta citando Barth: "Exigir que o paciente se refira sem cessar, como todos os que o cercam, não à sua doença mas sim à sua saúde e à sua vontade de recuperá-la".[30]

Em síntese, pode-se afirmar que Barth estabeleceu, com sua contribuição, algumas das bases para a atual reflexão teológica sobre a saúde. Isto é, a saúde é um dom criatural, profundamente vinculado com a vida do ser humano, intimamente inserido na única história de salvação, misteriosa e historicamente voltado à salvação e objeto, por conseguinte, da ação e da pedagogia de Deus. Sua visão é hoje válida, devendo ser complementada por outras perspectivas, em especial pelo cristocentrismo da saúde e por seu prolongamento no mistério da Igreja.

c) Contribuições das "antropologias médicas" ("medical humanities")

As antropologias médicas de cunho humanista desempenharam um importante papel na hermenêutica da saúde, na revisão do estatuto da medicina e na recuperação de certo sentido de "totalidade". Vejamos algumas observações feitas por alguns de seus mais conhecidos representantes.

Em primeiro lugar, deve-se indicar a reivindicação ou a "recuperação do sujeito" na medicina, segundo a conhecida expressão

---

28 BARTH K., op. cit., p. 37.

29 BARTH K., op. cit., p. 39.

30 BARTH K., op. cit., pp. 39-40.

de Viktor von Weizsäker, e isso por causa da "rebelião do sujeito" (L. Entralgo). Isso supõe uma profunda mudança do estatuto epistemológico da medicina (não pode ser considerada uma "ciência da natureza" e tampouco uma espécie de "regime do comportamento dos corpos") e a libertação da hegemonia absoluta da medicina: a saúde não pode ser considerada um conceito exclusivamente médico. Deve-se fazer uma introdução do sujeito "na própria saúde" (L. Entralgo): a saúde não é uma mercadoria que se possa oferecer a partir de fora (J. McGilvrary). O primeiro ato salutar (e talvez também terapêutico) do indivíduo consiste em acolhê-la não apenas como dado da natureza, mas também como meta: é incorporada à consciência, transformada em objeto de decisões, reivindica liberdade e sentido. "Ninguém desfrutará de saúde plena enquanto não for capaz de responder à pergunta: saúde para quê?" (Siebeck).[31]

A saúde pertence à estrutura antropológica fundamental da pessoa. Embora subordinada à vida e a outros valores, pertence à ordem do ser, é um modo de ser (A. Jores) e, em última análise, consiste em conduzir à máxima realização as virtualidades humanas (Viktor von Weizsäker). Vinculada com um projeto de vida e perfeição, sempre se pode pedir mais à saúde (A. Godin).[32]

A Teologia da Saúde tem presente de maneira especial uma das melhores contribuições das chamadas *medical humanities* ("ciências humanas da saúde"), que chegou a ser patrimônio quase comum: a saúde enquanto *experiência biográfica*. Muitas de suas definições, começando pela da OMS, remetem a esse modo específico de leitura. Por exemplo, a saúde enquanto "modo de viver autônomo, solidário e gozoso",[33] "arte de viver",[34] "capacidade de apropriação e

[31] Cf. SPINSANTI S., *Guarire tutto l'uomo. La medicina antropologica di Viktor von Weizsäker*, Paoline, Torino, 1988; LAÍN ENTRALGO P., *La relación médico enfermo*, Alianza Editorial, Madrid, 1983; MCGILVRARY J., *Die verlorene Gesundheit. Das verheissene Heil*, Radius, Sttutgart, 1982, p. 112 (citado por HÄRING B., op. cit., pp. 12-13).

[32] Cf. JORES A., *El hombre y su enfermedad. Fundamentos de una medicina antropológica* (1969), Ed. Labor, Barcelona, 1961; GODIN A., Santé psychique, santé morale, santé chrétienne, in: *Présences* 77 (1961), pp. 31-40.

[33] Congresso de médicos em Perpignan, 1978. Cf. GOL GURINA J., La salud, in: VV.AA., *Humanización en Salud*, Selare, Bogotá, 1991, pp. 23-45.

[34] ILLICH I., *Nemesi medica*, Mondadori, Milano, 1977.

posse da corporeidade",[35] "harmonia dinâmica entre corpo, psique e espírito, e, de maneira exterior, entre pessoa e ambiente".[36]

d) Contribuições da pastoral ao mundo da saúde

Como se sabe, a Pastoral da Saúde a partir do Concílio Vaticano II, ao menos em certos países, teve um grande desenvolvimento, confirmado e animado mais tarde por significativas intervenções da Igreja, como o foi a publicação da *Salvifici doloris*, a criação do Pontifício Conselho para a Pastoral no Campo da Saúde, a instituição do Dia Mundial do Enfermo etc.

Embora a laboriosidade e a capacidade de renovação dos agentes pastorais nem sempre tenham estado acompanhadas por uma bagagem doutrinal adequada, foram eles, sempre próximos da complexa realidade do mundo da saúde e da doença, que ofereceram os estímulos mais intensos para *a incorporação da saúde* à Teologia Pastoral da Saúde e, sucessivamente, à ação evangelizadora da Igreja, contribuindo assim para a realização histórica do mistério de Cristo e da Igreja. Testemunhos diretos das profundas transformações ocorridas no mundo da saúde e nas culturas com ele relacionadas são os que compreenderam (e também sofreram) a necessidade de *pensar e projetar de modo diferente* a ação evangelizadora. No fundo dessa mudança existia e continua a existir esta pergunta: como anunciar e oferecer hoje aos enfermos e aos sãos a salvação de Cristo?

O caminho da renovação da Pastoral da Saúde pode caracterizar-se, entre outras coisas (visto que aqui se deve abreviar o discurso), por alguns *passos* ou transições que indicam, no fundo, certa inversão de perspectiva: mudanças inspiradas na reflexão teológica sobre a saúde ou por ela percebidos. Antes de mencioná-los brevemente, leiamos duas avalizadas afirmações que nos chegam do panorama italiano e que poderiam ser ampliadas por muitas outras de proveniência diversa:

> "A atual virada cultural no binômio saúde-enfermidade, no qual se verificou uma grande mudança em torno dos conceitos, das mentalidades, das legislações etc., não deixa de reivindicar uma nova definição dos termos, dos âmbitos e dos métodos de ação

---

[35] GRACIA GUILLÉN D., Salud, ecología y calidad de vida, in: *Jano* XXXV, n. extra (1988), pp. 133-147.

[36] CEI (Conferência Episcopal Italiana), *La pastorale della salute nella Chiesa italiana*, 1989.

pastoral nesse amplo setor da existência humana e, por isso, da subjacente reflexão teológica."[37]

"A terminologia usada permite vislumbrar uma ampliação dos horizontes. Não se fala de pastoral do sofrimento, dos enfermos ou do hospital, mas de Pastoral da Saúde, o que indica que a ação da comunidade eclesial é chamada a dirigir-se a toda a problemática relativa ao bem-estar psicofísico do ser humano e ao complexo universo que surge ao redor do doente e que compreende o pessoal, os familiares, as estruturas e os programas sanitários. A nota [da CEI, Conferência Episcopal Italiana: *Pastoral da Saúde na Igreja italiana*] exorta, pois, a passar de uma pastoral unidimensional a uma pastoral pluridimensional."[38]

Detenhamo-nos nessas mudanças.

– De uma pastoral em que prevaleciam a *resignação* e a *consolação* a uma pastoral que parte do desígnio de Deus em Cristo de oferecer a vida em abundância (Jo 10,10) e do desejo do ser humano de viver em plenitude; uma pastoral que considera a saúde como um objetivo primordial e permanente. É uma ação pastoral que acolhe o dom da vida em conjunto com a exortação a viver e que promove ao mesmo tempo no ser humano e na sociedade a capacidade de integrar à existência os limites, o sofrimento e a morte para que também estes se transformem em experiências salvíficas e saudáveis.

– De uma pastoral *limitada a certos ambientes e momentos* (hospital, tempo da enfermidade) a uma pastoral que se insere no caminho dos "acontecimentos fundamentais" da vida, na cultura subjacente, no modo de vivê-los, na rede de fatores que repercutem no mosaico da saúde; portanto, em todos os "espaços" e itinerários espirituais e coletivos que são palcos desses acontecimentos. Em especial no mundo da saúde, o ser humano (com sua biografia) "é o caminho que a Igreja deve percorrer no cumprimento de sua missão" (RH 14; 21; SD 3).

– De uma pastoral sobretudo *sacramentalista* a uma pastoral evangelizadora. As instituições da saúde são hoje um lugar de chegada e de encontro para todos os seres humanos, também para os

[37] CICCONE L., *Salute e malattia. Per una pastorale rinnovata*, Salcom, Varese, 1985, p. 8.

[38] BRUSCO A., Gli ambiti della pastorale della salute, in: id. (dir.), *Curate i malati. La pastorale della salute nella Chiesa italiana*, Ed. Camiliane, Torino, 1990, p. 40.

"afastados" da fé e da Igreja. São também um espelho da sociedade. É possível que em nenhum outro setor os agentes de pastoral tenham percebido a necessidade de uma "nova evangelização", porque em nenhum outro setor como neste o Evangelho e a cultura se submetem à dura prova de um confronto permanente. Também no mundo da saúde e da enfermidade os agentes pastorais descobriram o drama "da ruptura entre Evangelho e cultura" (EN), que se manifestou (e são apenas alguns exemplos) no fenômeno da secularização, na tecnificação da medicina e de suas respostas terapêuticas, no afastamento da religião e de seus símbolos, nos frequentes conflitos entre a Boa-Nova do Evangelho e as "boas-novas" do "caminho triunfal" da medicina.

– De uma pastoral adaptada ao *regime assistencial* da medicina (caracterizada mais pelo desejo de assistir os enfermos e menos pela capacidade de curá-los) a uma pastoral que procura situar-se no âmbito dos sistemas sanitários que enfatizam como centro de seus programas (ao menos em termos teóricos) a promoção da saúde, a participação comunitária, as "intervenções" nos comportamentos individuais e coletivos, a educação para a saúde. No contexto dessa nova configuração, os agentes de pastoral (em particular os capelães hospitalares) se perguntam qual sua contribuição específica à saúde, como fazer parte, com pleno direito, da aliança terapêutica que se encontra na origem da filosofia da saúde e do tratamento da saúde e da enfermidade. Em suma, os que trabalham em nome de Cristo e são enviados pela Igreja tem alguma relação com a saúde? Se sim, com "qual" saúde?

– De uma pastoral considerada *apêndice* ("cinzenta", dizia-se também) no conjunto da ação evangelizadora da Igreja, normalmente objeto de delegação, a uma pastoral que brota do âmago do Evangelho e que foi confiada a toda a comunidade. Os agentes de Pastoral da Saúde não só contribuíram para tornar a comunidade e os pastores mais sensíveis à necessidade de considerar o mundo da saúde e da doença um lugar privilegiado para a evangelização, como também ajudaram a vê-lo como um lugar especial de verificação da fidelidade da Igreja a seu Mestre e da capacidade de proclamar hoje a Boa-Nova ao mundo. Com efeito, é nesse complexo setor da sociedade que a Igreja pode e deve descobrir sua vocação de traduzir a salvação também em termos de saúde e de evangelizar curando.

– Por fim, de uma pastoral *fundada na teologia do sofrimento e da morte* a uma pastoral que é expressão de uma Teologia da Saúde.

É, pois, uma ação pastoral que se sustenta em uma compreensão renovada do mistério da salvação, tal como se manifestou em Cristo.

e) Contribuições da "Teologia Terapêutica"

O que se costuma conhecer hoje como *Teologia Terapêutica* remonta à década de 1960 e teve entre seus iniciadores e melhores expoentes no campo ecumênico e protestante os biblistas e moralistas. Sua área geográfica foi fundamentalmente centro-europeia e norte-americana.[39] Embora em seu já longo trajeto essa teologia, enriquecida com muitas contribuições, tenha se diversificado de modo notável, podem-se rastrear algumas linhas fundamentais que permanecem.[40]

A inspiração inicial da Teologia Terapêutica é bíblica.[41] Ela se propõe justamente a ler em caráter terapêutico toda a história da salvação. Tanto no Antigo como no Novo Testamento (neste em especial), as ações salvíficas de Deus têm como objetivo a cura total do ser humano. Isso significa que a força terapêutica não está ligada apenas, como já se disse, às intervenções taumatúrgicas, estando presente também nas palavras de Cristo e, em particular, em seu modo de comportar-se com aqueles que se encontram com Ele (os que sofrem, os pobres, mas também os fariseus, os ricos etc.): a

---

[39] Para uma bibliografia básica: LAMBOURNE R. A., *Community, Church and Healing: a study of some corporate aspects of the Church's healing Ministry*, Longman and Todd, London, 1963; fr. *Le Christ et la santé. La mission de l'Église pour la guérison et le salut des hommes*, Le Centurion--Labor & Fides, Paris, 1972; WHITE D. (org.), *Dialogue in Medicine and Theology*, Abingdon Press, Nashville, 1967; KELSEY M. T., *Healing and Christianity. In ancient thought and modern times*, Harper and Row, New York, 1973; *La teologia terapeutica*, n. monográfico de *Concilium* 10 (1974); MCGILVRARY J., *The Quest for Health and Wholeness*, German Institute for Medical Missions, Tübingen, 1981; MARTY M. E., VAUX K. L. (eds.), *Health/Medicine and Faith Traditions. An Inquiry into Religion and Medicine*, Fortress Press, Philadelphia, 1982. HÄRING B., op. cit.

[40] Para esse tema, uso a publicação de LANGELLA A., La funzione terapeutica della salvezza nell'esperienza della Chiesa: sguardo diacronico e riflessione sistematica, in: VV.AA., *Liturgia e terapia. Sacramentalità a servizio dell'uomo nella sua interezza*, Messaggero, Padova, 1994, especialmente pp. 131-138.

[41] Não se deve esquecer, contudo, de sua inspiração médica cristã. Entre os competentes autores da Teologia Terapêutica ocupam, por exemplo, um lugar destacado o doutor R. A. Lambourne e o Instituto Alemão para a Missão Médica, de Tubinga.

censura e a compaixão, o perdão ou a provocação são, em Jesus, atitudes que oferecem a possibilidade de passar do esmagamento dos agentes externos (a enfermidade, a lei, os demônios, as dependências das vaidades etc.) a uma situação de liberdade.[42]

Com a exortação de anunciar o Reino, a Igreja recebeu a missão e a força do Espírito para curar e tornar são. Dessa obra participam não apenas os que receberam o carisma das curas mas todo o povo de Deus. Quem se une a Cristo pela fé e nele renasce pelo batismo é introduzido em uma dinâmica salvífica e salutar ao mesmo tempo, de tal modo que a comunidade reunida ao redor do Ressuscitado é também comunidade curadora.

A Teologia Terapêutica enfatiza ao menos três aspectos de grande importância teológica, a que neste contexto só podemos referir-nos de maneira breve.

– A força terapêutica da Igreja (que lhe é oferecida) pertence à sua estrutura fundamental. Enquanto sacramento universal de salvação (LG 1; 9) e símbolo eficaz da união dos seres humanos com Deus e entre eles, a Igreja desenvolve essa força não só por meio da ação litúrgica e sacramental, mas também com sua multiforme presença no mundo e por meio dos novos dinamismos individuais e comunitários da fé.

– A Teologia Terapêutica se insere na preocupação da teologia contemporânea de reinterpretar a salvação libertando-a de visões redutivas. A salvação não se relaciona apenas com a esfera espiritual do ser humano, como também não pode ser seguida fora do tempo. A essa posição, bem clara no Concílio Vaticano II,[43] recorrem todas as teologias que acentuam o desafio de narrar e encontrar Deus na história, de descobrir sua ação salvífica no decorrer dos acontecimentos, de tornar crível e visível a salvação também no tempo. O mundo do sofrimento e da doença não podia permanecer longe dessa preocupação, que hoje se generalizou. Com referência a isso, as afirmações da Teologia Terapêutica não se apoiam apenas em bases bíblicas e teológicas, tendo também presente, na realidade, a experiência terapêutica, isto é, os testemunhos cada vez mais frequentes que demonstram (embora não sejam capazes de explicá-lo) de alguma maneira o nexo entre fé e cura/saúde. Chega-se, assim, a uma das conclusões fundamentais da Teologia Terapêutica: a salvação deriva em saúde e se identifica com a cura integral do ser humano.

---

42 LANGELLA A., op. cit., p. 132.

43 Cf. GS 3.

– No plano antropológico, “a intuição principal da Teologia Terapêutica é a descoberta da visão da integridade da pessoa, segundo a qual o ser humano é considerado o resultado das relações recíprocas entre os componentes físicos, emotivos, mentais, sociais, espirituais etc. que o constituem”.[44] Também no campo da ciência médica, e de modo especial na psicossomática, são cada vez mais frequentes os estudos sobre a interação das diversas dimensões da pessoa no processo da saúde e da doença.[45] A Teologia Terapêutica é sem dúvida devedora dos “resultados” desses estudos e os leva em conta, porque em larga medida confirmam seus postulados. Mas não são *suas* conclusões.

f) Contribuições da “Renovação Carismática”

No caminho para a Teologia da Saúde, ocupa também um lugar relevante a descoberta do *carisma das curas*, que caracteriza em especial aqueles que se reconhecem na *Renovação Carismática*, popularmente conhecidos como os “carismáticos”.

Esse movimento surgiu nos Estados Unidos em 1967 e se difundiu praticamente por todo o mundo. Embora basicamente mantenha em todos os lugares sua inspiração e suas linhas fundamentais, percebem-se, em termos geográficos, diferenças notáveis, devidas em particular à variedade dos contextos socioculturais e aos modos concretos de viver e de expressar a fé.[46]

A Renovação Carismática tem em comum com a Teologia Terapêutica a fundamentação bíblica, daí decorrendo que a leitura da salvação se faça em chave terapêutica, mas esse movimento tem, do

---

44 LANGELLA A., op. cit., p. 134.

45 Cf. por exemplo ZUCCHI P., HONINGS B., La fede come elemento che trascende e facilita il risultato terapeutico nel paziente, in: *Dolentium Hominum* 33 (1996), pp. 16-28. É especialmente nos Estados Unidos que se produziram várias publicações a esse respeito.

46 Uma bibliografia bem básica está em: RANAGHAN H. E. D., *Il ritorno dello Spirito*, Jaca Book, Milano, 1973; LAURENTIN R., *Il movimento carismatico nella Chiesa cattolica. Rischi e avvenire*, Queriniana, Brescia, 1976; MAC NUTT F., *Healing*, Notre Dâme, Indiana, 1974; it., *Il carisma delle guarigioni*, Paoline, Bari, 1978; SCANLAN M., *Inner Healing. Ministering to the human spirit through the power of prayer*, Paulist Press, New York, 1974; it. *La guarigione interiore*, Dehoniane, Roma, 1988; HERON B. M., *Se vuoi puoi guarirmi*, Dehoniane, Roma, 1992. TARDIF E., PRADO FLORES J. H., *Jesús está vivo*, Kerigma, México, 1985. URIBE A., *El Señor sana*, Lumen, Buenos Aires, 1989.

ponto de vista doutrinal, características específicas. Estas são algumas das mais importantes:

– A Renovação Carismática tem suas raízes na descoberta dos carismas no âmbito da Igreja, em especial o carisma das curas. Nesse sentido, ele se acha firmemente vinculado com a eclesiologia do Concílio Vaticano II, entre cujas novidades mais importantes se encontram precisamente a visão carismática e de comunhão com a Igreja. O n. 12 da LG, cujo texto foi aprovado depois de um amplo debate não isento de emoções, afirma: "Estes carismas, tanto os extraordinários como os mais comuns e difundidos, devem ser recebidos com gratidão e consolo".[47]

– Ancorada nessa ideia, a Renovação Carismática considera que também o carisma das curas pertence à economia salvífica habitual com a qual o Espírito prolonga no tempo a obra da salvação. Por isso, seu "lugar natural" é a comunidade quando evangeliza e, em especial, *quando ora*. Sua convicção fundamental é a de que *a fé cura*. Daí a importância da adesão a Cristo, cujos gestos são adotados e realizados, e a invocação do Espírito, cuja força de cura é derramada no interior da comunidade reunida na oração de louvor e de intercessão pelos enfermos, pelos oprimidos e pelos "feridos".

– As "liturgias de cura", nem sempre isentas de excessos psicoespirituais e de confusão doutrinal, tendem à "cura integral", isto é, a todos os componentes da saúde. Embora a experiência ateste não poucas curas físicas (cuja verificação científica não faz parte dos interesses da Renovação Carismática), a atenção se dirige em especial à cura interior (a *inner healing*).

Essa recuperação da força terapêutica da fé e da oração é sem dúvida um dos valores da Renovação Carismática, mas se encontra também na origem, como explicação, de dois fenômenos um tanto ambíguos: por um lado, sua rápida difusão nos países em que a religiosidade popular e as carências da saúde favorecem a adesão a novas formas de espiritualidade mais próximas das inquietações cotidianas e das vibrações do coração; por outro, sua conexão entre oração e cura, que corre o risco, na Renovação Carismática, de psicologizar a salvação e, em particular, de absolutizar a saúde, transformando-a quase em um bem essencial que Deus não nega a quem pede, caso mantenha todos os requisitos, e, se não a concede

---

[47] Neste sentido, é interessante o que escreveu SULLIVAN F. em seu livro *Carismi e rinnovamento carismatico*, Ancora, Milano, 1984, sobre a "ignorância" quase geral que, antes do Concílio, havia a respeito dos carismas na Igreja e sobre o intenso debate conciliar sobre eles.

a quem assim age, como acontece com frequência, o orante até pode sentir-se culpado.[48] Por isso, os animadores mais reconhecidos (por exemplo, E. Tardif) e os teólogos em suas catequeses procuram ilustrar cuidadosamente as condições para obter de Deus a cura; mas, sobretudo, procuram situá-la no caminho interior e eclesial da salvação.[49]

– Considero, com efeito, que a intuição fundamental da Renovação Carismática, além da descoberta do carisma das curas, consiste em recordar à Igreja que a salvação, em seu itinerário rumo à plenitude, está repleta de sinais manifestos de saúde ou de cura: a paz interior encontrada, a "cura das recordações", a conversão a Deus (ou ao transcendente) como encontro das próprias raízes e da única consistência, a libertação das escravidões e das obsessões, a reconciliação com os irmãos e a criação de "espaços de acolhida". Talvez tudo isso remeta ao fato de que todo processo terapêutico comporta de alguma maneira a unidade da pessoa e a interação de suas diversas dimensões. Também isso é recordado pela Renovação Carismática.

g) A Teologia da Saúde: afinidades e diferenças

O movimento de reflexão, de oração e de práxis pastoral promovido pela Teologia Terapêutica e pela Renovação Carismática contribuiu para reinterpretar segundo esse princípio, por muito tempo esquecido, o mistério da salvação. Nesse processo de reflexão, a Teologia da Saúde se situa um passo adiante, abrindo assim uma perspectiva mais ampla.[50]

Ela dirige sua atenção em particular à saúde contemplada à luz do desígnio salvífico de Deus. Daí decorre que essa saúde não se veja relacionada apenas com a terapia/cura de tudo o que no ser humano e na sociedade é patológico, como tampouco com a promoção de um novo modo de viver. A meta é sempre a saúde, e esta, também na história da salvação, não é somente o "resultado" de uma cura física ou psíquica.

---

48 Ver os oportunos esclarecimentos a esse respeito de SULLIVAN F., op. cit., pp. 180-191.

49 Cf. MAC NUTT F., op. cit., pp. 259-275.

50 Como se trata de uma "disciplina" ainda recente e carente de monografias de valor, costuma-se identificá-la, tal como se apresenta, com a "Teologia Terapêutica".

Essa visão leva de modo quase espontâneo a um estudo profundo do modelo e desígnio de saúde que "palpita" por detrás das ações terapêuticas de Cristo, as quais sem dúvida privilegiaram os enfermos "oficiais" de seu tempo (também hoje devem ser os prediletos), mas tinham como alvo os "sãos" e toda a sociedade. Por conseguinte, de forma diferente do que se costuma fazer, a Teologia da Saúde não leva em consideração só a atividade terapêutica de Cristo, prolongada na comunidade eclesial com a força (os dons, a caridade) do Espírito, mas também os diversos "momentos" do mistério de Cristo, a partir da encarnação e lidos em termos de saúde.

A Teologia da Saúde prolonga o discurso da Teologia Terapêutica e, em certo sentido, começa onde esta última o suspende. A Teologia da Saúde acentua também a dimensão terapêutica do mistério da salvação. Ora, na salvação podem ser encontrados ao menos três "momentos" ou componentes:

- a situação de indigência, de adversidade, de enfermidade que aflige o ser humano;
- a intervenção indispensável de um salvador; e
- a conquista de uma *nova* condição/situação (de plenitude, de liberdade...).

A Teologia da Saúde não pode deixar de levar em conta esses três momentos, mas dirige seu olhar em particular para o *novo*; nesse caso, a nova saúde que brota da ação salvífica de Deus e que se insere na integridade do ser humano. A Teologia da Saúde deve explicar essa *nova saúde*, da qual derivam suas tarefas. Eis algumas delas:

– É preciso descobrir o modelo de saúde oferecido por Deus no decorrer da história da salvação. Nessa busca, é fundamental penetrar na pedagogia de Deus revelada em um amplo mosaico de mediações, que alcançam o auge no único mediador, Cristo.

– A passagem da visão terapêutica da salvação à visão salutar não descuida nem esconde a realidade do sofrimento, da enfermidade e da morte, e, de maneira mais genérica, a que denominamos "via da indigência", mas uma via cujo destino é a "via da plenitude". Partindo da dupla condição histórica do ser humano, barro e hálito, a Teologia da Saúde procura contemplar a saúde oferecida por Deus como um sinal da plenitude a que se está chamado a viver neste mundo, inclusive na experiência do limite.

– A Teologia da Saúde começa onde se descobre a implantação antropológica da saúde. Essa descoberta reivindica um diálogo com as ciências do comportamento (a psicologia da saúde e a sociologia da saúde) e da antropologia médica. Acolhendo algumas de suas conclusões, a Teologia da Saúde procura ler em termos teológicos o que é o ser humano são (e curado) em suas diversas dimensões pessoais.

– Isso não seria possível se a saúde não tivesse um conteúdo próprio, subjetivo e objetivo. A tarefa da Teologia da Saúde não é "medir" a saúde do ponto de vista dos dados facilitados pela medicina e pela sociologia, mas sim interpretar e favorecer sua experiência salutar e salvífica. É preciso perceber a "linguagem" fiel da saúde enquanto experiência e objeto de decisões para poder integrá-la à existência cristã.

– A saúde, por conseguinte, deve ser contemplada como um valor no âmbito da economia salvífica no tempo da Igreja. Talvez seja este o desafio mais importante da Teologia da Saúde: discernir qual saúde foi confiada à Igreja como dom e missão, qual saúde pode irradiar hoje em sua condição de sacramento de salvação e, portanto, de que modo a saúde está vinculada com a vivência individual e comunitária da fé, com a proclamação do Evangelho, com a estrutura litúrgica e sacramental da Igreja.

– A Teologia da Saúde centra seu interesse na ação pastoral do mundo da saúde e, em geral, na evangelização. No que se refere a estas últimas, ela contribui com novas luzes e estímulos: ajuda a descobrir a atualidade do "sinal-saúde" no interior da Igreja, reivindica uma nova sensibilidade ligada à qualidade da vida do indivíduo e da sociedade, situa os agentes pastorais e sua ação como um valor salutar específico no âmbito da "aliança terapêutica" e estabelece sobre bases diversas o velho problema da relação entre fé e medicina.

3. Alguns esclarecimentos

a) Pressupostos

A Teologia da Saúde tem suas dúvidas com a antropologia médica, com a sociologia da saúde e com a psicologia da saúde. Com métodos, objetivos e conteúdos diversos, a Teologia da Saúde é uma abordagem desses ramos do conhecimento que deve ser considerada no interior de uma grande aliança que não permite absolutizar nenhuma. Tendo presentes as grandes linhas, ou as diversas épocas, da história da concepção da saúde e as principais contribuições dessas ciências, a Teologia da Saúde começa onde se descobre seu enraizamento antropológico. Por isso, sem adotar essas contribuições (visto que não correspondem a ela), ela deve partir de fato de uma antropologia propriamente "sua" da saúde. Desse modo, a Teologia da Saúde não "inventa" a saúde, porque, embora tenha muito presentes suas implicações biológicas, mentais e sociais, seu discurso é fundamentalmente teológico, um discurso orientado para a práxis cristã e pastoral.

A Teologia da Saúde, por conseguinte, é especialmente sensível às atuais culturas da saúde. Em um mundo plural e contraditório, procura em particular descobrir "os critérios de juízo, os valores determinantes, os pontos de interesse, as linhas de pensamento, as fontes de inspiração e os modelos de vida da humanidade"[51] com relação à saúde. Evita-se assim, entre outras coisas, responder a questões que ninguém formula.

Portanto, deve ficar clara a escolha metodológica levada a cabo nessa disciplina. Em vez de partirmos "de cima", isto é, do modelo de saúde que percorre toda a história da salvação, partimos "de baixo", procurando escrutar as atuais culturas e propor uma visão antropológica para confrontá-la e iluminá-la com a luz da Revelação.

b) Objeto da Teologia da Saúde

O objeto da Teologia da Saúde é a *saúde humana em todas as suas dimensões*. Por conseguinte, saúde:

- individual e comunitária;
- enquanto realidade (valor, experiência) incorporada à consciência, transformada em objeto de decisões;
- contemplada no âmbito do mistério da salvação;
- parte integrante do desígnio de Deus;
- revelada e realizada em Cristo;
- confiada à Igreja como dom e missão.

c) Limites

A saúde é um dos lugares teológicos para compreender a revelação de Deus e, talvez de maneira mais relevante, da "antropologia de Deus", mas nunca, por si só, critério hermenêutico que determine a mensagem cristã.

A saúde deve ser sempre considerada tendo-se em conta suas necessárias vinculações (salvação, vida, perfeição, felicidade, liberdade, Aliança...). Assim contemplada, a saúde é ao mesmo tempo:

---

[51] EN 19.

- precária, frágil, ameaçada, necessitada de salvação;
- profundamente radicada no ser humano;
- claramente inserida no plano de Deus;
- aberta à salvação;
- fim permanente da ação da Igreja no mundo.

d) Mal-entendidos aos quais responder e riscos a evitar

– Indefinição da saúde?

Com a incorporação da noção de pessoa ao conceito de saúde e com a ampliação da aliança de disciplinas e de recursos envolvidos na saúde, fica claro que também esta se transformou em um "mundo" sem limites. Como veremos, não é fácil defini-la. É preciso aceitar desde o começo certa "inefabilidade" e indefinição, já que ela aparece sempre unida ao mistério da pessoa e se encontra amiúde em "diálogo" com outras experiências, como o sofrimento e a doença. No entanto, se é verdade que a saúde não é tudo, também é *verdade que nem tudo é saúde.*

– Triunfalismo?

A Teologia da Saúde não pretende oferecer uma visão edulcorada do Evangelho, nem eludir as "passividades" da existência, nem tampouco desviar a atenção da pastoral dos enfermos para os sãos. A saúde revelada no mistério de Cristo é frágil e precisa de salvação, mas ao mesmo tempo esclarece o sofrimento, a doença e a morte com uma nova luz: todas elas podem ser vividas de forma diferente, salvífica, sadia. A Teologia da Saúde também mostra a consciência de que Cristo não curou todos os enfermos nem eliminou a doença da condição humana. Fica claro, contudo, que o "Evangelho da Saúde" é inseparável do "Evangelho da Salvação" e da proclamação e realização do Reino. Com efeito, Ele os uniu em uma ordem. A cura dos enfermos e o oferecimento de saúde em seu nome não brotam apenas do dinamismo da caridade, mas fazem parte da adesão a Cristo e à sua missão.

– Riscos a evitar

A Teologia da Saúde propõe uma leitura da salvação em termos saudáveis, como dissemos, e isso significa, entre outras coisas, introduzir a saúde como valor, oportunidade e desafio ligados à fé vivida pelos fiéis. Reaparece, com termos novos e em um contexto diverso, o binômio fé-saúde, medicina-religião e saúde-salvação. Esse confronto é cada vez mais atual. Está também presente nos meios de comunicação social, com títulos tão chamativos como: "Crer é bom para a saúde", ou "Quem vai à igreja vive mais tempo"...

Ora, em uma sociedade (ao menos na ocidental) que busca obsessivamente a saúde, estão à espreita alguns riscos, inclusive para a reflexão teológica. Em primeiro lugar, o retorno (nunca inteiramente superado) a uma *religião útil*. É a instrumentalização da fé. Crer *porque* é útil, porque faz bem à saúde, porque cura as doenças para as quais não oferece remédio o poder atual da ciência, porque previne os transtornos biopsíquicos etc. é uma subversão inaceitável da fé cristã. Porém, é o que acontece. Apesar das suspeitas difundidas pela racionalidade sobre a associação entre oração e cura, muitos enfermos fiéis buscam em Deus e em suas mediações o último reduto de sua "salvação". Apelar aos recursos da religião é ainda mais evidente quando o doente (e sua família) chega a pactos com a realidade cruel da enfermidade. O doente se agarra a tudo, recorre às velhas devoções e faz promessas para que consiga a cura.

A instrumentalização da religião tem outras expressões. Ela está presente nas chamadas "religiões de cura", aparece em algumas expressões da Renovação Carismática (em especial nos países mais pobres),[52] mas no fundo é particularmente devedora da cultura atual. Hoje, um dos grandes critérios de valor, de bondade e de qualidade das coisas é sua *utilidade*. Para que serve rezar?, perguntam-se as pessoas. Que proveito tiro da fé? O desejo de "limpar" os equívocos do cristianismo (em especial da Igreja), de descobrir o rosto de Deus desfigurado há séculos, de redimir a liturgia de sua frieza discursiva e desencarnada, de concorrer com outras confissões mais sensíveis às emoções e às experiências ligadas à liturgia e, sobretudo, de atrair os "distantes", pode instigar, também de maneira inconsciente, dinamismos e estratégias teológicas e pastorais que extraem da fé sua primeira virtude: a gratuidade.

Um segundo risco: *absolutizar a saúde* e, portanto, *psicologizar a salvação*. Trata de dois fenômenos diferentes mas intimamente relacionados entre si. O fato de que a saúde tenha chegado a ser hoje a nova deusa Hígia, objeto inclusive de culto, da fé mais comum, mais ainda, um dos símbolos da condição humana, é atualmente pacífico. Quanto mais aumenta o valor da saúde, tanto mais desperta,

---

[52] Ver a esse respeito LAUTMANN F., MAÎTRE J. (orgs.), *Gestions religieuses de la santé*, Ed. L'Harmattan, Paris, 1993.

entre os fiéis também, o risco de considerá-la um *bem essencial*; portanto, um bem que Deus nunca negaria a quem o pede.

Por outro lado, a reflexão teológica é hoje mais sensível que nunca às traduções históricas da salvação. Já não despertam perplexidade afirmações como: "A salvação se transforma em história, realiza-se nela, assume carne humana em forma de saúde", ou: "Não se pode proclamar o Reino sem praticar a saúde, nem aderir a ela sem deixar-se curar no mais profundo de si". Essas afirmações, que eu mesmo assinei,[53] não deveriam levar a uma identificação da saúde com a salvação e, como consequência, a um inadequado enquadramento do *Evangelho da Saúde*. Mas tampouco deveriam, talvez como reação a uma superada concepção espiritualista e desencarnada da salvação, confundir a ação salvífica de Deus com as intervenções terapêuticas da ciência ou reduzi-la ao bem-estar físico, à harmonia interior ou às sensações subjetivas associadas à experiência da saúde.

Desse modo, não se exorciza a tentação, cada vez mais difusa, de substituir a salvação oferecida gratuitamente por Deus em Cristo, salvação que, mesmo sendo também um dom, é, sobretudo, responsabilidade do ser humano. Na cultura da saúde de hoje, de horizontes cada vez mais fechados à transcendência e aos limites últimos, a saúde *se eleva à religião*, símbolo do máximo bem que se deve conseguir aqui, e não de Deus em um incerto ou menosprezado "além".[54] *A saúde, por mais bela que seja, não salva.*

E há um terceiro risco. Vimos de uma longa tradição que canonizou o sofrimento, que alimentou algumas suspeitas com relação ao corpo e que não foi sensível ao que acontece com ele, o que levou a desacreditar a saúde a ponto de levar as pessoas a dizerem: "Deus não está à vontade em um corpo sadio". Era uma espiritualidade que dava precedência à "via das indigências" como a via de acesso a Deus e à salvação. Mais ainda, a enfermidade, com seu cortejo de experiências, vinha a ser uma espécie de "sinal" de predestinação e de salvação. Corremos hoje o risco de encalhar no extremo oposto. Uma valorização excessiva da saúde (em *qualquer uma* de suas dimensões) e uma equiparação indevida com a salvação exigiriam que esta se traduzisse sempre em experiências saudáveis ou terapêuticas, a ponto de fazer crer que tais experiências seriam sinal e garantia de salvação.

---

53 Cf. ÁLVAREZ F., Salvación, in: VV.AA., *Diccionario de Pastoral de la Salud y Bioética*, San Pablo, Madrid, 2009, p. 155.

54 Cf. LUTZ M., La "religione della salute" e la nuova visione dell'essere umano, in: SGRECCIA E., CARRASCO DE PAULA I. (dirs.), *Qualità della vita ed etica della salute*, Libreria Editrice Vaticana, Città del Vaticano, 2006, pp. 126-133.

Devemos afirmar sem titubeios que *nenhuma experiência humana é garantia absoluta de salvação*: nem a enfermidade nem a saúde, como tampouco o amor. E é preciso dizer também que Cristo, mais que modificar a realidade, prescindindo inclusive das leis da natureza com seus milagres, veio *transformar* (salvar e curar) nossas experiências. Daí a possibilidade de acolher a saúde como Boa-Nova. Daí também que o sofrimento, a doença e a morte possam ser vividos, apesar de tudo, como experiências salvíficas, através da Boa-Nova da salvação, que deixa de limitar-se, portanto, a uma única experiência humana.

II

Enfoque antropológico: enraizamento antropológico da saúde

"A exortação à reflexão não costuma ser vista com bons olhos no âmbito médico, em especial quando procede de quem representa uma 'antropologia', isto é, um saber sistemático e centrado no ser humano."[1] Essa afirmação, extraída de um famoso promotor da recuperação da dimensão humana da saúde e de seu mundo, nos introduz ao tema, não sem uma pequena dose de um sadio pessimismo.

O discurso sobre o enraizamento antropológico da saúde nos recorda ainda hoje, em forma de estribilho, a pergunta, carregada de dor e de esperança, dos israelitas exilados na Babilônia: "Como cantar os cânticos do Senhor em terra estrangeira?" (Sl 137,4). Visto que o gênero literário invocado no-lo permite, acrescentemos que a volta à pátria, às raízes e ao ar fresco da montanha é também hoje objeto de desejo no mundo da saúde e da enfermidade. A sede de humanização não pretende julgar em primeiro lugar os comportamentos éticos, mas os andaimes culturais em que se apoiam. O fato de o ser humano de hoje ter a sensação de "não ser de casa" no lugar em que se dão os "acontecimentos fundamentais de sua existência" (saúde, doença, sofrimento e morte) é um assunto que golpeia as portas de um longo caminho cultural no qual estão envolvidos o estatuto epistemológico da medicina, os progressos e os fracassos do sistema médico convencional, o pesado fardo e a flexibilidade do chamado "humanismo tecnológico", a fragmentação da pós-modernidade etc.

Continuando com a parábola do exílio, é preciso enfatizar que o afastamento foi provocado também pelo próprio ser humano (pelo são e pelo enfermo), ao ter deixado com facilidade sua autonomia nas mãos da ciência. Em lugar de apropriar-se dos percursos de sua saúde, tornando-se responsável por ela em termos biográficos, confia seu corpo frágil e ferido ao saber e ao poder da ciência e da organização. *O ser humano se afasta de si mesmo.*

Como enquadrar hoje o discurso sobre a antropologia da saúde? Esse é o objeto deste segundo capítulo, que articularemos pouco a pouco nos seguintes passos: em primeiro lugar, lançaremos um breve olhar a partir de três janelas que nos indicam o caminho que devemos seguir. Em um segundo momento, escutaremos a voz do povo, no qual se sente o eco de uma cultura difusa da saúde. Em seguida, procuraremos identificar essa voz, esclarecendo algumas das atuais tendências culturais em torno da saúde. Uma vez tendo

---

[1] SPINSANTI S., *Curare e prendersi cura. L'orizzonte antropologico della nuova medicina*, Ed. CIDAS, Roma, 1998, p. 9.

chegado ao núcleo da questão, ofereceremos alguns elementos para uma compreensão integral da saúde. Por fim, nós nos deteremos em uma das chaves hermenêuticas antropológicas: *a saúde enquanto experiência humana.*

1. Três "janelas"

Etimologicamente, o termo "saúde" nas línguas latinas, neolatinas e anglo-saxônicas (*salus, salud, santé, health* etc.) evoca um sentido de *totalidade*, de *integridade*. "A saúde só tem sentido no quadro de uma visão holística do ser humano."[2] Ela remete, como afirma Bernard Häring, ao centro.[3] Originalmente, saúde significa "um ser humano que superou tudo o que é confuso, precário e fragmentário, que satisfez seu impulso infinito para a felicidade, a vida e a alegria, que chegou por completo ao que é ele mesmo, que já não tem nenhum desejo pessoal, que viveu em plenitude suas relações com os outros seres humanos e deu satisfação à sua ânsia de um mundo que também é sua 'pátria'. Estamos diante de um ser humano que conseguiu também uma saúde plena".[4]

A linguagem, enquanto veículo de cultura, nunca é indiferente. Em particular, quando, no fluir da história, certas palavras-chave perderam no caminho seu sentido primigênio, deveriam ser consideradas não uma espécie de depósito estanque, mas sim memória de uma herança perdida e de um horizonte desvanecido. Nesse caso, paira sobre a *salus* latina uma visão do ser humano e do mundo que se arraiga, como veremos, na tradição bíblica, uma tradição que acompanhou a história do Ocidente. A linguagem remete, de modo inexorável, à autocompreensão do ser humano e de suas realidades.

Sociologicamente, a saúde se transformou hoje em um conceito de fato "interessante", na fé comum da humanidade, em um valor simbólico que suscita as maiores adesões, em um empenho social que se situa no centro de uma grande "aliança" de meios, de esforços e de interesses. No mundo da saúde, têm lugar os "acontecimentos fundamentais da existência humana",[5] isto é, o nascimento, a saúde, a doença, o sofrimento e a morte", que levantam problemas não só econômicos, políticos e administrativos, como também humanos e

---

2 STENDLER F., *Sociologie médicale*, A. Colin, Paris, 1977, p. 11.

3 HÄRING B., *La fe, fuente de salud*, pp. 19-21.

4 GRESHAKE G., *Libertà donata*, Queriniana, Brescia, 1984, p. 14.

5 Cf. *DolHom* 2.

éticos.[6] Por isso, o mundo da saúde é também reflexo da cultura da sociedade, de seus valores e contravalores, do estilo de vida; é uma encruzilhada de suas expectativas e esperanças, lugar das grandes coincidências e das grandes decisões.

Só uma mentalidade polarizada em excesso sobre os "fatos" ("quero fatos, somente fatos") será incapaz de perceber seu sentido, sua direção e sua origem. Os modos de viver a saúde são, para quaisquer olhos atentos, um livro aberto a uma leitura apaixonada, em que se vislumbram as desigualdades mais recônditas da condição humana, acima das aparências e do conjunto de normas sociais, em meio à superficialidade e à seriedade da vida individual e coletiva. Os dados da sociologia da saúde e da psicologia da saúde são também epifania do ser humano, reivindicando ao menos certa leitura antropológica.

Antropologicamente, ultrapassando a variedade de definições hoje vigente, toda concepção da saúde remete a uma *visão do ser humano*. Numa pesquisa realizada na França na década de 1960, os autores concluíram que "perguntar pela saúde significa perguntar pelo ser humano".[7]

O conceito de saúde e de seu tratamento depende "da concepção que se tem do ser humano, do modo de estar no mundo e com os outros, da projeção da própria existência individual e coletiva".[8] Os sistemas sanitários atuam sempre, de forma mais ou menos decidida, em função de um "modelo de saúde" próprio e, por conseguinte, explicitam determinada "filosofia da saúde". A própria arquitetura hospitalar e sua estrutura organizativa interna são incapazes de calar a pergunta sobre a saúde e o ser humano. Mais claramente: que saúde persegue o exercício das profissões médicas e da enfermagem? Que visão do ser humano esconde ou manifesta? E, por fim, a maneira pela qual os especialistas da "saúde do comportamento"[9] enfatizam a atenção ao bem-estar, tanto físico como psicológico, se acha muito condicionada pelos valores e pelas crenças, e estes são inseparáveis de sua condição antropológica.

---

[6] Cf. ibid.

[7] Cf. STENDLER F., op. cit., p. 11.

[8] PIANA G., Corporeità e salute secondo alcune ideologie e concezioni del mondo, in: VV.AA., *Uomo e salute*, Ed. del Rezzara, Vicenza, 1979.

[9] Cf. por exemplo POLAINO-LORENTE A., *Educación a la salud*, Herder, Barcelona, 1987.

Tudo isso significa que a saúde, além de contar com um evidente suporte biológico (somático, corpóreo), é um fenômeno intrinsecamente *cultural* ao qual a Teologia da Saúde deve estar muito atenta. Portanto, o itinerário metodológico em torno do enraizamento antropológico da saúde deve começar escutando a voz do povo. Ao agir assim, encontramo-nos ainda no âmbito fenomenológico. Lançamos, pois, um olhar ao que aparece.

2. Concepções "populares" da saúde[10]

a) Concepção "vitalista"

Segundo essa visão, muito difundida, a saúde se identifica com o vigor do corpo e com o bom funcionamento dos órgãos. Com base em critérios objetivos (morfológicos, etiológicos e funcionais), essa visão insiste na dimensão somático-corpórea. A saúde equivaleria ao "silêncio do corpo" e dos órgãos. O primeiro diagnóstico costuma ser "epidérmico"; fixa-se em torno da pele, no "bom aspecto", na fisionomia exterior. A saúde aflora pelos poros. O ideal consiste em "explodir de saúde".

10 Cf. CICCONE L., *Salute e malattia. Per una pastorale rinnovata*, Ed. Salcom, Varese 1985. Sobre este tema, cf. também: LAÍN ENTRALGO P., *Antropología médica*, Salvat, Barcelona, 1985; it. *Antropologia medica*, Paoline, Roma, 1989; id., Qué es la salud, in: *Jano* XXXV, n. extra (1988), pp. 123-128; GRACIA GUILLÉN D., Salud, ecología y calidad de vida, in: *Jano* XXXV, n. extra (1988), pp. 133-147; id., Modelos actuales de salud. Aproximación al concepto de salud, in: *Labor Hospitalaria* 219 (1991), pp. 11-14; INGROSSO M., MONTUSCHI F., SPINSANTI S., *Salute malattia*, Cittadella Ed., Assisi, 1996; BRESCIANI C., Salud: enfoque histórico-cultutal, in: VV.AA., *Diccionario de Pastoral de la Salud y Bioética*, San Pablo, Madrid, 2009, pp. 1520-1528; RADLEY A., BILLIG M., Spiegazioni della salute e della malattia: Dilemmi e rappresentazioni, in: PETRILLO G. (dir.), *Psicologia sociale della salute*, Liguori Ed., Firenze, 1996, pp. 169-193; WILSON M., *La salute è di tutti*, Ed. Il Pensiero Scientifico, Roma, 1980; VV.AA., *Santé et societé. Les hommes d'aujourd'hui face à la maladie*, Ed. Le Centurion, Paris, 1982; PONTAIS L., *Pour que l'homme vive. Essai sur la santé*, Ed. Ouvrières, Paris, 1973; LAPLANTINE F., *Antropologia della medicina*, Sansoni Editori, Firenze, 1988; LANDY D. (dir.), *Culture, disease and healing: Studies in medical anthropology*, Macmillan, New York/London, 1977; RISSE G. B., Health and Disease. History of the concept, in: *Encyclopedia of Bioethics*, I, The Free Press Collier-Macmillan Publishers, New York/London, 1978, pp. 579-585.

Trata-se sem dúvida de uma visão redutiva e individualista segundo a qual o corpo prevalece sobre a pessoa, o indivíduo sobre a comunidade. Nessa visão, percebe-se com clareza determinada cultura que, hoje mais do que nunca, privilegia o culto ao corpo (expresso de múltiplas formas), o valor atribuído à juventude, à beleza e, por extensão, o culto à imagem, que encontra, ao menos no inconsciente coletivo (amiúde utópico), seu ideal no fenômeno da "rambomania" ou do "super-homem".

De acordo com essa visão, a saúde se transforma em critério determinante para "medir" a qualidade de vida nas diversas idades da existência. A ancianidade será sem dúvida a "estação patológica", algo que, como é sabido, não deixa de ter consequências negativas para seu tratamento e sua consideração social.

Uma saúde, pois, aparentemente encerrada nos limites da biologia, próxima da que se costuma chamar *saúde veterinária*, intercambiável com a dos animais e sujeita à programação genética do ser humano. Mas só aparentemente, porque, vinculada à "história" do corpo e a suas múltiplas vicissitudes, nunca pode ser tratada nem vivida por si mesma, como se o corpo fosse algo que se tem e não, ao mesmo tempo, que se é. Como veremos, a biologia é não somente suporte da biografia, mas também *biografia corpórea*. Em outras palavras, também na concepção mais materialista da saúde, o corpo é "corpo vivido", experimentado, objeto de decisões saudáveis ou patológicas, humanizado ou desumanizado.

Daí que a saúde centrada no corpo e em seu vigor nunca seja apenas "saúde biológica". Não é preciso senão aludir a alguns fenômenos. A medicina perfectiva (que vai além da cirurgia estética), a anorexia e a bulimia, a atenção obsessiva à forma física, a obediência cega aos cânones sociais da beleza etc., embora centrados no corpo, são uma expressão, ou melhor, um relato da própria biografia. Remetemos, portanto, a uma concepção de saúde que supera o "estar bem" (saúde objetiva) e que se encontra em outras dimensões da pessoa.

b) Concepção "utilitarista" ou "érgica"

Também este é um modo de ver muito enraizado na consciência, e até poderíamos dizer que no imaginário coletivo da sociedade. O sadio é alguém que pode trabalhar, enquanto o enfermo está isento do trabalho ou impossibilitado de trabalhar, começando com isso a fazer parte do estatuto das classes "passivas". Segundo uma das definições menos redutivas, a saúde seria o "estado de capacidade ótima de um indivíduo para o eficaz desempenho de funções ou tarefas para as quais foi socializado" (T. Pearsons).

Declarado e oficializado pela prática médica, pela experiência coletiva e pelas legislações, esse conceito de saúde tem como ponto de referência a dimensão "fabril" do ser humano, sua capacidade de manipular e transformar a realidade, bem como de desempenhar atividades produtivas; em suma, sua dimensão instrumental.

A incidência dessa visão popular é confirmada pela história, em especial na vertente dos deveres do Estado com relação aos cidadãos. E está na origem dos atuais sistemas de previdência social. Em primeiro lugar na Alemanha (no século XIX, quando Bismarck estava no poder) e depois em outros países, o reconhecimento do direito à saúde tinha como meta, além da pacificação social, a restituição do trabalhador enfermo à linha de produção. Só o cidadão sadio pode trabalhar e consumir o que produz.[11]

Tampouco nesse caso podemos deixar-nos seduzir pela atração dos fatos. A associação entre trabalho e saúde é geralmente inegável, mas é parcial e não pode ser absolutizada. Junto com esse critério está uma cultura, enriquecida por novos ingredientes no século XX, que propõe uma visão redutiva do ser humano. Em sua mutilação antropológica, é comum vê-lo mais orientado para as coisas que para os outros, mais para a transformação do mundo que para as relações sociais, mais para os valores quantitativos que para os qualitativos.

Sem tirar nada do critério érgico ou trabalhista como medida parcial da saúde, é preciso dizer que, na cultura atual, ocultam-se algumas armadilhas insidiosas. Em primeiro lugar, espreita o risco de confundir atividade-trabalho e missão, o fazer que nos equipara aos animais e o agir próprio do ser humano. Nem sempre fazer um trabalho contribui para a realização pessoal, podendo chegar a ser fonte de patologias e ele próprio patológico (as "doenças do trabalho").[12]

Se a medida do ser humano vem da possibilidade de desenvolver as próprias potencialidades por meio da realização de sua missão no mundo, o horizonte se amplia também para aqueles que chegaram

---

11 Cf. GRACIA GUILLÉN D., Medicina social, in: *Avances del Saber*, Ed. Labor, Barcelona, 1984, IV, pp. 179-211.

12 Cf. por exemplo COMBALBERT N., RIQUELME SÉNÉGOU C., *Lavoro e malessere*, Cittadella Editrice, Assisi, 2008.

ao ocaso da vida, para os doentes crônicos e para os incapacitados físicos. A missão não depende necessariamente dos braços.

O sentido da própria utilidade e da afirmação social é, sem dúvida, um elemento dinâmico da experiência pessoal de saúde. Não obstante, a exacerbação da visão trabalhista está também condicionada em nossa cultura por outros valores, que por sua vez geram patologias, exclusão social, bolsões de pobreza, distribuição injusta dos recursos sanitários. São os valores da eficácia e da utilidade, da competitividade e da agressividade, da imagem criada pelo poder e pelo escalão.

Também nesse caso a compreensão popular da saúde, mesmo estando fundamentalmente centrada no corpo enquanto máquina instrumental de produção e de consumo, se transforma, por contraste, em uma espécie de epifania das zonas humanas por ela deixadas na penumbra. Está em jogo a biografia pessoal, com frequência obscurecida no ou pelo trabalho, sempre sedenta de uma realização sem fim.

c) Concepção "médica"

Na mentalidade popular, a saúde é ainda um conceito médico ou, ao menos, definido pela medicina. Sadio é alguém que não precisa de médico, ou, por outro lado, é o saber médico que decide quando o ser humano está sadio ou enfermo. Essa visão deu à ciência médica um grande poder de "conjunto de normas", de ordenamento, de controle dos comportamentos no tocante ao corpo e, ao mesmo tempo, ajudou o exercício da medicina a avançar pelo caminho de uma atrativa ambiguidade entre o paternalismo e a "tirania". Nas asas de um progresso que ofereceu à humanidade êxitos magníficos na luta contra a doença, e estimulada por uma crescente demanda de saúde por parte da sociedade, a medicina continua sendo, para a maioria das pessoas, o único ponto de referência para sua saúde.

A "medicalização da saúde", neologismo cunhado para expressar esse poder hegemônico da medicina, talvez seja a expressão mais clara da insuficiência do enfoque médico e da concepção médica da saúde. Sem restar a menor dúvida quanto a sua insuprimível função, é necessário afirmar que esse enfoque também não deve ser absolutizado. É impossível que todo o universo da saúde se submeta ao domínio do saber e do poder da ciência médica. Esta mesma está cada vez mais consciente disso.

Como veremos mais adiante, seu estatuto epistemológico, enquanto ciência da natureza, a incapacitou na prática de superar os limites da biologia. Acostumada a tratar a doença, esquece com frequência o sujeito; sensível à dor, detém-se diante do sofrimento; tendo como alvo o indivíduo, descuida seu mundo. Talvez um exemplo extraído da experiência cotidiana possa ilustrar melhor o sentido dessas afirmações. Com os resultados favoráveis e tranquilizadores de uma esmerada comprovação clínica, o médico transmite ao paciente seu veredito: "O senhor está muito bem". O sadio hipotético – quem sabe doente imaginário – se sente obrigado a objetar: "Doutor, eu me sinto muito mal". São duas linguagens diferentes. As duas têm razão, as duas falam de saúde, mas não da mesma.[13]

d) Concepção "psicológica"[14]

O ser humano de hoje deixou de contentar-se com qualquer saúde. Superadas certas barreiras que faziam com que ele se sentisse extremamente frágil (pense-se na mortalidade provocada por enfermidades agora vencidas ou consideradas banais) e claramente vulnerável diante da natureza e de seus "caprichos", sua atenção se dirige à qualidade da saúde. Em poucas palavras e sem matizes, não lhe basta *estar bem*, mas deseja *sentir-se bem*.

Como veremos, nunca foi tão clara quanto hoje a tensão entre saúde objetiva e saúde percebida. Esta última reivindica em primeiro lugar a subjetividade, não exclui a objetividade biológica mas com frequência vai além dela. Há, com efeito – é apenas um exemplo –, quem vive triste em um corpo sadio. Essas duas experiências convivem e se alternam na linguagem da saúde e da enfermidade.

A maior apreciação da dimensão psicológica da saúde tem muito a ver com a multiplicação dos transtornos de caráter psicoespiritual.

---

13 Para este tema, cf. VIAFORA C., Le dimensioni antropologiche della salute. Un approccio filosofico centrato sulla "crisi del soggetto", in: *Dolentium Hominum* 37 (1998), pp. 16-21; SPINSANTI S., *Curare e prendersi cura*, cit., pp. 29-42. Faremos adiante um julgamento profundo sobre o sistema médico convencional.

14 Não pretendemos esboçar aqui uma "psicologia da saúde". Não se deve esquecer que este capítulo se intitula "concepções *populares* da saúde". Por isso, a expressão "concepção psicológica" deve ser considerada na acepção comum de "sentir-se bem"; seria, pois, o mundo interior do ser humano sadio. No que se refere à psicologia da saúde, ver SANDRIN L., Psicología de la salud y de la enfermedad, in: VV.AA., *Diccionario de Pastoral de la Salud y Bioética*, San Pablo, Madrid, 2009, pp. 1377-1399.

É impossível fazer aqui uma lista deles, mas, dado que ainda nos encontramos no âmbito "popular" da concepção e da percepção da saúde, nos vemos obrigados ao menos a aludir a algumas patologias que torturam a sociedade e que levaram ao aumento da demanda de saúde. É verdade que são muitos aqueles que não consideram patológicos ou mórbidos certos transtornos anímicos, da personalidade ou do comportamento. Convivem-se ainda com depressões não atendidas, com fobias, com ansiedades, com uma solidão imposta, com as patologias da abundância, com dependências (do álcool, do tabaco, do trabalho...), com o vazio existencial e com a incomunicação. Mas também é verdade que se multiplicaram enormemente as escolas de psicoterapia e que os consultórios dos psicólogos e psiquiatras – em outros tempos vazios ou rodeados de reservas e pudor – agora estão cheios. Clientes fixos ou ocasionais do confessionário buscam em outros lugares a terapia para seus males.

A ênfase que, cada vez de modo mais claro, recai na dimensão subjetiva do "estar bem", apesar de todas as ambiguidades, está voltando a abrir as portas a uma compreensão mais integrada da saúde. É a chave de acesso ao mistério da pessoa, considerada em sua irrepetível individualidade e em seu tecido social, portanto a profundidade antropológica da saúde. Lamentavelmente, a medicina, mais acostumada a eliminar os sintomas que a compreendê-los, não é capaz, muitas vezes, de entender a linguagem da enfermidade e da saúde, as linguagens e a sabedoria do corpo, que são seus interlocutores. "A prática médica, que girava ainda de modo fundamental em torno da *escuta do enfermo*, tinha ensinado aos médicos mais sensíveis que boa parte das doenças para as quais se pede a intervenção da medicina tem raízes mais profundas que a patologia orgânica, requerendo por isso respostas antes das *medical humanities* que da ciência médica".[15]

Não podemos deixar de aludir a um dos fenômenos que talvez ilustrem da melhor maneira o desejo de "sentir-se bem", isto é, a percepção subjetiva da saúde. Referimo-nos à abundante, inclusive inflacionária, produção literária que deseja ajudar o ser humano – é verdade que de maneira bastante concisa – a *ser feliz*. Seus argumentos, conduzidos pelo fio de ouro da busca da felicidade, são múltiplos: como vencer a timidez e aprender a falar em público, como curar as próprias feridas e não se deixar manipular, como vencer os medos e ajudar a si mesmo... Alguns autores conseguiram uma

---

[15] SPINSANTI S., *Curare e prendersi cura*, cit., p. 35. Cf. também VV.AA., *La malattia, follia e saggezza del corpo*, Cittadella Ed., Assisi, 1988.

popularidade exagerada. Basta recordar como exemplo o doutor Wayne W. Dyer e alguns de seus livros *Seus pontos fracos*, *O céu é o limite* e *Não se deixe manipular pelos outros.*[16]

Essa literatura tem com frequência um caráter claramente de divulgação (inclusive comercial) e, por isso mesmo, costuma carecer de rigor. Além disso, acha-se claramente marcada por "seu selo original", que é o de alguns autores em busca de leitores que navegam nos ambientes da sociedade de consumo e do *welfare*, em que não se morre de fome nem de micróbios, mas em que ninguém se sente feliz o suficiente. Por isso, têm muitas vezes uma característica redutiva, devedora de sua escola de pertinência, e se adornam com alguns traços da pós-modernidade, que defende uma arte de viver mais obediente aos princípios da psicologia que a uma moral interiorizada.

Não obstante, estimulado sempre pela dimensão psicológica da saúde, esse fenômeno nos remete de modo quase espontâneo a outros menos "populares", mais clarividentes e mais próximos do umbral da antropologia da saúde ou já no âmbito desta. Também aqui nos limitaremos a algumas alusões, sem matizes e permitindo-nos não respeitar adequadamente as diversidades.

Tomando como denominador comum a *sede de subjetividade* (dito com expressões mais matizadas: a consideração do sujeito, a recuperação da pessoa, a participação ativa do sujeito no percurso de sua saúde etc.), recordamos em especial a contribuição das *medical humanities*,[17] cujos representantes provêm fundamental do mundo da medicina. Seu pensamento poderia ser resumido nesta proposição de von Weizsäker, referente à enfermidade e, por "contraste", à saúde: "A enfermidade do ser humano não é o desgaste de uma máquina; sua enfermidade é tão somente ele mesmo, ou melhor, a possibilidade de ser ele mesmo".[18] A influência que essa corrente pode ter tido, em particular nas pessoas (de quem nos ocupamos neste capítulo), não é fácil de ser calculada.

---

16 DYER W., *Tus zonas erróneas*, Grijalbo, Barcelona, 1977; id., *El cielo es el límite*, Grijalbo, Barcelona, 1983; id., *Evite ser utilizado*, Grijalbo, Barcelona, 1979. Por sua relação com nosso tema, é especialmente interessante o apêndice do livro *El cielo es el límite*, pp. 442-446.

17 São representantes desse movimento, por prestígio e por línguas, Viktor von Weizsäker, Arthur Jores, Pedro Laín Entralgo, Diego Gracia Guillén, Paul Tournier, Sandro Spinsanti e Paolo Cattorini.

18 Citado por SPINSANTI S., *Curare e prendersi cura*, cit., p. 25. Cf. id., *Guarire tutto l'uomo. La medicina antropologica di Viktor von Weizsäker*, Ed. Paoline, Torino, 1988.

No entanto, se centramos nossa atenção em outro fenômeno, parece que seu esforço não foi totalmente estéril. O primeiro, o da *humanização*. Essa expressão terminou por fazer parte do vocabulário comum do mundo da saúde e da doença, inclusive em sensibilidades muito plurais e sob a influência de perspectivas muito diferentes. O primeiro protagonista da sede de humanização é o próprio ser humano, em especial quando experimenta a enfermidade ou quando recorre às estruturas da saúde. Algumas expressões cruas exprimem com clareza o mal-estar, o clima de conflito em que é cuidada hoje a saúde dos cidadãos. Por exemplo: *Não pode ser um bom médico porque nem me olhou nos olhos*, ou então: *Não me disse nada*. Outras expressões se referem de modo mais direto às estruturas: *O hospital funcionaria bem se não houvesse doentes*, o mesmo ocorrendo com: *Eu já estava me convencendo de que o hospital já não é o lugar mais adequado para uma pessoa gravemente doente*", disse N. Cousins em seu interessante livro-testemunho.[19]

Às raias do exagero, mas que não devem ser subestimadas, estão também as denúncias do chamado "profeta leigo" Iván Illich, autor do famoso livro *Némesis médica*,[20] uma crítica desapiedada do sistema médico, que acusa de expropriar a saúde dos cidadãos e de ser o primeiro fator patogênico da sociedade. S. Keen, nessa mesma linha, depois de afirmar que todos os aspectos da vida foram invadidos pela medicina, acrescenta: "E agora temos um maior número de doentes".

A humanização atende, portanto, a um desejo cada vez mais presente na sociedade, embora ultrapasse em muito a concepção psicológica da saúde. Isso é evidente entre os autores e as instituições que se distinguiram nestes últimos tempos por suas contribuições a esse processo, que (e por isso remetemos a ele aqui) repercute diretamente na dimensão e na concepção da saúde que constituem o objeto desta seção.[21]

Um último autor a que desejamos referir-nos e que consideramos representante do envolvimento do sujeito nesse seu "sentir-se bem"

---

[19] COUSINS N., *La volontà di guarire*, Armando Armando Ed., Roma, 1982.

[20] ILLICH I., *Nemesi medica*, Mondadori, Milano, 1977.

[21] Cf. BRUSCO A., *Umanità per gli ospedali*, Ed. Salcom, Varese, 1983 (edição também em francês e em português); id., *Humanización de la asistencia al enfermo*, Sal Terrae/Centro de Humanización de la Salud (Religiosos Camilos), Santander, 1999; BERMEJO J. C. (org.), *Humanizar la salud*, San Pablo, Madrid, 1997; MARCHESI P. L., SPINSANTI S., SPINELLI A., *Por un hospital más humano*, Ed. Paulinas, Madrid, 1989.

e em seu processo terapêutico – baseando-se para isso não apenas em seus recursos internos terapêuticos individuais como também no apoio que o indivíduo encontra nos "grupos de autoajuda" – é o doutor e cirurgião norte-americano Bernie S. Siegel, cujos livros alcançaram notável popularidade.[22]

Neste percurso, foi nosso desejo fazer uma primeira e superficial abordagem do mosaico da saúde. As paisagens entrevistas sugerem-nos a necessidade de um aprofundamento posterior que procure descobrir as matrizes culturais das quais brotam as concepções expostas sucintamente. Damos, assim, um passo adiante no aprofundamento da dimensão antropológica da saúde.

3. Tendências e oscilações em torno da saúde

a) Algumas constatações iniciais

Não é fácil pôr em dúvida a capacidade do ser humano de dar um *rosto cultural* aos fatos mais biológicos, e não apenas os que abrem e fecham sua passagem por este mundo, como o nascimento e a morte, mas também os mais fundamentais e em parte compartilhados com os animais, como o comer.[23] Isso requer uma explicação que excede as constatações pacificamente compartilhadas.

A biologia é inseparável da biografia. A condição humana e o ser humano não existem em abstrato. A biografia é sempre uma história encarnada e contextualizada, uma história pessoal e impessoal ao mesmo tempo. O ser humano é, por um lado, um ser "trans-histórico" e "supra-histórico". Disso decorre que, longe de estar irremediável e cegamente ligado a sua biologia, é a origem de sua história, não sem dúvida no sentido de que seja ele quem dá o ser a si mesmo, mas no sentido de que é ela que necessita de um contínuo e ininterrupto ato de "criação", para além da programação genética e

---

[22] Citamos apenas SIEGEL S. B., *Amore, medicina e miracoli*, Sperling Paperback, Cúneo 1990; id., *Vita, amore e salute*, Frassinelli, Como, 1994.

[23] A morte, por exemplo, é um fato biológico e, enquanto tal, é igual para todos, mas cada um a vive de um modo diferente, a ponto de não ser a morte quem marca a diferença substancial, mas a espera da própria morte, juntamente com o cortejo de decisões, de sentido e não sentido, de esperanças e desilusões que a acompanham. Também o comer nos iguala com os animais; somos humanos e nos humanizamos à medida que nos transformamos em objeto de socialização, de encontro e de fraternidade. O horizonte cultural do alimento encontra na Eucaristia dos cristãos, enquanto banquete, sua expressão máxima.

do instinto. Como diria Zubiri, a história é uma "quase-criação". O ser humano é sempre um projeto inconcluso que reivindica cumprir-se. Está em jogo a liberdade, isto é, a capacidade de responder, de assumir, de personalizar, de apropriar-se, de construir o substantivo da vida em tudo o que é dado pela natureza, nos acontecimentos pessoais (saúde, doença, sofrimento, morte etc.), assim como no que é "extraindividual".[24]

Por outro lado, o transcurso histórico do ser humano depende também de fatores que o superam, que não estão sob seu controle. Ele não é o motor da história, mas objeto (não apenas sujeito), um *sujeito condicionado*. Um desses condicionamentos é sem dúvida a *cultura*.[25]

Voltando às constatações, é evidente que também a saúde se acha modulada pela cultura. Mais ainda: tendo presente o discurso anterior, pode-se afirmar que a saúde é *cultural de maneira constitutiva*. Sem prescindir de seu suporte biológico, o que a torna originalmente humana é seu rosto cultural. Logo, não há uma saúde "única". Enquanto construção mental e ideal social, é *inseparável* do sujeito, do contexto histórico, das circunstâncias vitais, dos usos e costumes, dos valores e das crenças. *A saúde em abstrato deixa de ser humana*.

Ilustremos essas afirmações com alguns exemplos da experiência. A busca da saúde e a sensibilidade com relação a ela dependem em primeiro lugar de fatores socioeconômicos. Segundo um estudo realizado nos Estados Unidos, a perda de apetite é considerada mórbida por 57% de pessoas de posição econômica confortável, e apenas por 20% de pessoas pertencentes à classe baixa.[26] Se aprofundarmos o discurso, também perceberemos que são fatores socioculturais que determinam o nexo entre saúde e estilo de vida, entre saúde e bem-estar social, entre saúde e ecologia e comunidade. Por fim, a interpretação, a avaliação e a apreciação da saúde indicam sempre uma relação direta entre os valores em que se apoiam a vida e as crenças. Quem poderia razoavelmente negar a influência das atuais culturas do corpo no modo de viver a saúde dos indivíduos e das coletivida-

---

[24] Esses pensamentos foram extraídos de GRACIA GUILLÉN D., *Salud y enfermedad dentro de una antropología cristiana* (texto datilografado).

[25] Não sendo possível aprofundarmo-nos aqui sobre os diversos conceitos de cultura, remetemos aos nn. 53 e 62 da GS, acrescentando não obstante que, de acordo com os textos conciliares, propomos uma visão em que o ser humano não é só objeto passivo, mas sobretudo criador de cultura.

[26] Cf. LAÍN ENTRALGO P., Qué es la salud, cit., pp. 128-129.

des? Como não enfatizar as diferenças entre quem trata o próprio corpo como instrumento de prazer e quem decidiu oferecer a Deus não só o fruto mas também a árvore?

b) A saúde, um mundo

O momento cultural da saúde nos introduz de maneira natural em uma nova dimensão. A saúde é um mundo. "O universo da saúde é um dos componentes do universo humano [...]. É um setor da sociedade complexo, múltiplo, fugidio, difícil de perceber em seu conjunto e, em particular, de analisar."[27] Essa complexidade advém de vários fatores.

Como é óbvio, o mundo da saúde não se acha constituído pela soma de indivíduos, mas sim por um tecido cuja trama se mostra elaborada por fios visíveis e invisíveis, por um trançado de elementos que superam toda disciplina tomada singularmente. Pode-se dizer que é um mundo porque, afinal de contas, é o mesmo mundo da humanidade, contemplado segundo a ótica da saúde e da doença, do desejo de viver em plenitude e das ameaças à integridade biológica e biográfica.

Um dos fios é constituído pelo *valor simbólico da saúde*. Os símbolos, que se revelam antes pela via da intuição que do discurso, têm a função de unir e amalgamar acima das diferenças; sugerem, remetem, ultrapassam-se a si mesmos, revelam a outra face, a dimensão amiúde escondida da realidade. Daí que, mais que o assentimento da razão, suscitem a adesão ou a rejeição do coração.

A saúde reúne ao redor de seus prazeres pobres e ricos, que são os novos adoradores da nova Hígia. Ela remete, porém, especialmente à condição humana, à estrutura fundamental do ser humano. Por detrás da busca da saúde, também quando se desvia para rumos equivocados, se esconde a ânsia de algo mais, uma cintilação de transcendência, uma nostalgia de salvação.[28] Encontra-se animada pela tensão radical em que se constitui o próprio ser humano. Por isso, apesar de sua fragilidade, é sempre nostalgia das

[27] JACOB P., Modèles socio-culturels sous-jacents au monde de la santé, cit., pp. 10-11.

[28] UFFICIO NAZIONALE CEI PER LA PASTORALE DELLA SANITÀ, *Domanda di salute, nostalgia di salvezza*, Roma, 1998.

potencialidades humanas que se querem realizar, da felicidade que se deseja conseguir, da harmonia e da totalidade sempre fugidias.[29]

Deduz-se com clareza do que acabamos de dizer que o mundo da saúde é provavelmente o "lugar" mais emblemático da condição humana; melhor dizendo, do que é humano. Por isso também é *encruzilhada*, como escreveu J. R. Tillard,[30] das grandes esperanças e desilusões da humanidade. Ora, toda encruzilhada é por si mesma saída, confluência, lugar de encontro e, ao mesmo tempo, momento de decisão, de trilhar novos caminhos, nunca um lar estável. Neste mundo, o ser humano é submetido à prova não só pela doença como também pela saúde, o que o obriga, como diz Rahner, a decidir sobre o essencial de sua vida.[31] Ambas são humanas e humanizadoras à medida que o ser humano decide sobre elas. E com certeza decide, como veremos.

Por conseguinte (e este é outro fator de complexidade), o mundo da saúde é também *espelho* e *reflexo da sociedade*, de seu tecido cultural. Para saber o que o ser humano pensa, quais os valores e contravalores que o distinguem, quais suas expectativas e desilusões, qual o sentido de sua vida..., é preciso encontrá-lo pelo caminho desses "acontecimentos fundamentais"; de forma mais concreta, como sugeriu João Paulo II no começo de seu ministério apostólico, é necessário ir aos hospitais, aos lugares em que a saúde e a enfermidade são institucionalizadas. Essas instituições se tornaram hoje o paradigma da sede de saúde, os novos "templos" transbordantes, pelos quais todos devem passar (também aqueles que, na linguagem eclesial, denominamos "distantes").

Enquanto radiografia perfeita do mundo contemporâneo,[32] o mundo da saúde (e da sanidade) é a dimensão da civilização de um povo;[33] portanto, reflexo também das *contradições* da sociedade, ou ao menos de suas ambiguidades. Algumas são inerentes à condição humana, mas aparecem desnudas, de um modo especial, neste mundo e na cultura atual. Assim, as esperanças alimentadas pelos êxitos

---

[29] Como complemento dessas ideias, cf. ÁLVAREZ F., Pastorale sanitaria, una sfida alla formazione, in: *Dolentium Hominum* 32 (1996), pp. 19-20.

[30] TILLARD J. M. R., *En el mundo sin ser del mundo*, Sal Terrae, Santander, 1982, pp. 98-107, 118-120.

[31] RAHNER K., *Sull'Unzione degli infermi*, Queriniana, Brescia, 1967, pp. 9.11.

[32] VENDRAME C., L'ajournement de la pastorale hôpitalière, in: *Aumôniers d'Hôpitaux* 54-55 (1967), p. 4.

[33] ALBERTON M., *Solitude et présence*, Ed. Paulines, Québec 1972, p. 23.

da medicina e pelo sonho utópico latente no inconsciente coletivo de que um dia se superará o último inimigo, que é a morte (R. Dubos), chocam-se a cada dia com a experiência da fragilidade da saúde, com a experiência da doença, do envelhecimento, da morte.

Ao redor da saúde e da enfermidade, como objeto de promoção e cuidado, gira toda uma "aliança terapêutica", confluência de recursos humanos e materiais desmedidos, bem como de uma cultura inspirada ainda na parábola do Bom Samaritano; mas, ao mesmo tempo, seu mundo é um cenário em que o ser humano e sua dignidade estão sempre em perigo. Coabitam aí a crueldade terapêutica (a luta até o fim contra a morte) e uma mentalidade eutanásica, a ânsia prometeica de transmitir a vida a todo custo e a rejeição do dom da vida, a morte por excesso de remédios e por falta de assistência sanitária. Por outro lado, projeta-se uma qualidade de vida cada vez mais ambígua, exalta-se a saúde e se favorece uma vida insana, transformando-se a saúde em objeto de culto e de irresponsabilidade, alternando-se atitudes agressivas e respeitosas etc.[34]

c) À luz (e à sombra) de uma definição

No dia 22 de julho de 1946, foi assinada em Nova York a Constituição da Organização Mundial da Saúde, o novo organismo internacional que, dependente da ONU, assumia a responsabilidade de ocupar-se da saúde e do bem-estar da humanidade. No preâmbulo do documento, definia-se a saúde como *um estado de completo bem-estar físico, mental e social, e não apenas ausência de enfermidade.*

Com a perspectiva oferecida pela passagem do tempo, considero que devemos centrar a atenção no valor emblemático dessa definição, não só por sua intenção prática (a saúde como parte de um projeto político), como também por seu *background* teórico e ideológico. Pode-se dizer, sobretudo no Ocidente, que a saúde viveu à luz e, por infelicidade, também à sombra dessa definição.

– O contexto histórico

Para compreender sua influência, é preciso ter presente o *contexto histórico*. Em primeiro lugar (algo que não é indiferente, como

[34] DIÓCESIS DE PAMPLONA Y TUDELA, BILBAO, SAN SEBASTIÁN Y VITORIA, *Al servicio de una vida más humana*, Idatz, San Sebastián, 1992, pp. 4-7.

veremos), a definição nasce movida pelo otimismo dos vencedores do então recente conflito da Segunda Guerra Mundial. Mais que um estado de ânimo passageiro, é a confirmação (quase canonização) de um sistema e de uma teoria. Em primeiro lugar, de um sistema econômico, com nomes próprios: o neocapitalismo de John Maynard Keynes e o *New Deal* de Franklin Delano Roosevelt.

O primeiro, como "profeta" do neocapitalismo, defende a necessidade de introduzir corretivos nas teorias liberais e neoclássicas. Seu fracasso, posto em evidência pela grande crise de 1929-1931, só pode ser resolvido através da passagem da poupança ao consumo, mas confiando-se ao Estado a incumbência de orientar os investimentos e de garantir sua tradução em saúde e bem-estar, o que exige ativar um sistema de seguros capaz de enfrentar as situações de emergência (desgraças, doença, velhice) que eram a causa da tendência à poupança. Com isso, já temos a equação: um bom sistema de previsão social permitirá passar de uma economia de poupança a uma "economia do consumo". Estamos no início de um processo: *na sociedade de consumo, a saúde será o bem por excelência e sem limites.*

Esse processo teve desde o princípio uma sequência lógica: neocapitalismo (na economia), sociedade de consumo (no social), *Welfare State* (na política). Foi o projeto adotado por Roosevelt, um projeto novo nos Estados Unidos depois de setenta anos de presidência republicana, denominado por isso *New Deal* ("novo acordo"). Dirigindo-se ao Congresso no dia 6 de janeiro de 1941, Roosevelt disse:

> "Há cinquenta anos, a saúde era individual, interessando apenas à própria família. Construímos pouco a pouco uma nova doutrina: a crença de que o Estado tem o dever positivo de fornecer os meios para que o nível de saúde cresça. A terceira liberdade (depois da liberdade de expressão e da liberdade religiosa) é a libertação da necessidade (*freedom from want*), que, traduzida em termos mundiais, significa organismos econômicos capazes de assegurar a cada nação o bem-estar de seus habitantes."[35]

---

[35] Citado por GRACIA GUILLÉN D., Medicina social, cit., p. 187. Esse mesmo texto (pp. 181-194) se reflete nestes parágrafos. Id., Historia del concepto de salud, in: *Dolentium Hominum* 37 (1998), pp. 22-27.

– Luzes...

É preciso reconhecer que a definição da OMS tem o mérito de ter oferecido algumas novidades positivas. Tradicionalmente, saúde e doença eram consideradas dois termos antitéticos. A saúde, desse modo, era definida como ausência de enfermidade, e vice-versa. Assim, a OMS não toma partido sobre uma questão simplesmente conceitual. Uma saúde vazia (*santé vide*) que se distingue apenas pela via da oposição se transforma a longo prazo em uma "saúde desatendida": o objeto de interesse é a doença.

Na filosofia da OMS, em contrapartida, a saúde se define também por si mesma, isto é, tem seu próprio conteúdo, evidentemente relacionado com seu "oposto", embora também com outras realidades do indivíduo e da coletividade. Atribuir-lhe um conteúdo significa transformá-la em objeto de práticas, em parte integrante de um projeto político, econômico e social. Significa, sobretudo, que o objeto do Estado, mais que a enfermidade, é a saúde (que é preciso defender, promover e restituir). Em termos políticos (e seculares), já não se considera a saúde apenas como fenômeno da natureza, por ela "imposto" ao acaso, abandonado à sorte incerta dos indivíduos, sendo vista, na verdade, como uma meta à qual se deve chegar. Trata-se de uma meta para a qual a própria OMS estabeleceu uma data: *Saúde para todos no ano 2000*, um dos projetos mais atraentes que se podiam acalentar (e, como se verá, mais decepcionantes).

Trata-se de um deslocamento qualitativo que passou por uma evolução descontínua. Tendo como guia a Carta Magna da OMS, os sistemas sanitários se apoiam não só no reconhecimento do direito à saúde como também na convicção (amiúde só teórica) de que o objetivo principal é sua promoção, no qual devem envolver-se todos os cidadãos.

Por outro lado, a definição concretiza o conteúdo da saúde no conceito (ambíguo, como veremos) de *bem-estar*. Considerado agora a partir de seu lado luminoso, é evidente que subjaz aí a passagem do *atrativo da objetividade* (uma bela expressão de Spinsanti)[36] à dimensão subjetiva e pessoal. Ao menos conceitualmente, na escolha do bem-estar como horizonte da saúde, haveria um desmentido da medicina como "ciência da natureza", que leva em conta apenas o que acontece nos órgãos e nas funções do corpo. O bem-estar, quando é humano, sempre é ao mesmo tempo, assim como a saúde, objetivo e subjetivo, em especial quando, como reza a definição da

36 SPINSANTI S., *Curare e prendersi cura*, cit., p. 25.

OMS, se aplica a diversas dimensões da pessoa (física, mental e social). Temos aqui, portanto, outras duas importantes novidades: a introdução da dimensão subjetiva e pessoal no conceito de saúde e, por conseguinte, a dilatação conceitual desse conceito.

Novidades estéreis? Não podemos precisar a relação de causa e efeito entre a definição da OMS e as correntes que foram se afirmando nestes últimos tempos, tanto no campo das *medical humanities* como nos novos modelos de medicina e de saúde. As concepções personalistas da saúde precederam (e não só acompanharam) a OMS. Temos um exemplo emblemático em Viktor von Weizsäker. Parece claro, não obstante, que a recuperação da subjetividade, a crise da medicina como ciência da natureza, a introdução do sujeito na medicina, a responsabilização do ser humano e da sociedade com relação à saúde, a visão da saúde como valor e não apenas como objeto de consumo... têm também como ponto de referência a corrente iniciada pela OMS.

Poderíamos dizer algo parecido, com relação à ampliação conceitual da saúde, no que se refere às tentativas de "desmedicalizar" a vida, de abrir o leque a novos recursos terapêuticos e saudáveis, de "desospitalizar" a saúde etc.

Uma vez que veremos agora também as sombras dessa definição, não seria justo buscar nela uma espécie de bode expiatório. É um ponto de referência.

– Sombras...

Centremos o discurso em dois aspectos nevrálgicos, relacionados entre si sob um denominador comum que poderíamos chamar "o preço de uma ilusão".[37] A longa sombra da OMS provém, com efeito, de um desproporcionado otimismo que, por um lado, ratifica e quase canoniza um sistema (uma fé, um poder, um estatuto epistemológico) e, por outro, através do ambíguo conceito de bem-estar, sugere a substituição da salvação pela saúde. Vejamo-los separadamente.

---

[37] Não nos esqueçamos, contudo, de outras carências da definição. Por exemplo, a inadequada consideração *estática* da saúde: ela nunca é um estado, e, nessa mesma linha, seria necessário dizer com Jules Romains, em tom humorístico, que é "um estado tão provisório que não anuncia nada de bom". O conceito de bem-estar é também, além de ambíguo, insuficiente. Prova disso são o "mal-estar" físico (sadio) de quem suporta sadiamente as agressões do frio ou do calor e o "bem-estar" (patológico) de um viciado em drogas.

– "O preço de uma ilusão"

A fé no progresso indefinido por obra da ciência e, de maneira especial, da ciência médica, tem velhas e profundas raízes, provavelmente porque acompanha o ser humano uma centelha de divindade; mas também, por infelicidade, a incitação da rejeição de sua condição inexoravelmente limitada pela morte. René Descartes, em sua obra *Discurso do método*, mesmo reconhecendo que a ciência médica ainda "contém poucas coisas cuja utilidade seja muito notável", nos ensina que devemos ser "donos e senhores da natureza" através da ciência. Ele prevê um futuro em que "ela poderia acabar com uma infinidade de doenças, tanto do corpo como do espírito, e até talvez com a fraqueza da velhice se se conhecessem suficientemente suas causas e todos os remédios de que a natureza nos proveu".[38]

Cabe a esse filósofo o mérito de ter sido o inspirador de um método que levou a ciência médica à conquista de tantos êxitos, sendo também ele o "profeta" de um sonho. No final do século XVIII, Antoine de Condorcet dizia: "A natureza não pôs nenhum limite às nossas esperanças", aventurando-se a exprimir essa projeção de futuro: "Não há dúvida: o ser humano não será imortal, mas a distância entre o momento em que começa a viver e o tempo em que, de modo natural, sem enfermidade e sem acidentes, começa a sentir a dificuldade de existir acaso não poderá continuar ampliando-se de forma ilimitada"?[39]

Essa ideia de progresso se transformou em um artigo de fé para a humanidade. A OMS concorda com ela e é sua porta-voz. A saúde que projeta é um estado de "completo bem-estar", isto é, é possível consegui-la, sendo necessário fazê-lo. Essa árdua missão é confiada de maneira especial à ciência médica, cujo poder é também, de certa forma, canonizado; ou seja, é um poder que sem dúvida não precisava de ratificações.

Michel Foucault, em seu livro O *nascimento da clínica*, diz: "Pode-se compreender a importância da medicina na constituição das ciências do ser humano, uma importância não apenas metodológica mas também ontológica, na medida em que se refere ao ser do ser humano como objeto de saber positivo". E mais adiante proclama: "A saúde substitui a salvação".[40] As posições de privilégio reservadas

[38] DESCARTES R., *Discurso del método*, Claridad, Buenos Aires, 1938, p. 87.

[39] Citado por GRACIA GUILLÉN D., *En torno a la historia de la enfermedad*, cit., p. 430.

[40] FOUCAULT M., *La nascita della clinica*, Einaudi, Torino, 1969, p. 23.

à ciência médica se relacionam com certeza com seus sucessos e, paradoxalmente, também com seus fracassos.

A OMS, além de ratificar o "caminho triunfal da medicina", projeta no fundo uma convicção pouco a pouco adquirida por muitos (ou oculta no inconsciente). A. Bertazzi sem dúvida tem razão quando diz: "A função e a importância que a medicina adquiriu hoje na sociedade se devem não à sua comprovada capacidade de oferecer saúde mas sim à centralidade que ela assumiu na visão antropológica atualmente dominante, afirmada já como cultura (mentalidade) comum. Trata-se de uma visão refinadamente imanentista: há vida em toda parte. Ponto final. O problema é garanti-la do melhor modo; não existem outros".[41]

Encontramo-nos aqui no cerne do problema. Não é uma questão médica, nem política, nem econômica, mas fundamentalmente antropológica. Que significa progresso sem limites? Que significa a saúde como "estado de *completo* bem-estar"? Pode-se responder citando alguns desmentidos ao otimismo da OMS e as desilusões que provocou, mas sem evitar uma questão que exige que não se pare ali.

São bem conhecidas as críticas, expressas em tom humorístico, de Jules Romains em sua peça de teatro *Knock, ou le triomphe de la medicine* ["Knock, ou o triunfo da medicina"],[42] e as impiedosas críticas do já citado Iván Illich. O que me cabe agora é indicar algumas consequências negativas, o preço daquela ilusão.

Uma sugestão nos vem da própria OMS, quando esta revisa seu programa na Declaração de Alma-Ata em 1978. O *slogan* "Saúde para todos no ano 2000" terminava em um propósito mais modesto e realista, vinte anos depois, no documento "Saúde para todos até o século XXI", publicado em 28 de abril de 1997. Estamos longe daquelas previsões, e não só no Terceiro Mundo, mas também no Primeiro. Faltaram alguns dados fundamentais à definição da OMS.

Em primeiro lugar, se se leva a sério a definição, é preciso dizer que ela propõe uma visão antropológica excessivamente otimista ou claramente redutiva. É curioso ver que as duas visões estão presentes. Por um lado, esquece-se de que o ser humano se acha marcado pelo limite e pela fragilidade, pela liberdade ferida e condicionada,

---

[41] BERTAZZI A., Dove sta la salute. Critica della razionalità medica, in: *Communio* 33 (1977), p. 49.

[42] ROMAINS J., *Knock ou le triomphe de la médicine*, Gallimard, Paris, 1989.

assim como pelo pecado.[43] Porém, sobretudo, ignora-se que a saúde, em especial desde o momento que pertence à condição física, mental e social (e espiritual) do ser humano, exige que se assuma a verdade total da própria vida e um tratamento integral, motivo pelo qual não pode ser oferecida como uma mercadoria a partir de fora, dependendo de um conjunto de fatores econômicos, sociais e culturais, assim como do desempenho da liberdade pessoal. É verdade que as doenças não fazem distinções de credo ou de outras convicções. Não são uma vacina. Mas também é verdade que as enfermidades mais mortíferas no Ocidente estão estreitamente relacionadas com o estilo de vida, com o desempenho da liberdade.

A visão redutiva também é clara. Sobre a definição da OMS paira uma visão economicista da saúde. Os cálculos dos economistas (entre os quais ocupou lugar destacado William Beveridge, que concebeu o Serviço Nacional da Saúde britânico) previam que a saúde seria o resultado inquestionável de uma boa organização e de um bom investimento dos recursos econômicos. O fato de que a estrutura econômica é importante para o indivíduo e para a sociedade é evidente, mas não a ponto de garantir a saúde. Onde situamos, nesse caso, a "patologia da abundância" e as patologias provocadas pelo hedonismo e pelo consumismo?

Essa forma de ver as coisas alimentou, por um lado, uma fé cega, quase ilimitada, na ciência e, por outro, favoreceu o desencanto e o descontentamento, tendo contribuído, sobretudo, para que se desvanecesse a arte de viver. Como diz Laín Entralgo, o ser humano de hoje não pede à ciência para ser curado, exige-lhe isso. Trata-se de uma fé que suplantou a salvação e seus símbolos. Semeando na mente dos contemporâneos a ilusão de uma saúde ilimitada (completo bem-estar), fecham-se cada vez mais os horizontes da tensão na qual o ser humano é querido por Deus. Por isso, como explica F. Laplantine, a saúde se consegue através dos meios com que em outros tempos se chegava à salvação. O *ex opere operato* dos sacramentos foi substituído pela eficácia das dietas, por um estilo de vida sadio; em suma, pela obediência às leis da medicina.[44] Desse modo, a enfermidade surpreende cada vez mais os confiantes fiéis dessa nova fé.

---

[43] R. A. Brungs afirma que o conceito de completo bem-estar é a negação de algumas crenças cristãs fundamentais, como a de pecado original. Nesse sentido, acrescenta que, se se leva a sério, é uma posição anticristã. Cf. BRUNGS R. A., Toward a Theology of Health Care, in: *Review for Religious* (jan.-fev. 1986), p. 34.

[44] LAPLANTINE F., *Antropologia della medicina*, cit., pp. 233-243.

Em última análise, a ilusão da saúde ideal desconhece a chamada "dimensão padecente" da vida, que Laín Entralgo denomina "cura suficiente". Talvez sejam essas as consequências mais negativas. Não se pode viver de maneira sadia nem realizar-se às margens das passividades da existência, da aceitação do sofrimento como elemento dinâmico, da morte como horizonte e como presença axiológica na vida. Daí a importância da arte de viver, de sofrer e de morrer, de conviver com a saúde suficiente e possível. A ilusão, pelo contrário, favoreceu uma cultura que tende a anestesiar, que marginaliza aqueles que não podem conseguir o estado ótimo de saúde. Estamos em uma cultura em que se expande o desencanto.

– A ambiguidade do bem-estar

Era de esperar que em um contexto triunfalista impulsionado pelas teorias do *Welfare State* se definisse a saúde como *wellbeing*, isto é, como "bem-estar" e, em última análise, como felicidade. A multiplicidade de definições surgidas no rastro dos princípios da OMS demonstra que não é fácil atribuir um conteúdo à saúde, a qual é sempre complexa, pluridimensional, relativa. Isso depende da perspectiva da qual se contempla, do horizonte de pensamento a que remete.

A ambiguidade não é epidérmica nem se deve a uma interpretação errônea. Está presente no texto e no contexto. Não é, com efeito, uma definição médica (de manual clássico) e, não obstante, é confiada em princípio à medicina. Ao definir a saúde como bem-estar, considera-se que a enfermidade é mal-estar e, o que é pior, que todo mal-estar deve ser tratado (como acontece) medicamente. Uma grande ambiguidade, carregada de consequências.

Embora haja indicadores que "medem" de alguma forma a entidade do bem-estar, isso é algo mais subjetivo que objetivo e supera amplamente o ângulo de visão da medicina, visto que não é apenas o "resultado" da integridade biológica ou de uma objetiva e bem avaliada qualidade de vida, mas se relaciona intimamente com a perfeição biográfica. Uma excessiva objetivação do bem-estar (tendência sempre à espreita) levaria a ciência médica e o próprio Estado a determinar quais as condições para sua conquista individual e coletiva, qual é o projeto de perfeição dos indivíduos, quais os comportamentos e os conjuntos de normas sociais portadoras de saúde. Essa ingerência seria insuportável, caldeirão de tirania, manipulação de valores e de comportamentos. E, contudo, não estamos longe desse risco.

Nesse contexto, a ambiguidade chega a ponto de confundir os *medical goals* com os *health goals*, isto é, os objetivos e o cenário da medicina com os da saúde. Trata-se de uma falsificação de longo alcance.[45] Quem decide sobre o bem-estar e em que consistem em particular o social e o mental? Numa sociedade que deseja o bem-estar a ponto da exasperação, o domínio da medicina se estendeu de modo exagerado. Pede-se tudo hoje. Transformou-se em um *happiness business*.[46] Tem o objetivo de tornar felizes as pessoas, e não apenas os enfermos, mas também os sadios.

São evidentes algumas consequências negativas da absolutização do bem-estar ("completo"), chegando ao extremo de deixar entre parênteses valores morais e provocar situações no mínimo pitorescas.

Como pode a medicina (ou a própria sociedade) garantir, não o ótimo, mas pelo menos um razoável "bem-estar social"? Os médicos, ou os serviços de saúde, deveriam prescrever bens fungíveis, esses que a sociedade de consumo tornou "necessários"? Cabe à medicina (ou ao Estado) modificar as normas sociais que, tal como evidenciou E. Fromm, são claramente patogênicas?[47] A tríade medicina-saúde-felicidade chegou a ser explosiva e invade tudo. Pode chegar a justificar opções cuja gravidade não está essencialmente em seu componente moral, mas em sua matriz cultural. Basta-nos um exemplo. Entre as hipóteses contempladas nas legislações sobre o aborto, as razões socioeconômicas que se vivem (seria necessário acrescentar pelos "pacientes"?) se transformaram em razões "médicas", em especial quando a lei não prevê uma intervenção pluridisciplinar que distinga o caso. Trata-se, de qualquer maneira, de "bem-estar", o contemplado precisamente pela OMS.

Ocorreu, pois, um deslocamento notável de qualidade. Em outras épocas, a medicina estava circunscrita às necessidades do ser humano, em geral necessidades primárias. Hoje, deve também responder a seus "desejos". A uma saúde idealizada deve corresponder a "medicina do desejo".[48] Também esta envolve a semente da ambiguidade. É próprio do ser humano em qualquer época da história

---

45 Cf. VIAFORA C., *Le dimensioni antropologiche della salute*, cit., p. 18.

46 Cf. BRUNGS R. A., *Toward a Theology of Health Care*, cit., p. 35.

47 FROMM E., *Psicoanálisis de la sociedad contemporánea*, Fondo de Cultura Económica, México, Madrid/Buenos Aires, 1978.

48 Cf. SALVINO L., Salud, enfoque ético y pastoral, in: VV.AA., *Diccionario de Pastoral de la Salud y Bioética*, San Pablo, Madrid, 2009, pp. 1509-1520; id., La medicina dei desideri, in: *Camillianum* 8, nova série, III (2003), pp. 249-272.

alimentar o movimento rumo à plenitude, também na experiência da saúde. No desejo de uma saúde plena, há sempre um clarão de transcendência, uma nostalgia de salvação. Também é verdade que o desejo de uma saúde plena pode ser sufocado, desviado ou iludido com sucedâneos.

Por isso, convivem atitudes opostas. É legítimo o desejo de transmitir a vida, mas não a qualquer custo. É desejável a melhora das partes do corpo (no âmbito físico, laboral, sexual...), mas não ao preço de negar obsessivamente seus limites e de considerá-los, a todos, patológicos. É moralmente plausível, inclusive um dever, melhorar a qualidade da vida individual e coletiva, mas sem a insidiosa "perversão" de trocar o substancial (a vida) por suas "qualidades".

A saúde, alimentada pelo desejo e enaltecida por uma medicina que descobriu nela uma fonte de lucros, não conhece limites nem admite que a controlem de fora.[49] Por isso, costuma aflorar nela a imagem da corrida aos armamentos. Também nesse caso as dinâmicas que induzem à produção e ao consumo parecem incontíveis, nunca plenamente satisfeitas. Onde devemos colocar os limites? Porque há limites e deve havê-los.

A medicina do desejo, com efeito, está submetida hoje a algumas duras provas. Em primeiro lugar, à prova dos limites da condição humana, geneticamente marcada por uma data mais ou menos certa de caducidade, e à dos recursos sanitários e terapêuticos. É provável que o maior problema sanitário e assistencial dos próximos anos, em especial no Primeiro Mundo, seja a velhice, por causa não só de suas limitações, mas também de uma cultura da saúde que não consegue reconciliar-se com eles. A gerontofobia e a discriminação terapêutica dos anciãos por razões de idade (o *ageism*) são fenômenos hoje sobremodo evidentes. É necessário, contudo, perguntar-se: que saúde pode haver na ancianidade (ou no envelhecimento) segundo a visão do "completo bem-estar" e da "medicina do desejo"? Como passar nesse caso da "saúde objetiva", fundada em critérios de "bondade" da medicina, à suficiente e subjetiva, que procura respeitar e responder à biografia do ancião?[50] Além disso, como os recursos são

---

[49] Cf. GRACIA GUILLÉN D., El mundo de la salud y de la enfermedad a examen, in: VV.AA., *Congreso Iglesia y Salud*, Edice, Madrid, 1995, pp. 79-104. SPINSANTI S, *Curare e prendersi cura*, cit., p. 47.

[50] ÁLVAREZ F., Salud y ancianidad en la vida religiosa. ¿Ocaso o plenitud?, in: *Hegian-Frontera* 22 (1998), pp. 5-97.

sem dúvida limitados, com base em que critérios é possível chegar a uma justa posição individual e social?[51]

Não é fácil responder a essas questões, dada sua entidade antropológica, mas também em função da atual cultura da saúde. Apesar do "peso do real" e da permanente constatação de seus limites, a saúde invadiu inclusive os cantos mais longínquos da sociedade. Cultura, vida e ética são medicalizadas. A busca de segurança que sempre acompanhou o ser humano assume hoje uma forma da saúde, justamente a do bem-estar completo. O vazio deixado pela religião e por seus símbolos quer ser preenchido pela saúde e por suas representações imaginárias e ideais. O ser humano do século XX assimilou de uma maneira tão intensa a norma médica que vive obsessivamente sua saúde, e esta se transformou em critério moral último e único: é bom o que produz saúde (bem-estar, felicidade) e mau (detestável), o contrário. Não se tem saúde para viver, mas vive-se para ter saúde.[52]

– Sinal (talvez) de contradição, não de condenação

Nunca saberemos avaliar suficientemente a importância da cultura para a evangelização e a reflexão teológica. Nesse caso, a Teologia da Saúde. Ao encerrar esta seção, porém, impõem-se ao menos três esclarecimentos.

Por um lado, intitulamos esta seção, com muita consciência, de "Tendências e oscilações". Nossa sociedade é plural e contraditória ao mesmo tempo. Assim como não há uma única saúde, assim também não há uma única cultura, mas sim pluralidade de culturas da saúde. Por isso, a categoria de sinal, no duplo aspecto sociológico e teológico, deve ser usada também em termos metodológicos.

A reflexão teológica sobre a saúde, na medida em que é guiada por uma fé que procura entender e por uma inteligência que procura crer, penetra a realidade, não se detém no registro dos fenômenos, mas na verdade os escruta, os acolhe. "Somente quem contempla o mundo como ele é tem a possibilidade de poder pensar e dizer algo válido sobre ele, inclusive quando sua primeira afirmação for a de que se deve mudar esse mundo porque, tal como é, se mostra intolerável."[53] Está em jogo a fidelidade à realidade, à terra.

---

51 Sobre esse ponto merecem especial atenção os estudos de Daniel Callaham, do Hasting Center de Nova York.

52 GRACIA GUILLÉN D., Historia del concepto de salud, cit., p. 26.

53 VON BALTHASAR H. U., Frammenti a proposito della malattia e della salute, in: *Communio* 33 (maggio-giugno 1977), p. 74.

Por detrás desse impulso, a consideração cultural da saúde oferece a possibilidade de leituras que, embora presentes ou implícitas nas páginas anteriores, desejo uma vez mais enfatizar, limitando-me a alguns exemplos plenos de desafios e oportunidades para a reflexão teológica.

Em primeiro lugar, a descoberta do *corpo*, o primeiro e o último capítulo da saúde humana, como veremos. Seja qual for o modo de exprimir-nos, a saúde será sempre uma forma de viver (apropriar-se, conviver, relacionar-se...) a própria condição corporal. Até nas condições mais materialistas e individualistas, é preciso saber entrever certa reivindicação da corporeidade, um sinal (por mais ambíguo que seja, mas sinal) da superação da cultura da suspeita, da culpabilização; um convite a descobrir os valores saudáveis vinculados ao corpo e a incluí-lo com pleno direito na educação integral à saúde.

No desejo de saúde, e em especial em suas implicações psicológicas, a sociedade interpela hoje a fé de uma maneira urgente. Por um lado, a psicologia abriu o leque da saúde resgatando-a, ao menos em parte, do biologismo da medicina. Mas, ao mesmo tempo, está indicando à religião, à Igreja, um longo caminho a percorrer. Não cabe à teologia nem à pastoral estabelecer os cânones da normalidade e da anormalidade psicológica. Sua tarefa específica ultrapassa a contribuição a um razoável *sentir-se bem*. No entanto, partindo de uma visão unitária do ser humano, como esquecer as traduções psicoemotivas da fé, da moral e da salvação? Pode-se ignorar que todas as patologias espirituais têm um componente psicológico? Pode-se pensar em uma educação cristã para a saúde que não tenha como alvo a saúde psicológica?[54]

A descoberta da estreita associação entre atividade e saúde, ainda que com os excessos que vimos, ajuda a esclarecer um dado que nenhum teólogo deveria ignorar: o sentido da utilidade de um dos componentes da realização pessoal e da configuração da própria identidade. Partindo desse dado, a *Salvifici doloris* acentua o insidioso risco do sentido da inutilidade naqueles que sofrem e os exorta a fazer o bem com o próprio sofrimento.[55] Por conseguinte, o complexo mundo da atividade humana (que abrange o fazer e o agir, o trabalho e a missão, a contemplação e a transformação da realidade,

---

[54] Nesse sentido, e é apenas um exemplo, devem-se recordar as escolas de psicoterapia de cunho humanista e de inspiração cristã em que estão implicados fiéis no duplo aspecto de teólogos e psicólogos.

[55] SD 26.

o projeto pessoal de perfeição e a comunhão com os outros...) é um cenário em que se esboça o destino da experiência de saúde.

Apesar de todos os sintomas de individualismo, de subjetivismo e de reclusão no privado, um dos aspectos mais importantes da cultura da saúde e dos sistemas sanitários nesta época é sua dimensão comunitária e social. Recorre-se sempre à participação dos indivíduos e da coletividade, eixo em torno do qual gira o futuro da saúde; invoca-se o sentido de responsabilidade solidária no uso dos recursos e insiste-se na modificação dos comportamentos patogênicos e na influência do estilo de vida na saúde. Ora, nesse sentido seria possível afirmar que nenhuma outra instituição tem como a Igreja uma relação tão estreita com a saúde. Como não ver na necessidade cada vez mais premente de uma gestão solidária da saúde uma exortação ao despertar da dimensão comunial da fé?

Por fim, a dimensão ecológica da saúde, que é uma preocupação cada vez mais ampla, um verdadeiro sinal dos tempos, embora às vezes se ache à mercê de interesses particulares e dos excessos daqueles que o consideram tema único da humanidade. A Teologia da Saúde entrevê aí um dos capítulos mais belos e fecundos dos dinamismos salvíficos e saudáveis da história. A economia da salvação passa sem dúvida pela edificação de sua *oikós*, de sua "casa".

4. Por uma compreensão integrada da saúde

A seção que acabamos de ler nos introduziu em uma espécie de selva iluminada e obscurecida pelos claro-escuros de uma cultura pluralista. Talvez se tenha, ao longo do percurso trilhado, insinuado com frequência a pergunta: *em resumo, o que é a saúde?* E mais ainda esta outra: como conseguir ter uma visão da saúde capaz de integrar as peças do mosaico? E em seguida: como uni-las em uma unidade?

A Teologia da Saúde deve desentranhar seu objeto. Não pode partir da indefinição e da abstração, com o decorrente risco de inventar uma realidade a sua maneira. Como dissemos, a saúde não é tudo, mas tampouco tudo é saúde. Esse é o ponto fundamental desta seção.

a) Valor pedagógico de uma imagem

Seria possível aplicar às tentativas de definir a saúde o que Santo Agostinho dizia sobre o tempo: *Quod sit tempus scio, sed si quaerenti explicare vellim nescio* ("Sei o que é o tempo, mas se me perguntarem não sei explicar").[56] Cada um tem uma compreensão e uma pré-compreensão do tempo, visto que faz parte de seu modo de estar no mundo. Trata-se de um "dado" comum, mas cada um o vive a seu modo. Existe o tempo cronológico, na aparência igual para todos, objetivo e medido até em milésimos. Há o tempo cronológico inobservado, mas nem por isso detido. Existe o tempo vivido (tempo psicológico), que, mesmo sendo também sucessão avaliada e avaliável, é também experiência que pode tornar longas as horas e muito breves os dias e a própria vida, estéreis ou fecundos os dias, ansiosa a espera e prazerosa a esperança. E há também o tempo "propício", o *kairós*, que pode transformar em um momento o curso da história pessoal, dar a partida para uma segunda viagem na vida.

São os diversos significados do termo "tempo". E isso também é evidente quando, como ocorre nas línguas neolatinas, um único termo (*tempo*, *temps*, *tiempo*) indica a alternância das condições atmosféricas. O poeta, o camponês e o meteorologista não usam a mesma linguagem para descrever a chegada de uma tempestade ou a persistência de uma seca, mas falam da mesma realidade. Por isso, a pergunta sobre o tempo (no duplo aspecto de *time* e de *weather*) não procura apenas entender a realidade (que é, por outro lado, a "realidade"?), mas procura em especial "apreender" e compreender. E, para entender, é necessário escutar as linguagens – com frequência, como acontece com a saúde e a doença – simbólicas. É necessário escrutar as experiências e penetrar nas pré-compreensões subjacentes e implícitas.

O desejo de compreender a saúde deve deixar-se guiar por certo sentido de humildade. "O conceito de saúde é como o de verdade: tentar defini-lo é matá-lo" (M. Wilson).[57] A imagem do tempo nos sugeriu um caminho metodológico e a atitude com que enfrentá-lo. Procuremos entender-nos.

b) Linguagens sobre a saúde

Partamos do fato de que a saúde é uma "questão difícil", uma vez que se trata de uma "realidade" complexa, fugidia, poliédrica e dinâmica, análoga (não tem um sentido único), relativa, objetiva e

---

[56] Cf. LAÍN ENTRALGO P., *Antropología médica*, cit., p. 179.

[57] A esse respeito, ver também a interessante observação de PERRIN L., *Guérir et sauver. Entendre la parole des malades*, Cerf, Paris, 1987, p. 211.

subjetiva ao mesmo tempo, suscetível, pois, de ser enfocada de muitas maneiras (inclusive opostas entre si). Um conceito "interessante".

O desejo de compreender deve enfrentar sempre a necessidade de distinguir (o *distinguer pour comprendre* de Maritain) e de sintetizar, mas sem ceder à tentação da negligência intelectual, denunciada por Unamuno, das classificações ou catalogações fáceis, o que não deixa de ser um modo expeditivo de esquecer a dimensão dialética da realidade humana. Tendo em conta esse risco, pode-se, contudo, afirmar que, ao longo da história, os enfoques da saúde contaram com duas grandes correntes: uma de tipo *naturalista*, a outra de orientação *personalista*.[58]

A primeira enfatiza a condição natural do ser humano como parte integrante do cosmo; sua realidade (também a liberdade, o amor, a moralidade) se esgota em suas operações físicas. A segunda, em contrapartida, parte do fato de que o próprio da natureza do ser humano é ser "pessoal". Enquanto participante da natureza em geral e do cosmo, o ser humano não se identifica com eles, mas os supera, pois apenas a ele pertencem os atributos do autoconhecimento, da responsabilidade, da liberdade, da autonomia, da racionalidade, da abertura à transcendência, do amor. O ser humano não é um "ser natural", mas sim um "ser moral".[59] E essa situação de "emergência", de superação e de "autoapropriação" é a que o torna capaz viver dialeticamente a saúde: conseguir a perfeição inclusive em uma situação estável de má saúde física, ou ser um fanático terrorista mesmo com boa saúde (física).

Sentimo-nos levados, de modo espontâneo, a atribuir a primeira corrente à medicina, enquanto a segunda seria monopólio de outras ciências (antropologia, psicologia, moral, política...). Mesmo reconhecendo, como vimos de forma ampla, a formulação biologicista do sistema médico ocidental, não se trata de uma condição irremediável, uma espécie de condenação da ciência médica. Não há medicina sem antropologia (mesmo que esta pudesse ser naturalista), e, sobretudo, o enfoque médico, como vimos, pode ser também personalista.

---

[58] A história da saúde supera o espaço e provavelmente também o método da Teologia da Saúde. Daí que, para ter dela ao menos uma sinopse, remeto a esse respeito a LAÍN ENTRALGO P., *Antropología médica*, cit., pp. 180-187, e ao sempre interessante livro de TOURNIER P., *Bibbia e medicina*, Borla Ed., Torino, 1966.

[59] GRACIA GUILLÉN D., *Fundamentos de bioética*, Eudema, Madrid, 1989, p. 328.

Assim, para compreender e para dominar as diversas linguagens da saúde, aventuramo-nos em outro caminho metodológico, o dos *critérios*, acrescentando que estes remetem, de uma ou outra maneira, às duas correntes, e esclarecendo que o uso de critérios não significa sua canonização. Usando uma imagem, poderíamos dizer que os critérios são as *janelas* através das quais contemplamos o mosaico da saúde. Para que sua realidade não escape de nós, devemos abri-las por inteiro: nenhuma deve ser excluída nem "absolutizada", já que todas mostram uma "parte" da realidade. Não bastam, porém, as janelas; é mais importante o *olhar*, isto é, o modo de ver, que sempre se acha condicionado, por exemplo, pela própria visão antropológica, pela pré-compreensão, pela experiência, pela cultura... Vejamo-lo muito brevemente.

– Critérios objetivos

O primeiro olhar se dirige sempre ao corpo – o objeto do primeiro diagnóstico –, antes de tudo por parte da pessoa sadia e da enferma, mas também a sua adaptação ao "meio". Nesse caso, a avaliação da saúde tem presentes os seguintes critérios:

- *Morfológico*. Tem como alvo a estrutura anatômica. Na falta de informações visíveis ou perceptíveis, de lesões celulares, anatômicas e bioquímicas, o sadio é *o ileso*, carente de lesões.
- *Etiológico*. Neste caso, o diagnóstico escruta a ausência de deficiências genéticas e de agentes patogênicos. O sadio seria então o "limpo", livre de todas as causas, externas e internas, que impedem a vida normal e provocam a doença.
- *Funcional*. Fixa-se em especial nas constantes vitais, sendo, portanto, objeto de julgamento a normalidade das funções circulatórias, respiratórias, neurológicas, metabólicas etc. Estamos sadios à medida que somos *normorreativos*.
- *Utilitário ou laboral*. Quem usa este critério, cuja objetividade não é evidente, julga sobretudo a capacidade do indivíduo (isto é, de seu corpo "objetivo" e "vivido") para realizar uma atividade útil a seu rendimento vital, a seu *ergon*.
- *"Da conduta"*. Também neste caso a objetividade é muito diferente em termos de evidência. Não obstante, é impossível, na compreensão da saúde, prescindir da adaptação do indivíduo a seu "meio", de seus comportamentos. O sadio é então quem está socialmente *integrado*.[60]

---

[60] O caráter relativo dos critérios é neste caso mais evidente. A integração pode ser também um sinal patogênico, em particular quando o conjunto social de

– Critérios subjetivos

São os que marcam com clareza a passagem da saúde objetiva ("estar bem") à saúde subjetiva ("sentir-se bem"), a percebida. Como já indiquei, essa ambivalência é amiúde dialética. Talvez os representantes mais clássicos dessa tensão sejam o "sadio imaginário" e o "doente imaginário". O primeiro é o que nega, desvaloriza ou simplesmente ignora sua enfermidade porque esta transcorre sem sintomas (as desordens mórbidas denominadas "lantânicas", do grego *lanthánein*, "escondido") ou porque sua capacidade de perceber se acha perturbada ou enfraquecida (certos doentes mentais). O segundo, em contrapartida, se sente mal porque supervaloriza qualquer mal-estar ou por ser hipocondríaco.

A própria sensação de estar bem é relativa. "Apesar de seu evidente relativismo e de sua escassa objetividade, é a que melhor se presta a uma interpretação integral da saúde. Como dizia um velho professor a alguém que se interessava por sua saúde: 'Custa-me caminhar, não durmo à noite, doem-me as costas e sou um acúmulo de mal-estares, *mas estou bem*'".[61] Levemo-la, portanto, em consideração tendo em conta duas frentes. Em primeiro lugar, o *sentimento de estar bem*.

De meu ponto de vista, isso é magistralmente descrito por Laín Entralgo.[62] Em síntese, abrange estas sensações:

- Convicção, mais ou menos explícita, da própria *validade*. Enquanto o enfermo sente que tem de dizer com frequência "não posso", a sensação de estar sadio se exprime com a afirmação vital *posso!* Além disso, em situações normais, a validade comporta a possibilidade de aventura: posso superar os limites, exigir mais de mim, pôr à prova minhas capacidades. O limite para quem vive sadiamente não é um dado, mas o resultado final.
- Sensação de certo bem-estar psico-orgânico, cuja expressão é o *silêncio do corpo* e dos órgãos. Bem-estar completo? Como vimos, é sempre relativo; mais ainda, pode conviver

normas, cânon de comportamento, é também patogênico. Por conseguinte, o uso desse critério e o "estatístico" (que não levamos em consideração) leva a correr-se o risco de classificar a saúde como "normalidade" e a doença como "diversidade", o que, além de não ser muito objetivo, costuma ser socialmente discriminatório. Os "diferentes" não gozam de boa fama... Cf. SALVINO L., Salud, enfoque ético y pastoral, cit., p. 1509.

61 SALVINO L., Salud, enfoque ético y pastoral, cit., p. 1510.

62 Cf. LAÍN ENTRALGO P., *Antropología médica*, cit., pp. 192-194.

com a doença ainda latente ou ignorada. No entanto, esse valioso silêncio costuma ser sinal de saúde.

- Uma difusa e básica segurança de poder *continuar vivendo*; em outras palavras, a percepção de que não há ameaça vital iminente à integridade biológica e biográfica.
- Uma clara *liberdade com relação ao próprio corpo*. Ela se faz acompanhar pela grata (e às vezes não observada) sensação de harmonia com o corpo, porque é livre, dócil, capaz de resistir à prova.
- Sensação de "nomalia", isto é, de uma *semelhança básica* com os outros, enquanto a doença é "anomalia", diferença.
- Por fim, também se acha em relação com os outros, com a capacidade de gerir resolutamente o jogo vital da *solidão e da companhia*.

Com a sucinta descrição dessas sensações, não fizemos senão esboçar o mundo interior da saúde humana, um mundo condicionado pela idade, pelas experiências vitais, pelo contexto em que se vive, se cresce e se trabalha etc. Como veremos no próximo capítulo, a percepção da saúde é apenas um dos momentos de seu processo de elaboração. Daí decorre que, para ampliar a frente dos critérios subjetivos, seja preciso também lançar um olhar à *frente da psicologia* (da saúde). Colocamo-nos, porém, não na postura do estudioso (pois já estaríamos no âmbito dos critérios subjetivos), mas na pele de quem procura compreender a própria saúde do ponto de vista da própria psique.

Neste ponto surge espontaneamente uma questão: o que significa estar psicologicamente saudável? Questão difícil na qual os acordos são poucos e excessivamente genéricos. Afora o que já dissemos sobre isso e enfatizando mais uma vez o caráter relativo de todos os critérios, oferecemos algumas indicações, sem poder precisar onde termina a subjetividade e onde começa a objetividade.[63]

Antes de tudo, a percepção da saúde e a sensação de estar bem estão intimamente relacionadas à capacidade de sentir uma satisfação vital básica através do trabalho (autorrealização, alcançar objetivos, o sentido de utilidade...) e com a capacidade de amar e deixar-se amar, sem servilismo nem dependências paralisantes. Abarca igualmente certa facilidade da adaptação aos meios como o elemento indispensável para ter segurança, para encontrar um espaço vital e

---

[63] Sigo quanto a isso GODIN A., Santé psychique, santé morale, santé chrétienne, in: *Présences* 77 (1961), pp. 31-40.

para ter um sentido de participação. Em terceiro lugar, sabemo-nos subjetivamente saudáveis à medida que podemos tolerar as frustrações, suportar as agressões da coexistência, coexistir com o real, ter e renunciar...

É claro que, em termos psicológicos, a saúde é algo dinâmico, uma espécie de continuidade caracterizada por alternâncias. Algumas constantes de uma evolução sã seriam as seguintes:

- possibilidade de amadurecer recapitulando consigo mesmo o passado, sem fixação nem regressões;
- proeminência gradual da realidade objetiva sobre a impressão subjetiva; consequentemente, alguma segurança para avançar na vida enfrentando as realidades objetivas;
- passagem gradual das relações não diferenciadas do grupo às relações baseadas na comunhão, no amor e na participação afetiva.

– Critérios socioculturais

É esta a janela aberta amplamente nas páginas precedentes desta seção. Vimos na verdade como a percepção, a interpretação e a avaliação da saúde muito dependem da dimensão cultural. Entretanto, resta uma questão, que nos parece fundamental, para a compreensão da saúde. Além de haver pessoas saudáveis e doentes, é possível igualmente falar a rigor de uma *sociedade sã ou doente*? Essa pergunta não é retórica, e tampouco o pode ser a resposta.

A expressão "sociedade doente" (patógena ou patológica) incorporou-se definitivamente à língua escrita, eclesial ou não. Como estamos falando de critérios, é preciso descobrir os sintomas cuja força não está tanto na quantidade de "pacientes" (embora não se deva minimizar) quanto na causa, na fonte mais ou menos estável das patologias sociais. E neste ponto já está completamente claro que não poucas doenças individuais têm uma origem não somente pessoal, mas também social e cultural. Em alguns casos a "patogênese" ultrapassa inclusive a capacidade de resposta (liberdade, responsabilidade moral) dos indivíduos, como é o caso (nuns poucos exemplos) da relação natural entre a pobreza extrema (frequentemente injusta) e a doença, entre o desmonte da família e a dependência de drogas, entre a perda de valores e sentido e o vazio existencial e mesmo o suicídio, entre o hedonismo e a obsessão pela saúde, entre a solidão imposta e o enfraquecimento da vontade a viver, entre o tecnicismo e a desumanização etc.

– Critérios axiológicos, morais e espirituais

Infelizmente, esta é uma das janelas menos frequentadas. Não obstante, desta perspectiva pode-se reconhecer no mosaico da saúde sua verdadeira face antropológica. Partamos de duas afirmações fundamentais. A primeira é que a dimensão espiritual é constitutiva do ser humano. Certamente não em grau inferior ao das outras dimensões (física, psicológica, relacional, cultural). Não é então possível ter saúde humana (falamos da saúde da *pessoa*) à margem destes critérios.

Em segundo lugar, a saúde, da mesma maneira que o amor, é humana, na medida em que, além de ser algo que é "imposto" pela natureza (por exemplo, ter dois olhos que "funcionam"), está incorporada à consciência, é objeto de decisões, é suscetível de ter (ou não) um sentido e ser integrado em um projeto de perfeição.

Estamos aqui no campo dos valores, do sentido (do significado), das necessidades espirituais, da liberdade. Detenhamo-nos por ora somente em um desses aspectos: o sentido. Quem poderia pôr em dúvida seu valor salutar e terapêutico, isto é, sua relação com a saúde? O doutor Siebeck disse: "Ninguém goza de saúde completa se não puder responder à pergunta: saúde para quê? Não vivemos para ser saudáveis, mas somos saudáveis para viver e agir".[64] É próprio da saúde humana ter uma finalidade, aspiração a um fim que a ultrapasse. E cabe ao ser humano a tarefa de alcançá-la.

Outro exemplo: uma pesquisa nos Estados Unidos com cem estudantes universitários que tinham tentado o suicídio deu como o resultado que mais de 80% se sentiram atraídos por ele devido à ausência de sentido em sua vida. Não nos esqueçamos de que a escola psicoterapêutica criada pelo prestigioso psiquiatra Viktor Frankl gira ao redor da necessidade radical de sentido que habita cada ser humano e à possibilidade de chegar à "cura" por meio da logoterapia.

Como teremos a ocasião de ver mais detalhadamente, os critérios axiológicos, morais e espirituais – igualmente relativos – são aqueles que nos permitem captar a especificidade humana da saúde. Existe igualmente uma saúde espiritual.

---

[64] Citado por LAÍN ENTRALGO P., *Antropología médica*, cit., p. 187.

c) *Uma proposta de síntese*

Especialmente a partir da definição da OMS, é cada vez mais pacífico que a saúde é uma realidade multidimensional, como o prova a necessidade de critérios diversificados para sua compreensão. Mas ainda há uma pergunta fundamental, especialmente na perspectiva da antropologia: qual é o elemento, o princípio unificador, das diversas dimensões? Ninguém poderia razoavelmente pôr em dúvida que a saúde tem um sujeito.

Não obstante, pelo que vimos, nem o modelo médico nem a cultura da pós-modernidade favorecem uma visão abrangente, baseada em uma visão unitária do sujeito. A medicina atribui seus sucessos à fragmentação, ou melhor, à especialização, que divide o corpo (a *res extensa* de Descartes) e o transforma em objeto de intervenções cada vez mais atentas, incisivas e próximas dos segredos últimos da vida. A propensão às "especialidades" igualmente acompanha as outras ciências, compreende seu estatuto epistemológico até o ponto de ser contemplada como exigência irrenunciável do rigor científico. Como chegar a uma *perspectiva de totalidade*? Esta é a intenção desta seção.

Embora as definições não bastem, é interessante levá-las em consideração, por outras razões, porque cada uma delas é uma "declaração de intenções" ou embrião de uma explanação sistemática. Propomos algumas, pois nelas se percebe justamente a tentativa de encontrar esse princípio de unidade.[65] Submetidas ao rigor de uma

---

[65] "É a capacidade do indivíduo e do grupo de exercitar a arte de viver, com seus lados obscuros (os da arte de sofrer) e luminosos (os da arte de gozar), ou seja, a capacidade de integração do indivíduo a uma cultura vivível" (ILLICH I., *Nemesi medica*). "É um modo de viver autônomo, solidário e prazeroso" (Congreso de Médicos em Perpignan, 1978). Cf. GOL GURINA J., La salud, in: VV.AA., *Humanización en Salud*, Selare, Bogotá, 1991, pp. 23-45. "La santé, c'est un etat de bien-être provenant d'une harmonie physique, psychologique et spirituelle de l'être humain" [A saúde é um estado de bem-estar proveniente de uma harmonia física, psicológica e espiritual do ser humano] (TREMBLAY J. C., *Santé, maladie, humanisme et spiritualité*, Denoel, Québec 1983). "É a capacidade de apropriação e de posse da própria corporeidade" (GRACIA GUILLÉN D., *Salud, ecología, calidad de vida*). "É um equilíbrio dinâmico entre corpo, psique e espírito, e, no exterior, entre pessoa e ambiente" (CEI, *La pastorale della Salute nella Chiesa Italiana*, 1989). Semelhante a esta última: "É um equilíbrio dinâmico entre os diversos órgãos e as diversas funções da unidade do organismo, entre o *soma*, a psique e o espírito [...] e entre o indivíduo e o ambiente" (SGRECCIA P., Introduzione, in: VV.AA., *Salute Salvezza, perno della teologia pastorale sanitaria*, Ed. Camilliane, Torino, 2009, p. 9. Cf. também SGRECCIA P., *La dinamica esisenziale dell'uomo. Lezioni di filosofia della salute*, V&P, Milano, 2008.

análise cuidadosa, elas têm o limite inerente a toda definição (*toda* definição é sempre uma forma de parcialidade) e a um valor mais ou menos compartilhado, que é o de deixar entrever uma distinção elementar: a saúde humana não pode ser domesticada por nenhuma ciência, não pertence monopolisticamente a nenhuma profissão.

Minha proposta de síntese, consequentemente, tenta não definir mas sim compreender. Apoio-me especialmente em três autores, mas na tentativa de prolongar e personalizar sua contribuição.[66]

Godin distingue três níveis de saúde: o que me foi dado, o que escolhi e o que me foi oferecido (como dádiva) por Deus. O primeiro nível, mais ou menos comum a todos, representa a saúde em sua dimensão natural, objeto da ciência médica e, em parte, também da psicologia. O segundo reflete a saúde decidida, "conquistada" com o exercício da liberdade, e é a passagem das funções aos valores por meio do sentido, do instinto (em seu significado mais amplo) à decisão moral. O terceiro nível finca suas raízes em uma posição teológica fundamental: o cristianismo é mais do que uma moral; no desígnio de Deus, a moral nunca poderá ser o objetivo último da saúde humana. O ser humano novo, transformado e curado a partir de dentro, não se constitui com esforço moral, não é uma conquista humana, mas alcança sua realização na vida teologal, a vida em Deus.

Na posição de Diego Gracia Guillén, discípulo do grande mestre Pedro Laín Entralgo, e um dos mais conhecidos peritos das *medical humanities* e da bioética, a concepção de saúde vem de uma visão antropológica e de exigências éticas bem precisas. Como bom conhecedor da história da medicina e da filosofia, chega a uma síntese bem sugestiva. Vejamos alguns de seus postulados.

A medicina, enquanto ciência da natureza, é uma perversão, uma aberração. Não pode ser considerada uma ciência "pura", mas antes uma ciência "aplicada", uma arte. Sua base original e exclusiva nunca poderá ser a biologia, uma vez que o momento biológico da saúde e da doença é somente um de seus momentos; não pode compreender nem tratar a saúde e a doença detendo-se em um desses momentos, sendo preciso perceber a "estrutura" na qual são integradas. Por essa razão a formação de um bom médico exige igualmente o conhecimento da psicologia, da sociologia, da história, da ética. A medicina não é ciência; é *assistência*.

---

[66] Trata-se de A. Godin, S. Spinsanti e D. Gracia Guillén, na bibliografia já citada. Por último, considero ainda um texto inédito seu intitulado *De la higiene privada a la salud pública. Beneficios y riesgos de las políticas de salud*.

Segundo postulado: a saúde não pode ser definida como bem-estar. Igualmente nesse caso a ambiguidade é ou pode ser fonte de "perversão", especialmente do ponto de vista da subversão dos valores. Tendo diante dos olhos a cultura exasperada do bem-estar, Diego Gracia enfatiza esses equívocos. O bem-estar remete sempre a uma *interpretação*, não sendo um fato imediato. Recai sobre ele o ideal da perfeição do indivíduo e, em algum sentido, da sociedade. Entretanto, pergunta-se: pode o bem-estar ser o único ideal de perfeição? Consequências: favorece-se a obsessão pela saúde, o "salutismo", a identificação do bem-estar com o bem, e do mal-estar com o mal.

Terceiro postulado: a saúde é cultura do corpo. Na raiz desta afirmação está uma visão antropológica que é preciso especificar. Diego Gracia não se refere apenas ao *corpo objetivo* ou ao corpo alheio (o *Körper* de Scheler), mas especialmente ao *corpo vivido* (o *Leib*). De acordo com o primeiro esquema, só podemos dizer *tenho* um corpo, ao passo que o segundo permite afirmar, com Gabriel Marcel: "Eu sou meu corpo".[67] Ambas as afirmações são verdadeiras quando são feitas simultaneamente. A primeira (tenho corpo) está na base da compreensão biológica da saúde; a segunda (sou corpo) remete à compreensão biográfica.

Partindo dessa visão do corpo enquanto objetivação (exteriorização) e encarnação de todo ser humano, Gracia concebe a saúde como a "capacidade de posse e apropriação do corpo. Saudável não é a pessoa que sente maior bem-estar (neste caso a saúde seria acessível somente aos viciados em morfina), mas aquela que se torna mais plenamente capaz de apropriar-se do próprio corpo e cuidar dele. A saúde consiste em estar não sob o corpo mas sim sobre ele". Reciprocamente: quanto maior a expropriação ou despossessão do corpo, tanto mais doente se está.

Desta sugestiva visão extraem-se algumas consequências. A apropriação do corpo é igualmente tarefa da medicina, mas não exclusiva e certamente menos ainda a mais importante. É tarefa do próprio ser humano. Por essa razão, evoca de algum modo o convite do Gênesis a sermos "senhores", a exercermos a liberdade e a responsabilidade moral. A saúde é um valor, não um objeto de consumo. Há mais saúde em alguém "preso" a uma cadeira de rodas que se reconcilia com o próprio corpo (não está alienado dele), do que em quem se deixa levar pelo instinto e se torna seu escravo.

---

67 Voltaremos a esse tema com maior profundidade no capítulo IV.

Esta posição foi sistematizada pelo autor por meio do recurso a dois níveis de saúde: *saúde biológica* e *saúde biográfica*, que podemos representar sinteticamente com este esquema:

BIOLÓGICA					
CORPO	NATUREZA	IGUAL	OBJETIVA	"IMPOSTA"	SAÚDE DOS "MÍNIMOS"
|	|	|	|	|	|
PESSOA	HISTÓRIA	DIFERENTE	SUBJETIVA	"ESCOLHIDA"	SAÚDE DOS "MÁXIMOS"
BIOGRÁFICA					

Resta-nos acrescentar alguma explicação de conceitos. Como veremos, os níveis são não antitéticos mas sim complementares. Lamentavelmente, podem sê-lo na prática. Certamente, o grande pecado da medicina foi tratar quase exclusivamente o primeiro nível. Do ponto de vista antropológico, a biologia e a biografia são dimensões inseparáveis da pessoa. Assim, o corpo é sempre "corpo vivido", na liberdade ou na escravidão, na expropriação ou na apropriação, como valor ou objeto. Por essa razão, o elemento dinâmico, o princípio unificador da saúde, está essencialmente na biografia. A saúde é humana porque é parte da biografia, é uma maneira de vivê-la.

A distinção entre a "saúde dos mínimos" e a "saúde dos máximos" é explicada consequentemente tanto do ponto de vista antropológico como do ético. A primeira é o mínimo porque, antropologicamente, o que faz de nós seres humanos não é o fato de termos dois olhos ou duas mãos, mas a maneira de ver e de nos relacionarmos com os outros e com as coisas. E, do ponto de vista ético, é igualmente o mínimo que nos garante o direito à saúde e o dever de cuidar dela. Em contrapartida, a segunda (saúde dos máximos) tem relação estreita com o ideal da perfeição humana, com o projeto da vida: o ideal que nos torna perfeitos na bondade, mestres na verdade, gênios na beleza, exemplos na liberdade, um ideal que exige uma ética da mais alta tensão e que não pode ou nem deve ser exigido pelo Estado.

Ao apresentar agora minha *síntese pessoal*, devo esclarecer de saída que ela, se pelo conteúdo se inspira nos três autores mencionados, na terminologia é mais próxima da de S. Spinsanti. Apresento-a a seguir, com o mínimo de palavras.

Para mim, a saúde é humana (pessoal) porque possui três níveis. De acordo com a linguagem de Spinsanti: *estar bem*, *sentir-se bem* e *ser bem* (sic). Os dois primeiros já foram explicados e me identifico com as posições expostas até aqui. Julgo necessário, entretanto, deter-me no terceiro e, por fim, na interação dos três níveis.

Que significa *ser bem*, especialmente como hermenêutica da saúde humana? Digamos imediatamente que não se trata de algo etéreo ou indefinido, mas da dimensão mais pessoal da saúde. Nos outros dois níveis, e de maneira especial no primeiro, estávamos ainda próximos do lado animal do mundo.

Se levarmos a sério a dimensão pessoal do ser humano, temos de fazer o mesmo com a da saúde, o que significa que esta tem uma dimensão física (estar bem), uma dimensão psicológica (perceptiva, mental, emocional, quer dizer, "sentir-se bem") e também uma dimensão pessoal. Penetra, então, em e implica diversas coordenadas antropológicas. Se do ponto de vista do "estar bem" se quer dizer que o corpo enquanto tal funciona, do ponto de vista pessoal, estar saudável (e, consequentemente, ter consciência de estar) significa que a pessoa "funciona" (realiza-se, projeta-se, cria, decide) em tudo o que a constitui como tal, isto é, *vontade/liberdade, relacionalidade, capacidade de amar, abertura ao transcendente, capacidade/busca de sentido, dimensão espiritual.* Ou, em termos mais propriamente antropológicos: a subsistência e a autotranscendência.[68]

Pode-se objetar que desta maneira estendemos (diluímos?) excessivamente o conceito de saúde. Contudo, se ser pessoa é mais coerente e real do que ter um estômago e dois braços, por que não poderíamos dizer com o mesmo rigor que igualmente existe uma saúde espiritual ou que o vazio existencial não é menos patológico do que uma úlcera estomacal? Podemos ter olhos saudáveis e olhar doente, o coração e a mente habitados pelas trevas. Não é razoável nem realista introduzir o sujeito na saúde e na medicina e, em seguida, prescindir da primeira consequência elementar: *o sujeito da saúde não é o corpo, mas a pessoa.*

Deste ponto de vista, é-nos permitido apreender o "princípio" de integração das diversas dimensões da saúde e, além disso, descobrimos que viver em saúde é um processo de personalização, ou seja, de assunção, interiorização, socialização, responsabilização e humanização. Falamos de integração porque a pessoa é uma unidade multidimensional. Em outras palavras, a unidade é princípio e vocação, consistência e projeto. Um projeto de unificação da diversidade e das complementaridades. Somos constituídos na e pela tensão; como

[68] Cf. SANNA I., Persona. Enfoque histórico-teológico, in: VV.AA., *Diccionario de Pastoral de la Salud y Bioética*, San Pablo, Madrid, 2009, p. 1341.

diria Pascal, entre o nada e o infinito. Como não somos nem anjos nem bestas, é fácil harmonizar na unidade o fato de "ser corpo" e "ter um corpo", ser "corpo espiritual" e "espírito encarnado", saúde física e saúde espiritual, doença e saúde... Isso explica, pelo menos em parte, os excessos da medicina biologicista, da espiritualidade que põe o corpo sob suspeita (quase entre parênteses), do "salutismo", que procura a saúde *per se* e não como parte integrante de um projeto, do "dolorismo", que canoniza o sofrimento e exorciza o prazer etc.

A consequência disso é que a concepção personalista da saúde, por ser multidimensional, desemboca inevitavelmente na busca do princípio de integração dos diversos componentes. Assim, vê a saúde como um processo dinâmico (com altos e baixos) de *personalização*. Compreender esse dinamismo requer ter presente que no ser humano a biologia e a biografia são distintas, mas não separadas. O componente biológico é igualmente humano porque, por exemplo, o corpo também é corpo vivido, assumido ou rejeitado, amado ou desprezado, lugar de encontro ou objeto de prazer. Humano não significa necessariamente humanizado, e por essa razão a saúde é parte de um processo de socialização e internalização, de apropriação e autodoação, de privacidade e comunhão. Exige liberdade e sentido, um cenário de valores.

A interação entre as diversas dimensões é certamente um postulado da antropologia, mas igualmente um dado da experiência, que a psicologia, e de maneira especial a psicossomática, toma como o método de trabalho para a compreensão da saúde e da doença e para seu tratamento. Interação significa neste caso que as dimensões da saúde estão relacionadas não somente de maneira "cega", caprichosa ou misteriosa (inexplicável), mas igualmente de maneira previsível, antropologicamente lógica, objeto da experiência do indivíduo e cenário de suas decisões. Isso significa, por exemplo, e em suma, que o ser humano, ao decidir sobre o corpo, igualmente decide sobre a psique e o espírito, e reciprocamente.

Tendo chegado aqui, estamos às portas daquilo que, no meu modo de ver, é a chave hermenêutica à qual se deve dar precedência em nossa busca pelo enraizamento antropológico da saúde.

5. A saúde enquanto experiência

Impõe-se, de início, um esclarecimento terminológico e a indicação de um limite. O termo "experiência" não é unívoco, mas analógico; aplica-se a aspectos muito diversos; por exemplo, experiência do frio e experiência de Deus, experiência da presença e da ausência, da enfermidade e do sexo... Essa elasticidade semântica não constitui, no entanto, um limite. Neste caso, a experiência é um atributo da pessoa, pois está vinculada à autoconsciência e à autocompreensão. Parafraseando Zubiri, poderíamos dizer que se trata de uma autoconsciência senciente.[69] Quer dizer, o ser humano não somente sabe que está são, o seu saber é também um *saber sentido*. Em outras palavras, a saúde não se sabe, se experimenta, se sabe à medida que nos tornamos, por meio da experiência, experiencialmente especialistas nela.

Obviamente, estamos cientes (um limite, talvez só aparente) de que o conceito "experiência" não esgota todo o universo da saúde. Nem todo o "estar" bem se traduz em sentir-se bem; é impossível, por exemplo, que o corpo inteiro com todas as suas funções saudáveis, tantas vezes ignoradas ou não observadas, seja objeto de experiência. No entanto, a partir da conhecida definição da OMS, praticamente todas as definições, na tentativa de ter um conteúdo, remetem a conceitos (bem-estar, harmonia, equilíbrio, apropriação da corporeidade, modo de viver etc.) cujo denominador comum é justamente o da experiência. Esta poderia ser definida como o contato imediato e receptivo com a realidade entendida em sua essência e significado. Uma concepção, portanto, fiel à realidade, mas ao mesmo tempo aberta às interpretações, à criatividade do sujeito, a sua singularidade.

Apesar desse limite, a chave hermenêutica adotada nos oferece algumas vantagens seguras. Em primeiro ligar, comporta uma visão dinâmica da saúde. Esta não se contempla somente como um dado, como objetualidade a ser registrada, mas especialmente como um *objetivo*, como meta e compromisso, como dom e tarefa. Esta configuração é fundamental para a reflexão teológica. Entre outras coisas, significa simplesmente que a saúde entra no âmbito da fé, faz parte da experiência cristã, implica necessariamente o sentido da própria vida e envolve valores fundamentais como a solidariedade, a liberdade e a comunhão com os outros. A saúde termina na morte, mas até esse momento é inseparável da vocação do ser humano.

Em segundo lugar, esta chave hermenêutica ajuda a não frustrar a exigência de dar uma linguagem à saúde, e, ao mesmo tempo, de

[69] X. Zubiri dedicou à inteligência humana uma conhecida trilogia. Ver especialmente o primeiro volume, intitulado *Inteligencia sentiente*, Alianza, Madrid, 1980.

encontrar seu sujeito criador e unificador. Dizer que a saúde é uma experiência é uma premissa básica para poder defini-la adiante como um processo de personalização, de interiorização e de humanização.

Finalmente, há que destacar que é uma vantagem, podemos dizer pedagógica e de grande alcance social. A Teologia da Saúde não pode esquecer que a existência cristã é sempre um chamado à vontade e à consciência. Por isso um de seus objetivos é favorecer a aceitação do mandato de viver e da consciência do viver; ajudar o indivíduo e a sociedade a "fazer a experiência da saúde" (sobretudo antes da chegada da doença), a adquirir familiaridade com o próprio corpo, a apropriar-se dele (no sentido da antropologia de Gracia Guillén). Sentimo-nos, de fato, levados a estimar a saúde, mas ao mesmo tempo a ignorá-la. "Uma saúde que nunca se percebe e que, principalmente, não se modifica e não se acrescenta já poderia coincidir com um estado muito próximo da doença."[70]

Dizer que a saúde é uma experiência não equivale a defini-la com este termo, como dito antes. No entanto, estudando algumas de suas características, ilumina-se em seguida sua insuprimível dimensão antropológica. Isso faremos a seguir, concluindo assim este capítulo.

– Experiência complexa

Neste caso, prescindindo de questões semânticas, "complexa" significa elaborada, já que o contato imediato com a realidade sempre está "filtrado". O processo de elaboração passa no mínimo por três momentos, não necessariamente cronológicos, ainda que respeitem certa sequência lógica. Em primeiro lugar, a *percepção do corpo*, do que é e do que acontece nele, de seus sinais e sintomas, de sua evolução ou involução, das ameaças internas e externas etc. É a porta de acesso à experiência.

Em segundo lugar, a *interpretação*, quer dizer, a aceitação pelo indivíduo da realidade percebida. Está, obviamente, modulada, colorida e condicionada por fatores que já foram contemplados: sociais, culturais, axiológicos, religiosos etc. Não precisamos lembrar a importância que tem na elaboração da experiência, por exemplo, o sistema de crenças, a imagem cognitiva e afetiva de si mesmo, a identificação ou não com certas normas sociais.

Finalmente, a *valoração*. Está relacionada, esta também, e com maior razão, com os mesmos fatores, mas é a que mais determina os percursos da experiência, porque se encontra na base, por exemplo,

---

[70] Cf. ABRAHAM G., *Al di là della medicina psicosomatica*, cit., p. 36.

dos "fármacos da felicidade", do consumo obsessivo de saúde, das ambiguidades evidentes de agredir e cultuar o corpo, do sacrifício da saúde física no lento martírio da doação aos outros e do egoísmo encarnado no corpo etc.

– Experiência fundante

Enquanto estivermos neste mundo somente poderemos viver como saudáveis e/ou como doentes. Esta é a nossa condição. Quanto a modos de viver, a saúde é um adjetivo da vida e ao mesmo tempo, enquanto experiência do indivíduo, da mesma forma é um dos substantivos através dos quais o ser humano define e constrói também o essencial do seu percurso existencial.

Pois não é possível separar a saúde vivida (a experiência) do *projeto de perfeição*. Incorporada à consciência, transformada em objeto de decisões, necessitada de sentido e elevada à categoria de "ideal social", está intimamente relacionada com a verdade global do ser humano e, por conseguinte, com os núcleos em torno dos quais o ser humano decide seu projeto vital, quer dizer, o *bonum*, o *verum* e o *pulchrum*. "Bondade", "verdade" e "beleza" certamente não se identificam com a saúde – uma coisa é, de fato, a integridade biológica, e outra, a "perfeição biográfica". No entanto, além de se condicionarem mutuamente, esta última consiste precisamente na realização, sempre relativa, das máximas potencialidades humanas. E que outra coisa é no fundo a saúde?

– Experiência associada

Como acontece com outras experiências humanas, a da saúde não pode ser isolada. Está acompanhada de outras experiências e dimensões da existência, até o ponto de se poder dizer que é onicompreensiva. Não se limita, como vimos, à percepção do corpo, nem às "sensações subjetivas". Isso explica, ao menos em parte, a multiplicidade de definições. Equilíbrio, harmonia, autonomia (liberdade), felicidade/gozo etc. são decerto conceitos que "definem" também outras realidades da existência. De fato, nem sempre coincidem necessariamente com a saúde. Assim, pode ser feliz um doente e infeliz quem sente que está são. A harmonia não pertence de modo exclusivo aos sãos. A liberdade, especialmente a interior, não está proibida para quem deve conviver com uma doença crônica.

Porém, é necessário perguntar-se até que ponto uma boa experiência de saúde não supõe necessariamente também experimentar equilíbrio, harmonia, autonomia/gozo... Pode alguém se sentir profundamente infeliz tendo boa saúde?[71] Nesta implicação da saúde em tantas e tão diferentes experiências humanas, é necessário saber captar não só um dado de fato, mas também um dado antropológico: essas experiências, ainda que vinculadas ao corpo, o superam; enquanto este decresce, aquelas podem se acrescentar; enquanto o primeiro se enfraquece, aquelas são suscetíveis de serem potenciadas; o corpo caminha em direção ao ocaso, enquanto aquelas avançam para a plenitude.

– Experiência compartilhada

Reação, adaptação e relação são outros tantos momentos da existência, contemplada também a partir do ângulo da saúde. Esta nunca é somente "higiene privada"; passa também pelo campo das relações com o próprio corpo, com os outros e com o mundo. Por isso, pode-se dizer que a experiência da saúde é a história de uma relação tão complexa e elaborada que coincide, em última análise, com a história de cada ser humano neste mundo.

Algumas expressões, como "sociedade doente" e "sociedade salutar", não só sugerem, como vimos, uma espécie de diagnóstico mais ou menos global do estado de saúde coletiva ou da capacidade de gerar coletivamente saúde. Trata-se antes de reconhecer que a saúde humana é *compartilhável*. Melhor ainda, só quando é compartilhada se torna de algum modo possível, como veremos. Uma boa experiência acontece apenas quando o ser humano sai de si mesmo (*ex-sistere*) ganhando consistência em um tecido de relações.

6. Conclusão

No final deste percurso, sem pretender resumi-lo em poucas palavras, queremos pôr em relevo algumas conclusões que nos ajudem a estabelecer posições.

A saúde humana é uma "realidade" poliédrica e pluridimensional, não reduzível a um único olhar. Toda aproximação é portadora de luzes e sombras, pela qual a perspectiva da totalidade, a busca do "centro", a compreensão global são possíveis apenas à medida que, no desejo de propor uma síntese, não descuidam as "partes".

---

[71] A respeito da associação entre saúde e felicidade, por exemplo, NORDENFELT L., *La natura della salute. L'approccio della teoria dell'azione*, Zadig, Milano, 2003, p. 254. Citado por SGRECCIA P., *La dinamica esistenziale*, cit., p. 251.

O risco das diversas abordagens consiste na absolutização do próprio olhar, esquecendo a complementaridade e a necessidade da interdisciplinaridade. É fácil constatar que a ciência médica tem "biologizado" a saúde e "alienado" seu sujeito, sempre inobjetivável. Mas hoje não é menor o risco de – permitam-me de novo os neologismos – "psicologizá-la", "psicossomatizá-la" e "espiritualizá-la". E não está menos isenta de consequências negativas a possibilidade de objetivar o sujeito. Isso acontece, por exemplo, quando a psicossomática quer resolver todo problema médico com a abordagem psicanalítica, ou quando na busca das causas da doença e no processo terapêutico a atenção concedida ao sujeito obscurece e subestima a realidade do corpo e seus dinamismos.

No fundo desses riscos podem-se perceber, por um lado, o costume de ler a realidade usando o *pensamento causal* e, por outro, o desejo de "dominar" a saúde. A debilidade deste sistema se mostra de modo claro não só na medicina, mas também nas outras ciências relacionadas à saúde quando se pretende, por exemplo, chegar às últimas causas da doença e aos últimos motivos da saúde. É apenas um mistério ou a ponta do *iceberg* que nos mostra outros caminhos para a compreensão da realidade humana e de seus processos?

Sem aprofundar no *iceberg*, parece-me que a saúde (e a doença) deve ser relacionada não só com a cadeia das causas constatáveis, mas também com o mundo das *motivações*, com o *background* dos valores e dos significados subjacentes da cultura e das opções de vida, com o conjunto das dimensões pessoais que interagem em todo indivíduo, com o espaço misterioso e escondido do inconsciente. A pergunta: "Por que ficamos doentes ou por que vivemos com saúde?" não tem uma resposta única e definitiva.

A Teologia da Saúde não se propõe como uma "ciência da saúde", cujo fim principal seria "dominar" essa realidade apoiando-se em um modo de proceder cristão e, portanto, como um método de diagnóstico, de promoção, de tratamento e de terapia. Isso não significa que sua abordagem seja inútil ou um luxo intelectual. Sua contribuição é necessária, mas dentro de uma aliança em que se respeitem as diferentes metodologias e se favoreça a complementaridade.

Partimos de uma visão unitária do ser humano, mas ao mesmo tempo somos conscientes da tensão entre objetividade e subjetividade por que está atravessada. Centrando sua atenção na pessoa, em sua unidade pluridimensional, a Teologia da Saúde tenta ser sensível ao corpo e ao "corpo vivido", às "leis da objetividade" sobre as quais se move a ciência médica, à inobjetivável subjetividade. Tem presente a interação entre as diversas dimensões da pessoa, mas não até o ponto de mistificá-la nem até o extremo de fazer coincidir corpo e espírito. A interação, cujo vértice deve buscar-se no eu (no sujeito), não deve ser elevada à categoria "científica" de nova explicação (e domínio) da saúde e da doença. É somente um dos momentos da Teologia da Saúde, decerto presente no modelo cristológico de saúde (como veremos), útil para explicar a relação entre fé vivida e saúde, entre saúde espiritual e saúde físico-psíquica. Mas a Teologia da Saúde não acaba aqui.

Sempre sobre o pano de fundo de uma aliança de convergências e olhares, a Teologia da Saúde se coloca em uma perspectiva diferente da ocupada pelas ciências da saúde. Seu objeto é todo o ser humano e toda a saúde, mas contemplados a partir da *ótica específica da fé* que tenta compreender. À luz da fé, a saúde é não um dado para se constatar, mas sim uma experiência que deve ser discernida e iluminada, um valor que deve ser integrado na biografia do ser humano e no seu itinerário para a plenitude da salvação. À luz da fé, a saúde se vê dentro da vocação criatural e cristã do ser humano, em que o esquema causa-efeito não pode nunca ser a última explicação da relação entre Evangelho e saúde. Chegamos, assim, a nos encontrar dentro de outra lógica, a da graça, que transforma em salutar também a doença e o sofrimento, e até pode perturbar a saúde física. Uma lógica, a da plenitude, que vai além de todo esquema e de toda explicação científica.

É aqui que reside o máximo interesse da Teologia da Saúde: a saúde humana, no desígnio de Deus e na sua realização no mistério de Cristo (e agora na Igreja), está sempre em movimento para a plenitude, quer dizer, para a plena realização do ser humano. *É a saúde salvífica e a salvação salutar.*

III

A saúde na história da salvação

1. Introdução

A reflexão teológica sobre a saúde começa, como vimos, quando se descobre seu enraizamento antropológico. Todavia, não é esta sua última justificativa, mas sim o fato de que a *saúde está presente na história da salvação*. E está presente por ser parte integrante do *desígnio salvífico* de Deus, que significa que sua vontade salvífica se expressa também sob a forma salutar (de saúde); por outro lado, Deus revela e oferece também um *modelo de saúde* realizado no mistério de Cristo.

A partir dessas duas afirmações, procuraremos desenvolver este terceiro capítulo em duas partes. A primeira, mais breve, tentará dilucidar algumas linhas mestras da revelação e da realização da saúde no Antigo Testamento, tentando descobrir o contexto no qual situá-la, propondo duas possíveis leituras e ilustrando as duas coordenadas que percorrem todo o Antigo Testamento e se prolongam no Novo Testamento, ou seja, a saúde enquanto dom de Deus (dom criatural e de salvação) e como responsabilidade do ser humano (vinculada às "dez palavras").

Na segunda parte ofereceremos uma visão de todo o acontecimento Cristo partindo de algumas afirmações fundamentais. Sua finalidade é mostrar, por um lado, o itinerário da saúde para a salvação (onde a primeira encontra sua realização) e, por outro lado, a tradução da salvação em saúde. Ofereceremos alguns elementos para a compreensão da encarnação como "momento" salutar, daremos atenção ao modelo cristológico de saúde, que atinge seu ponto culminante no mistério pascal, para concluir com o momento "eclesial", quer dizer, com a saúde confiada à Igreja, sob a ação do Espírito Ressuscitado, enquanto dom e missão. Desse modo, estabeleceremos as bases para uma reflexão posterior, teológica e sistemática.

Considero também oportuno a princípio enfrentar algumas questões muito comuns no Antigo e no Novo Testamento. Com sua anteposição, certamente apresentaremos algumas repetições, mas estas nos oferecem a vantagem de nos introduzir em seguida no nosso caminho.

a) Uma redução a evitar

No âmbito da reflexão bíblica, no que diz respeito à saúde, a pesquisa atribuiu a precedência a uma das duas vias de comunhão do ser humano com Deus e de acesso do primeiro a Ele: a da indigência, descuidando a da *plenitude*. Foi dado destaque à doença e, portanto, ao seu conjunto de experiências e situações afins e, logicamente, à cura. No contexto pedagógico e simbólico em que se colocavam as ações terapêuticas de Deus em favor do doente, se punha em relevo, com razão, seu significado salvífico e solidário, mas sem aprofundar coerentemente seu conteúdo salutar.

Disso decorria uma visão reducionista. As ações terapêuticas de Deus em favor dos doentes não esgotam toda a sua ação em favor da saúde. E, ainda que nossa história seja sempre uma história de salvação (por conseguinte, de libertação, de cura), as curas têm um valor salutar e salvífico à medida que oferecem um novo modelo de saúde e promovem uma nova qualidade de existência, uma verdadeira transformação do ser humano. Caso contrário, corre-se o risco de esvaziar de conteúdo a saúde que brota de Deus e do Evangelho vivido e proclamado. A saúde, não a doença, é a meta, o que também se pode falar da graça em relação ao pecado.

A Teologia da Saúde, por conseguinte, contempla o Deus da história que se revelou e é acessível no caminho da indigência e no caminho da plenitude. Uma e outra são vias pelas quais transita a *paixão* de Deus pelo ser humano e sua implicação gradual (encarnação gradual) nos grandes acontecimentos da história e na biografia dos seres humanos.

A indigência que se deve satisfazer está representada simbolicamente pela imagem bíblica do *barro* (Gn 2,7; Eclo 17,1; 33,10), memorial do ser humano necessitado de vida, à mercê da fragilidade, incapaz de salvar-se por si só, ferido em seu desejo de viver e destinado irremediavelmente à morte. Mas o ser humano também é *hálito* divino (Gn 2,7; Is 42,5), chamado à plenitude, tensão para o infinito, nostalgia do que ainda não é; por isso anseia negar ao sofrimento, à doença e à morte a palavra definitiva, quase um poder absoluto.[1]

Os dois símbolos (barro e hálito) representam duas dimensões antropológicas fundamentais e constituem uma mediação que serve de base para esmiuçar a revelação e a ação de Deus sobre a saúde. Esta, de fato, não aparece somente como um dado da natureza unida à pessoa, comparável aos animais; é, sobretudo, uma experiência biográfica, profundamente relacionada à pessoa, a sua identidade

---

1 ÁLVAREZ F., *Salud. enfoque teológico*, cit.; id., El Evangelio, fuente de vida en el mundo de la salud y de la enfermedad, in: *Camillianum* 11 (1995), pp. 22-65; GONZÁLEZ N. A., Enfermedad y curación en el AT, in: *Teología y Catequesis* 29 (1989), pp. 70-71.

radical, a seu comportamento religioso, a sua fidelidade à aliança, à comunhão com Deus.

b) No contexto da salvação

Com estas premissas se entende em qual contexto se deve colocar o discurso sobre a saúde, tanto no Antigo como no Novo Testamento. Isso não significa que a Teologia da Saúde deva ser considerada um capítulo da soteriologia, no entanto, também não pode prescindir dela, principalmente se, como hoje se aceita cada vez mais, considerarmos que existe somente uma ordem salvífica, que compreende criação, redenção e escatologia. Nesse "percurso", a saúde é um dom criatural unido à vida e ao mandato de viver, remete àquela origem em que "tudo era bom", mas também à possibilidade de ser em Cristo "nova criatura", participa da fragilidade humana, mas também dos dinamismos salvíficos que percorrem toda a vivência humana até levá-la à sua realização definitiva.

Se tudo na história, especialmente a partir do lado de Deus (e de sua pedagogia), aponta para a salvação (encarnada no tempo e consumada além do tempo), isso é também verdade para a saúde humana, como veremos suficientemente bem. O Deus revelado, conhecido e experimentado, é o Deus *propter nostram salutem*, ainda que, como fica claro, sua realidade não se esgote em sua relação salvífica e salutar com a humanidade. À compreensão bíblica e teológica da saúde, portanto, podemos aplicar-lhe, por enquanto sem matizes, o esquema com que é revelada ao ser humano e nele realiza-se a experiência da salvação. É um esquema que compreende estes três "momentos":

- as *situações* de adversidade individuais e coletivas (escravidão, pecado, doença, desespero, humilhação...);
- as *intervenções* salvíficas, terapêuticas e libertadoras de Deus;
- a *nova situação* daqueles que aceitam ser salvos/curados e experimentam a libertação.

Nenhum desses movimentos pode ser suprimido. Mais do que sua sucessão cronológica, interessam seus dinamismos e o seu valor pedagógico. Deus não somente realiza a salvação e a saúde, *mas também as ensina*. Assim, com relação ao primeiro momento, é evidente que a cura começa quando o ser humano percebe sua situação de indigência radical. No entanto, esta constatação não é automática; o ser humano é sempre indigente, está necessitado de salvação e cura, mas nem sempre reconhece isso e, quando o reconhece, nem sempre se entrega ao único Salvador.

Por isso, as intervenções de Deus (segundo "momento") comportam sempre certo *diagnóstico* que confronta, ilumina e desperta. Sob esta luz, o ser humano descobre que é ao mesmo tempo indigente e oferente (na linguagem de Laín Entralgo), quer dizer, doente, porém, capaz de uma nova integridade, barro e hálito, inacabado e chamado à plenitude. A Teologia da Saúde então dá maior atenção para o terceiro momento. Desse modo, não se impede o itinerário da salvação, acolhe-se adequadamente a pedagogia de Deus nela contida e não se desagrega a saúde da salvação: abrem-se novos horizontes para a experiência humana e cristã da saúde.

c) A pedagogia salvífica de Deus

Para compreender o lugar da saúde no desígnio salvífico de Deus, temos que ter presente que ela faz parte inevitável – e não somente a doença – de sua pedagogia. Temos aqui a primeira constante que percorre toda a história da salvação: saúde e doença são "interessantes" não como dados da natureza ou como fenômenos, mas como *acontecimentos biográficos e espirituais* que implicam a pessoa como um todo, revelando e interpelando sua verdadeira identidade e colocando em questão sua relação com Deus.

Assim contempladas, saúde e doença constituem um momento privilegiado da pedagogia de Deus relacionada ao ser humano e, ao mesmo tempo, um lugar de revelação do ser humano. A história da salvação, vista do ângulo humano, põe em relevo não somente os grandes acontecimentos mas também as biografias envolvidas. É a história e ao mesmo tempo a epifania de Deus, justamente porque não depende só de fatos esporádicos e grandiosos, mas se explica por meio da história cotidiana dos indivíduos e do povo. É salvação e ao mesmo tempo acontecimento, porque respeita a ambiguidade e a gradação da liberdade humana e, a partir daí, abre horizontes e conteúdos novos.

A experiência de Deus salvador e libertador passa pela descoberta do Deus curador, aliado à vida, fonte de saúde. Na confissão de fé: "Eu sou o Senhor, aquele que cura" (Ex 15,26), há no mínimo três "momentos" decisivos da implicação, da "encarnação" progressiva de Deus na biografia do ser humano.

Em primeiro lugar, a doença e a cura são um capítulo importante da *pedagogia* de Deus para o ser humano adquirir uma adequada compreensão de si mesmo. *Deus salva ensinando.* A doença, nesta perspectiva, é um chamado que restitui a cada ser humano (não só ao doente) um novo realismo. Sofrendo, pode chegar a saber quem é, de onde lhe vem a vida, onde radica sua consistência, para onde deve orientar sua identidade, quem é o seu médico. Na experiência da doença e do limite, o ser humano pode se abrir para a epifania que brota de sua radical solidão. É convidado, de fato, a se deixar confrontar na profundidade, a assumir sua responsabilidade e a tomar consciência de seu caráter único, original e irrepetível.

Na pedagogia descrita, centrada no ser humano, talvez a consciência disto adquira o máximo nível na conexão entre saúde e aliança: somente quem *escolher* viver segundo Deus será salvo e curado. A saúde, assim como a vida e o dom da comunhão com Deus, está estreitamente relacionada com a fidelidade às "dez palavras" e, portanto, a suas bênçãos (Ez 15,25-26; Lv 26,3.6.9.14.40-41). Assim, fica perfilada uma das linhas mais fecundas da relação entre saúde e salvação. As duas, ainda que diversas, percorrem o mesmo caminho, seguem o mesmo itinerário, porque uma e outra brotam da adesão a Deus e de sua aceitação como a máxima possibilidade para o ser humano. Deus não é o limite, nem o freio, nem o rival da liberdade humana. A aliança é salvífica e salutar porque devolve o ser humano ao desígnio original de Deus, quando "tudo era bom", e porque lhe dá outra vez a possibilidade de desenvolver ao máximo sua condição humana e criatural. E o que é, se não for isso, a saúde humana?

A partir dessa consciência, quando sofre, o ser humano pode descobrir também o absurdo de exigir de Deus as razões últimas do mal que o aflige; pode superar a tentação de abandonar Deus em lugar de entregar-se a Ele; pode realçar o valor e o caráter provisório da saúde e dos remédios materiais, e pode, sobretudo, renunciar às pretensões de salvar-se por si mesmo e sozinho.

Em segundo luar, o Deus que inaugura a história dando a vida mostra sua *solidariedade* de modo singular quando a vida é ameaçada. A doença e o sofrimento possuem esta capacidade emblemática e simbólica, porque "contêm" tudo aquilo que remete à realidade da morte, quer dizer, a fragilidade e a injustiça, o pecado e a ausência de horizontes, a solidão imposta e a alienação. A paixão de Deus pelo ser humano se manifesta especialmente quando a doença é acompanhada da injustiça e quando amordaça o ser humano afogando seu futuro. Essa proximidade de Deus daqueles que sofrem, tão bem expressa nos Salmos e em Jó, está em contraste com a falta de solidariedade do povo. Normalmente, o doente se vê obrigado a enfrentar-se sozinho com Deus; são poucos os intermediários benéficos; a doença provoca distância mais que aproximação;[2] na sociedade teocrática do Antigo Testamento e dos tempos de Jesus, o doente é um "excomungado", um excluído da comunidade e dos "lugares oficiais" da salvação.

Nesse contexto de resistências culturais, Deus afirma sua solidariedade e, com sua atitude, que chega ao ápice em Cristo, estabelece definitivamente o curso histórico da salvação: *somente o que se assume se salva.* Ontem e hoje a solidariedade no mundo da saúde e do sofrimento é o caminho que restitui ao ser humano sua identidade, reconhece sua dignidade e lhe restitui "o entusiasmo de ser humano" além de todo limite e adversidade.

Finalmente, o terceiro momento. Através da saúde e do dom da cura, não necessariamente taumatúrgica, Deus revela seu desígnio de salvação. Implicado intimamente na biografia de todos os doentes ou dos que sofrem, com as experiências saudáveis que oferece, Ele significa e antecipa a salvação definitiva. E esta se concretiza no corpo. Mas, enquanto acolhe tudo o que acontece no corpo, acorda no ser humano a tensão em direção à plenitude. Em certos crentes, como Jó ou o autor dos Salmos, a cura chega a seu momento culminante apenas quando a comunhão com Deus é restabelecida, quer dizer, quando o ser humano, apesar da persistência do mal, recupera sua consistência em Deus.

Tocamos aqui em um dos núcleos do itinerário pedagógico rumo à salvação, cuja entidade teológica e pastoral se manifesta especialmente no mundo da saúde e do sofrimento. A saúde não é "ainda" a salvação. Esta é um bem essencial, dom de Deus, sempre objeto de esperança, que Deus promete a todos e não nega a ninguém (Rm 8,24-25; 1Tm 2,4). Mas a saúde, inclusive em suas dimensões mais biográficas, nunca está garantida nem pela adesão existencial a Deus nem por um especial *ex opere operato.* Seu valor, como se revela especialmente no mistério salutar de Cristo, está sempre relacionado com sua abertura à salvação, é saúde para a missão, para a adesão incondicional ao Reino. Daí que seu momento culminante tenha lugar quando é sacrificada na cruz, quando o ser humano, libertado e curado em profundidade, é capaz de dispor de si mesmo, de se entregar a Deus e de se doar aos irmãos.

---

[2] Cf. VANHOYE A., La vita consacrata nel mondo della salute. Fondamenti biblici, in: VV.AA., *La vita consacrata nel mondo della salute. Gesto e annuncio del Vangelo della misericordia*, Camillianum, Roma, 1993, p. 18.

d) A pedagogia dos símbolos

Como vemos, tanto no Antigo como no Novo Testamento a linguagem relacionada com a saúde, a doença e a cura é habitualmente *simbólica*. Uma linguagem cuja riqueza pedagógica nunca vamos exagerar. A Bíblia é o grande livro dos símbolos.[3] Por exemplo, a palavra "coração", um termo fundamental da antropologia do Antigo Testamento, se pode encontrar 858 vezes, quase sempre referida exclusivamente ao ser humano.[4] Sua capacidade reveladora está não na verdade científica (a Bíblia não é um tratado de anatomia) mas sim em sua força simbólica. Devemos lembrar que, quando a Bíblia diz "coração", quer expressar algo mais do que coração; sua linguagem é global (coração equivale a ser humano) e, ao mesmo tempo, específica, quer dizer, o ser humano contemplado do ponto de vista, neste caso, dos afetos e dos sentimentos, dos desejos e da razão, da relação com as coisas e com Deus, da intimidade fonte da exterioridade, do seio profundo das decisões, da força que impulsiona a vida...

Voltando agora a um discurso genérico, os símbolos, tomados do mundo sensível e da experiência, constituem a ponte, a mediação entre o visível e o invisível, entre a experiência espiritual e sua comunicação. Na revelação bíblica, eles são a linguagem da fé. Certamente uma linguagem diferente da discursiva e racional com a qual o ser humano de hoje se identifica.

O símbolo possui grande força antropológica,[5] pois percebe a natureza humana não somente em sua dimensão fenomenológica, mas também em sua estrutura fundamental, portanto em sua sede e em seu sentimento de aberturas à transcendência, e expressa isso com uma densidade de significado e uma abundância de anotações e remissões textuais que vão além dos dados acumulados pela observação, a percepção sensorial e o discurso.[6] Mas não somente isso. É função do símbolo provocar uma atitude diversa, de acolhida, de participação integral do sujeito, de aceitação de seus dinamismos internos e, ao mesmo tempo, de "releitura" da experiência e

---

[3] Cf. BETZ O., *I simboli per comunicare l'esperienza della fede*, Paoline, Roma, 1990, pp. 14-15; 64-68.

[4] Cf. WOLF H. W., *Antropologia dell'Antico Testamento*, Queriniana, Brescia, 1985, p. 58.

[5] Cf. SARTORE D., Segno-Simbolo, in: VV.AA., *Dizionario teologico interdisciplinare*, vol. III, Marietti, Casale Monferrato, 1977, pp. 231-232.

[6] Cf. RUIZ F., Simbolo, in: ANCILLI E. (ed.), *Dizionario enciclopedico di spiritualità*, vol. III, Città Nuova, Roma, 1990, pp. 2314-2315.

da realidade das coisas. O símbolo, além de comunicar uma mensagem, "favorece uma relação, provoca o desenvolvimento de uma identidade, de um reconhecimento, de uma aliança".[7]

É o que acontece com a experiência da saúde. Ainda reconhecendo seu suporte biológico, a Bíblia nunca contempla a saúde e a doença como uma realidade exclusivamente biológica. É sempre biologia vivida, histórica, incorporada à verdade global da pessoa, a sua consciência, a suas relações, a sua identidade mais profunda, até o ponto de ser um símbolo da condição humana. Um símbolo, portanto, que remete e sugere, que vai além da realidade, que provoca e implica. Saúde e doença, por conseguinte, não significam somente vigor e fraqueza, como atributos ou incidências do corpo. São um modo de dizer "ser humano" a partir da perspectiva de sua dupla condição de hálito e barro, de indigência e plenitude, de fidelidade e infidelidade, de comunhão e solidão... Na antropologia bíblica, como veremos, não há uma via intermediária.

Do mesmo modo que o coração e o corpo (os olhos, as mãos...), também a saúde, objeto da linguagem simbólica, é um símbolo humilde e frágil. Seu valor não depende da força da evidência, do quão razoável são as demonstrações. Quando aparece de novo no cenário comprovável da natureza, onde a higiene e a "ciência" tentam manter o controle, não se deixa domesticar, pois o ser humano também não é um produto da natureza, da ciência e de seus poderes. A sua não é, pois, uma linguagem de evidências. Serve para provocar, sugerir e interpelar, para despertar a fé. Busca uma adesão, mas esta depende do ser humano e ninguém pode garanti-la.

É um símbolo frágil, porque também o ser humano é frágil. Se biblicamente a palavra saúde está composta, como veremos, por integridade, plenitude, comunhão, aliança... está sempre à espreita a possibilidade de romper o símbolo, de introduzir nele "elementos diabólicos" (o oposto do símbolo), de buscar, portanto, substitutos da saúde, de médicos e de medicinas. A prova definitiva de sua fragilidade se encontra justamente em que a saúde não somente precisa ser apoiada e restituída por Deus, mas também precisa ser curada.

[7] SARTORE D., Signo/símbolo, in: SARTORE D., TRIACCA A. M. (orgs.), *Nuevo Diccionario de Liturgia*, Ediciones Paulinas, Madrid, 1987, p. 1911. Ao símbolo pode ser aplicado o que diz R. Guardini sobre o sinal. O sinal, afirma, "não constitui uma singularidade que possa ser acolhida em atitude de pura curiosidade, pois contém exigências, alerta, adverte, ordena" (GUARDINI R., *Miracoli e segni*, Morcelliana, Brescia, 1985, p. 43).

O drama dos chamados sãos consiste em não se deixarem diagnosticar e curar por Deus.

Nessa perspectiva simbólica, a revelação sobre a saúde mostra seu verdadeiro rosto. A pedagogia dos símbolos chega ao seu ápice em Cristo. Com Ele, a salvação foi anunciada e oferecida em termos de medicina, de cura e de saúde, mas tendo grande cuidado em não confundi-la com um médico ou um curador como os outros. Sua saúde é diferente, como única é a salvação. Se tivéssemos que prescindir dessa pedagogia, então não poderíamos compreender o Evangelho da Saúde, mas deveríamos dizer que Cristo não é pastor, nem alimento que satisfaz para a vida eterna, nem água que mata a sede, nem luz que rompe as trevas, nem caminho que leva à plenitude da vida.

2. A saúde no Antigo Testamento – chaves de leitura

a) Para além da terminologia

Quem não está familiarizado com a cultura e a mentalidade do mundo bíblico, sem dúvida, se sentirá impressionado ao comprovar que Israel não cunhou termos precisos – técnicos, poderíamos dizer – para expressar a saúde e a doença.[8] Quanto a esta última, exceto quando se refere a doenças muito concretas, a Bíblia utiliza uma ampla gama de termos cujo valor não está especialmente na indicação ou descrição do fenômeno biológico, mas em suas repercussões sobre a pessoa. Por isso, os termos mais frequentes (como *halah*, ou *mahalá*, *dawah*) significam "doença", "fadiga", "cansaço". Existem, evidentemente, outras expressões mais genéricas para expressar situações existenciais como a angústia, a aflição ou o "mal" sem mais.

No entanto, chama ainda mais a atenção o fato de que na tradição hebraica não exista um vocábulo específico para a saúde. O vocábulo mais afim é *shalom*, traduzido na LXX com os termos *hyghiaino* (41 vezes) e *hyghies* (9 vezes). Pois bem, tanto *shalom* quanto os três radicais do termo semita *slm* significam não somente

[8] Cf. GONZÁLEZ N. A., *Antes que el cántaro se rompa. Sobre la salud, la enfermedad, la muerte y la vida*, San Pablo, Madrid, 1993, p. 17; Cf. também FABRIS R., Biblia y mundo de la salud, in: VV.AA., *Diccionario de Pastoral de la Salud y Bioética*, San Pablo, Madrid, 2009.

"paz", eles também dão ideia de "são", "ileso", "integrado", "completo", "satisfeito", "próspero".

Na literatura grega, os termos *hyghies* e *hyghiaino* possuem também abundância de significados. Além de "são", de "boa saúde" e de "estar bem", equivalem a "robusto", "razoável", "sensato", "apropriado", "verdadeiro", "sólido", "fiável", "moderado (não agitador") etc. "Esta ampla variação de significados se explica porque no fundo existe a sensação de que algo são é sempre equilibrado, está em harmonia com a ordem universal. Este modo de compreender a saúde nunca declinou."[9]

E, já que a linguagem nunca é "inocente", vamos tentar rastrear nela algumas lições limitando nosso discurso à saúde.

Em primeiro lugar, a saúde, enquanto realidade física e isolada (ou seja, como condição da natureza), tem pouca relevância do ponto de vista bíblico. Está sempre associada a outras realidades, principalmente à paz, como vimos, e à vida: "A saúde faz parte da vida (*hayyîm*) que é um dom de Deus".[10] Esta constatação é muito importante porque mostra duas linhas de mensagem que percorrem toda a história da salvação.

Por um lado, a saúde é concebida mais como um adjetivo do que como um *substantivo*, quer dizer, como uma qualidade da existência, como um modo de vida e de viver. Por mais importante que seja, nunca será um dom essencial como a salvação, nem um valor sagrado como a pessoa. Porém, ao mesmo tempo, a saúde está associada (igualada) à biografia, à sorte da pessoa em sua unidade indivisível. Por isso é compreensível somente dentro de um esquema de totalidade.

Isso aparece claramente em sua associação com *shalom*. A saúde seria "um bem-estar global do ser humano que vive relações saudáveis e felizes em todas as dimensões: psicofísicas, pessoais e sociais".[11] Obviamente, esta não é uma definição bíblica de saúde, mas põe em relevo a segunda linha de mensagem que eu gostaria de ressaltar: a da *relação*. A saúde bíblica, a que traduz *shalom*, é uma *saúde sempre relacional*. O conceito bíblico de paz "inclui a nova relação salvífica com Deus, o Pai de todos, a saúde da pessoa, as relações sadias e terapêuticas com o próximo e com a comunidade,

---

9 KITTEL, FRIEDRICH, *Grande lessico del NT*, vol. XIV, Paideia, Brescia, 1984, p. 42.

10 KITTEL, FRIEDRICH, op. cit., p. 42.

11 FABRIS R., op. cit., p. 21.

uma vida social, econômica, cultural e política saudável, quer dizer, a serviço da paz e da saúde de todos. Herman Cohen, um pensador hebreu, se pergunta: 'Qual é a quinta-essência da vida humana no espírito da Bíblia?'. E responde sem vacilar: 'É a paz'. A paz é a unidade de todas as energias vitais, seu equilíbrio e a atenuação de todos os seus contrastes. A paz é a coroa da vida [...]. A paz faz de toda a vida uma festa".[12]

Essa forma de ver as coisas sempre deve ser considerada não somente para compreender a revelação bíblica sobre a saúde mas também para nos aproximarmos de certos fenômenos culturais e sociais do antigo Israel; por exemplo, a escassa estima concedida aos médicos e à medicina quando comparada com a dos povos próximos e suas culturas. É uma exceção o texto tardio do Sirácida[13] – ao qual voltaremos – em que, por influência helenística, há um reconhecimento do médico e da medicina, mas sempre relativo. No entanto, estimo que se possa afirmar, com o biblista González Núñez, que a contribuição do antigo Israel à saúde pessoal e social foi "realmente notável".[14]

A incorporação da saúde ao tecido da vida não é somente a exigência de uma determinada visão antropológica que não conhece dualismos e, por conseguinte, busca sempre um "centro unificador" (ou a explicação derradeira) daquilo que acontece no ser humano. Esta incorporação é, sobretudo, o fruto de uma experiência gradual da fé. O controle da saúde – diz a experiência – não pode ser deixado só nas mãos da natureza – da qual fazem parte os remédios, as curas e as medicinas – nem abandonado ao acaso do saber humano. "Abandonado" a esses poderes, o ser humano adoece e morre inclusive precocemente. Daí que, na pedagogia de Deus, a revelação sobre a saúde pode ser esmiuçada especialmente através da experiência da *cura*. O que não significa – vamos dizê-lo – que a saúde seja sempre e somente a "recuperada", mas fica claro que é especialmente na cura que Deus revela seu desígnio e seu modelo de saúde.

---

12 HÄRING B., *La no violencia*, Herder, Barcelona, 1988, p. 24.

13 Eclo 38,1-15.

14 GONZÁLEZ N. A., op. cit., p. 13.

b) Duas chaves de leitura

– A história na experiência religiosa de Israel

A porta de acesso à revelação da saúde é em primeiro lugar a *história*: o texto (e não somente o contexto) em que o ser humano bíblico "aprende" a salvação. "Os hebreus foram os primeiros a descobrir o significado da história como epifania de Deus, e esta concepção foi tomada e ampliada pelo cristianismo."[15] O Deus transcendente ("Eu sou o que sou") é o Deus que age em favor do seu povo ("quem vos fez sair do Egito"). Ele se define, manifesta sua identidade, através de suas ações.

O caminho da fé está marcado pelos acontecimentos, especialmente pelos que deram vida a experiências fundadoras, mais tarde transmitidas de geração em geração. "Israel conservará para sempre a lembrança de que o primeiro ato de Deus quando aparece na história, foi um dom de vida. Deus, de fato, os liberta da escravidão do Egito para colocá-los a caminho de uma terra de liberdade."[16] A partir da experiência deste acontecimento central, Deus aparece como o Deus vivente, o aliado da vida e do bem do ser humano, próximo das vicissitudes humanas, sensível à biografia dos indivíduos e ao destino do povo. A *aliança* é a prova do compromisso de Deus em favor do povo e, ao mesmo tempo, de seu respeito pela liberdade humana, sempre frágil.

Por isso, as epifanias de Deus têm um evidente caráter salvífico, mas também uma intenção pedagógica. Tudo acontece na história, porém, devemos acrescentar que conforme com a gradação da história, dentro de um itinerário misteriosamente compassado pela fragilidade humana (pelas ambiguidades, resistências, infidelidades, pecados) e pelo amor fiel de Deus que educa o seu povo.

Também a saúde faz parte deste itinerário. No entanto, para que isso ficasse claro, era necessário que, acompanhado pela história salvífica, o povo chegasse a outra descoberta fundamental: o Deus da aliança, aquele que intervém em favor do povo, é o único Senhor, o único Deus que não admite comparações com outros deuses (ídolos fabricados pelas mãos humanas); Ele é o Criador de tudo, o Senhor da vida e da história. O Deus que liberta é o mesmo que está

[15] ELIADE M., *Le mythe de l'eternel retour*, p. 124, citado por MARCHADOUR A., *Morte e vita nella Bibbia*, Gribaudi, Torino, 1980, p. 7.

[16] MARCHADOUR A., op. cit., p. 8.

na origem de tudo. E isso mesmo teremos que dizer do Deus que cura: também Ele é a fonte de tudo.

Sobre este pano de fundo, elaborado pela experiência da fé, se deve ler o desígnio de Deus sobre a saúde: *O Deus da aliança, o Deus da criação*, um só Deus que abraça em um único plano ou desígnio o início (quando tudo era bom) e a história dos seres humanos; "um desígnio que compreende dois momentos, criação e aliança de graça, mas que é unitário, porque consiste, do início ao fim, em uma comunicação de sua bondade".[17]

Conhecer Deus na história tecida com fidelidade e infidelidade, e descobri-lo na ambiguidade e na dureza de todos os acontecimentos não é fácil. O ser humano sente sempre a tentação de descarregar a tensão sobre Ele e de se deixar seduzir pelos fatos sem perceber os sinais. Contudo, Deus respeita a história. Sua revelação é gradual, guiada sempre pela pedagogia do amor: quer ser buscado e encontrado, não domesticado. Isso explica, por exemplo, que, "entre o encontro de Javé com seu povo (em meados do século XIII a.C.) e a afirmação explícita de uma vida além da morte, tenha que se passar mais de um milênio".[18]

Essa descoberta, fundamental para o israelita piedoso, é fruto de uma pedagogia (a de Deus) que se adapta, com sensibilidade paterno-materna, aos ritmos do ser humano e a sua cultura, e que privilegia, sobretudo, a fidelidade de seu amor. A fé na vida futura não nasce de raciocínios; é antes a aposta de quem, tendo experimentado em profundidade a comunhão com Deus, está certo de que Ele a manterá para sempre. "Porque tu não me entregarás à morte, nem deixarás que teu amigo fiel desça ao túmulo" – a corrupção – (Sl 16,10).

Também a saúde faz parte deste itinerário pedagógico, e é aqui onde se deve descobrir seu alcance antropológico e salvífico. Como outras verdades ou dimensões objeto da experiência humana e espiritual do povo, também a saúde foi revelada gradualmente. Associada, como vimos, à vida, participou de seu itinerário pedagógico. Talvez o traço mais importante (que será especialmente destacado por Cristo) seja aquele que ensina ao ser humano a passar de um esquema de "coisas" a um esquema de "valores". Mais concretamente, a vida e a saúde (também a recuperada através da cura) não são

---

[17] CONGAR Y., *Un pueblo mesiánico. La Iglesia sacramento de salvación*, Cristiandad, Madrid, 1976, p. 195.

[18] MARCHADOUR., op. cit., p. 9.

um valor “objeto que se deve adquirir” (ou manter), mas um valor “de relação que se deve instaurar” (e viver).[19]

Nesse percurso se passará, portanto, de uma concepção material da vida e da saúde a uma gradual interiorização, personalização e espiritualização das mesmas: da biologia para a biografia. Vejamos esquematicamente alguns momentos desse caminho.

Vida e saúde, ou vida saudável, do mesmo modo que a natureza animal, se manifestam no *vigor* que não declina e que permite viver “longos dias”. O sonho de todo israelita é morrer como Isaac, “idoso e cheio de dias” (Gn 35,29). A vida é plena se for longa (Dt 8,1), com as faculdades e os sentidos despertos. Mas, diferente de como acontece na natureza, a duração da vida – por si mesma um fato biológico – pertence às bênçãos de Javé, ratifica um modo de viver ou o questiona. A morte precoce é no mínimo um fracasso. “Eu dizia: na metade de meus dias tenho que ir às portas do abismo; serei privado do resto de meus dias” (Is 38,10).

Uma vida saudável é também a capaz de *ter descendência*. “Se a pessoa morrer sem descendência, uma família inteira desaparecerá do mundo dos vivos por ficar sem nome” (2Sm 4,7). Também neste caso o ser humano, devedor do instinto que o iguala com o reino animal, relaciona o bem da descendência com as bênçãos de Deus. Um coro de lamentos percorre todo o Antigo Testamento tendo como fundo a esterilidade ou sua superação. Relatos como o de Judá e Tamar (Gn 38,6-30) deixam bem claro que a pedagogia de Deus é sensível aos desejos mais profundos do ser humano, mas sem “canonizá-los” por completo. A saúde e a plenitude da vida não podem depender exclusivamente de um fato biológico: ter descendência.

Em terceiro lugar, uma vida saudável precisa de uma pátria, de um lar: *habitar na terra prometida*. “Toda a terra que vês hei de dar-te a ti e a tua descendência para sempre” (Gn 13,15). Neste caso, a terra é também geografia como a dos países vizinhos e, à semelhança de outros povos, também Israel usa, sob o olhar benévolo de Javé, instrumentos “convincentes” para apoderar-se dela. Também neste caso a pedagogia de Deus enfrenta as resistências de um instinto igualmente forte: possuir.

A terra, porém, não é somente geografia repleta de bens para serem usufruídos: “Uma terra boa, muito boa” (Nm 14,7; Dt 8,7ss); é também lugar de tentações, de pecado, de castigo, de esperança:

---

19 Cf. PERRIN L., *Guérir et sauver. Entendre la parole des malades*, Cerf, Paris, 1987, p. 194.

o espaço da liberdade, onde a experiência da libertação gratuita deve brotar como uma *comunhão diferente com Deus*. O caminho para esta nova revelação é muito longo, sempre se está em estado de "êxodo".

No caminho para a saúde que Deus quer e oferece, ainda é preciso enfrentar a prova mais dura; se for superada, o crente terá diante de seus olhos a última meta de uma vida saudável. O ser humano se sente levado a viver de "equações espirituais" segundo os esquemas da justiça humana e – deve ser dito – de uma religião tentada sempre pelo interesse; um esquema que deixa sem resposta questões como estas: por que os ímpios têm sucesso? Por que, ao contrário, os justos fracassam, adoecem e morrem precocemente e de morte violenta? As perguntas sobre a morte acabam iluminando a vida.

Pareceria que o ser humano tem a necessidade de perder "o carro e o cavalo", as certezas e as couraças, e de descer precocemente ao Sheol para saber quem é verdadeiramente, onde deve depositar sua consistência, que conteúdo deve dar a sua liberdade. Essas são as perguntas que convidam o ser humano a *passar da condição biológica para a biográfica*, da saúde entendida como possessão para a saúde vivida como relação. A verdadeira face da "nova saúde" que Deus oferece – para Jó, por exemplo – não está tanto na recuperação dos bens (incluída, obviamente, a saúde física), mas mais na recuperação de uma *comunhão*.

– A autocompreensão do ser humano diante de Deus

Pretendemos aqui não esboçar um tratado de antropologia bíblica mas sim pôr em relevo alguns dos dados mais relacionados com nosso assunto. Partimos de uma afirmação pacífica: a epifania de Deus é também revelação do ser humano. Revelando-se na história, Deus revela também o ser humano. É a antropologia de Deus.

Na autocompreensão do ser humano convergem de modo admirável os dois "momentos" mais relevantes do caminho espiritual do povo: a experiência de Deus criador e a experiência do Deus libertador. O ser humano é *barro*, tomado da terra (Gn 2,7; Eclo 17,1; 33,10), partícipe do restante da criação, mas também é *hálito, sopro divino* (Gn 2,7; Is 42,5; Sl 103,29), diferente de todos os seres vivos, situado acima de todos. Estes dois símbolos são singularmente expressivos, porém não pretendem fundar uma teoria sobre o ser humano. Para compreendê-los, é preciso situar-se em outra longitude de onda, quer dizer, habituar-se à arte de "pensar com imagens".

Tentemos descobrir alguns significados, mas considerando que não pode ser contemplado separadamente um do outro.

O barro remete a uma profunda convicção que se consolidou com o tempo. Apesar de sua condição de privilégio, o ser humano é radicalmente "solidário" com o resto da criação, está associado à terra com a qual compartilha seu próprio nome (*adam* = "homem", *adama* = "terra"). Também ele deve a existência a outro, em sua origem e em todo o seu itinerário vital. Se Deus lhe retira seu hálito, deixa de existir (Sl 103,29). Não é um ser necessário. Leva consigo a semente da caducidade, da morte, doente como os animais.[20] A profundidade destas convicções estava tão enraizada nele que, como vimos, somente depois de séculos de experiência religiosa o povo de Israel (inclusive o israelita piedoso) chegou a superar os limites da morte com a fé na vida eterna, o sinal definitivo de sua condição excepcional.

Enquanto *hálito divino*, o ser humano, ainda que não se diferencie do resto da criação, é "partícipe" de Deus, como uma prolongação sua. "O dom da vida é concedido a um ser que Deus criou à sua imagem (Gn 1,27). A criação dos animais não se descreve do mesmo modo. Seu hálito indica algo mais do que a ventilação pulmonar, refere-se ao espírito, à atividade específica da consciência humana [...]. O hálito invoca a energia interior. O termo hebraico *rûah* significa tudo isso porque inclui originalmente a ideia de amplidão, de espaço ilimitado, de grande abertura [...]. As manifestações do *rûah* são diversas, às vezes desconcertantes, às vezes inclusive contraditórias: é a superabundância da vida divina que se derrama na história do mundo".[21]

Na linguagem simbólica, surpreende que o ser humano se veja a si mesmo como pó; quase parece uma imposição ditada pela experiência. E como chegou a ter a pretensão de "comparar-se" com Deus, cujo nome não podia nem sequer pronunciar? Não foi como consequência de postulados filosóficos, mas o resultado, lento e duramente posto à prova, de uma experiência única: o ser humano, sempre parte da terra, foi *associado a Deus* por Ele mesmo; é a experiência da escolha, da vocação do povo escolhido, da *aliança*.

---

[20] O sábio Qohelet não deixa de ser pessimista quando apresenta esta condição de forma ainda mais crua: "Porque a sorte dos seres humanos e a sorte das bestas é a mesma; a morte de um é como a do outro; ambos têm um mesmo hálito, e a superioridade do ser humano sobre a besta é nula" (3,19).

[21] COCAGNAC M., *I simboli biblici. Lessico teologico*, EDB, Bologna, 1993, p. 146.

Este é o paradoxo da condição humana: pó e hálito divino ao mesmo tempo, uma coisa e outra; e também do mistério de Deus: distante e próximo, inconfundível com o ser humano, mas sempre aliado a seu bem, a sua vida. Por isso, o ser humano está originalmente constituído em uma radical *tensão* que penetra todas as suas dimensões e realidades. Vejamos algumas consequências com referência específica à saúde.

O barro lembra a dimensão *biológica* da saúde, que o ser humano compartilha com os animais. A saúde pertence, portanto, à natureza, que oferece recursos terapêuticos e saudáveis: os primeiros para curar as doenças, os outros para sua prevenção. Ainda que com os limites próprios da medicina daqueles tempos e de outros inerentes à tradição religiosa e cultural, o antigo Israel possuía um sistema bem articulado de higiene e profilaxia e praticava terapias "naturais" do mesmo modo que os povos vizinhos.[22] Mas também a "natureza" (conceito por outro lado estranho à mentalidade semítica) é dom de Deus. Isso é algo que aparece claramente no único texto veterotestamentário que louva o médico e a medicina, o já citado Eclo 38,1-15. Em última análise, diz-se que os médicos e as medicinas curam porque recebem seu poder de Deus.

Encontramo-nos aqui diante de um dos núcleos da citada tensão. O ser humano pode "afastar-se" (dar as costas a) de Deus se apoiando nas forças da natureza e de seu saber, ficando no âmbito biológico, ignorando a referência vital a Deus que o constitui integralmente. Há passos muito explícitos nesse sentido. Em 2Cr 16,1-12, Asa é denunciado porque, vítima de uma doença nos pés a qual se agrava, se dirige aos médicos em vez de a Javé. De maneira análoga, o rei Ocozias, ferido acidentalmente, foi repreendido pelo profeta Elias por ter querido consultar "Belzebu, deus de Acaron, como se não houvesse Deus em Israel" (2Rs 1,1-17).

O erro de sua decisão é comparável ao pecado da idolatria: aqueles que vão atrás dos deuses são também os que põem os médicos no lugar de Deus. Em ambos os casos, o ser humano não leva em conta que é inerente a sua condição natural sua vocação criatural, que não pode se comportar como os animais, que sua saúde é diferente, que não bastam nem seu vigor físico nem sua duração no tempo para estar são; para isso ele tem outro médico.

---

[22] Cf. KEE H. C., *Medicina, milagro y magia en los tiempos del NT*, Ed. El Almendro, Córdoba, 1992, pp. 25-41.

Aprender a ser humanos segundo o desígnio de Deus, esse é o problema. A pedagogia de Deus nessa tensão deve nos remeter ao realismo cujo memorial é o barro. O ser humano só é ser humano, nada mais. Querer "domesticar" a saúde com a ajuda de magos e bruxos é um modo de rejeitar a fragilidade, a precariedade, a finitude. Está sempre à espreita a desconfiança diante de Deus, a resistência a se entregar a Ele. A Bíblia é o livro do realismo. Todos os seres humanos são levados a sério. Há nela profundidade e argúcia quando define a existência humana, quando busca seu sentido e propõe seus valores, quando alerta de suas contradições, quando denuncia as aparências da vida: os vazios, o nada dessas vidas deslumbrantes, mas ilusórias.

O segundo núcleo da tensão está simbolizado pelo *hálito*, que explica a dimensão *biográfica* da saúde. Assim como acontece com o barro animado pelo hálito de Deus, a saúde biológica não pode ser compreendida separada da biografia, que a transforma em "biologia vivida", e, por conseguinte, em algo qualitativamente diverso. Compreende-se, assim, por que na revelação bíblica saúde e doença enquanto fenômenos da natureza têm escasso relevo. Contemplam-se sempre como "acontecimentos" eloquentes, como situações pessoais que se inserem no currículo pessoal.

Nesse sentido, temos que afirmar que o ser humano se apresenta posto por Deus em *uma alta tensão* e em *outra dimensão*. E também a saúde. Vida vigorosa e longa, médicos e remédios, higiene e profilaxia, curas e purificações... são somente a face visível, um sinal (talvez ambíguo) de uma realidade mais profunda. Para estarmos sãos segundo o desígnio de Deus, devemos nos situar na perspectiva a partir da qual Ele nos pensou e nos quis, aprender a ser humanos, aceitar o mandato de viver *diferentemente*.

c) A saúde, dom de Deus

No horizonte da criação e da aliança, a vida humana com todas as suas qualidades sempre aparece referida a Deus como sua fonte. Esta realidade é expressa de muitas formas. Não obstante, algumas confissões de fé são especialmente expressivas e as tomamos como "eixo" desta seção.

"Eu sou o Senhor que te cura" (Ex 15,26). Para o povo de Israel, a centralidade deste motivo de fé é evidente. Estão aí incluídos de modo claro os dois "momentos" dos quais estamos falando: *criação e aliança*. É indispensável quanto a isso ter presente o contexto da revelação de Javé, sua situação no livro do Êxodo. Está precedida pelo canto de Moisés, no qual se afirma, com linguagem poética, o triunfo de Deus sobre os inimigos do povo (libertação-aliança) e seu domínio sobre os ventos e as ondas e sobre todas as tribos da terra (Ex 15,1-18). O cuidado especial de Deus em relação ao povo e sua soberania absoluta na ordem da natureza se confirmam nos versículos 22-25, com a ação transformadora das águas amargas de Mara.[23]

Deus cura porque é o dono da vida e da história: "Vede agora que sou eu, que sou o único, e que não há outro Deus além de mim. Sou eu o dono da morte e da vida. Eu firo e eu curo. Não há ninguém que esteja livre da minha mão" (Dt 32,39). A fé em Deus que cura e cuida do seu povo é um modo concreto e privilegiado de reconhecer o Criador de tudo.

Na pedagogia divina sobre a saúde, é fundamental ir às origens, traçando uma linha de pensamento que percorre toda a história da salvação. As intervenções terapêuticas de Deus no Antigo Testamento são poucas, se comparadas com as realizadas por Cristo, mas a riqueza reveladora de significado é muito grande. Tentam gravar na mente e no coração do crente a realidade de que a saúde recuperada por meio da cura faz parte do dom original da vida, quando "tudo era muito bom" (Gn 1,31).

A bondade/beleza proclamada até três vezes no relato do Gênesis está em claro contraste com a experiência do mal em suas variadas formas de doença e sofrimento, de morte, violência e destruição, de afastamento e de pecado. Em vez de buscar uma resposta "fácil" a essa aparente contradição atribuindo a outro deus igualmente poderoso a raiz de todo mal, o israelita piedoso se sente convidado por Javé a ver na criação, mais do que uma origem misteriosa e teimosa de toda a realidade, o começo da *autocomunicação* de Deus com o ser humano.

Da parte de Deus, a história, por Ele começada, é somente a história da fidelidade ao que Ele é: autocomunicação. Por isso suas intervenções não podem deixar de prolongar no tempo aquele começo em que "tudo era muito bom". Sua fidelidade, a misericórdia mantida através de mil gerações, não é imposta pelas circunstâncias, não é um atributo divino "gerado" pela infidelidade do ser humano. Por conseguinte, no seu oferecimento de saúde, Deus propõe ao ser

---

[23] Cf. KEE K. H., op. cit., p. 29; Cf. também MORICONI B., Dio terapeuta, sostegno e salvezza nella Bibbia, in: VV.AA., *Salute/salvezza, perno*, cit., pp. 38-42.

humano percorrer um itinerário, cujas marcas veterotestamentárias é oportuno relembrar:

- Em primeiro lugar, Ele deseja associar o ser humano à obra da criação. Criado à imagem e semelhança de Deus, o ser humano é o único ser vivo capaz de dar nome às coisas, de dominar sobre uma parte da realidade, de prolongar e até de aperfeiçoar no tempo a bondade e a beleza da criação. Isso significa, entre outras coisas, que o ser humano foi colocado em um cenário em que é possível crescer, ser criativo, desenvolver as próprias potencialidades, acrescentar e concretizar sua semelhança com Deus. *A criação é um cenário saudável para o ser humano*. Mas é dom por autodoação de Deus.
- Em segundo lugar, com sua atividade terapêutica, Deus quer educar o ser humano com a consciência de sua fragilidade radical, manifestada especialmente no pecado, raiz última de todo mal (especialmente da *experiência* do mal). O ser humano não é criador nem pode se pôr no lugar do Criador. Para recuperar a saúde, poderá, e até deverá, se fazer curar pelos médicos e usar os remédios naturais;[24] a natureza, seus bens e o ser humano não são concorrentes de Deus, contudo, para *viver de maneira saudável*, quer dizer, para ser humano segundo seu desígnio, para desenvolver as potencialidades simbolizadas no cenário ideal da criação, deverá se dirigir necessariamente a Ele.

Essa orientação pedagógica está claramente presente nas intervenções terapêuticas. Em primeiro lugar, Deus é sempre o *sujeito* dos verbos da saúde, como acontece no texto antes citado: "Sou eu o dono da morte e da vida. Eu firo e eu curo" (Dt 32,39); inclusive o transtorno psíquico de que padece Saul é atribuído a um espírito maligno de Javé (1Sm 16,14).

A referência a Deus também é manifesta nas *mediações humanas* da saúde, em primeiro lugar os médicos, como vimos. Mediação significa instrumento, não causa; uma espécie de ponte através da qual a força curadora de Deus (invocada, aliás, na oração do médico[25]) chega ao doente. Paradoxalmente, ao menos para uma mentalidade não acostumada com a pedagogia bíblica, os mediadores humanos "naturais" de Deus são os profetas. Não devemos nos surpreender.

---

[24] Eclo 38,12-13: "Depois vai ao médico, porque também ele foi criado pelo Senhor; e que não se afaste de ti, porque precisas dele, pois às vezes a saúde depende de suas mãos".

[25] Cf. Eclo 38,14.

Quem melhor do que aquele que conhece as palavras de Deus para entender seu desígnio saudável em relação ao ser humano? Elias ora pelo filho da viúva de Sarepta (1Rs 17,17-24), Eliseu pelo filho da sunamita (2Rs 4,8-37), Isaías pelo rei Ezequias, que está doente (Is 38,1-6).

As intervenções desses mediadores, e especialmente sua eficácia, não são nunca uma espécie de luxo teimoso, mas são sim mensagem em ação. Nas curas realizadas por intermédio deles estão implicadas situações existenciais – individuais e coletivas – nas quais, por exemplo, se proclama o poder de Deus: Ele é o "único capaz de dar a morte ou a vida", como diz o rei de Israel quando lê a carta que acompanha Naamã, enviado a curar-se em Israel (2Rs 5,7). O profeta é capaz de dar a vida ou de restabelecê-la somente em nome do "Deus criador e senhor da vida".[26] Ou então está expressa aí a relação entre a doença e a infidelidade à aliança.

É preciso destacar, finalmente, que nos profetas *a saúde também é profecia*, porque – temos que dizê-lo claramente – a vida saudável e plena, simbolizada no jardim do Éden, deve ser buscada não no passado mas sim no futuro. O desígnio inicial de Deus, ratificado pela aliança, não foi rescindido, muito pelo contrário, apesar das resistências humanas. Deus continua revelando seu propósito de levar o ser humano à plenitude. Continua "acreditando" no ser humano e "sonha" com um futuro fruto de seu amor e também da liberdade humana.

Por isso, as profecias salvíficas e saudáveis devem ser entendidas em primeiro lugar como a coroação da autodoação de Deus e ao mesmo tempo como a realização de uma *saúde profundamente relacional*. Os sinais anunciados para o futuro não incluem a libertação das doenças,[27] mas um novo cenário é apresentado: novas relações entre os seres humanos e destes com a criação, uma nova qualidade de vida ("Já não haverá recém-nascido que viva só alguns poucos dias, nem ancião que não culmine seus anos", diz Isaías 65,20), um novo coração para comunicar-se com Deus em amor e fidelidade.

A referência a Deus, fonte de saúde, adquire também nos Salmo nova força reveladora.[28] A *saúde se faz oração*, porém expressada em uma linguagem poética, rica em imagens, audaciosa e humilde,

---

26 FABRIS R., op. cit., p. 24.

27 Cf. por exemplo Is 35,5-6: "Então se abrirão os olhos dos cegos, e os ouvidos dos surdos se abrirão. Pulará o coxo como um servo, a língua do mundo gritará de júbilo".

28 Cf. GONZÁLEZ NÚÑEZ A., op. cit., pp. 42-53.

sugestiva e concreta. Aqui a palavra já não tem a frieza da lei nem a distância de quem observa de longe. Nos Salmos está a pessoa inteira com toda a sua biografia nas costas, e a oração, inclusive nas situações extremas, representa um momento intenso de lucidez e de autoconsciência. Na súplica do orante que descreve suas misérias ("a exposição do caso") e invoca a Deus, há uma revelação de Deus. Os Salmos também são pedagogia. Merecem atenção, pois, alguns motivos desta oração na qual se manifesta mais claramente o dom salutar de Deus.

Em primeiro lugar, uma intuição. No relato orante, poético e de fé (não esqueçamos que é realizado perante Deus), é inútil buscar uma descrição clínica (o dado biológico) da doença. É o ser humano quem fala de si mesmo. A abundância de experiências patológicas relatadas[29] manifesta vivamente o drama de quem sofre uma doença grave, evoca um sentido de totalidade ("não há em mim nada são") e sobretudo sugere o horizonte que faz com que seja dramática ao extremo a própria condição do ser humano: a perdição, se não for curado por Deus.

No relato do doente se revela, além do desejo de viver, a qualidade da saúde que ele pede a Deus. A doença se transforma em "lugar" de lucidez, em uma porta aberta à compreensão verdadeira de si mesmo. Nessa direção devem ser interpretados alguns motivos que são objeto de súplica.

Assim também a experiência da *solidão*. O doente se sente abandonado, posto à parte e até mesmo perseguido pelos outros: "Meus amigos e companheiros se afastam de minhas chagas, até meus familiares se mantêm à distância" (Sl 38,12). Deus é o único refúgio. Faltam as mediações humanas, e isto põe em evidência a falta de solidariedade, e, talvez ainda mais, o fato de que a saúde invocada pode vir de Deus. Não deve surpreender, portanto, que a preocupação mais dolorosa do orante, a verdadeira doença (no sentido do mal: memorial da perdição), consista na possibilidade de que também Deus o tenha abandonado, rejeitado, apagado da relação com Ele.

Portanto, o núcleo da súplica se expressa com estas palavras: "Senhor, não me abandones; meu Deus, não fiques longe" (Sl 38,22), porque Ele, o Senhor, é com toda a certeza o único solidário, mas

[29] Cf. por exemplo o Sl 38,4-11: "Todo meu corpo está doente, não tenho um osso são [...]. Minhas feridas fedem e supuram [...]. As costas me ardem [...]. Esgotado, totalmente desfeito, o gemido de meu coração parece um rugido [...]. Meu coração palpita, as forças me abandonam, até a luz de meus olhos perdi".

é também o único que pode dar de volta ao doente a consistência última, o hálito que poderia se desvanecer. A *saúde* se transforma em *comunhão*. A oração expressa uma busca ansiosa de diálogo com Deus, que "escondeu seu rosto", que "cala", que "não responde" (Sl 22,3; 102,2-3). "Assim acontece, por exemplo, no caso do Salmo 88, em que nem sequer é solicitada a cura, somente se repete com insistência: 'Por quê?'; todo o Salmo supõe uma *interrogação a propósito do sentido*".[30]

Por isso, a cura é acompanhada da súplica por perdão: "Meus delitos ultrapassam minha cabeça, me esmagam como um peso insuportável" (Sl 38,5). A saúde passa pela reconciliação com Deus. Ser curado significa sê-lo em profundidade, partindo das raízes do mal, nas quais o ser humano se encontra profundamente preso. No processo de cura, de fato, se sente interpelado, não pode separar a sorte de sua saúde, quer dizer, de sua vida, de seu comportamento diante de Deus.

Curado (reconciliado, renovada a comunhão, recuperada a solidez de sua existência e a harmonia de seu ser), o orante prorrompe em louvações, verdadeiro sinal de saúde (e de salvação). "Senhor, meu Deus, pedi tua cura e tu me curaste [...]. Tu transformaste o meu luto em alegria [...]. Senhor, meu Deus, serei eternamente agradecido" (Sl 30,3.12.13).

A *saúde, enfim, se renova*, não necessariamente pelos reflexos que possa ter na biologia ferida do ser humano, por outro lado caminhante para a morte. Ele continuará sendo ao mesmo tempo pó e hálito de Deus, indigente e capaz de plenitude, ameaçado e tentado. A experiência do mal e especialmente o processo de cura, no entanto, foram para o orante doente uma "escola de vida". Aprendendo a se relacionar com Deus na experiência da doença, a saúde "recuperada" já não é a de antes.

Agora adquiriu uma nova *firmitas* que o ajudará a continuar vivendo na insuperável *infirmitas* do existir humano e, educado pela pedagogia de Deus, adquirirá uma visão nova de si mesmo, Dele e dos outros. Nos tempos do Antigo e do Novo Testamento, ontem como hoje, as intervenções terapêuticas de Deus querem transformar especialmente o olhar do ser humano. É *a saúde relacional*.

---

[30] BIANCHI E., Oración, in: VV.AA., *Diccionario de Pastoral de la Salud y Bioética*, San Pablo, Madrid, 2009, p. 1211.

d) A saúde, responsabilidade do ser humano

Do que foi exposto, deduz-se que não sobra espaço para uma interpretação mágica do oferecimento de saúde que Deus faz. Isso não significa que o israelita não tenha tido a tentação de garantir o bem-estar físico com todos os meios ao seu alcance, incluída a religião. Isso também não deve nos surpreender. A origem das doenças (e aqui não falamos de sua última causa), exceto as provocadas por acidentes, pertencia ao mundo do mistério, o que significa que nem a resignação fatalista eliminava todas as questões e, menos ainda, anulava pacificamente o desejo de viver. A doença era e será sempre uma questão aberta. Com o desejo de sair dela, o ser humano é capaz de sacrificar os últimos resíduos do que é razoável diante de qualquer proposta minimamente esperançosa.

Estamos diante de um dos pontos "candentes" da pedagogia salutar de Deus. No Antigo Testamento se condenam severamente todas as práticas mágicas: a adivinhação, a bruxaria, os encantamentos e o mau-olhado, as poções mágicas etc. De fato, os três grandes códigos mosaicos[31] proíbem a magia sob pena de morte. Um denominador frequente nessas práticas é que são *abomináveis aos olhos de Deus*. Por tê-las usado, foram castigados não somente os chefes do povo[32] mas também o povo inteiro.[33]

Nem todas as práticas, evidentemente, tinham uma relação direta com a doença e a saúde, mas existe uma música comum de fundo que poderia ser assim expressa: "Diante de um mundo que esmaga, diante de uns seres que causam medo ou que deseja dominar, o ser humano tenta conseguir um poder que consolide suas escassas forças e o transforme no dono da divindade e, por isso mesmo, de seu próprio destino".[34] Deus não zela pelas forças e os poderes invocados, mas sim pelo bem do ser humano, gravemente comprometido por esse desvio. "O ser humano, criado livre e capaz de escolher Deus, recebe de Deus o domínio do mundo; não precisa, portanto, recorrer à magia, essa arte híbrida que tenta fundir artificiosamente

31 Cf. Lv 19; Dt 18; Ex 23.

32 Por exemplo Saul (1Sm 28) e Manassés (2Rs 21,6).

33 Cf. 2Rs 17,16-18; 21,9-15; 2Cr 33,1-13.

34 LEON-DUFOUR X., Magia, in: id. (org.), *Dizionario di Teologia Biblica*, Marietti, Casale Monferrato, 1984, pp. 628-29; Cf. também KEE H. C., op. cit., pp. 36-38; GATTO T. C., Magia, in: VV.AA., *Diccionario de Pastoral de la Salud y Bioética*, San Pablo, Madrid, 2009, pp. 1019-1021.

religião e ciência esotérica e só consegue parodiar a natureza e corromper os efeitos da fé".[35]

De novo irrompem no cenário os dois motivos centrais que intervêm na pedagogia de Deus sobre a saúde. O ser humano, *associado* a Deus na autodoação da *criação* e da *aliança*, é convidado a *ser o responsável pela sua saúde*. Para ser humano segundo o desígnio original e ratificado várias vezes por Deus, deve se aceitar como dom e como projeto, como graça e conquista, arriscando a liberdade, aceitando viver em um diálogo criador de história no qual, afirmando Deus, se afirma a si mesmo, e no qual, respondendo a Ele, encontra o melhor de si mesmo.

Tentemos ver estas mensagens primeiro no contexto da aliança e mais tarde através dos profetas.

> "Uma impressionante lista de bênçãos e maldições, nas quais aparecem o bem-estar e a prosperidade por um lado e a ruína e a doença por outro, figura no capítulo 25 do Levítico. O Senhor se dirige ao povo da aliança nestes termos: 'Se seguirdes minhas leis e guardardes meus mandamentos pondo-os em prática [...], haverá paz no país [...]; Eu vos farei crescer e multiplicar [...]. Mas, se não me obedecerdes e não colocardes em prática meus mandamentos [...], farei vir sobre vós pavor, epidemias e febre, doenças dos olhos e esgotamento da vida (Lv 26,3.6.9.14.16b)'."[36]

Nesse sentido, talvez seja ainda mais explícito o Deuteronômio, todo ele caracterizado por uma espiritualidade fundada na experiência da ação de Deus. Aqui a saúde se torna eleição. Diz o Senhor: "Olha, eu ponho hoje na tua frente a vida e a felicidade, a morte e a desgraça [...]. Escolhe a vida para que vivas tu e tua descendência, amando o Senhor, teu Deus, obedecendo-lhe e estando unido a Ele" (Dt 30,15.18.20). E em outro lugar: "Por teres escutado estes mandamentos [...], te amará, te abençoará, te multiplicará [...]. O Senhor afastará de ti toda doença" (Dt 7,12.13.15).

A fidelidade à lei, quer dizer, à palavra de Javé, é fonte de todo o bem para o indivíduo e para o povo: dos bens da saúde e da doença, das gerações presentes e futuras, do fruto do ventre e dos frutos da terra. Essa universalidade "quantitativa" ou "extensiva" poderia parecer hiperbólica ou desproporcionada em relação à sempre frágil

---

[35] LEON-DUFOUR X., op. cit., p. 630.

[36] FABRIS R., op. cit., p. 23.

liberdade humana comprometida em empresa tão arriscada. Considero, porém, que esse não é o núcleo da associação do ser humano com Deus. Trata-se antes de uma universalidade "qualitativa" e "intensiva". O que realmente está em jogo não é a quantidade de bens relacionados com a fidelidade (Deus, em sua pedagogia, os relativizará), mas sim a *qualidade* da vida e da história do ser humano, por conseguinte também seu futuro.

Uma explicação dessa estreita ligação entre a sorte íntima do ser humano e sua fidelidade encontramos provavelmente nestas palavras: "Esta lei que eu te prescrevo hoje não é superior a tuas forças, nem está fora do teu alcance [...]. Pois a palavra está muito perto de ti, está na tua boca, no teu coração, para que a ponhas em prática" (Dt 30,11.14). Estamos longe de tudo que possa soar extrínseco. Os preceitos de Javé – portanto, o bem do ser humano – não são estranhos ao indivíduo, não nascem do arbítrio divino; não ordenam nada diferente do que Deus escreveu no início no coração do ser humano, quando Deus "viu que tudo era bom". Assim, a fidelidade ao desígnio de Deus se torna, se for bem entendida, fidelidade do ser humano a si mesmo: ser o que se é para chegar a ser o que se está chamado a ser.

Esta é a resposta à pergunta que atravessa toda a história da salvação e que hoje já adquiriu uma atualidade urgente: *Por que viver segundo o desejo de Deus é o mais saudável para o ser humano*? A relação entre a saúde (qualidade de vida, plenitude, realização de si mesmo, desenvolvimento máximo das próprias potencialidades, qualidade das relações etc.) e a fé, enquanto dom e resposta, foi gravada desde as origens na condição humana. Faz parte do dom de Deus para o ser humano. Por que, então, a história da humanidade é uma permanente constelação de resistências e oposição àquele desígnio?

Não podemos deixar de referir o mistério do mal, sempre indecifrável, cujo paradigma temos que situar sempre no pecado. Do ponto de vista da fé iluminada por Cristo a correspondência entre doença e infração da lei, tão evidente na tradição bíblica até os tempos de Jesus, já não pode ser interpretada em termos de causa e efeito. Não obstante, o espaço de interação entre estas duas realidades é sempre muito amplo e complexo.

Maravilhados pelo pensamento causal ou ainda pela necessidade de dominar as experiências adversas da vida com o fim de encontrar uma explicação ou um bode expiatório, talvez tenhamos empregado mal em boa medida a pedagogia divina (lenta pedagogia), que durante séculos "permitiu" que o ser humano, objeto de sua misericórdia e de sua fidelidade incontestáveis, se sentisse castigado (*literalmente castigado*) com doenças de todo tipo por causa de pecados que em si nada teriam a ver com a natureza da doença padecida.

Por que não ver aí outra linha interpretativa? Há modos equivocados de viver que, além de serem pecaminosos, são patógenos e patológicos, quer dizer, causam dano ao ser humano, à qualidade total de sua vida. Na história da salvação Deus não foi pródigo em "derrubar os poderosos de seus tronos" (figuras como Hitler viveram longamente), em "despedir os ricos com as mãos vazias" (sempre despossuíram os outros), em "destruir os planos dos soberbos" (os "resistentes" a Deus ditaram leis); com frequência Ele nem sequer cumpriu suas advertências infligindo doenças como castigo, pois para tudo isso já existiam as bactérias, os acidentes e as injustiças.

Com sua pedagogia, baseada em palavra e ações (também as consideradas castigo), não haveria querido dar a entender que, sem um decreto especial, os ricos não solidários acabam por sentir-se vazios, os poderosos se desvanecem, os soberbos se alienam e os pecadores se destroem a si mesmos?[37] Há, de fato, muitos mortos viventes, enquanto "quem me encontra, encontra a vida [...]; quem me ofende, se fere a si mesmo" (Pr 8,35.36).

Ser responsável pela própria saúde é uma tarefa inseparável do mandato de viver e do esforço para ser uma pessoa em plenitude. E desde que o ser humano entrou nos atalhos do pecado ("ser como Deus"), o mandato de viver se tornou inevitavelmente "viver *diferentemente*", como Deus o tinha pensado do início. Associado a Ele, superior a todo o resto da criação, *o ser humano deve, contudo, viver como ser humano*. Esta e nenhuma outra é a saúde humana.

Que Deus seja Deus e o ser humano seja o ser humano, esse é um dos núcleos da missão dos *profetas*. Por sua vocação, que parece superar sempre as possibilidades humanas, e pelo testemunho de sua vida (às vezes "obrigada" a paradoxos de vertigem...), os profetas representam uma mediação humana da vida saudável. Recebem a missão de desmascarar o ser humano, de descobrir sua identidade e seus comportamentos em relação a Deus, consigo mesmo e com os outros.

---

[37] Cf. ÁLVAREZ F., El Magnificat desde el mundo de la salud y de la enfermedad. Historia de una mirada que salva y sana, in: *Labor Hospitalaria* 4, 250 (1998), pp. 226-237.

Por meio deles, todos os problemas de saúde, cedo ou tarde, chegam um dia. Denunciam as aparências e os substitutos da vida: as falsas riquezas e a injustiça atrelada a elas, o culto vazio e as palavras falsas, a pretensão inútil de domesticar Deus valendo-se de estratégias "rituais", a negação da responsabilização pessoal, atribuindo a outros a origem das próprias desventuras. A seus olhos, oferece-se um cenário de um povo doente que só Deus pode curar, um povo no exílio: parábola amarga da alienação individual e coletiva.

Mas no fundo da pedagogia se pode vislumbrar ao mesmo tempo um estímulo positivo, profundamente saudável: o ser humano, apesar de sua dureza, apesar de suas resistências, é capaz de mudar. Ao ser humano bíblico sempre pode se pedir mais, especialmente porque seu Deus é um Deus das possibilidades, dos horizontes abertos, não é um concorrente nem um desmancha-prazeres.

Para demonstrar isso basta lembrar dois momentos altamente significativos da pedagogia profética: a promessa de uma profunda renovação interior e o anúncio de um futuro plenamente salutar.

Quanto ao primeiro momento, a possibilidade de viver diferentemente, de um modo novo e definitivo, está selada pela vontade amorosa de Deus, que não só ratifica a aliança, mas também a renova, usando agora a imagem do matrimônio, um símbolo audacioso com o qual o profeta Oseias quer pôr em relevo que o novo "contrato" só tem sentido, como o matrimônio, com o amor. Aqui a revelação de Deus chega ao ponto mais alto. Suas atitudes paterno-maternas, a delicada sensibilidade em relação às debilidades e as feridas do seu povo não são uma hipérbole retórica, mas a verdade sobre Deus aí compreendida e o anúncio de um futuro de plenitude são aí distinguidos pela experiência dos destinatários já vividos, sempre ambíguos e relativos.

O novo contrato precisa, pois, de uma profunda renovação interior. "Dar-vos-ei um coração novo e vos infundirei um espírito novo; tirarei do vosso corpo o coração de pedra e vos darei um coração de carne. Infundirei meu espírito em vós e farei com que vivais segundo meus preceitos [...]. Sereis meu povo e eu serei vosso Deus" (Ez 36,26.27.28b). No pano de fundo deste anúncio profético, paira – sem que o profeta saiba, e menos ainda o povo – a realização futura e definitiva por parte de Deus de sua decisão de ensinar o ser humano a ser humano em plenitude. Isso acontecerá com Cristo, o Novo Adão. Ele será a encarnação plena da vida saudável.

A nova vida exige e comporta também um cenário renovado, segundo o Éden original, porém irrecuperável, porque a salvação e

a saúde caminham junto da história de Deus com os seres humanos. Nesse sentido, o futuro é desenhado, inclusive hiperbolicamente, sob o sinal de uma transformação total, incluído o hábitat em que se desenvolve a vida do ser humano.

Note-se que uma atenção excessivamente centrada nas promessas de um futuro no qual "se abrirão os olhos dos cegos, e os ouvidos dos surdos se abrirão" (Is 35,4) poderia obscurecer o que ao meu modo de ver constitui a música de fundo destas intervenções e condições futuras (messiânicas): o Deus revelado pelos profetas não é um curador como os outros, é muito mais poderoso. A meta não é a cura como tal, mas uma nova saúde, a possibilidade de viver diferentemente. O uso desta e de outras hipérboles (por exemplo, as que se referem à convivência do ser humano com os animais) manifesta, de fato, que a realidade superará todos os objetivos históricos ocultos no presente imediato.[38]

O Deus dos profetas deixa entrever um acontecimento que poderíamos chamar de absoluto: na aventura de ser humanos e de sê-lo plenamente, todas as mediações humanas serão superadas (não eliminadas). Ele mesmo, no Filho, nos ensinará a conseguir, como homens, a plenitude.

3. A saúde no acontecimento Cristo – o modelo cristológico de saúde

a) Introdução

Ao abordar este tema, central para a Teologia da Saúde, considero útil recapitular algumas ideias que conduziram nosso percurso até aqui e pôr em relevo outras com o objetivo de favorecer uma compreensão linear e ao mesmo tempo gradual da saúde.

"Agora é tempo da salvação" (2Cor 6,2; cf. Is 49,8). O sonho do profeta foi verificado. Jesus de Nazaré começa seu ministério proclamando: "O tempo se cumpriu e o reino de Deus está próximo" (Mc 1,15; Mt 4,17; Lc 4,21.43). É o tempo *do cumprimento superabundante*, do qual o passado era sombra e intuição, prefiguração e antecipação que deviam ser superadas, nostalgia de futuro a ser preenchido.

---

[38] Cf. LEON-DUFOUR X., op. cit., p. 1003.

Criação e aliança continuam sendo o ponto de referência enquanto sinal inconfundível da fidelidade de Deus. No entanto, agora o ser humano pensado e vivido desde a eternidade apareceu no "Novo Adão", protótipo e causa da humanidade renovada, salva e curada, transformada segundo a imagem do Filho, que veio ao mundo para que todos tenham vida e a tenham em abundância (Jo 10,10). Agora o dom da vida e o mandato de viver, objeto da pedagogia lenta, mas eficaz, de Deus se transforma em possibilidade e vocação de *ser* como Ele e de *viver* Nele: uma qualidade de existência salvífica e salutar.

Por outra parte, a aliança já não está gravada na pedra nem no coração do ser humano, sempre tentado a se tornar mais duro, e sim está gravada no Filho, símbolo que reúne em si toda a humanidade dispersa, que vem salvar os que estavam perdidos, libertar os oprimidos, curar os doentes. Ele tem gravado para sempre "o pacto definitivo para a salvação e a saúde do ser humano". É uma aliança para a vida, mas também é possibilidade de que muitos possam viver diferentemente (mudar, se transformar) e chegar à plenitude.

Como já falamos, não consideramos um "momento" do acontecimento Cristo, se não todo ele por inteiro. Sua pessoa *é* a salvação e a saúde de Deus porque formam parte de seu ser, como atributos inseparáveis de sua identidade. Salvação e saúde, por conseguinte, não se referem somente ao que ele fez, ao ministério e às ações taumatúrgicas ou à morte e ressurreição, mas a todo o seu mistério.

Em Cristo não há contradição entre o "fazer" e o "ser". O fazer é fidelidade indefectível ao seu ser. Isto não significa que sua história entre os seres humanos tenha sido ditada antecipadamente por uma espécie de "restrição" fatal. Certo extrinsecismo, presente nas interpretações que veem Jesus como simples "executor" de um mandato recebido Daquele que o enviou, pode conduzir a pôr toda a ênfase da salvação e da saúde no que Ele, obedecendo, realizou. Desse modo, esquece-se que ele não é qualquer enviado, necessitado de poderes especiais, recebidos de outro, para dar cabo da obra da salvação.

Que Ele, enquanto ser humano, tenha aprendido (sofrendo) a obedecer (Hb 5,8) e tenha sofrido a dura prova das tentações inerentes à condição humana e à missão messiânica, significa antes que sua identificação não é acidental (poderia não ser assim?), mas essencial com o Pai, que o enviou.

Nesta ótica cristológica, a saúde não é algo que Ele trouxe (poderia não trazê-la?), é expressão espontânea de sua *identidade*.

Apresentando-se publicamente na sinagoga de Nazaré, "define" a si mesmo como o ungido pelo Espírito, como terapeuta, libertador e salvador (Lc 4,18ss), uma identidade revelada e desdobrada depois em seu itinerário vital e ministerial, nos gestos e nas palavras, nos sinais e através de sua pessoa. Identidade messiânica e identificação com o Pai foram as condições indispensáveis para que não só pudesse proclamar o acontecimento do Reino, mas também realizá-lo através de sua pessoa.

As duas linhas de raciocínio seguintes, a partir destes pressupostos, são as que nos acompanharão nesta seção central.

– A saúde está profundamente unida à pessoa de Cristo

"Saía dele uma força que curava todos" (Lc 6,19). Esta afirmação evidencia a profundeza da relação de Cristo com a saúde, principalmente no relato da cura do endemoniado, mas o texto de Lucas citado expressa uma convicção comum. Para ser curado, bastava tocá-lo.[39] À diferença de outros sinais taumatúrgicos, a cura desta mulher não é o resultado de uma ação visível. Seu manto foi apenas tocado com o dedo, dissimuladamente, um toque sem dúvida muito mais imperceptível que a pressão da multidão que se amontoava ao redor de Jesus.

Sem importar se a cura ocorreu depois das palavras "tua fé te salvou" (Mateus), ou depois daquele suave e furtivo contato (Lucas, Marcos), o destaque deve ser dado à *relação* estável entre curada e curador. É uma relação de fé que precisa também de mediações "banais", como a de um simples toque, porém as supera. Não há proporção entre os meios usados e o fim conseguido.

É necessário mudar o ângulo para fazer outra leitura, a dos sinais. O toque significa confiança e reconhecimento da "força que saía dele". A relação acontece certamente entre "desiguais".[40] No entanto, Jesus relaciona estreitamente a saúde recuperada com a iniciativa da mulher ("quer se curar"), com o poder terapêutico da fé ("*tua* fé..."), com a recuperação da dignidade perdida (através da

---

[39] Subjaz aqui uma concepção pessoal da saúde que, mesmo que lentamente, abre caminho hoje na antropologia médica de caráter humanista (cf. capítulo II) que encontra correspondência no exercício da arte de curar. Uma espécie de movimento ou de axioma começa a circular: o primeiro recurso saudável e terapêutico é a pessoa do doente, ou "o primeiro ato terapêutico do médico é a cadeira" (em que se escuta).

[40] Contribui para ressaltar a "superioridade" de Jesus a constatação da ineficácia dos médicos e do dinheiro, já esgotado (Lc 8,43).

narração-*destabuização* da doença), com o dom da paz ("vai em paz"). A saúde não pertence à ordem de um objeto que se deve recuperar, mas de uma *relação que deve ser vivida.*

– Salutogênese

Cristo não veio como curador, mas, em todo caso, como curador "atípico". Esta convicção, venerada na primeira catequese apostólica, faz parte da pedagogia do mesmo Jesus, apreendida através de uma longa viagem de fé dos discípulos.

Se por uma parte surpreende a grande importância que os evangelistas davam à atividade curadora de Cristo (que se estende logo na comunidade pós-pascal), é também evidente, e não menos admirável, a escolha terminológica dos relatos de cura. Sua atenção aos detalhes (especialmente em João) e sua sobriedade literária (nos sinópticos) estão a serviço da mensagem. Evita-se cuidadosamente toda comparação com a atividade dos curandeiros. O lugar do prodígio e da correspondente espetaculosidade se liga à humilde força do sinal (*sèmeion*, *sèmeia*, *erga*). A atividade taumatúrgica de Jesus, sempre em favor do ser humano e da criação, está em sintonia com o Reino, é sinal privilegiado do Reino.

Curador atípico, mas também *Salvador único* (Hb 4,12), diferente de todos os precedentes e daqueles que na história se apresentaram como tais. O reconhecimento desta singularidade percorre todo o Novo Testamento. Cristo é a grande novidade em absoluto. Crer Nele significa ver o novo e de maneira diferente, converter-se, nascer de novo, ser nova criatura. As primeiras palavras que pronuncia se referem justamente ao Reino e ao seu caráter absoluto, que deve se acolher mediante a conversão. "Convertei-vos!" (Mc 1,15) é o convite urgente dirigido a todos, um chamado à vontade, à premência de uma mudança em que estão implicados todos os seres humanos e todo o ser humano.

Como Salvador único, instaura um processo de transformação total, que chega até os recôncavos mais profundos da alma e do coração. Nada é excluído. Tudo aponta para a salvação: a vida e a morte, a doença e a cura, o corpo e o que nele acontece. Por isso, Ele não veio somente para curar. Seu acontecimento é mais do que medicinal, ao menos lembra mais a imagem da medicina que busca aperfeiçoar do que a da medicina corretiva ou curativa. Em outros termos: Ele oferece aos seres humanos, sempre necessitados de cura integral, uma saúde inimaginada, acima de toda expectativa, que eleva a condição humana e desperta suas potencialidades mais profundas, fonte de novas possibilidades.

Daí que, ao nos depararmos com o mistério de Cristo em relação à saúde não possamos polarizar o olhar na dimensão curadora. O que está em questão não é especialmente a individuação das "patogêneses", das quais Cristo nos liberta, mas a *salutogênese*, quer dizer, o aprofundamento das causas (ou fontes) do dom e das expressões da nova saúde. Não se trata só de ver positivamente a relação de Cristo com a saúde, senão de perceber a sua novidade, que é o que faz a Boa-Nova salutar do Evangelho. Em outros termos, poderíamos dizer com B. Tyrell que "Jesus tinha entendido que não é suficiente se limiar a exorcizar os demônios; o poder demoníaco é substituído por um poder que visa ao bem [...], porque, caso contrário, como Ele mesmo preveniu, a situação final do indivíduo poderia ser pior do que a primeira".[41] O novo, de fato, começa a partir do momento em que se afasta o "velho". É o começo do itinerário para a salvação.

A *salutogênese* lembra, mas não repete, nosso ponto de partida, quando "tudo era muito bom"; relembra especialmente a fidelidade de Deus mantida através de mil gerações. Em Cristo, à condição humana, ferida e sempre ameaçada, não se oferece um simples curativo ou um bálsamo lenitivo. No momento culminante da autodoação de Deus, a criação é recriada, o ser humano é renovado profundamente. Agora o novo cenário se abre, porém, no fundo da *ressurreição*,[42] significada e de algum modo antecipada por Cristo na atividade terapêutica e salutar. Tudo, nos desejos e nas esperanças despertadas pelo novo parto, caminha para os novos céus e a nova terra.

b) A linguagem sobre a saúde no Novo Testamento

Depois de ampliarmos o leque da relação de Cristo com a saúde, que é mais do que uma simples opção metodológica, já não é

---

41 TYRRELL B. J., *Cristoterapia. Guarire per mezzo dell'illuminazione*, Ed. Paoline, Torino, 1987, p. 31.

42 Diga-se a propósito que Jesus nunca apela à antiga criação (uma exceção se encontra em Mc 10,6; 13,9). "Ele não concebe a salvação como uma volta ao passado [...], não remete a nenhum 'paraíso perdido' que seja necessário recuperar [...]; antes ele anuncia a chegada do futuro 'Reino de Deus' (o mesmo que Paulo chamará 'nova criação') [...]. Jesus orienta toda a sua ocupação para aquele *novum ultimum*, que supera em boa medida a ordem e a criação antigas" (GESTEIRA M., "Christus medicus". Jesús ante el problema del mal, cit., p. 286).

possível circunscrever o discurso sobre a saúde ao léxico e aos conceitos habitualmente tomados em consideração. Também podemos prescindir deles, ainda que deixando claro que se referem a um esquema de compreensão iluminado, não só pelas ações taumatúrgicas e terapêuticas, mas por todo o mistério de Cristo.

A saúde é um objetivo permanente do Reino. Está de algum modo presente ao longo do percurso pedagógico e salvífico, da proclamação e da realização da Boa-Nova. Está presente enquanto sinal do reino e enquanto tradução exemplar (pedagogicamente querida) da salvação enquanto experiência (dom e missão) que se situa "entre os tempos" como "momento" provisional, mas necessário no que se refere à última meta. Sua verdadeira identidade se desvela diante dos olhos do crente, não só através das palavras e dos gestos (taumatúrgicos ou não) em que se revela e se esconde, mas também nos olhos e no comportamento de Jesus, em suas palavras nas intenções pedagógicas, no sepulcro vazio e silencioso e na eloquência da cruz.

A linguagem da saúde é abundante, poliédrica, simbólica, sugestiva e, como já dissemos, em certo sentido onipresente. Não ocupa o espaço privilegiado do Reino e da salvação, contudo está ali. Não é incompatível com o sofrimento e a morte, ela rejeita sua supremacia e lhes nega a última palavra, sugerindo que podem ser vividos como experiências saudáveis, de plenitude, de coroação da aventura humana. Não propugna uma visão triunfalista do ser humano nem da condição humana histórica, mas ajuda a levar a sério tudo o que acontece no ser humano...

Vamos agora, mesmo que seja brevemente, ao léxico e aos conceitos habitualmente relacionados com a saúde. Faremos deles uma leitura muito seletiva, tentando perceber alguns dos traços mais relacionados com nosso tema ou que mais o influenciam.[43] Articulamos, portanto, nosso itinerário em dois momentos: em primeiro lugar, apresentamos uma visão genérica, de caráter semântico, da terminologia sobre a saúde, e em seguida consideraremos três desses conceitos para oferecer alguns de seus indícios mais significativos.

[43] Para um posterior aprofundamento e comparação deste tema, ver, por exemplo, FABRIS R., *Bibbia e mondo della salute*, cit., pp. 27-31; id., I miracoli di Gesù, i suoi riti di guarigione e la predicazione del Regno di Dio, in: VV.AA., *Liturgia e terapia. La sacramentalità a servizio dell'uomo nella sua interezza*, Messaggero, Padova, 1994, pp. 54-85; GESTEIRA M., "Christus medicus". Jesús ante el problema del mal, cit., especialmente pp. 262-300; COENEN L., BEYREUTHER E., BIETENHARD H. (orgs.), *Dizionario dei concetti biblici del NT*, EDB, Bologna, 1986; LEON-DUFOUR X., op. cit.; MCKENZIE J. L., *Dizionario biblico*, Cittadella Ed., Assisi, 1981.

– Atividade taumatúrgica e terapêutica

À primeira vista, a saúde oferecida por Cristo se apresenta estreitamente unida a sua atividade *taumatúrgica*[44] e *terapêutica*. Quanto à primeira, os termos usados (e o seu *background*) indicam, por um lado, a reação provocada no gentio e nos discípulos por suas ações e seus gestos, e, por outro, sua intenção ou carga reveladora e pedagógica.

O verbo grego *thaumazein* (43 vezes no Novo Testamento, 30 delas nos Evangelhos), além de *thaumasia* e *thaumastos*, é a expressão, em ação, das "maravilhas" de Deus. Naqueles que são observadores e testemunhas, desperta a lembrança das ações prodigiosas realizadas gradualmente por Deus na longa história do povo. No entanto, as obras realizadas por Jesus vão além de uma simples prolongação dos antigos relatos.

Os evangelistas, com abundância de termos (cuja lista não podemos oferecer aqui), põem em relevo as reações provocadas pelas novas intervenções. Além de "ficar maravilhado", há quem sinta diante de Jesus uma forma de temor expressada com o verbo *thambesthai*, "assombrar-se" (Mc 1,27), e com o substantivo *thambos*, "assombro" (Lc 4,36; 5,9). Outros termos dão ênfase à sensação de estupefação e até de "êxtase" quando usam expressões como "estar fora de si", "ficar pasmos" (Mc 2,12; 5,42; 6,51; Mt 2,23; Lc 8,56).[45]

No entanto, talvez estejamos mais próximos das intenções pedagógicas de Jesus quando os evangelistas destacam a "catarse" provocada pelas intervenções taumatúrgicas. As testemunhas ou os destinatários não só se surpreendem ou ficam pasmos, mas também se sentem desafiados e experimentam a necessidade de certa purificação, como quando Pedro, depois da pesca milagrosa, atônito (Lc

---

[44] Como é sabido, nem todas as ações taumatúrgicas realizadas por Jesus estão relacionadas diretamente com a saúde. Consideramos todas porque não carece de significado o fato de que, dos aproximadamente 60 relatos evangélicos de gestos taumatúrgicos, 47 se referem a curas, em sua ampla variedade de situações e "patologias". "Uma quinta parte das cerca de 250 unidades literárias, diz H. K. Kee, nas quais é possível dividir os primeiros três Evangelhos segundo uma sinopse típica, descreve as atividades de cura e exorcismos de Jesus ou dos discípulos, ou alude a elas" (KEE H. C., *Medicina, milagro y magia*, cit., p. 13). Foram examinadas sobretudo porque a relação de Cristo com a saúde, como já comentamos, não se limita a suas intervenções sobre a doença e os doentes.

[45] Cf. FABRIS R., *I miracoli di Gesù*, cit., p. 58.

5,9), caindo aos pés de Jesus, se sente obrigado a lhe dizer: "Afasta--te de mim, que sou um homem pecador" (Lc 5,8).

Pedro nos indica o caminho para nos aproximarmos adequadamente da terminologia usada pelos evangelistas para expressar a atividade taumatúrgica de Jesus. A linguagem taumatúrgica obedece a uma lógica e foi escolhida cuidadosamente. Limita-se fundamentalmente aos seguintes termos:

Semeion/semeia ("sinal/sinais) aparece 18 vezes nos sinópticos, mas é escolhido especialmente no quarto Evangelho, em que aparece 17 vezes; o Evangelho de João introduz, a partir do capítulo quinto, outra terminologia: *ergon/erga* ("as obras"). Finalmente, os demais vocábulos preferidos pelos sinópticos giram em torno do conceito de "potência/força", quer dizer, *dynameis* e *dynamis*; a este último termo se associa às vezes *exousia* ("autoridade"), o poder de autoridade que se transmitirá mais tarde aos discípulos (Lc 9,1).

É igualmente importante considerar a terminologia *evitada* pelos evangelistas, não somente a que era comum na descrição da atividade taumatúrgica, mas também a cunhada e estereotipada ao longo da tradição bíblica. Neste último caso nos referimos à expressão *semeia kai terata* ("sinais e prodígios"), a qual ressalta o aspecto espetacular ou impressionante dos sinais. Frequente no Antigo Testamento, transformada em uma espécie de lugar-comum para indicar as ações de Deus em favor de Israel nos tempos do Êxodo e da conquista de Canaã,[46] praticamente fica excluída dos evangelistas,[47] enquanto terá certa relevância nos Atos dos Apóstolos como confirmação divina da missão apostólica.

Semeia, *erga* e *dynamis/exousia* percorrem um trecho pedagógico comum, que nos ajudará a compreender a relação de Cristo com a saúde. Estes vocábulos evocam em primeiro lugar a singularidade de Cristo, seu caráter excepcional, que não admite comparações com outras figuras históricas dotadas também (real ou aparentemente) de poderes excepcionais. Interpelam a fé mais do que a inteligência e os sentidos, pedem a adesão do coração e, não menos importante, a implicação iluminada dentro de um horizonte novo de sentido.

---

46 Cf. KEE H. C., op. cit., p. 28.

47 "O vocábulo *teras* (em plural *terata*) aparece só em Mt 24,24 e Mc 13,22, no contexto do discurso escatológico, no qual se alerta os discípulos sobre a atividade taumatúrgica dos falsos messias e dos falsos profetas. Também o quarto Evangelho põe em relevo a ambivalência da busca de 'sinais e prodígios' em relação ao caminho da fé" (FABRIS R., op. cit.).

O *semeion* diz que não devemos nos fixar na materialidade dos fatos ("quero fatos e somente fatos"), mas deixar-nos guiar para "algo" (ou alguém) mais importante que o acontecimento, neste caso a glória de Deus, no acontecimento do Reino, a irrupção dos novos tempos. São sinais do Reino, e justamente porque precisam de adesão, sua força está destinada a suscitar a fé. As *erga*, na linguagem de João, enfatizam uma das linhas orientadoras do seu Evangelho. Jesus é o enviado para revelar o Pai, e as obras dão testemunho dele.

Finalmente, *dynamis/exousia* nos oferecem a última chave para a interpretação: os sinais e as obras realizados por Cristo estão estreitamente relacionados com sua pessoa, são expressões de sua singular identidade e missão, uma espécie de emanação da força que habita nele. Por isso, o poder de realizar seus sinais e suas ações, transmitido a seus discípulos, supera muito o conceito de "ofício", porque está conectado com a adesão a Ele pela fé e pelo batismo.

Passemos agora à atividade *terapêutica*. Já vimos a abundante atividade de Jesus em favor dos doentes, e por isso é um trabalho difícil chegar a compreender a carga de significados e de intenções fechadas na rica terminologia usada. Como abertura, vamos dar uma olhada nos termos para, em seguida, focar a atenção em três deles.

A variedade dos vocábulos não se deve somente à diversidade de patologias que Jesus encontra, mas também ao significado que atribui a suas intervenções e ao contexto no qual quer colocá-las. Deixando agora de lado estas considerações, chama a atenção as preferências dos evangelistas (36 vezes sobre as 43 do total dos escritos do Novo Testamento) pelo verbo *therapeuein*, que na literatura grega clássica assumia o claro significado de "servir" e, por extensão, de "honrar", no sentido inerente de uma relação entre "inferiores" e "superiores", compreendida entre estes a divindade. No Novo Testamento se usa quase exclusivamente no sentido de "curar" os doentes. No entanto, como veremos, seu sentido nem sempre é "medicinal"; inclui também o de "serviço".

Um segundo grupo de vocábulos gira em torno do verbo *iaomai*, que aparece 26 vezes (20 nos sinóticos) com o significado preciso de "curar"; o substantivo *iasis* aparece três vezes, exclusivamente em Lucas; *iatròs* seis vezes somente nos sinóticos (com exceção de Cl 4,14 em que se fala de Lucas, o "médico"), e finalmente *iama*, três vezes em 1Cor 12, referido ao carisma das curas. "A estatística nos revela que os vocábulos deste grupo, com exceção de *iama*, tratam de conceitos prevalentemente usados pelos sinóticos e especialmente por Lucas (que contém 20 das 38 ocorrências)".[48]

O terceiro grupo, menos frequente no Novo Testamento, está formado pelos vocábulos *hyghies* ("são", "de boa saúde"...) e *hyghiainein* ("curar"), que aparecem 23 vezes no Novo Testamento (12 nos Evangelhos, 9 nas cartas pastorais, 1 em Hb 4,10 e 1 em 3Jo 2).

Associado à lepra, considerada "impureza" mais do que doença, é usado pelos evangelistas o termo *katharizein* com o significado de "purificar" e não de "curar", como às vezes é traduzido.[49]

Finalmente, o verbo *sozein/sozesthai*, muito frequente no Novo Testamento (aparece 106 vezes), se associa estreitamente com a atividade terapêutica de Cristo em 16 textos dos Evangelhos com o significado de "curar", "ser curado" (3 em Mateus, 6 em Marcos, 6 em Lucas e 1 em Jo 11,12).

– Três verbos saudáveis

Como explicar esta abundante variedade terminológica e quais são suas principais remissões? Respondemos tomando como pontos de referência três desses termos: *therapeuein*, *hyghies/highiainein* e *sozein*. Limitamo-nos a oferecer alguns detalhes, esclarecendo mais uma vez que se trata de uma primeira aproximação que devemos aprofundar nos capítulos seguintes.

"Therapeuein"

Que o Novo Testamento prefira este verbo ("cuidar") mais do que *iaomai* ("curar") não deixa de ter sentido:

> "Em muitos trechos do Evangelho o verbo *therapeuein* designa um cuidado eficaz e pode, portanto, ser traduzido como 'curar'. Em certos textos, no entanto, esta tradução não é exata. Por exemplo, quando os fariseus, em um sábado, espreitavam Jesus para ver se atendia um 'homem que tinha uma mão seca', a questão não deve ser traduzida como 'para ver se Jesus o curaria no sábado', mas como 'se o cuidaria no sábado' (Mc 3,2, *therapeusei*), quer dizer, se realizaria uma atividade profana, proibida por lei de ser feita naquele dia, como qualquer outra atividade profana. Para os fariseus, não importava ver se a cura era

---

48 COENEN L., BEYREUTHER E., BIETENHARD H. (dirs.), op. cit., p. 1648.

49 Cf., por exemplo, a da CEI em Mt 8,2-3.

eficaz ou não, milagrosa ou natural, lucrativa ou desinteressada. Pensavam somente no dever religioso de observar o sábado."[50]

Jesus veio para "se encarregar de", para servir. Decerto suas intervenções em favor dos doentes eram "taumatúrgicas" e, como tais, tinham uma eficácia imediata. Porém, na linha pedagógica sugerida anteriormente, nem sempre os relatos evangélicos enfatizam o aspecto taumatúrgico.[51] Eles tentam dizer, de diversos modos, que a cura faz parte da atividade de Jesus e inclusive que é uma atividade com a qual ele está comprometido.

Isso está confirmado, em primeiro lugar, pelos numerosos detalhes que podem ser observados no conjunto dos relatos. Há uma espécie de *liturgia de gestos*: busca o contato com eles, toca-os,[52] pega em sua mão, toca os olhos do cego; em alguns casos, a "liturgia" introduz outros elementos profundamente significativos: "Colocou seus dedos em seus ouvidos, com sua saliva tocou sua língua, levantou os olhos ao céu, suspirou e disse: '*Epheta*'" (Mc 7,32-34), e na cura do cego de nascença "cuspiu na terra e fez barro com a saliva, e a passou nos olhos" do cego (Jo 9,6). Esta concatenação de ações é ainda mais evidente na cura gradual contada por Marcos (Mc 8,22-25).

A confirmação deve ser buscada especialmente nas motivações imediatas que subsistem no fundo de suas intervenções *terapêuticas*, às quais por enquanto só queremos fazer referência. Em primeiro lugar, a compaixão. Os evangelistas usam frequentemente o verbo *splanchnizomai* (de difícil tradução, seria algo como "comover-se visceralmente"),[53] como motivo principal de suas intervenções. De qualquer modo, trata-se de uma "comoção" profunda que põe o ser humano no centro de sua missão e que inverte os esquemas de compreensão de outros valores fundamentais para a tradição bíblica, como o sábado, a misericórdia, o culto e os sacrifícios. Decididamente, com uma insistência que supõe a dura condenação de seus

---

[50] VANHOYE A., *La vita consacrata*, cit., p. 26; Cf. MORICONI B., Dio terapeuta, sostegno e salvezza nella Bibbia, in: VV.AA., *Salute e salvezza, perno della teologia pastorale sanitaria*, Ediz. Camilliane, Torino, 2009, pp. 33-38.

[51] Este aspecto é evidente principalmente quando a cura é realizada por meio de uma palavra, uma ordem, ou por meio de um simples toque de seu manto.

[52] É significativo que os evangelistas insistam em que Jesus quer tocar os doentes, inclusive rompendo os tabus ou as normas sobre a impureza. Ver Mt 8,3; 9,25; 9,29; 20,34; Mc 1,41; 5,41; 5,27; Lc 5,13; 8,54.

[53] Cf. Mt 20,34; Mc 1,41; Lc 7,13...

adversários, se encarrega dos doentes no sábado,[54] e até na própria sinagoga os coloca no "centro" (Mc 3,1-6).

Este "encarregar-se" do doente é um sinal eloquente do sentido com que Jesus concebe sua identidade e missão. Limitando-nos simplesmente aos textos nos quais se usa o verbo *therapeuein*, o horizonte se amplia ainda mais. Lembremos alguns. A atividade terapêutica está associada inseparavelmente ao ensino de Jesus. Assim aparece de modo claro principalmente em Mc 4,23 e 9,35. A tríade "ensinar", "pregar" e "cuidar" desvela diante de nós uma perspectiva de alcance antes não imaginado. Antecipemos duas conclusões quanto a isso.

O centro unificador dessa tríade é o Reino, o absoluto que centra todo o acontecimento Cristo. Fora dessa realidade, visível e invisível, misteriosa e concreta, mas em todo caso irruptiva e definitiva, nada seria compreensível. Por conseguinte – segunda conclusão –, a atividade terapêutica, acima dos detalhes, deve ser entendida como um sinal (um modo de, um meio, portanto) do acontecimento do Reino, em que se oferece ao ser humano a salvação definitiva e integral. Um Reino, por conseguinte, que se deve *ensinar, anunciar e realizar*, e que se deve *acolher*.

Apesar de sua gratuidade (como veremos), a relação entre a atividade terapêutica e a fé[55] é algo que pode parecer óbvio. O primeiro "objeto" da fé-confiança é certamente Jesus. No entanto, o oferecimento e a acolhida da cura (o "querer curar-se") aprofundam posteriormente a primeira relação de confiança e introduzem o curado em um novo âmbito por ele não suspeitado, do qual a cura física é só o começo; é o âmbito do Reino.

"Highiainein/hyghies"

Estes vocábulos acrescentam ao mosaico da atividade terapêutica de Cristo alguns elementos profundamente significativos, que ressaltam posteriormente a necessidade de ampliar o horizonte da compreensão do Evangelho da perspectiva do salutar. Destacaremos dois deles.

Em primeiro lugar, a *cura integral*. "No encontro com Cristo, é curado o ser humano inteiro por meio da palavra messiânica (Jo 7,23), quer dizer, também de seus pecados (cf. Lc 5,21ss). Na cura de paralíticos, cegos e surdos (Mt 15,21; cf. Mc 7,37; 8,23), cumpre-se

---

[54] Cf. Mt 12,9-14; Mc 3,1-5; Lc 6,6-10; 13,10-17; 14,1-6; Jo 5,1-18; 9,14-16.

[55] Cf. Mc 6,5; Mt 8,8.10.13.

a promessa da vinda de Deus (Is 35,4ss). Ter boa saúde não é aqui fruto da ação farmacológica, mas indica uma cura mais profunda e é um sinal do começo dos tempos da salvação".[56]

Como conceber e explicar esta cura/saúde integral e sua relação com a última raiz do mal, quer dizer, o pecado? Antecipemos só uma via de reflexão: a cura integral, compreendida a libertação dos pecados, se dirige a todos. O ser humano de quem fala Jo 7,23 não era, de fato, um "doente integral" nem se encontrava mais grave que os demais. O que este texto expressa claramente é a intenção de Jesus de chegar a todas as dimensões feridas da pessoa, condição que iguala sãos e doentes. Esse *holon anthropon* é certamente uma parábola da condição humana, e é também um exemplo concreto de uma ação (a de Jesus) que vai além do que comumente se entende por cura.

Outro detalhe, tomado da parábola do filho pródigo. Também aqui *hyghiainonta* (Lc 15,27) "indica somente um ser são fisicamente" (cf. 15,24). O jovem que voltou para a casa paterna depois de ter se afastado dela *recuperou seu título original de filho*. Nisso justamente consiste seu 'ter sido curado'. Em Jesus, em sua palavra libertadora e curadora, o ser humano encontra o pai que sai ao seu encontro e realiza a comovedora 'descoberta' de sua cura".[57]

Na linguagem da saúde, este texto adquire um grande significado. Parece evidente que Jesus teve uma clara consciência de que sua missão consistia em reunir os filhos dispersos e fazê-los voltar ao Pai. Daí seu "inaudito interesse pelo que estava perdido" (como diria C. H. Dodd).[58] Mas a parábola de Lucas nos convida a introduzir outro elemento de confronto e verificação através do "diagnóstico" feito sobre o irmão mais velho, "que permaneceu em casa". Também este está "doente", pois não descobriu nem saboreou o que significa para sua vida ser filho, viver em um "espaço" em que pode conseguir sua plena realização: "Tudo o que eu tenho é teu" (15,31).

No fundo deste filho torpe, sente-se o eco das palavras dirigidas por Jesus aos fariseus: "Não são os saudáveis (*hyghiainontes*) que precisam de um médico, mas os doentes" (Lc 5,31). Provérbio popular ou não, enunciada por Jesus, esta declaração de intenções tem

---

[56] COENEN L., BEYREUTHER E., BIETENHARD H. (dirs.), op. cit., pp. 1650-51.

[57] COENEN L., BEYREUTHER E., BIETENHARD H. (dirs.), op. cit., p. 1651.

[58] "O filho do ser humano veio para buscar o que estava perdido" (Lc 19,10). E o filho pródigo estava "perdido", ainda mais, "morto" (Lc 15,24).

muito pouco de pacífica. Os "saudáveis" que Jesus tem diante de seus olhos (os fariseus) se parecem com aquele filho. Também eles "são de casa" e até consideram que "não transgrediram nenhuma ordem" de Deus. Enquanto não descobrirem o Pai e o seu enviado, não perceberão que eles também estão "perdidos", ainda mais, "mortos", e não só doentes. Sem esse diagnóstico não há saúde.

"Sozein"

O uso deste verbo enriquece a linguagem da saúde. Para nós, é interessante especialmente sua associação com a atividade terapêutica e salutar de Cristo, quer dizer, a conexão, a identificação inclusive, entre *curar* e *salvar*. Limitando-nos aos relatos de cura nos quais isso acontece, fazemos algumas observações.

Sem desviar o olhar da totalidade, bastaria neste momento uma atenta aproximação a alguns destes relatos, especialmente aos de Lucas, para percebermos o esmero com que se estabelece uma conexão entre cura e salvação.

A estupenda declaração (melhor, talvez, constatação/verificação) "tua fé te salvou" é pronunciada depois da cura, como no caso da hemorroíssa (Lc 8,44.48); pode haver também uma distinção nítida entre a cura e a salvação, como no relato dos dez leprosos: todos tinham sido "curados" (Lc 17,14), mas só um, "*vendo-se curado*, voltou glorificando a Deus aos gritos e se jogou com o rosto no chão aos seus pés para lhe agradecer" (v. 15), e somente a ele Jesus disse: "Levanta-te, vai; tua fé te salvou" (19). Ou também, cura e salvação "acontecem" no mesmo momento, como na passagem do cego de Jericó (Lc 18,42).

Essa associação é ainda mais particular em Lc 6,6-11, onde surpreende que, perante o doente da mão seca, colocado expressamente por Cristo no meio da sinagoga, Jesus lance aos seus adversários a pergunta: "É permitido no sábado fazer o bem ou o mal, salvar uma vida ou destruí-la?" (v. 9). Já que não se trata de um doente grave (podia continuar vivendo com a mão direita paralisada), o que significa "salvar" neste caso?

A resposta espontânea é esta: Cristo veio justamente para isto, para salvar e para *ensinar a salvação*. Esta obra é tão única, excepcional e profunda que precisa ser explicitada, esmiuçada e expressa através de uma sinfonia de palavras, gestos e ações. Não está em questão a *eficácia* da salvação, mas sim o *acolhimento* dado pelo ser humano.

As curas *em si mesmas* tocam (não esqueçamos) somente uma parte do ser humano, quer dizer, a função/órgão perdido ou nunca possuído. Por isso os doentes se dirigem a Jesus. O ser humano busca a saúde imediata, a resposta a uma necessidade urgente, e Jesus oferece a quem a acolhe a salvação, portanto, uma cura que tem a ver com todo o ser humano (o *holon anthropon* de Jo 7,23). Em outras palavras, oferece uma saúde salvífica.

Nesses relatos, de fato, ressalta-se, por uma parte, a virtude salvífica da *fé* do doente e, portanto, sua vontade de curar-se (o que é fundamental), além de sua confiança em Cristo. Por outro lado, a intervenção taumatúrgica e salvífica responde mais do que o necessário às expectativas do doente, já que suscita nele uma nova experiência: *a experiência salvífica.*

Essa experiência de salvação é expressa por alguns dados que o Evangelho põe em relevo. "Deus visitou seu povo" (Lc 7,16). Surpresas, as testemunhas da ressurreição do filho da viúva de Naim "glorificavam a Deus" justamente porque este tinha se apresentado de modo definitivo ao povo. A cura da doença e o perdão oferecido aos pecadores são a expressão privilegiada da aproximação de Deus, porque suscitam no ser humano um conjunto de experiências dificilmente redutíveis a uma cura "normal" ou a uma simples não imputação da culpa.

O ato de curar acontece realmente porque oferece ao doente a possibilidade de reconstruir sua existência, de afirmar a vida diante da morte, de recuperar a própria dignidade, de abrir-se a uma nova relação com Deus, de experimentar profundamente sua misericórdia.

É o que o mesmo Lucas nos transmite com outras palavras: o louvor e a glorificação de Deus pelos que foram curados (5,25; 13,13; 17,5) e pelas multidões (7,16; 9,43; 18,43), e, não menos importante, o propósito por parte dos curados de seguir Jesus, ou, ao menos, de contar o acontecido. "O louvor a Deus é explosão de vida e de saúde plena. Quem não pode louvar tem ainda em seu interior alguma doença ou forma de morte."[59]

Louvar e glorificar, atitudes das quais o *Magnificat* é paradigma,[60] são um sinal excelente do ato de sanar a relação com Deus, fato central no ministério (e no mistério) de Cristo, a que concederemos

---

[59] PAGOLA J. A., Modelo cristólogico de salud. Acercamiento a la experiencia de salud en Jesús, in: *Labor Hospitalaria* 219 (1990), pp. 24.

[60] Cf. ÁLVAREZ F., El Magnificat desde el mundo de la salud y de la enfermedad, cit. especialmente pp. 228-231.

abundante espaço em uma próxima seção. Este sanar passa necessariamente pelo reconhecimento do poder de Deus, manifestado em Cristo, poder esse que não aniquila nem ameaça, cuja força é o amor. Jesus, levado pelo Espírito a cuidar e curar, nunca usa seu poder contra o ser humano.

A presença de Deus no mundo e a chegada do Reino são acompanhadas por uma onda não imaginada de misericórdia para com os pecadores, de proximidade com os excluídos, de libertação para os oprimidos, de saúde para os doentes. Todos os que se abrem a este grande acontecimento experimentam a salvação em sua própria carne, a *salvação salutar*, porque quer curar e sanar (exterioridade e interioridade) todo o ser humano dos males físicos e das correntes interiores, da opressão e da injustiça e das raízes do próprio mal, da doença como aflição e como parábola do mal.

A associação entre cura e salvação introduz a saúde em um longo itinerário. A última meta, em parte já alcançada, é a ressurreição.

– Algumas afirmações conclusivas e recorrentes

A saúde precisa da palavra, mas não se esgota nela. Como conclusão deste capítulo, no qual oferecemos uma aproximação a sua linguagem, é necessário destacar que Cristo não desenvolveu nem transmitiu uma doutrina sobre saúde, porém esta perspectiva é central no seu Evangelho e assim a recebeu a comunidade protocristã, como veremos.

A linguagem sobre a saúde faz parte inseparável da linguagem pedagógica e eficaz da revelação realizada por Cristo e transmitida à Igreja.

Por conseguinte, uma primeira afirmação conclusiva (esperamos que também concluinte) pode ser esta do título: *a linguagem sobre a saúde faz parte inseparável da linguagem pedagógica e eficaz da revelação realizada por Cristo e transmitida à Igreja*. Não está somente compassada pela palavra: esta precisa de gestos que a realizem; não se esgota nas intervenções taumatúrgicas e terapêuticas: estas precisam da iluminação que torne explícito o seu significado. A linguagem, ao mesmo tempo que é ministerial, é também cristológica, quer dizer, está vinculada à pessoa de Cristo, ao seu mistério.

A saúde faz parte do Reino

Este é seu lugar natural. A atividade salutar de Cristo está compreendida na unção do Espírito e no envio do Pai; por conseguinte, no próprio acontecimento da encarnação. "Jesus curava com o poder do Senhor" (Lc 5,17), e o Espírito que o envia a "curar os de coração arrependido" (Lc 4,18) reflete a mesma lógica que o leva a ensinar e a proclamar o Reino. Não pode renunciar à missão terapêutica (Lc 13,23).

A saúde vinculada ao Reino se torna sinal do Reino, não só de sua chegada,[61] mas também da expressão de seus dinamismos e de suas intenções: revelação da paixão de Deus pelo ser humano, do Deus do bem e não do mal, da criação, da saúde e da vida, e não da destruição, da doença e da morte;[62] o Deus que em Cristo, vencendo o mal e a morte, quer transformar o ser humano e a humanidade.

Ninguém pode aderir ao Reino sem deixar-se curar em profundidade ao mesmo tempo[63]

Efetivamente, a salvação é oferecida também sob forma de saúde: a *salvação salutar*. Na pedagogia de Jesus, a acolhida do Reino é inseparável de expressões saudáveis como as que aparecem nas curas e em suas palavras: mudar de vida e reconstruir a própria existência, recuperar a dignidade e curar as relações com Deus e com a comunidade, libertar-se dos grilhões físicos e dos interiores, reconciliar-se com os próprios limites (também os curados morrem) e redescobrir os próprios recursos curadores.

Cristo, portanto, coloca a saúde no (longo) itinerário para a salvação

Todo ser humano, quando entra no Reino, é convidado a percorrer este caminho, que começa, como veremos, com uma pergunta dirigida a todos: *Queres ser curado?* Ninguém pode sentir-se excluído deste itinerário, nem os doentes nem os chamados "sãos". Por conseguinte, anunciar o Reino significa também hoje iniciar esta viagem partindo da sede de saúde que habita em todo ser humano, do desejo de viver, sempre ameaçado (e até sufocado) por um diagnóstico das "patologias" atuais, pela implicação sincera na causa dos seres humanos (especialmente dos mais fracos), pelo propósito de levar o humano a sua plena realização em Deus... A evangelização somente pode ser o anúncio da *saúde salvífica*.

---

[61] "Mas, se eu mandar embora os demônios com o Espírito de Deus, é sinal de que chegou a vós o Reino de Deus" (Mt 12,28; cf. Lc 11,20; Mc 3,22-27).

[62] PAGOLA J. A., *Es bueno creer*, cit., p. 144.

[63] Talvez esta seja uma das afirmações mais fecundas e exigentes, não só para a vida espiritual dos crentes, mas também para a ação pastoral da Igreja, como teremos oportunidade de ver.

A saúde oferecida por Cristo é uma saúde relacional

Talvez este seja o melhor modo de expressar a profundidade antropológica e salvífica da saúde contemplada na ótica do mistério de Cristo. Do que foi dito até aqui se deduz claramente que a saúde humana percorre todas as coordenadas antropológicas, as diversas dimensões da pessoa. A chave relacional, no entanto, é a que melhor percebe a luz que vem da revelação. A saúde não é "algo que se tem com relação a", mas é, em síntese, "um modo de viver com relação a, ou em relação com": em primeiro lugar, com relação ao próprio corpo, mas também com relação aos demais, ao mundo e a Deus.

Uma existência sã e salutar, na perspectiva cristológica, se transforma, como veremos, no desdobramento de um "viver em diálogo", que começa com o acolhimento de si mesmo (do corpo objetivo e vivido) e se desenrola em dinâmicas como a solidão que nos habita e a comunhão que nos constrói, na projeção e no limite, na busca da perfeição e na aceitação da morte, na intimidade como lugar de encontro com o Absoluto e na oblação da própria vida.

Por conseguinte, só saberemos descobrir a riqueza evangélica e antropológica da saúde com o neologismo usado nas páginas anteriores: a *salutogênese*. O aprofundamento do Evangelho da Saúde, tarefa da Teologia da Saúde, se torna, em última instância, a lenta *aprendizagem de ser humanos e de sê-lo plenamente*. A saúde faz parte da vocação criatural e cristã do ser humano. Contemplemos o primeiro "momento" do acontecimento de Cristo: a encarnação.

c) Leitura salutar da encarnação – "o que foi assumido foi curado"[64]

– "Propter nostram salutem" "Propter nos, homines, et propter nostram salutem, descendit... et incarnatus est..."

Nessa confissão capital da fé cristã se concentram alguns dos conteúdos que queremos esmiuçar nesta seção. Não é um propósito da Teologia da Saúde desenvolver uma teologia da encarnação. Vamos nos limitar, em um primeiro momento, a acolher alguns dos motivos teológicos mais relacionados ao nosso tema e, em um segundo momento, ofereceremos a "leitura salutar" anunciada no

[64] Para completar este tema, ver ÁLVAREZ F., Encarnación, misterio terapéutico y saludable, in: *Labor Hospitalaria* 254, 4 (1999), pp. 277-287.

título. Usaremos como guia, obviamente, uma leitura crente e iluminada pela Palavra.

O ponto de partida de nosso percurso nos convida a adiantar um esclarecimento não isento de consequências para a configuração de todo o discurso. Esse *propter* da fé não significa que é o ser humano o motivo da encarnação, mas o amor de Deus: "Deus amou tanto o mundo que ofereceu o seu filho unigênito" (Jo 3,16). A lógica da razão, por sua vez, postula que a referência de Deus ao ser humano, a "relacionalidade" por Ele instaurada, não o faz "relativo", condicionado, inexoravelmente implicado na e pela história.

Sem tirar nada da absoluta gratuidade de Deus – portanto, de sua liberdade –, devemos adentrar-nos em outra lógica, a legitimada definitivamente na encarnação. Neste grande acontecimento, expressa-se de maneira definitiva uma das linhas que percorrem toda a história da salvação: *Deus busca o ser humano*. É a lógica do amor, acima de toda distinção filosófica. Se olharmos para a história, descobriremos nela, apesar de todas as suas ambiguidades, o cenário da epifania de Deus[65] e de sua gradual implicação na biografia dos seres humanos e nas vicissitudes do povo. A encarnação se apresenta então como a revelação definitiva do que Deus é: amor sempre-referido, em diálogo, criativo, aberto, autocomunicação.[66]

Esse *propter* é, acima de tudo, confissão da soberania e da bondade de Deus, de sua "paixão" pelo ser humano, motivos últimos de sua "chegada". Ao vir, Deus em Cristo se revela em primeiro lugar a si mesmo, sua própria interioridade se mostra, seu mistério escondido se ilumina, sua íntima identidade é essencialmente amor.

É um amor que faz "descer", porque é segundo a medida de Deus e do ser humano. Inclina-se não somente porque o ser humano está "abaixo", mas porque o que é próprio do amor é ir ao encontro, oferecer-se adaptando-se à situação do outro. Por isso, o credo recolhe também, em admirável síntese, as intenções da descida de Deus: o ser humano e a salvação, a *salvação do ser humano*.

A iniciativa corresponde, pois, a Deus. A encarnação não pode ser atribuída às necessidades, aos interesses e às aspirações do ser humano. Se assim fosse, Jesus não teria tido que enfrentar a longa e fatigante empresa pedagógica de fazer compreender, também a seus

---

[65] Cf. BETZ O., *I simboli per comunicare l'esperienza della fede*, Paoline, Roma, 1990, p. 8, em que nos propõe a leitura da história como descoberta das "pegadas dos passos de Deus".

[66] Cf. TMA 44.

discípulos, sua identidade messiânica, a natureza do Reino, o fim de sua chegada a este mundo. Deus, fazendo-se carne em Cristo, não podia ser "inventado" pelos seres humanos, porque supera de sobra as expectativas históricas e as mais profundas aspirações do ser humano, mas ao mesmo tempo introduz certa "violência" nos esquemas, nas projeções e nos comportamentos de então e de todos os tempos.

Nesse *propter* não devemos ler nunca uma espécie de "condescendência acrítica" de Deus com o humano e, no extremo oposto (mas consequente), uma elevação do humano à categoria interpretativa determinante de Deus. Se o ser humano encontra Deus, é porque Ele se deixou encontrar primeiro; se tem sede Dele, é porque Ele mesmo o tornou sedento.

Essas afirmações nos permitem evidenciar a partir daqui alguns traços do nosso percurso:

- A encarnação pode ser lida como *plenitude* (da história e do humano) porque é a obra de Deus, o único que pode levar o ser humano à plena realização. Mas ao mesmo tempo o *propter* nunca se põe "contra". A encarnação não canoniza o humano pelo fato de sê-lo, porém também não o penaliza nem o condena. O desejo e a possibilidade de realização estão impressos na condição humana. O ser humano alcançará a plenitude não "tornando-se Deus" (Gn 3,4) mas sim aprendendo a ser humano. Também por isso Deus se fez humano, talvez principalmente por isso.
- A encarnação deve ser contemplada também como *pedagógica*. A sensibilidade pedagógica de Deus é uma das maiores expressões de seu amor. Na encarnação, Ele fala nossa língua, as distâncias se encurtam, o que é inacessível se vislumbra nos olhos, nos gestos e nas palavras de um ser humano. Vem, pois, não somente para salvar, mas também para *ensinar a salvação*. A fórmula da fé mais vezes citada descreve isso. Como expressar o amor infinito de Deus pelo ser humano? Deve-se afirmar a realidade (encarnação) com uma imagem ("descer") repetida várias vezes no Novo Testamento e consagrada no hino cristológico da Carta aos Filipenses. Guiados por essa pedagogia que antepõe, como bem sabemos, os símbolos, as imagens e os gestos, não ponhamos entre parênteses nem desvalorizemos a eficácia salvífica da encarnação reduzindo-a a uma espécie de escola e nada mais.

- A encarnação, finalmente, deve ser vista em sua *dimensão salutar*. Este é o objeto da presente seção. Trata-se de uma leitura nada frequente, mas de modo algum infundada ou arbitrária. Sua força e sua plausibilidade radicam na Palavra, sem forçar de modo algum a interpretação, e, como veremos, ao menos sumariamente, está presente na patrística e na liturgia. Esta leitura, por outro lado, não só foi anunciada em páginas anteriores, mas também já foi justificada. Antecipando um dos caminhos que se devem percorrer, poderíamos dizer que a encarnação constitui o começo, o embrião e a possibilidade, que confirmaremos sucessivamente, da chamada "salutogênese".

– Mistério de plenitude

Entre os diversos paradigmas que a Teologia da Saúde pode encontrar no mistério da encarnação, o da plenitude parece o mais apto para compreender e desenvolver a salutogênese na história da salvação. Trata-se em todo caso – digamos sem rodeios – de uma plenitude singular e sem dúvida paradoxal.

A encarnação repropõe de maneira rotunda, clara e comovente aos olhos da fé uma das tensões (dialéticas) que acompanham a história de Deus com os seres humanos: a força de Deus se afirma e se manifesta com todo o seu (humilde) esplendor na fraqueza humana; mais ainda, a fraqueza humana é assumida pelo mesmo Deus em sua "descida" amorosa e, por Ele assumida, se transforma em força e potência, em exaltação e glorificação do mesmo ser humano: intercâmbio admirável contido na lógica do amor. O que é próprio de Deus é "descer", e o próprio do ser humano é "subir". No entanto, nesta lógica estão antecipadamente fixadas as posições: Deus é quem está "em cima" (a plenitude vem de Ele), o ser humano está sempre "embaixo", ainda que seja capaz de "subir", de ser plenificado e de estar intimamente associado a Ele.

Vejamos agora algumas expressões desta plenitude, mas deixando bem claro que no horizonte de nossa metodologia de estudo temos como objetivo compreender a revelação da saúde.

A plenitude dos tempos

O tempo é o tesouro e o desgaste do ser humano, a sucessão cronológica incessante e fugidia, a experiência que acumula em uma articulação o passado, o presente e o futuro. O tempo é um espaço compartilhado por Deus com seu estar "presente" e pelo ser humano com seu fluir "no tempo", entre a lembrança e a nostalgia, entre a inércia e a esperança, entre o nada e o infinito, entre a vida e a morte, entre o barro e o hálito divino.

A encarnação significa justamente *a condensação da "presença" de Deus*, acontecida no tempo, quer dizer, na história do ser humano. O tempo fica cheio de Deus. Talvez este seja o significado da fórmula paulina: "Quando se cumpriu o tempo", ou ainda: "Quando transcorreu o número de séculos estabelecido, Deus enviou o seu Filho" (Gl 4,4), e: "Nestes dias, que são os últimos" (Hb 1,2). A ultimidade, o *éschaton*, não remete em primeiro lugar a um final imposto pelo desgaste da história, do tempo, mas ao cumprimento, à coroação e à confluência no Verbo encarnado de todas as esperanças ao longo do antigo tempo de espera.[67]

Tudo acontece na história. A encarnação do Logos fica datada em um tempo bem preciso; realmente aconteceu: "O verbo se fez carne e habitou (estabeleceu sua morada) entre nós" (Jo 1,14). O realismo deste acontecimento único se manifesta com a entrada culminante de Deus na história no "novo modo de ser do mesmo Logos, 'na carne'. Portanto, não um revestimento exterior, nem a expressão de um mito que expressa um atuar intemporal de Deus em uma esfera abstrata ou puramente interior à consciência humana, mas um assumir inteira e plenamente o modo de ser humano sem deixar de ser Logos".[68]

Este é o melhor modo de expressar que Deus, sempre implicado nas vicissitudes humanas, leva a sério na trajetória humana seu veloz e fugaz subseguir-se, os *kairói* que marcam o ritmo das diversas oportunidades. Encarnado no tempo, depois de longos séculos de espera e depois de se esconder silenciosamente em Nazaré, Cristo começará seu ministério com um convite premente para compreender o definitivo *kairós* da história: "Cumpriu-se o tempo", acrescentando: "*arrependei-vos*" (convertei-vos) (Mc 1,15).

A história do ser humano se tornou mais interessante do que nunca; já não temos lugar para os "tempos vazios", para a inércia canonizada pelo costume e pelo endurecimento. Também o ser humano deve preencher seu tempo, porque agora é o tempo da salvação e do "passo de Deus"; a sucessão cronológica é o cenário da liberdade, o itinerário para a consumação em plenitude, o longo

---

67 Cf. BORDONI M., Escatología, in: *Diccionario de Pastoral de la Salud y Bioética*, San Pablo, Madrid, 2009, pp. 576-577.

68 BORDONI M., Incarnazione, in: BARBAGLIO G., DIANICH S. (dirs.), *Nuovo Dizionario di Teologia*, Paoline, Milano, 1988, p. 628.

caminho da esperança. É ensaio e antecipação de eternidade, não curto-circuito que se suicida na morte nem movimento sem direção. É o espaço da nova saúde.

Mas como explicar a "racionalidade" desta plenitude vinculada ao tempo? Este é o paradoxo, ao menos aparente: seu fundamento se encontra justamente na história.

A encarnação, que acontece no tempo, não expulsa nem arranca os seres humanos de seu ser-tempo, mas é sua confirmação. Inaugura a "plenitude dos *tempos*" porque nela se condensam (e se superam) todas as promessas antigas, as pronunciadas por Deus por boca de seus santos profetas de um tempo, e as acariciadas no íntimo dos corações. Nela Deus leva até o extremo, ditada pelo amor, sua "paixão pelo ser humano", uma paixão que se enfeita com uma rica variedade de atitudes e sentimentos, que vão do ciúme à sensibilidade materna, da paciência ao sofrimento, da fidelidade inquebrantável à advertência severa. Nela se tem a confirmação definitiva de que Deus está sempre ao lado do ser humano (também quando este se sente profundamente "contrariado" por Ele), que a sorte do ser humano não lhe é indiferente, que Nele o humano é amorosamente guiado para sua plena realização.

A plenitude do ser humano

A prova suprema de que Deus quer conduzir o ser humano para a plenitude é o próprio Cristo. Antítese escatológica do primeiro ser humano, Ele é o "Novo Adão" (1Cor 12,22.45). Na encarnação se apresenta na história alguém que responde plenamente ao desígnio de Deus. O Verbo se faz realmente "o ser humano querido por Deus". Único e singular, Ele é também representante *simbólico* da nova condição humana. Desenvolvamos mais esta ideia fecunda para a Teologia da Saúde.

A busca do ser humano por Deus atinge seu momento culminante no Verbo encarnado.[69] "O cristianismo começa com a encarnação."[70] Ao vir para o meio de nós, o Verbo "levou a união entre a realidade divina e o mundo visível até sua máxima profundidade e manifestação".[71] Mediador único entre Deus e o ser humano, "mediante a encarnação Jesus realiza em sua pessoa a definição mesma do símbolo: imagem, gesto, sinal, acontecimento, cujo

---

[69] TMA 7.

[70] TMA 6.

[71] RUIZ F., Simbolo, in: ANCILLI E. (dir.), *Dizionario enciclopedico di spiritualità*, vol. III, Città Nuova, Roma, 1990, p. 2315.

valor significativo supera o que deriva de sua existência puramente fenomênica".[72]

Pertence à natureza do símbolo (*symballein*) a virtualidade não só de remeter, mas também de reunir, acrescentar, unir. A humanidade de Deus, de fato, se tornou o elemento agregador da nova condição humana, na ponte construída entre duas margens, na eliminação das barreiras infranqueáveis que separavam o ser humano de Deus. Ao se encarnar, Jesus é a verdadeira epifania de Deus (1Tm 2,11-14), a eloquência de Deus que supera todas as mediações históricas (Hb 1,1-2), o narrador que descreve o Pai e que foi o único que o contemplou (Jo 1,18).

A Palavra de Deus se torna carne humana; sua misericórdia se expressa nos olhos, nos gestos e nas entranhas humanas. Os símbolos, como a água, a luz, o pastor, o Bom Samaritano..., já não serão só realidades materiais elevadas a categorias significativas, mas também traduzirão, sem perder sua essência, a aproximação de Deus ao ser humano, o que quer dizer que serão mediações carregadas de evocação, de revelação, de significado e, principalmente, de *eficácia*.

Está gravada, efetivamente, de modo profundo em cada símbolo uma fraqueza. Nascido para sugerir por via da intuição (ler dentro), aproximação cordial à realidade sempre fugidia, sedento de adesão, o símbolo – também os que nascem no coração da fé que busca entender e amar – corre o risco de ser uma simples "memória". Não acontece assim na encarnação. Contemplada ou não da perspectiva simbólica, é um mistério carregado de eficácia salvífica e salutar.

Realiza efetivamente o que significa. Por exemplo, assumindo a condição humana, o Verbo é realmente o sacramento do encontro do ser humano com Deus; assumindo todo o ser humano,[73] o eleva à máxima dignidade junto com tudo o que for humano, também quando o ser humano o ignora, e infunde nele (ao mesmo tempo em que também o desperta e lhe ensina) novos dinamismos. No Verbo, tudo o que foi assumido foi eficazmente salvo e curado. As realidades do mundo e da história já não são o lugar da obscuridade, mas da revelação e da salvação. O ser humano e seu mundo devem ser considerados seriamente.

Aqui se apresenta um aparente paradoxo: aconteceu isto e acontece assim justamente *porque* o Verbo se fez verdadeiramente carne.

---

[72] LACK R., Símbolos espirituales, in: FIORES S., GOFFI T. (dirs.), *Nuevo Diccionario de Espiritualidad*, Ediciones Paulinas, Madrid, 1983, p. 1312.

[73] ORIGENES, *Dial. Heracl.*, 7.5.

> "A razão mais plausível na eleição do termo carne (*sarx*) parece que deve ser buscada na ideia subjacente do *basar* hebraico: ele (João) queria dar a entender explicitamente que o Verbo fez sua a condição do ser humano, precisamente tendo em vista que o ser humano é terreno e está estreitamente ligado em seu ser ao domínio do terreno, que é frágil, efêmero e essencialmente diferente do mundo celeste e espiritual. Assim, pois, 'fazer-se carne' quer dizer assumir plenamente a condição humana, aceitar, nascer, crescer, morrer, participar em todos os momentos da vida humana no âmbito de sua história terrena e de seus conflitos."[74]

De novo descobrimos aqui a admirável pedagogia de Deus guiada pelo amor. Por um lado, tornando-se ser humano ele mesmo, não só não deprecia a condição humana mas também a assume. Tomar um corpo constitui a confirmação de que é este o espaço do encontro, da salvação e da saúde. Mas, por outra parte, sua "vinda" é uma verdadeira *kénosis*, esvaziamento, abandono de si, anulação, imersão no coração da fraqueza humana, renúncia a "manter-se igual a Deus" (Fl 2,6). Mais ainda, dado que a condição humana não lhe foi imposta, não foi um ser humano qualquer, escolheu a condição dos últimos, *doulos*, daqueles que em sua carne e em sua condição social são o paradigma daquilo que não conta.

Descer significa de algum modo começar de novo e especialmente voltar a percorrer o caminho, reconduzir tudo a sua origem, não para repetir o mesmo cenário mas sim para assumir o desígnio. A antítese entre o primeiro ser humano e o "ser humano novo" se torna ainda mais evidente. O primeiro ser humano tem desejos loucos de querer ser como Deus; o Outro, diferentemente, renuncia a sua igualdade com Deus e se faz realmente ser humano, no sentido mais pleno. Este é em poucos traços (e sem matizes) um dos desafios iluminados pelo mistério da encarnação: A plenitude da condição humana é dada àqueles que, como o Verbo, partem de "baixo", e como humanos (só como humanos), se deixam diagnosticar, ensinar e salvar.

– Acontecimento salutar

Ratifiquemos ao começar uma afirmação, às vezes implícita nesta busca: a meta e o horizonte último da revelação de Deus ao ser humano, do encontro com ele em sua história, e do ser humano mesmo, é a *salvação final*, o pleno cumprimento das expectativas

---

[74] BORDONI M., *Incarnazione*, cit., p. 628.

humanas e ao mesmo tempo a consumação do amor de Deus que vai além de toda possível expectativa.

Mas a salvação cristã, como apontamos várias vezes, "é uma realidade encarnada historicamente. Não acontece fora, acima ou indiferentemente da existência corpórea do ser humano, mas dentro desta vida corpórea, por meio dela e em seu favor. Ao mesmo tempo, a encarnação desvela a promessa contida na condição corpórea da criatura humana, oferecendo-se como o princípio e a inauguração de uma transfiguração redentora que, iniciada como primícia no Cristo glorificado, está destinada a estender-se a toda a humanidade e ao cosmo inteiro".[75]

Temos, pois, diante de nossos olhos a imensa perspectiva daquele dom especial que, vindo de Deus e se oferecendo ao ser humano, "desce" e chega a ele até as últimas consequências, até os últimos recônditos do seu ser e existir como corpo vivido, sem desprezar nada de quanto nele acontece, adequando-se com sensibilidade e pedagogia admiráveis à humanidade, e simultaneamente "sobe", ativando no ser humano energias e dinamismos talvez adormecidos, despertando a tensão nele impressa desde o início, ensinando-lhe a ser em primeiro lugar o que é e conduzindo-o até a última meta da existência.

Tudo isso está simbolizado e eficazmente antecipado no ministério da encarnação. *A salvação se torna necessariamente saúde biográfica.* Na encarnação se consolida, poderíamos dizer, de maneira embrionária, o que mais tarde expressará Cristo em sua missão pública e nos momentos de toda a sua vida, traduzindo-se em acontecimentos, ações, gestos, palavras, sinais, comunidade. O ministério, consumado na cruz (o melhor da missão se encontra sempre no final), explica esse "deslocamento" de Deus, que veio visitar o seu povo, e, ao mesmo tempo, constitui seu novo modo de manifestar-se, de revelar-se a si mesmo através da palavra, dos gestos e dos sinais de um *ser humano. A missão caminha na mesma direção que a encarnação.* Poderia ser de outro modo?

Vamos, pois, de modo mais concreto à leitura salutar da encarnação. Para isso, vamos retomar a metodologia apontada na introdução da seção intitulada "A saúde, dom de Deus". Apoiando-nos na qualidade salvífica da "via da pedagogia divina", fazíamos notar que a saúde e a doença foram "lugares privilegiados" para o

[75] ROCCHETTA C., Corporeidad. Enfoque teológico, in: VV.AA., *Diccionario de Pastoral de la Salud y Bioética*, San Pablo, Madrid, 2009, p. 350.

ensino de Deus ao longo da história da salvação. Através dessa via, concluíamos, revelam-se três "momentos" (não são primariamente cronológicos). Em primeiro lugar, evidentemente, o *pedagógico* e logo o da *solidariedade* e o *salvífico*. Vejamos como se expressam na encarnação.

Pedagogia salvífica – aprender a saúde

A seguir farei algumas afirmações genéricas que em seguida focarei em dois aspectos concretos muito de acordo com a Teologia da Saúde.[76]

"Descendo" de uma "posição de conforto",[77] Cristo nos ensina na encarnação um *novo realismo: o ser humano é somente ser humano*. Mas não sê-lo não é uma condenação nem uma "paixão inútil". É uma escolha que deve ser aprendida durante toda a vida. Por isso, é necessário se permitir um diagnóstico interior, curar-se da vã pretensão de ser como Deus (Gn 3,5) e, no extremo oposto, da tentação de viver sob o sinal da simples condição biológica. Assim, ensina-nos a ser criaturas e a aceitar os limites inerentes à existência. Não vem nos libertar ou nos salvar do corpo, vem vivê-lo saudavelmente, educando e libertando o desejo (F. Varonne), despertando a tensão impedida ou desviada, potenciando sua abertura a Deus e aos outros.

Na encarnação é revelado que Cristo não veio "passear" distraído e impassível em nossa geografia. Ao contrário, entrou em suas paisagens, especialmente nas mais lancinantes e áridas. Não canoniza, como já foi dito, tudo o que é humano pelo fato de sê-lo. No entanto, restitui-nos "o entusiasmo de sermos seres humanos"[78] apesar de tudo: seres humanos renovados que não terminam nunca de ser e de viver em profundidade, projeto sempre inacabado, espaço aberto à imensidade; seres humanos de olhos transformados para saber descobrir a verdade na história, quer dizer, grandeza nas pequenas coisas, bondade na maldade, beleza na fealdade, esperança contra toda esperança.

São muitas as intuições saudáveis latentes nestas afirmações, traduzíveis em experiências verdadeiras de saúde, especialmente (como é óbvio) a biográfica. Mas vamos limitar agora nosso discurso a

---

[76] Cf. ÁLVAREZ F., *El Evangelio fuente de vida*, cit., pp. 35-36.

[77] Cf. MCNEILL D. P., MORRISON D. A., NOUWEN H. J. M., *Compasion. Reflexión sobre la vida cristiana*, Sal Terrae, Santander, 1985, pp. 44-48.

[78] SHILLEBEECKS E., *Cristo y los cristianos. Gracia y liberación*, Cristiandad, Madrid, 1982, p. 724.

dois pontos concretos: (1) *a pedagogia salutar sobre o corpo* e (2) *a saúde como recuperação da própria dignidade.*

(1) *Viver saudavelmente o próprio corpo.* Tudo gira ao redor deste "binômio" do qual costuma se afirmar só a primeira parte: o corpo como eixo da salvação, o corpo como eixo da saúde.

"Mas em seu lugar me preparaste [...]. E, em virtude desta vontade, somos santificados, de uma vez para sempre, pela oferenda do corpo de Jesus Cristo" (Hb 10,5.10). Este texto remete a dois momentos diferentes, porém inseparáveis: a encarnação como salvação e a redenção como prolongação qualitativa (não só temporal) da encarnação.

O realismo de uma e de outra deriva de que tudo isso aconteceu *na carne*, quer dizer, através da corporeidade assumida na "descida" de Deus. "O Filho único de Deus se apropria de forma hipostática de uma corporeidade humana, até poder dizer, como faz a Carta aos Colossenses, que 'Nele habita *corporalmente* toda a plenitude da divindade'".[79] Um feixe de nova luz ilumina definitivamente o valor, o significado e, o que não é menos importante, a seriedade do corpo.

Em primeiro lugar, o valor. Nenhum fundamento bíblico poderia ser aduzido em defesa de dualismos que discriminam ou excluem ou ainda como apoio de visões negativas ou pessimistas. Em todo o acontecer de Cristo, inclusive na ressurreição, está presente o realismo que percorre toda a história da salvação. Deus, assumindo a condição humana na carne, dando-se um corpo, assumiu a caducidade e a fraqueza inerentes à corporeidade. Carne significa também "a diferença de Deus e, portanto, a incapacidade de conhecê-lo em sua verdadeira profundidade (Mt 16,7; Jo 3,6; 1Cor 1,23 etc.). A antítese que se vislumbra nestas conotações é a que existe entre a criatura e Deus, não mais entre dois elementos da mesma criatura. Por isso, quando carne se contrapõe a espírito, não se trata normalmente da diferença entre corpo e alma, mas da diferença entre criatura e Criador, entre possibilidades puramente humanas e participação no dom que Deus faz de si mesmo ao ser humano".[80]

Na encarnação, essa antítese não é eliminada, mas sim superada. Não se trata de um simples matiz. É justamente na encarnação, e não só na cruz, onde é destacada a diferença. Fazer-se carne

---

[79] ROCCHETTA C., Corporeidad, cit., p. 350.

[80] CAVEDO R., Corporeidad, in: ROSSANO P., RAVASI G., GIRLANDA A. (dirs.), *Nuevo Diccionario de Teología Bíblica*, Ediciones Paulinas, Madrid, 1990, p. 339.

significa "descer", assumir uma condição de inferioridade em relação a Deus ("não se valer de sua igualdade") e confirmar a inutilidade da pretensão da criatura humana de salvar-se por si só, mas ao mesmo tempo quer dizer ganhar a guerra no terreno da derrota, restabelecer a referência vital da criatura com o Criador, viver a corporeidade como lugar de salvação.

Que a salvação tenha se realizado no corpo e através do corpo do Verbo encarnado é uma verdade de fé amplamente aceita: a primeira parte desse "binômio". No entanto, a segunda é facilmente esquecida: que a carne seja o eixo da salvação significa necessariamente que seja também o eixo da saúde?

Deve-se afirmar que a corporeidade do Verbo é o paradigma da historicidade da salvação, de sua concreção humana e corpórea, de sua profundidade antropológica. Nele, a salvação se faz também saúde, tradução concreta de salvação para este mundo através de seu corpo.

A saúde humana sugere sempre relação íntima com a corporeidade até o ponto de não poder prescindir dela. É um modo de viver o próprio corpo, e isto pode ser explicado em termos de apropriação, de integração, de harmonia, de potenciação das próprias virtualidades etc., como teremos oportunidade de pôr em relevo na seção teológica do assunto. Por enquanto vamos centrar a atenção em outros aspectos saudáveis mais diretamente relacionados com a revelação contida na encarnação.

Ter saúde significa em primeiro lugar *aceitar-se*. Só então se nasce realmente. Ao vir para este mundo, Cristo diz: "Em troca me preparaste um corpo". E encarnar-se significa: "Eu o aceitei". Enorme tarefa, também para Cristo, porque significa aceitar a imperfeição inerente, o inacabado, a incerteza que tem sua máxima expressão na morte, toda forma de fragilidade. Sempre está à espreita a tentação de evitar as leis da corporeidade, de escolher os atalhos da magia (velada em múltiplas formas de um sonhado domínio do futuro, por exemplo do envelhecimento) e da fé incondicional nas promessas da ciência. Não se pode, pois, viver sadiamente o corpo sem uma ativa reconciliação com ele.

Ter saúde significa viver o próprio corpo como *lugar de encontro* na solidão fecunda e na abertura ao outro. Numerosas citações bíblicas apoiam esta dimensão salutar e "salutogênica". A encarnação, de fato, não significa algo diferente da possibilidade, dada ao ser humano, de ver o Pai na corporeidade de Cristo, de gozar da bondade do Senhor através da misericórdia feita olhos, gestos, mãos estendidas para acolher, abençoar e perdoar. A encarnação nos situa além da desembocadura da antropologia filosófica. O ser humano, nos diz a filosofia, é um ser corpóreo constitutivamente aberto e relacional, feito de subjetividade e alteridade. Na encarnação, entretanto, o encontro se torna escolha e pedagogia.

Ter saúde quer dizer *oferecer o próprio corpo*. O corpo assumido pelo Verbo é já no começo e nas intenções um corpo oferecido, o mesmo que depois se entregará por completo na cruz, "precedida" pelo oferecimento na Eucaristia.[81] "Ninguém me tira a vida, eu a dou por mim mesmo" (Jo 10 17), dirá mais tarde o próprio Jesus, chegando a sacrificar sua saúde física na cruz. A saúde humana é e será sempre corporeidade vivida na doação de si mesmo e na consumação das próprias energias e faculdades no fogo lento do serviço, na oblação a partir dos limites impostos pelo sofrimento e pela doença, aceitação generosa da morte, de tantos modos antecipada na vida. O corpo, templo do Espírito, se faz em Cristo e por Cristo oferecimento agradável a Deus.

Ter saúde significa, finalmente, viver o próprio corpo como *criador de vida*. A encarnação é o fruto da *biofilia* de Deus; o Unigênito, engendrado pelo Pai antes de todos os séculos, torna-se carne no seio de Maria, confluência misteriosa e estupenda da disponibilidade humana e do amor "cárneo" de Deus; mistério de vida destinado a se expandir em cada ser humano e em toda a criação. A confissão de Jesus: "Eu vim para que tenham vida e a tenham em abundância" não é mais do que a explicitação do mistério da encarnação.

Nesse mistério estão presentes todas as formas que engendram vida, da paternidade espiritual, que nos torna filhos adotivos capazes de dizer *Abbá*, às expressões mais especiais de fraternidade; da sede que satisfaz as palavras de vida eterna, tomadas por empréstimo do Pai, mas aprendidas também de Maria; do gesto modelado pelos olhos e pelas mãos ao oferecimento do próprio corpo em alimento que satisfaz o ser humano... Na ótica da encarnação, viver sadiamente significa fazer do próprio corpo um aliado da *biofilia* de Deus, instrumento e veículo de vida, na alegria e no sofrimento, nos limites e nas possibilidades.

---

[81] Vamos nos limitar a referir aqui esta via de interpretação saudável, e ainda melhor, salutogênica, da Eucaristia. Esta significa, entre outras coisas, não só o oferecimento do próprio corpo a Deus, junto com Cristo, em obséquio a Ele e em serviço para os irmãos, mas também sua gradual transformação através da superação do fechamento, do egoísmo e do pecado, e por meio da purificação do sofrimento inerente ao amor e à condição humana enquanto tal.

(2) *Recuperar a dignidade*. Comecemos com uma afirmação que tem uma especial coincidência com a experiência da doença, especialmente das doenças que, além de atentar contra a integridade biológica, põem em crise a integridade biográfica. São os chamados "doentes envergonhados", situação especialmente visível nas patologias que fazem com que um indivíduo seja "diferente" (em outros tempos se chamavam de "impuro"). A experiência demonstra que uma cura verdadeira e profunda não é possível sem a recuperação da dignidade perdida ou injustamente roubada. Ter saúde significa experimentar a própria dignidade, uma verdadeira recomposição não só do corpo mas também da biografia pessoal, um olhar diferente de si mesmo.

No núcleo da encarnação, encontra-se especialmente expressada a aceitação, por parte do Verbo, de sua *básica e convencida igualdade* com os homens e as mulheres de todo o tempo, uma igualdade escolhida, não imposta, elevada, portanto, à categoria de significação humana e espiritual, objeto da proclamação e realização do Reino. A fraternidade ("que todos sejam um"), o serviço incondicional até dar a própria vida ("quem quiser ser o primeiro..."), a identificação do próprio Cristo com os últimos ("a mim o fizestes") radicam e têm seu ponto de início na encarnação.

Isso não é só o mistério da *dignidade humana*, é também o momento culminante do *olhar de Deus que salva e cura*. A Teologia da Saúde prefere esta via de inflexão: ler a história da salvação como a história do olhar de Deus sobre a humanidade.[82] Começando do texto, várias vezes citado: "Viu Deus que tudo era muito bom", a história está perpassada por sua amorosa organização das diversas vicissitudes dos indivíduos e do povo: daquele: "Vi a opressão do meu povo no Egito" (Ex 3,7), até o momento culminante em que o espírito de Maria exulta, no contexto da encarnação, exclamando: "Olhou para a humildade de sua serva" (Lc 1,48).

É um olhar que diagnostica, nada pode se esconder aos olhos penetrantes do amor, e daí que somente possa realmente curar quem se deixa diagnosticar por ele, restituindo às coisas seu verdadeiro nome, um olhar que dignifica, porque efetivamente só é salvo e curado o que é visto com bons olhos. A encarnação que brota do último e definitivo olhar de Deus quer *ensinar o ser humano a olhar*. No mistério da mais espetacular transformação nunca acontecida na história, Deus se faz ser humano, o Verbo se faz o que em parte

---

[82] Cf. ÁLVAREZ F., El Magnificat desde el mundo de la salud y de la enfermedad, cit.

já era, pois toda a realidade (inclusive o ser humano) tinha sido criada Nele e para Ele. Não podemos esquecer, no entanto, que está aí compreendida também a difícil e atormentada transformação do nosso olhar.

A salvação e a saúde dependem em boa medida do olhar iluminado pelo acolhimento e a contemplação da encarnação. Sob sua luz, tudo é visto de modo diferente: o próprio corpo, a saúde e a doença, o sofrimento e a morte, as realidades do mundo, Deus. Prosseguindo com nosso tema, oferecemos como conclusão duas alusões, neste caso à doença e ao sofrimento, como experiências que devem ser vividas de modo salutar.

As experiências, saudáveis ou patológicas, não dependem somente da realidade; dependem também do modo de vê-las, do modo de situar-se diante delas. Cristo, de fato, não veio eliminar as realidades dolorosas da vida (a doença), mas sim transformar sua experiência. E uma das chaves para que assim seja é a transformação do olhar. Desse modo, as "passividades da existência" (expressão grata a Teilhard de Chardin) não diminuem a dignidade da pessoa. Quem tudo ilumina de maneira diferente, como não ia se aproximar e tocar os chamados "impuros" e os excluídos da convivência e da religião? Também eles eram iguais para Ele, inclusive mais iguais que os outros, já que se identificou de modo especial com eles.

Aquele "toque de distinção" – que teve lugar antes na encarnação – cura porque restitui a dignidade e leva o curado a sentir-se não somente amado, mas também digno de ser reconhecido, respeitado e amado, condição para possuir um olhar são e curado sobre si mesmo e descobrir que o sofrimento e a doença estão frequentemente habitados por um intenso dinamismo interior, capaz de desencadear recursos desconhecidos, de reconduzir o ser humano a um são realismo e de apresentar diante de seus olhos a oportunidade de uma "segunda viagem", talvez mais cansativa, mas também mais salutar.[83]

Solidariedade eficaz – os caminhos da saúde

Todo o acontecimento Cristo não é mais do que o desenrolar histórico, através da humanidade do Verbo, do amor salvífico de Deus. Esta história tem uma "origem" bem exata, à qual remetem os gestos, as ações e todo o ministério de Cristo, e sem o qual seria difícil encontrar sentido e explicação. A encarnação, como falamos,

[83] Para um posterior desenvolvimento, remeto ao tópico intitulado "Perspectivas teológicas".

nasce do amor de Deus (Jo 3,16) e, na lógica deste amor, acrescenta à configuração humana do Verbo uma singularidade tão excepcional e paradigmática que é sinal, primícia e causa da humanidade renovada.

Essa solidariedade fontanal significa e tem como horizonte a salvação e os caminhos que levam a ela, mas também a saúde e seus caminhos. Na introdução à seção intitulada "A saúde, dom de Deus" já fazíamos notar que a solidariedade divina se manifestou de maneira especial onde a condição humana mostra seu lado fraco, concretamente nos atentados e nas ameaças contra a vida, entre os quais se encontram a doença e a morte. Trata-se de uma solidariedade sempre eficaz, porque essas realidades podem já ser vividas como experiências salvíficas e saudáveis.

Como queremos abordar explicitamente nosso tema, vamos insistir em alguns aspectos relacionados com a saúde que serão completados na parte mais especificamente teológica.

O itinerário da saúde (e da salvação) parte da encarnação. "Descendo", Deus veio buscar o ser humano onde se encontra realmente, onde habita normalmente. Esta é a prova evidente de uma sensibilidade paterno-materna que se concretizará mais tarde em uma rica sinfonia de gestos que surpreendem, que deixam admirados suas testemunhas ou destinatários. Ao mesmo tempo, esse "descer" é uma revelação pedagógica dos caminhos que se devem percorrer no acolhimento da saúde e no ministério da saúde.

Para acolhê-la, temos que estar dispostos de algum modo a começar do início, a nascer de novo, a nos colocarmos adequadamente no lugar de partida. A encarnação não modifica, no que tange ao ser humano, as leis da natureza nem, por conseguinte, a biologia da saúde. Quem assumiu a debilidade humana e não carregou nossas doenças não veio para eliminar do mundo as doenças nem para violentar o percurso biológico do ser humano. A encarnação, isso sim, transforma as biografias. Em primeiro lugar, como vimos, a visão da realidade (o olhar). Aqueles que finalmente veem de maneira renovada (e se deixam diagnosticar) descobrem que se encontram exatamente ali onde o Senhor veio encontrá-los: na fraqueza, habitados pela incerteza e a insegurança, submergidos em projetos sem saída, na ignorância existencial, maltratados em lugar de ser salvos pela religião oficial etc.

Eles descobriram (obviamente em outros termos) que a saúde biológica e a biografia percorrem caminhos que não necessariamente se encontram: o ancião Nicodemos deve nascer de novo, o jovem rico já tem o coração endurecido, os anciãos desmascarados diante da pecadora pública provavelmente acumularam mais malícia do que virtude, o rico Zaqueu descobre que é um pobre homem "necessitado" de apontar seus olhos para o Senhor... A eles é revelado algo paradoxal, ainda que muito comum: os olhos debilitados de Simeão viram em profundidade quando ele já era ancião, a liberdade atinge sua plenitude quando "outros te levarão onde tu não quiseres ir" (quando dependeres mais dos ventos que dos remos), quando a renovação interior acontecer mais rápido que a das células, quando, em lugar de nos perder nas coisas, formos capazes de libertar-nos delas acolhendo-as, desprendendo-nos delas e contemplando-as...

A saúde humana começa realmente de "baixo", porque, se o seu horizonte biológico, geneticamente programado, é a morte, sua meta biográfica é a plenitude. Unida à pessoa, apesar de ser profundamente devedora do corpo objetivo, a saúde que brota do mistério da encarnação tem como alvo o *holon anthropon*. Isso se traduz necessariamente nestas aparentes antinomias: crescimento na míngua, coroamento no ocaso, plenitude na deterioração, ganhos nas perdas, e, mais uma vez, integração ativa dos limites, reconciliação fecunda com o inevitável. Consumação ativa da morte.

Também o mistério da saúde se coloca na mesma perspectiva e dinâmica. Todo crente, e de maneira especial todo agente da saúde, se apropria desse "vim para que tenham vida..." que remete ao coração mesmo da encarnação. Anunciar a salvação, neste contexto, significa também "descer",[84] partir "de baixo", encontrar o outro onde realmente se encontra, caminhar com ele e, principalmente, ajudar a descobrir os caminhos para a plenitude. *O ministério da saúde é o ministério das possibilidades.*

– Salvação salutar – o mistério da salutogênese

Neste ponto, considero pedagogicamente útil recordar o esquema fundamental brevemente descrito na Bíblia. Dizíamos ali que a salvação oferecida por Deus na história da salvação se desdobra em três "momentos": em primeiro lugar, nas situações de adversidade e pobreza (em nosso caso, sofrimento, doença e morte; ameaças contra o desejo de continuar vivendo e vivendo em plenitude); em segundo lugar, nas ações salvíficas de Deus, e em terceiro lugar, nas *novas situações*, no novo. Em nosso caso, na nova saúde.

---

[84] Não se deve esquecer que a empatia como atitude vital e como "metodologia pastoral" objeto de aprendizagem tem seu lugar natural e sua matriz teológica no mistério da encarnação.

O itinerário da salvação está já dentro do mistério da encarnação, eficazmente expressado. É um mistério que diagnostica e põe em evidência a condição humana histórica, não apenas suas feridas superficiais, mas também sua fragilidade radical, cuja maior expressão é o pecado. Sob o olhar do amor compreensivo de Deus, o ser humano descobre também a tensão entre o que é e o que pode ser (vocação de liberdade), entre os limites e as possibilidades, entre a aceitação e a rejeição.

Em segundo lugar, a encarnação deve ser vista como a grande intervenção salvífica de Deus, destinada a ter uma continuidade histórica e pessoalmente aceita e eleita por Jesus, mas já entendida e pré-estabelecida na encarnação. Trata-se, naturalmente, de uma intervenção única, singular, irrepetível, mas certamente não pontual. Por isso, podem-se atribuir incrementos posteriores a essa ação salvadora. É uma "intervenção" que diagnostica (como já dissemos), ilumina, revela a Deus e ao ser humano, liberta, cura, conforta, salva.

Portanto, um *mistério fundacional*, a grande novidade absoluta, o começo do novo, antecipado na carne assumida (e depois glorificada) da transformação do ser humano e de sua ressurreição, dos novos céus e da nova terra, da plenitude da salvação. É a origem da salutogênese.

Para não repetir os desenvolvimentos anteriores, oferecemos uma simples via de entrada nessa fértil perspectiva. O mistério da encarnação, expressão da onipotência do amor, é ao mesmo tempo o mistério do limite e da possibilidade, do curador e *curador ferido*, do ocultamento e da grande epifania de Deus, do "descer" e do "subir", o mistério causado pelos *pensamentos duplos* (expressão bem-sucedida de Dostoievski). A reflexão teológica, a espiritualidade e a ação pastoral não podem deixar de respeitar e, mais ainda, de submergir-se no interior dessa "tensão". A diversidade de ênfases dadas nunca será um assunto de pouca monta.

A Teologia da Saúde assume esta lógica dos "pensamentos duplos", mas tentando captar sua direção. A encarnação não é uma questão de conceitos que se oferecem à "discussão" da mente. Não há dificuldade em aceitar que o horizonte final é a salvação e não a perdição, que o objetivo é a graça e não o pecado. Tampouco parece excessivamente difícil reconhecer que, deste ponto de vista, enfatizar a graça não conduz a negar a realidade e a gravidade do pecado, sempre presente de alguma forma na vida individual e social.

O mistério da encarnação, como primeira fonte de salutogênese, significa também que se deve acentuar o *novo*, todavia sem esquecer que as novas situações de salvação salutar (a nova saúde) são compatíveis com o sofrimento (não é pecado), certamente com o horizonte da morte sempre presente na vida, e também com a enfermidade (que também não é vista como pecado). Procurar o "novo" não é somente uma oportunidade pedagógica (o que seria pouco), mas sim sobretudo questão de fidelidade. Significa chegar à explicação final de algumas verdades que custa aceitar como experiência vivida pelos crentes: "Deus não está competindo com o ser humano", "afirmar o ser humano é afirmar também Deus", "a salvação não é alheia ao corpo vivido, ao que acontece nele", "a fé vivida potencializa o humano e humaniza o ser humano", "viver o Evangelho é o estilo de vida mais salutar", "o primeiro médico (também o da 'medicina do desejo') é o que está dentro de nós" etc.

A salutogênese, entendida no mistério da encarnação, significa em última instância descobrir finalmente o verdadeiro rosto de Deus e se aprofundar nas maravilhas da aventura da existência humana.

d) Em Cristo a saúde nos foi oferecida sob forma de salvação

Estamos no segundo "momento" de nossa jornada sobre o acontecimento Cristo. Aqui levamos em consideração a missão realizada por Ele em seu ministério, que conduziu com palavras, ações, gestos e símbolos e com sua própria pessoa.[85] Com a afirmação que intitula esta seção central, queremos sugerir desde o começo duas considerações importantes.

– Centralidade da salvação

A importância dada à saúde como tradução histórica da salvação não remove dela seu caráter absoluto nem seu valor essencial. Pelo contrário. É um dos modos (privilegiados) de afirmar seu alcance intensivo e extensivo. A salvação realizada por Cristo tem tanta importância que chega a todo o ser humano e toda a humanidade: a biografia e a história, o corpo vivido e o espírito encarnado, a enfermidade e a cura, a vida e a saúde. Nada, como já dissemos, fica à margem de seu campo de ação.

[85] Cf. DV 2, 4.

Esta centralidade não foi menosprezada a despeito das grandes divergências históricas em sua compreensão teológica, na espiritualidade e em sua proclamação pela Igreja,[86] já que se identifica com o próprio Cristo, não só com seu ministério. Toda a sua atividade pode resumir-se nesta afirmação do Evangelho de Marcos: "Proclamando a Boa-Nova de Deus" (Mc 1,15). Bem, quem, senão Ele, é a Boa-Nova? É Ele o grande acontecimento de Deus, a epifania definitiva de seu desígnio, a novidade absoluta, a intervenção de Deus por excelência. Toda a denominação e atributos de Cristo fazem referência a este testemunho. Nele se unem admiravelmente mensagem e mensageiro, notícia e revelador, salvação e salvador, terapeuta e medicina.

Sua identidade lhe coloca acima da realização de uma "missão", por mais importante que seja, e isto lhe distingue claramente de todos os que lhe precederam como mediadores de Deus na história. Por isso, apresentou-se, ou foi proclamado, como pastor e pasto, como agricultor e vinha, como multiplicador dos bens e do alimento para a vida eterna, como ser humano e como Novo Adão, como filho e mediador único, como servo e como Senhor, como salvador e salvação. Dessa ideia era constante participante a comunidade protocristã, que apresentava em seu anúncio fundamentalmente "O Evangelho da salvação" (Ef 1,13).

A Teologia da Saúde crava suas raízes na centralidade da salvação. Sua contribuição específica consiste fundamentalmente em descobrir, por um lado, um dos *lugares privilegiados* nos quais a salvação de Deus em Cristo tornou-se carne e foi oferecida como dom ou missão e, por outro lado, em explicitar uma das *linguagens* (também privilegiada) com que se fez acessível à compreensão do ser humano e de sua recepção.[87] Trata-se, obviamente, do "lugar" e da linguagem da saúde.

– Universalidade da saúde

É uma das consequências que derivam de sua conexão com a salvação, como expomos em seção anterior. A missão de Cristo, dissemos, reproduz a encarnação e caminha em sua direção.

---

[86] Para um aprofundamento desses conceitos, ver Salvación, in: *Diccionario de Pastoral de la Salud y de Bioética*, San Pablo, Madrid, 2009, pp. 1558-1570.

[87] Cf. ÁLVAREZ F., Salvación, in: *Diccionario de Pastoral de la Salud y Bioética*, San Pablo, Madrid, 2009, pp. 1528-1540.

Cristo assume, acolhe e leva a sério o humano em seu mistério. É realmente um Cristo *propter homines*. Seus gestos revelam uma grande sensibilidade em relação a tudo o que outros minimizam, desprezam ou não reconhecem. Justamente porque, *especialista em humanidade*, coloca a si mesmo no ponto de emergência da condição humana, conectando com suas vibrações mais íntimas, com suas aspirações mais profundas e também com suas frustrações mais paralisantes.

Cristo não se limita a visitar lugares sociológicos inexplorados ou marginalizados, mas também penetra especialmente no interior do ser humano e da humanidade, ali onde cada um é radicalmente igual aos demais e ao mesmo tempo profundamente diferente. Assim é o mundo da saúde e da enfermidade: lugar de coincidências surpreendentes, que deixam a céu aberto a única condição humana, a estrutura fundamental do ser humano, a igualdade realizada pelos símbolos da fragilidade (a enfermidade e a morte, diz-se, "igualam" a todos); porém, ao mesmo tempo, lugar das grandes diferenças nas situações existenciais nas quais o ser humano se vê obrigado a pronunciar-se sobre o essencial da vida, a tomar suas próprias decisões, a construir (ou destruir) o substantivo da própria existência.[88]

A partir desse ponto de vista, sempre difícil de conseguir, Cristo se identifica a si mesmo como o sagrado pelo Espírito que vem para curar a *todos* e dar a *todos* vida abundante. Esta afirmação não está em contraste, como veremos, com aquelas nas quais Ele parece reservar sua ação (ou melhor, seu envio) aos doentes e aos pecadores.[89]

A perspectiva na qual se situa lhe permite fazer um verdadeiro diagnóstico da condição humana, de todo o ser humano e do momento histórico. Ele não habitava na periferia de seu povo nem se detia às portas do coração. Ia ao interior, confrontava e diagnosticava; os que deixavam que lhes "tocasse", sentiam que emanava Dele uma força que curava a *todos* (Lc 6,19).

Irradiava saúde, era fonte de saúde. *O desígnio da salvação do qual era realizador e portador não é oferecido a todos sob a forma de saúde.*[90] O Reino é salvífico e salutar ao mesmo tempo, do

---

88 Cf. RAHNER K., *Sull'Unzione degli infermi*, Queriniana, Brescia, 1964, p. 8.

89 Cf. Mc 2,17; Lc 5,31.

90 Essa afirmacão, que vem sendo aceita entre os teólogos, foi feita especialmente pelos seguintes mestres: ROCCHETTA C., *Salute e salvezza nei gesti sacramentali*, cit., p. 19; PAGOLA J. A., Modelo cristológico de salud, cit., pp. 23-24; id., *Es bueno creer*, cit., pp. 142-145; ÁLVAREZ F., La experiencia humana de la salud desde una óptica cristiana, in: *Labor Hospitalaria* 219

mesmo modo que é justiça, solidariedade, libertação. A humanidade renovada é também a humanidade curada,[91] sã e salutar. Por isso queremos ler todo o ministério de Cristo (e não somente suas ações a favor dos enfermos) nesta chave salutar, conscientes de que somente assim pode ser realmente entendida a Boa-Nova. Que aconteceria se da proclamação do Reino fossem eliminadas, por exemplo, outras dimensões e valores da existência individual e coletiva?

Centralidade da salvação e universalidade da saúde: essas são as duas linhas que vamos desenvolver nesta seção. Em um primeiro momento, exporemos, respondendo a três perguntas (Para quem Cristo veio?, "Queres ser curado?", Por que Cristo deu preferência aos doentes?), de *que maneira* a saúde foi oferecida a todos. Sucessivamente, através da "radiografia" de uma das intervenções terapêuticas e saudáveis de Cristo, assinalaremos alguns traços *do percurso da saúde até a salvação.*

Cada um desses três momentos remete, de maneira mais ou menos explícita, a esses três acontecimentos da salvação (várias vezes citados): situações de "adversidade" diagnosticada, intervenção salvífica/salutar e nova situação.

– Para quem Cristo veio? – deixar-se "diagnosticar

"Jesus lhes respondeu: Não têm necessidade de médico os sãos, mas sim os enfermos. Não vim para chamar os justos, mas sim os pecadores" (Lc 5,31-32; cf. Mc 2,17). Do contexto em que Marcos e Lucas situam esta declaração de Jesus (o chamado de Levi e a cena "ecumênica" que o seguiu), fica claro que Ele veio expressamente para "salvar e procurar o que estava perdido" (Lc 19,10). Mas quem são os justos a que se referiu Jesus? Os pescadores da Galileia, que deixaram imediatamente suas redes para lhe seguir, eram mais justos que aquele que, "sentado no escritório de impostos", "deixou tudo, se levantou e o seguiu"?[92]

É evidente que o chamado, na radicalidade com que a contemplam os evangelistas, é incompreensível fora do contexto de uma grande conversão. No acompanhamento de Jesus, através da paciente pedagogia do Mestre, os discípulos serão os primeiros a

---

(1991), p. 37; id., *La nuova evangelizzazione nel mondo della salute*, cit., pp. 62-66.

[91] Cf. GHIDELLI C., L'evangelizzazione negli scritti del Nuovo Testamento, in: *Teologia* 1 (1976), p. 54.

[92] Lc 5,27.28; cf. Mc 2,14.

experimentar a profunda transformação da existência que implica o acompanhamento.

Compreenderam que o que distingue os chamados "justos" dos pecadores não é especialmente sua vida mais ou menos "oficialmente" considerada pecadora, mas sim a vontade de converter-se, a aceitação da *metanoia*, em outras palavras, da transformação da mente, da vontade e do coração. Não se trata somente de uma troca de rota, de ir para a esquerda ou para a direita, da entrada na norma, do comprimento fiel da lei; agora o centro dinamizador da vida deverá ser o Cristo, seu Reino.

Sob esta luz os discípulos compreenderam que Cristo veio para todos, também para eles, para os que estavam perto e para os que estavam longe, para Israel e para suas ovelhas perdidas. Diante da novidade absoluta do Reino tudo era velho, tudo devia ser renovado.

O mesmo pode se dizer, levadas em conta as distâncias, da primeira parte da perícope: "Não têm necessidade de médico os sãos, mas sim os enfermos". Quem são os chamados "sãos"? Em primeiro lugar devemos realçar que Jesus põe em "arrependimento" (a conversa) dentro de um contexto, digamos assim, "medicinal". "Compreende sua ação evangelizadora e seu chamado à conversão, convida a caminhar até uma verdadeira saúde, põe em movimento um processo de cura que conduz ao desapego e ao amadurecimento de toda pessoa."[93]

E isto é justamente o que aconteceu aos discípulos e a todos que acolheram o chamado de Jesus. No percurso até a salvação descobriram não só que eram os pecadores que Ele viera chamar ao arrependimento (e à salvação), mas também os enfermos, aos quais era oferecida uma nova qualidade de existência.

Não adulteremos, então, a declaração de Jesus interpretando-a assim: "Vim para que, deixando-se diagnosticar por mim, descubrais vossas feridas e enfermidades e possais encontrar em mim uma nova saúde". Uma interpretação excessivamente "funcional" da missão de Cristo, capaz de provocar leituras interessadas, o retorno de uma "religião útil"? Indubitavelmente, não. Estou certo de que o *diagnóstico*, que deve estar sempre relacionado com a saúde e a salvação, não só encontra muitas resistências no ser humano, como também não com pouca frequência a conversão (que, por outro

93 PAGOLA J. A., *Es bueno creer*, cit., p. 144.

lado, é sempre graça) passa necessariamente por um "diagnóstico medicinal".[94]

Para entender essas afirmações, em cuja raiz subjaz a universalidade da saúde, tomemos como ponto de referência os *encontros* de Jesus com homens e mulheres de seu tempo,[95] tentando encontrar alguns momentos e dinâmicas postas em prática por Jesus.

Jesus se dirige sempre à interioridade

Não tem a mentalidade, a função ou as intenções daqueles a quem hoje chamamos de psicólogos e psicoterapeutas. Esta redução de sua identidade e de sua missão está longe de ser aceitável. Entretanto, esta ciência nos dá algumas ferramentas para compreender melhor a profundidade e o enraizamento antropológico e existencial de sua obra e a dimensão salutar de sua missão.

Prolongando um dos significados latentes e revelados na encarnação, Cristo sabe que é enviado para chamar a porta e entrar na intimidade dos corações,[96] onde cada um é o que é, para encontrar o ser humano em seus caminhos na vida, especialmente nos "acontecimentos fundamentais da existência". Só pode ser salvo quem se conhece, se assume e, como dissemos, se olha com bons olhos. Ele então se dirige ao ser humano interior, ao coração, à totalidade da pessoa. Não se deixa deslumbrar nem seduzir pelas aparências.

Conhece os segredos

O acesso à intimidade do outro tem certamente um limite preestabelecido e insuperável: a opacidade da nossa condição corpórea. O corpo revela e esconde. A intimidade é uma dimensão antropológica do mesmo modo que a exterioridade. Jesus aparece com frequência nos Evangelhos situado acima da impenetrabilidade do outro. O mais secreto do ser humano são seus pensamentos, mas Ele os escuta (Mt 9,2.4), ouve de longe acima dos sons, sente o toque

---

[94] Teremos ocasião de destacar a importância da arte de "diagnosticar" no exercício da atividade pastoral. Uma evangelização que queira considerar sempre a dimensão saudável da fé vivida e do Evangelho não pode minimizar essa aprendizagem. Cf. por exemplo BAUMGARTNER I., *Psicología pastoral. Introducción a la praxis de la pastoral curativa*, Desclée de Brouwer, Bilbao, 1997.

[95] Seguimos aqui, e ampliamos, a interpretação de WOLF H., *Gesù psicoterapeuta*, Queriniana, Brescia, 1982, especialmente nas páginas 22-50.

[96] Comunhão significada no conhecido texto de Ap 3,20.

imperceptível (como o da hemorroíssa), sabe quem crê e quem não crê, percebe a confiança ou a desconfiança sem que se expressem.

"Diagnóstico diferencial"

Com essa expressão, proferida por Hanna Wolf, e familiar ao mundo da psicoterapia, quis-se realçar a capacidade de Jesus para perfurar a realidade acima das aparências e das chamadas "normas sociais", dos preconceitos e dos estereótipos. Por outro lado, esta capacidade de individuação não só tem como objetivo os pontos fracos de cada um, mas também as possibilidades ocultas ou ignoradas.

Essa habilidade de diagnosticar põe cada um em seu devido lugar. Ao jovem rico, fiel observador da lei (um "bom cristão"), falta o principal: seu coração está possuído pelos bens que retém em vez de possuir (Lc 18,23). Tem uma relação patogênica com as coisas. Ao fariseu que sobe ao templo para rezar, Jesus não lhe censura o simples defeito de formação; seu defeito é de raiz e por isso não pode sair do templo justificado (Lc 18,14): esse homem não tem uma relação sadia consigo mesmo porque esconde suas próprias sombras sob o verniz da superioridade da aparência externa. Os adversários de Jesus são mais cegos que o cego de nascença do relato de João (Jo 9,1-41).

O diagnóstico diferencial se expressa também com uma das atitudes mais saudáveis de Jesus: passou por este mundo oferecendo sempre *novas oportunidades*. O Evangelho da Saúde é uma Boa-Nova da confiança no ser humano, apesar de tudo; da fé nas possibilidades humanas. O ser humano é sempre uma questão aberta. Em vez de condenar, tem de despertar, acender de novo a consciência, reabrir caminhos...

A história dos salvos e curados inicia pelo oferecimento de uma nova oportunidade. Assim foi com Nicodemos, quando já era idoso; assim com a samaritana, depois de um longo percurso de moral corrompida; assim com Zaqueu, escondido e insatisfeito em suas riquezas; assim com os discípulos, ocupados em trabalhos mais que legítimos antes de serem chamados; assim como os discípulos de Emaús, confusos e desiludidos, dispostos a já virar a página e abandonar-se na inércia de sempre; assim inclusive com os que lhe cravaram na cruz, que não são cruéis impenitentes, mas simplesmente "não sabem o que fazem".

A análise diferencial é extremamente incisiva em relação aos representantes emblemáticos da resistência ao diagnóstico: *os escribas e os fariseus*. Ao olhar reflexivo da Teologia da Saúde, não aparecem somente como pecadores endurecidos.

Sem excluir esta condição, é evidente que a agressividade de Jesus para com eles mostra outras características de sua personalidade, como, por exemplo, a resistência patológica à mudança, o complexo de superioridade, a insegurança que quer a todo custo fazer abrigar-se na observância da lei, a mistificação (sacralização) das funções através de sinais visíveis e vistosos de distinção individual e social, o indigesto de uma religião que não os faz livres e que impede que os demais o sejam, a rigidez legal que amordaça ante a injustiça e não deixa nenhum espaço à misericórdia. Eles são provavelmente os representantes mais insidiosos das dinâmicas patógenas da sociedade dos tempos de Jesus, dinâmicas que geram "submundos" que devem ser visitados, regenerados e reconstruídos.

Submetidos ao novo diagnóstico de Jesus (uma verdadeira ressonância magnética em comparação com o simples "olho clínico" dos tempos antigos), os verdadeiros adversários de Jesus não estavam provavelmente preparados para assumir a verdade total da vida. E os outros?

Uma cadeia de "reações"

O encontro através da palavra (diálogo, confrontação, admoestação, exortação etc.), através dos gestos (a aproximação, o toque, o olhar, um jantar) e através dos sinais de cura provocavam frequentemente reações em cadeia: estupor e terror, surpresa e admiração, curiosidade e interesse, louvor e agradecimento, interrogações e respostas apressadas, abertura e repúdio, aprovação e condenação. Ninguém diante Dele pode ficar tranquilamente indiferente. Deverá estar a favor ou contra, sem meio-termo.

Muitos se sentiram "tocados", sacudidos em sua rotina, deslocados em seus sistemas, desafiados, postos em questão. E sentiram a necessidade de certa *catarse*, expressada de várias maneiras. Diante de *alguém* revestido de poder sobre a vida e a natureza, que não se limita a curar mas que ao mesmo tempo perdoa os pecados, que fala com uma autoridade superior a todos os que lhe precederam..., Pedro grita sua "miséria": "Afasta-te de mim, Senhor, que sou um pecador!" (Lc 5,8), as testemunhas da cura integral do paralítico reconhecem: "Nunca vimos nada igual!" (Mc 2,12), e o guarda que se nega a entregar Jesus às autoridades confessa: "Nenhum homem jamais falou como ele" (Jo 7,46).

Purificação interior, sentimento de impotência e de certa "indignidade", estímulo para mudança e arrependimento, o encontro se dirige para uma nova meta.

Uma dupla revelação

Na dinâmica do encontro, o diagnóstico realizado por Jesus tende à cura integral, ao êxito de uma nova saúde. Daí que apele também, como veremos, à vontade de curar, em última instância à conversão. Esta é a meta. Mas a ela chega somente quem acolhe a *revelação* feita através do diagnóstico. É a revelação de Jesus mesmo (como o enviado, o Filho de Deus, salvação e saúde, salvador e terapeuta...) e, ao mesmo tempo, revelação do ser humano.

A acolhida desta dupla revelação nos coloca em uma situação na qual não basta a admiração nem o terror diante dos "prodígios", os quais se murcham facilmente ou são levados pelo vento das distrações logo que se volta ao cotidiano. Também aos magos provocava admiração e surpresa, ainda que não sem suspeitas. Até o "falar bem", do mesmo modo que com uma autoridade superior, é insuficiente; depois de séculos de experiência, advertimos que não bastam as mensagens para transformar os seres humanos. Até a própria *catarse* precisa da verdade; não bastam as emoções.[97]

O diagnóstico é um chamado à lucidez, à conscientização, a despertar do sonho de uma longa noite de séculos (*é hora de acordar do sonho*, dirá Paulo aos romanos). Tem espaço através da confrontação realizada por Jesus. Por isso remete intimidade, põe a alma a céu aberto, acendem-se novas luzes com capacidade de iluminar as zonas mais obscuras, de permitir contemplar os últimos recônditos do coração.

Quem se confrontou com a luz, como não vai descobrir suas próprias sombras e até as trevas que lhe habitam? Quem descobriu em Cristo a verdade total e pessoal da vida não vai dar conta de suas próprias "meias-verdades", da ignorância existencial,[98] da lerdeza

[97] Como não mencionar aqui, ainda que como antecipação, a inconsistência e, na verdade, a "insanidade" de certas convenções sem conteúdo, talvez suscitadas por uma insatisfação indefinida, por uma fuga da realidade, carentes de verdadeira interiorização e personalização?

[98] É esta uma expressão que colhemos de autores como Tyrrell (ver livro citado), a qual, no fundo, significa: desconhecer essas "verdades" que, independentemente do ato de crer ou não, são elementares para a realização da própria existência. A acolhida da revelação ilumina estas verdades, mas não é sua única fonte.

mental, dos mecanismos de defesa que criam obstáculos para transparência, da falta de autenticidade nas relações, da busca obsessiva da aparência e da imagem, dos falsos respeitos humanos, da mentira? Quem foi "tocado" pelo amor não vai advertir que lhe habita o egoísmo, o medo das últimas consequências, a obsessão do próprio corpo, a resistência ao perdão, a divisão de seu coração entre o ódio, a indiferença e o amor? Poderá mais adiante contentar-se com "não roubar" quando talvez tenha fechado as portas do coração?

Quem experimentou sua bondade e misericórdia, sua sensibilidade sem concessões ante as normativas pseudorreligiosas, sua generosidade em conceder sempre novas oportunidades até aos mais endurecidos, sua predileção pelos excluídos, sua firme e resoluta recusa a pactuar com a mentira e com a hipocrisia..., antes ou depois chega a descobrir que vive em uma sociedade profundamente necessitada de uma forte rajada de ar fresco capaz de fazer frente à contaminação, de libertar pulmões, de eliminar a mediocridade e os preconceitos formados durante longos séculos, de eliminar os mecanismos inumanos e destruidores da sociedade, de desmascarar os comportamentos patológicos de matriz religiosa...[99]

Todas essas descobertas saudáveis teriam sido contidas como farsa cruel se ao mesmo tempo o diagnóstico (revelação do ser humano) não fosse revelação do próprio Cristo. Nele o ser humano descobriu o médico de suas enfermidades, o libertador de suas cadeias, quem desperta o que estava incubado, o aliado da vida, a água que mata a sede, o Salvador.

Os seres humanos viram e admiraram Nele *o ser humano são e salutar.*[100] Além de fazer o bem onde passava, deixava um rastro salutar. É muito interessante a este respeito observar os detalhes que a comunidade protocristã descobre na personalidade de Jesus.[101]

---

[99] Cf. PAGOLA J. A., *Es bueno creer*, cit., p. 143.

[100] Renuncio a abordar uma questão que, do ponto de vista da Teologia da Saúde, considero totalmente sem importância: a de se Jesus fez alguma experiência da enfermidade física. Não há motivos teológicos (e menos ainda razões do contexto sócio-histórico) para supor que também nele se verificou a probabilidade de adoecer. É mais importante, em vez disso, direcionar o olhar para o homem integrado que, além de sua excepcionalidade, nos é mostrado pelos Evangelhos.

[101] Cf. BAUTISTA M., *Jesús: sano, saludable y sanador*, San Pablo, Buenos Aires, 1995, especialmente pp. 13-22; Cf. também ARMELLINI F., MORETTI G., *Tenía rostro y palabras de hombre*, Paulinas, Madrid, 2002; NAVARRO PUERTO M., La fe que sana, madura y libera, in: DOMINGUEZ C., URIARTE J. M., NAVARRO P. M., *¿La fe, fuente de salud o de enfermad?*,

Suas "*palavras* de vida eterna" (Jo 6,68) consolam, animam, ensinam, confrontam, dão esperança, curam, libertam, amam, esclarecem as ideias sobre Deus, fazem renascer, perdoam. Seu *corpo* é representado como o sacramento do encontro de Deus, como espaço aberto à acolhida e à intimidade: conhece relações interpessoais abertas e sinceras, permite o desabafo e oferece hospitalidade, expressa amizade e comunica afeto, bendiz e se deixa amar, oferece-se na cruz e como alimento, é símbolo de glorificação... Aos olhos da fé, seu corpo apareceu "transformado" mesmo antes da ressurreição, verdadeiro símbolo de que estava habitado por Deus.

Também sua *afetividade* aparece integrada e saudável, e por isso surpreendentemente livre: deixa-se amar pela família e ao mesmo tempo exorta a serem livres em relação a ela; comunica-se com os seres humanos, mas também com quem não conta ou cujo contato é motivo de suspeita (as mulheres, as crianças, os doentes); é capaz de dar sua vida, chorar pelo amigo, e ao mesmo tempo se nega a "mendigar" goles de amor desordenado e imaturo; não é dependente de ninguém, é livre de amar confrontando, promove a liberdade nas pessoas amadas, convida e não se impõe, evita os preconceitos nacionalistas e de raça, ama a todos com coração inteiro, sente-se infinitamente amado pelo Pai também em meio ao sofrimento...

Sua capacidade de integração se faz também visível em seus *sentimentos*. Apaixonado e sereno, próximo e sadiamente distante, livre para senti-los e expressá-los também corporalmente, alegra-se jubilosamente e chora sem estridências a morte do amigo, deixa aparecer sua raiva e sabe dominá-la, roga a partir dos sentimentos, mas não se limita a viver além dos sentimentos...

A verdade de seus sentimentos é de tal importância que faz com que Paulo no-la proponha como critério de autenticidade do seguimento de Cristo.[102] Ele, com efeito, expressava com frequência *atitudes* reveladoras de sua integridade. Só aludimos a algumas: sua liberdade em relação a tudo o que é relacionado com o poder, o prestígio e o triunfo, sua busca pela eficácia do amor e dos valores qualitativos, sua eleição do submundo da marginalização como opção nunca excludente.

Sabe usar os bens deste mundo sem "demonizar" a abundância, porém, condenando a injustiça e a autossuficiência. Relativiza todos

---

cit., pp. 93-131; LÓPEZ A. M., Aspectos éticos de la acción sanadora de Jesús, in: *Moralia* 26 (2003), pp. 417-438.

102 Cf. por exemplo Fl 2,5ss.

os bens, inclusive a saúde física, enquanto isso premia a quem oferece um copo de água, e reserva um lugar no Reino a quem visitou um doente. Manifesta uma coerência extrema entre o que pensa, prega e faz, mas sem eliminar a busca pessoal da verdade, a graça da dúvida e a fascinação do mistério.

Como já assinalamos, em Cristo não há falta de harmonia nem divisão entre biologia e biografia, entre corpo objetivo e corpo vivido. Sua personalidade está integrada, mas também Nele, especialmente Nele, a integração não conhece repouso nem letargia, e sim viva tensão. "Baixar" quer dizer encaminhar-se a *outra tensão*, única e original, que se manifestou de modo supremo em alguns dos momentos mais significativos de sua vida: no deserto (parábola da condição histórica do ser humano, sempre em êxodo), no Getsêmani (paradigma da profunda contrariedade do sofrimento humano) e na cruz (símbolo do sofrimento que busca um sentido definitivo).

Assim, então, o momento revelador do diagnóstico compreende também esta dimensão: o ser humano diagnosticado é convidado a descobrir e *acordar a tensão, inclusive a alta tensão, na qual também está arraigado*. Não somente é o indigente, um fragmento de poeira animado por uma vida fatalmente assinalada pelo limite de um circuito fechado, biologia que se consuma no tempo, corpo associado à terra e formado por seus próprios elementos. No processo do diagnóstico, descobre também que foi chamado a reproduzir em sua pessoa a imagem do novo ser humano. A saúde não está mais relacionada só com a biologia, mas sim forma parte do seguimento de Cristo, a prolongação na vida do encontro realizado.

Após o diagnóstico deverá vir o desejo de fazer-se cuidar e curar.

– "Queres ser curado?" (Jo 5,6) – aceitar a salvação

Em uma ampla gama de ações terapêuticas realizadas por Jesus, esta é a única vez que ele se dirige explicitamente à vontade de a pessoa se curar. Não é certamente uma pergunta retórica de resposta evidente, tampouco uma questão projetada somente aos doentes "oficiais". O paralítico da piscina de Betesda, além de um caso, é um símbolo da condição humana e das resistências à saúde oferecida por Cristo.[103]

Em primeiro lugar, discorremos sobre a condição humana. Entre aquela multidão de doentes, cegos, paralíticos que estavam sob os

---

[103] Também neste caso nos inspiramos na teóloga e psicoterapeuta Hanna Wolf em sua obra citada (pp. 22-38), ainda que tentando ampliar seu discurso.

cinco pórticos (Jo 5,3), não é difícil entrever as abundantes e profundas feridas da humanidade que esperava, havia séculos, o anjo que moveria finalmente as águas curadoras. A longa espera do paralítico supera bastante a expectativa média de vida nos tempos de Jesus (aos trinta e oito anos terá que acrescentar ao menos os da infância), denuncia de algum modo a indiferença com eles (excessivamente evidente) durante tantos anos e revela a necessidade de uma intervenção "subversiva" capaz de mover a humanidade a não conviver passiva e tranquilamente com tais situações.

O relato de João, cheio de intenções entre linhas, nos permite também perceber no paralítico uma resistência, também esta significativa, à cura. Como prova dessa afirmação, temos que fixar-nos no contexto e especialmente no texto. Parece difícil evitar algumas perguntas espontâneas.

É possível que em trinte e oito anos não tenha existido nenhuma possibilidade para aquele doente? Numa sociedade profundamente desigual, dura com os enfermos, tacanha em oportunidades para os marginais, o que se pode esperar da vida de um homem, provavelmente "enfermo profissional" e acostumado a viver passivamente à custa dos demais? Por que a resposta à pergunta de Jesus, em vez de expressar claramente os próprios desejos, desvia a atenção aos "outros"?[104] "Agora que está curado, de repente este homem deverá trabalhar, assumir responsabilidades, trocar completamente seu modo de vida."[105] Será capaz? Ficará feliz se assim acontecer? Como interpretar que o "curado", depois de ter sido advertido por Jesus no templo, tenha ido "dizer aos judeus que Jesus lhe havia curado" (Jo 5,15)? Por que justamente agora toma esta iniciativa de verdadeira denúncia?

A última chave para entrar no espaço desconhecido do *iceberg* das resistências humanas à saúde é sugerida por Jesus: "Olha, estás curado. Não peques mais, para que não te aconteça algo pior" (v. 14). Qual era o pecado deste homem? Sem dúvida, não tão evidente como o dos pecadores/pecadoras públicos. E que coisa pior pode suceder a um homem "maltratado" pela vida?

Jesus tem certamente ante seus olhos a realidade única e sagrada deste homem, objeto de sua atenção, de seu amor e de sua terapia.

---

104 O medo da liberdade, a projeção, a transferência, a resistência a assumir o comando da própria biografia estão também presentes na resposta que se dá no livro do Gênesis à primeira pergunta que Deus dirige ao homem: *Onde estás?* (Gn 3,9).

105 WOLF H., op. cit., p. 36.

O sinal realizado nele não lhe "instrumentaliza" com fins pedagógicos, mas é verdade que Jesus tem diante de si uma realidade mais ampla e difusa, da qual o paralítico é sinal e, de alguma maneira, "fruto". O pecado reveste muitas formas, se expressa de muitos modos. Neste caso talvez consista em *negar-se a mudar.*

Jesus apela à *vontade.* O convite urgente ao arrependimento (convertê-los) deverá estar acompanhado de um compromisso decidido: combatê-los (Lc 13,24). Diante da novidade de Jesus, o abandono e as situações de pecado comportam necessariamente a vontade de *viver diferentemente*, de mudar de vida, de deixar-se transformar em profundidade, de recuperar um olhar, de ter novos olhos para tudo, de começar uma nova viagem. Essa possibilidade é concedida a todos nós.

Na nova situação inaugurada por Jesus, a doença física não é, tampouco quando acompanhada pela gravidade de uma cronicidade, esse "algo pior" que pode acontecer; o *pior é desperdiçar o "kairós" da salvação*, continuar vivendo entorpecidos (não despertar), na obscuridade, na escravidão de sempre..., como se nada tivesse acontecido.

Por isso a pergunta *queres ser curado?* dirige-se a todos sem exceção: aos enfermos e aos chamados sãos. Ontem, hoje e sempre a vontade de ser curado é condição indispensável não só para a terapia mas também para viver de maneira sadia e salutar.[106]

O Evangelho, entretanto, nos mostra um *amplo leque de resistências*, conscientes e inconscientes, individuais e coletivas à acolhida da saúde. Lido a partir desta perspectiva, compreende-se melhor a importância da longa e paciente pedagogia usada por Jesus com todos, especialmente com os discípulos. São muitos textos que podem ser lidos por esta ótica, e abundantes e variadas as biografias implicadas. Trata-se de histórias impregnadas de desilusões e escândalos, de expectativas provocadas pela "fascinação do bem" e de cumprimentos "discretos", de entusiasmos e de fervores à flor da pele e de fidelidade submetida à prova, de aceitação prazerosa

---

[106] Uma abundante bibliografia apareceu nos últimos tempos sobre a implicação da vontade (do desejo de curar, dos recursos terapêuticos internos, da assunção biográfica da enfermidade pelo indivíduo...) nos processos de saúde. Além das obras de Norman Cousins e de Valerio Albisetti, podemos assinalar outros títulos, como *La mallatia come autoguarigione*, de D. Beck; *Ammalarsi fa bene. La malattia a difesa salute*, de G. Abraham e C. Peregrini etc.

(talvez acrítica) da novidade e de arrependimentos e retornos sobre os próprios passos, de trocas que pretendem ser conversão.

No longo percurso até a salvação, o caminho da cura é longo e exigente. A pergunta que Jesus dirige a todos, inclusive a toda a pessoa, sem excluir o corpo. Cada um é convidado a realizar *o ato fundacional* de cada percurso salutar. Assumir o comando da própria vida, adquirir um novo domínio de si mesmo, assumir o exercício exigente da liberdade.

Isso é próprio, o que acontece em cada nova situação existencial (por exemplo, na doença, nos acontecimentos que envolvem o curso da vida). O caráter absoluto do Reino e a novidade de Cristo que completa os últimos tempos se manifestam também nisto: são o *centro*, o ponto de referência, o novo espaço da liberdade. Não são uma das muitas possibilidades oferecidas por Jesus, e sim a única.

À vontade, força unificadora ou alienante, pede-se que *se pronuncie diante do novo*, do esperado e do inesperado, do prometido e do surpreendente. Para aceitar-lhe, não basta ser pobres, doentes ou excluídos, ainda que sua situação existencial lhes predisponha a acolher gratuitamente "qualquer" coisa que contribua para mudar sua sorte pouco afortunada. Também os pobres, convidados preferencialmente ao banquete do Reino, devem vestir o traje das novas bodas (Mt 22,11-14), os curados de doenças físicas devem começar uma vida nova, assumir novas responsabilidades, voltar a entrar na comunidade, e aos pecadores públicos, condenados por seus semelhantes, pede-se que não voltem a pecar.

Quem esperava um Messias *à la carte*, conforme os interesses humanos (incluídos os legítimos), como vai aceitar uma novidade como essa?

O *novo* significa, ao mesmo tempo, uma subversão total dos sistemas humanos e a melhor resposta ao humano. Para levar à unidade desta antinomia, ainda que sem eliminar a sempre latente tensão, é preciso encontrar o *ponto unificador*, que é *Cristo*. Salvação e saúde são fundamentalmente relacionais e ocorrem dentro de uma relação que invade tudo. Ele não veio dar vida a uma nova teoria da salvação nem a uma escola de medicina. Veio para conquistar corações. Neste sentido, suas "pretensões" não têm limites,[107] e às ve-

[107] Numerosas passagens evangélicas devem ser interpretadas neste sentido. Por exemplo, a já citada do jovem rico: é preciso "preferir" Cristo e não as riquezas; ou Mt 7,21-24 (Lc 13,26-27): não basta ter comido e bebido com o Senhor nem ter realizado algumas de suas obras; é necessário oferecer o coração à sua vontade; e Mt 12,48-50, onde a relação íntima com Jesus,

zes as exigências relacionadas com o seguimento parecem inclusive duras; não basta deixar-lhe tudo; é preciso acrescentar também uma forte subversão nas preferências do coração.[108]

O percurso da saúde, consequentemente, deve ser percorrido dentro da adesão profunda, sem concessões, a Cristo. Na comunhão com Ele se recria a existência, aprende-se a olhar de uma nova maneira, desmascaram-se as falsas seguranças, desmontam-se os sonhos irrealistas e adquire-se um novo e terapêutico realismo, submetem-se à prova a verdade e a autenticidade dos fervores epidérmicos, das promessas feitas no calor do momento, das intenções confessadas e das motivações escondidas; aprende-se a viver com a fragilidade e a confessar abertamente o próprio pecado sem sentir-se esmagado por seu peso; purificam-se as relações e aprende-se a ser os últimos; adquire-se uma nova relação com as coisas, para perceber o valor do essencial, para viver nas privações e na abundância, e a religião já não é mais o esconderijo das desilusões nem a torre de marfim dos satisfeitos.

Esta não é *ainda* a salvação, mas, quando ela é acolhida, se expressa também assim. Por isso é imprescindível decidir deixar-se curar, ou seja, pôr-se em viagem: querer, procurar, chamar, esforçar-se.

– Por que Cristo deu a precedência aos enfermos? – uma salvação exemplar

Se Cristo veio para todos e ofereceu a todos a salvação salutar, como explicar sua predileção pelos doentes (e em geral pelos últimos), sua generosa ação taumatúrgica e terapêutica em seu benefício e o espaço concedido nos Evangelhos a esta dimensão de seu ministério público?

É necessário dar uma explicação mais urgente do comportamento diferente de Jesus (ao menos a primeira vista) entre os doentes e os sãos.

---

comparável com a de sua mãe, se verifica através da acolhida de sua palavra e do abandono à sua vontade. Com a mesma razão se pode dizer também que Ele é *o* caminho, *a* verdade e *a* vida. A falta de alternativas iguais ou comparáveis está na base da fé pascal: Cristo é o Senhor, Ele é o único salvador.

[108] Quando alguém é chamado, não há tempo nem para enterrar o próprio pai (Lc 9,59). A liberdade em relação à família não tem um fim simplesmente funcional: deixá-la para "dedicar-se" a outra coisa. Aqui também está em questão a "eleição cordial", mas uma eleição que não termina nunca de surpreender e abalar os esquemas habituais.

Enquanto para os primeiros, é evidente que se identifica com eles e os "absolutiza" como objeto de um amor único e idêntico: a última palavra sobre o ser humano será pronunciada por Cristo e terá como elemento de juízo o comportamento dos sãos em relação àqueles (Mt 25,40). O discípulo é quem faz o mesmo que fez o Mestre: ser Bom Samaritano de todos os "feridos" (Lc 10,37). A atividade solidária e terapêutica, central no ministério de Cristo (Lc 4,18ss), deverá sê-lo também para os discípulos (para toda a comunidade): está unida indivisivelmente ao anúncio do Reino (Lc 10,9).

Aos "sãos" e, mais rigorosamente, aos que querem ser seus discípulos, apresenta-lhes exigências radicais que põem em discussão a própria saúde física e a procura imediata (e para si mesmos) de qualquer bem-estar. Deverão estar dispostos a "carregar a cruz" e a "perder a vida", a "negar-se a si mesmos" e a "ser os últimos", a sacrificar a integridade biológica ("cortar-se uma mão" ou "arrancar-se um olho"),[109] a não preocupar-se com a comida nem com a roupa, a ser absolutamente pobres, dando os próprios bens...

Obviamente, não se trata de escolher entre uma e outra mensagem. As duas fazem parte do Evangelho da salvação e da saúde. Um começo de resposta à pergunta deve ser procurado na intenção (e na dialética) que nos foi revelada na encarnação. O Verbo, já vimos, não fez um homem "qualquer", mas sim escolheu um modo concreto de ser e viver como ser humano. Tampouco o ministério podia ser um ministério "qualquer", mas devia ser a expressão de uma escolha bem atenciosa, guiada por uma rara solidariedade e uma pedagogia sagaz.

Em virtude de ambas, Cristo agiu, por consequência, de maneira preferencial, com vontade salvífica e com atenção pedagógica, sobre os eventos que por sua carga humana e espiritual revelam a pobreza radical do ser humano. O doente e os marginalizados de toda classe são representantes emblemáticos da cura e da salvação. Por isso Jesus não curou somente as doenças atribuídas à injustiça social ou a um pecado, mas também as que fazem parte da condição humana histórica: "Nem este nem seus pais pecaram" (Jo 9,3).

A reflexão bíblico-teológica concedeu grande atenção à atividade taumatúrgica e terapêutica de Jesus (prolongada em seguida na comunidade reunida em torno do Ressuscitado), por considerá-la um dos capítulos mais importantes da cristologia. As respostas dadas à questão que nos apresentamos acentuavam estas linhas

---

[109] Cf. Mt 5,29.

interpretativas: as ações taumatúrgicas e terapêuticas, praticadas sobre a natureza e sobre os doentes (e sempre a favor do, nunca contra o, ser humano), eram o sinal da chegada do Reino, da messianidade de Jesus, em quem se cumprem as Escrituras, crença de ser enviado pelo Pai, prova de sua divindade, finalmente, expressão do amor de Deus sobre Ele.

É evidente que não podemos deixar de compartilhá-las. Devo precisar, não obstante, que a Teologia da Saúde, inspirando-se justamente no Evangelho da Saúde, introduz nelas *contribuições significativas*.

Em primeiro lugar, sem diminuir as finalidades anteriormente referidas das ações terapêuticas, há que destacar *o objetivo saúde*. Permitindo-nos uma exageração (que levaremos logo a seus termos justos), poderíamos dizer que Cristo, assistindo e curando os doentes, não tratou de pôr sobre o tapete uma cadeia de "demonstrações". Queria "somente" levar o ser humano à salvação integral.

Esta era a meta perseguida pelo Verbo feito ser humano: *propter homines* e *propter mostram salutem*. Uma salvação que Ele adaptou e modelou espontaneamente, como expressão conatural de um amor criativo e pedagógico, com uma verdadeira sinfonia de gestos (entre eles os milagres). Vou além: na descoberta do *Yeshu'a* (expressão tardia de *Yehosu'a*, que significa que Deus é *ajuda, saúde e salvação*),[110] seus seguidores, e não somente os doentes curados, encontraram também o Messias enviado e prometido, o Filho de Deus, em cujos olhos viam e experimentavam o amor terno do Pai.

Para compreender melhor a atenção preferencial aos doentes, é preciso saber ver, portanto, a profundidade antropológica da saúde e da doença, e não só isto, mas também, como já assinalamos, seu lugar na pedagogia salvífica ao longo da história da salvação.

Ao mesmo tempo, na linguagem sobre a saúde, expressada de maneira explícita por meio de *sinais* terapêuticos e salvíficos, sobressaem-se também dois valores comuns a sãos e doentes: a *fé* e o *Reino*.

A estreita união entre a fé (do doente, dos familiares, dos acompanhantes solidários ou dos colaboradores espontâneos) e a cura da doença não é uma *opção*, mas sim o primeiro "valor" salvífico. *Não se crê para ser curado, mas crer é o começo de uma cura integral*. A fé necessária para a saúde e a que é capaz de mover montanhas são a mesma, porém somente à medida que significam adesão a Cristo

---

[110] Cf. Mt 1,21; Lc 1,19.79.

e, em último caso, configuração da própria existência com sua imagem. Por isso, o novo "espaço", o novo "lar" da saúde salvífica é o Reino. Nele tudo é salutar. Seu anúncio já é terapêutico.

E as curas são *sinais do Reino*. São mensagem e ação, pertencem ao gênero da palavra que revela e anuncia,[111] remetem mais além de si mesmas e pedem mais a adesão do coração que o consentimento da mente. Vejamos *alguns significados*.[112]

Os sinais terapêuticos são em primeiro lugar uma prova – com frequência afirmada em um contexto contencioso: curar no sábado – da *valorização positiva que Cristo faz de todo o humano*. Curando, manifesta seu interesse por tudo o que acontece no ser humano (não só nos doentes). Não há nele nada que se deva menosprezar. Não cura somente as doenças crônicas, mas também uma febre banal; ao curar, aproxima-se dos proscritos e toca os "impuros", reinserindo-os na comunidade e declarando-os limpos. Não só os ama, mas também lhes faz ver que são dignos de ser amados. Põe os doentes no centro e lhes restitui, assim, o lugar que lhes haviam roubado. Liberta a doença dos preconceitos sociais e religiosos que pesavam sobre ela.

Que outro sinal mais eloquente poderia escolher Cristo como confirmação daquele *novo olhar* ("olhar com bons olhos") revelado desde a encarnação? Suas curas não pretendem sugerir uma "negatividade" integral da doença nem confirmar as suspeitas que lhe rodeavam. Tampouco se propôs a eliminá-la da face da terra. Para curar, é preciso mudar a forma de olhar o ser humano (uma mudança qualitativa).

É o ser humano quem deve ser curado, não necessariamente a doença. Neste caso, curar significa aprender a viver com o inevitável, com o corpo limitado e destinado à morte; significa também modificar o olhar sobre as patologias (nunca tornam o ser humano "indigno"), e acima de tudo favorecer nos doentes (e nos sãos) uma experiência salutar e salvífica de todo limite e de toda adversidade.

Sem a pretensão de psicólogo, Jesus, bom conhecedor da alma humana, sabia que o bem-estar psicológico, a felicidade, a paz, a alegria de viver (para poder ser o sal da terra), a reconciliação com as vicissitudes mutantes do corpo etc. tinham e têm muito a dizer

---

111 Cf. LATOURELLE R., *Miracoli di Gesù e teologia del miracolo*, Cittadella Ed., Assisi, 1987, pp. 400-401.

112 Reproduzo aqui, com algum acréscimo, parte do meu artigo, várias vezes citado, com o título "El Evangelio fuente de vida en el mundo de la salud y de la enfermedad", pp. 40-41.

sobre a valorização positiva do humano, e, acima de tudo, com o olhar renovado que brota da salvação salutar que Ele nos oferece.

A saúde oferecida aos doentes é no fundo a mesma oferecida a todos. Aqui o sinal adquire um valor pedagógico universal. Jesus fala aos sãos através dos doentes. Assim, a cegueira simbolizada pelo cedo de nascença (Jo 9,1-40) não é curada em profundidade até que se rasguem as trevas do coração, a paralisia não desaparece enquanto o ser humano continuar atado a alguma escravidão, a transformação física supõe o começo de uma mudança mais profunda; é necessário nascer de novo. A libertação das cadeias de sofrimentos e do mal exige a libertação do pecado e a reconciliação com Deus, o último fundamento do ser humano. A incorporação do doente na comunidade assinala uma libertação coletiva dos fatores patógenos, especialmente das estruturas que impedem a misericórdia.

Os sinais remetem ao Salvador e não a um médico comparável com os curadores de seu tempo. Quem pode curar por dentro, chegando até as raízes do mal, perdoando os pecados e tornando possível uma vida renovada, pode também curar uma "parte" (uma função) da pessoa doente. O sinal, no entanto, nunca é fragmentado por Cristo. Seu valor consiste justamente em reunir, em referir-se a todo o conjunto da pessoa.

Seu "projeto ser humano" não foi feito de divisões e separações, mas busca a integração. Para ser novos seres humanos, é necessário ser capaz de chegar à unificação das dimensões física, psíquica, mental, espiritual, relacional, ambiental/ecológica. A doença, especialmente quando vivida de maneira patológica, é um atentado à unidade, uma desapropriação de si ou de uma "parte" do próprio corpo, uma evasão de si mesmo (alienação) ou uma regressão ao que já não se é mais.

É, então, uma unidade que requer uma constante *hierarquização*, uma tarefa da liberdade iluminada da fé. É necessário estar disposto a cortar a própria mão, arrancar o próprio olho, morrer na cruz, dar a própria vida. O *sinal* por excelência, o que reúne em si todos os seres humanos fazendo com que emerjam suas verdadeiras identidades, é *o amor crucificado*, expressão final do "corpo vivido como biografia consumada e entregue". Somente se pode entregar "o" que nos pertence, aquilo de que somos "donos".

Por fim, a saúde confiada à Igreja como dona e missão terá sempre forma de *sinal*, uma herança e uma tarefa que teremos oportunidade de aprofundar.

– O itinerário da saúde – radiografia de uma ação salutar" (Jo 9,1-40)

Em seu mistério e, de maneira mais explícita, nos sinais terapêuticos, Cristo instaura um processo de reconstrução do ser humano, de transformação integral. A saúde, como vimos, é sinal do Reino e da Boa-Nova justamente porque é colocada por Cristo no percurso rumo à plenitude total.

Tomemos como ponto de referência o relato da cura do cego de nascença, mas tendo sempre presente o conjunto de sua atividade terapêutica e ministral.[113]

Em continuidade com a tradição bíblica, a saúde física (neste caso, ter os olhos que veem) é contemplada como sinal da *bênção* divina. Em outras palavras, ser cego de nascença provoca também entre os discípulos a suspeita de um pecado (o contrário da Boa-Nova) atribuível inclusive a quem ainda não podia ter pecado. Jesus rompe esse tipo de raciocínio por seu caráter mágico, por amordaçar a misericórdia divina e abrir as portas à inclusão social e religiosa dos doentes.

As consequências dessa subversão por parte de Cristo são múltiplas. Sublinhamos duas. A doença não é sinal de maldição, mas tampouco a saúde física, o vigor do corpo, o correto funcionamento dos órgãos, a ausência de lesões... são *a* Boa-Nova, pelo menos não necessariamente. Poderia ser *saúde veterinária*. Também os animais veem. Na ótica de Cristo, a saúde dos olhos (a dimensão biográfica) depende especialmente do modo de ver, de olhar. *Há quem olha mas não vê, quem tem olhos mas não sabe olhar.*

A saúde começa pela cura física, mas não termina aí. Acolhida pelo curado, faz-se tarefa, caminho que se deve percorrer rumo a novas metas. Somente então se converte em Boa-Nova. Vejamos alguns dinamismos e direções deste percurso.

Recuperar a própria dignidade

É o primeiro ato salvífico e salutar. A cura começa pela consideração positiva do ser humano doente, por sua aceitação como pessoa, "olhar com bons olhos".

[113] Cf. ÁLVAREZ F., *El Evangelio de la Salud. Por qué es saludable creer*, San Pablo, Madrid, 1999, especialmente o capítulo intitulado "Cuando la salud comienza a ser Buena Noticia. Radiografía de una acciòn terapéutica y saludable (JN 9,1-40)".

Os adversários de Jesus (os verdadeiros cegos) consideravam-no um excluído e expulso (*tudo é pecado*, v. 34), um marginalizado que vivia da mendicância (v. 8), um desconhecido cuja identidade é posta em dúvida. Ele, em troca, toca o intocável, infringindo inclusive as normas e os tabus (Mc 1,41; 5,41), abre diante dele os novos horizontes da fé, devolve-lhe o entusiasmo de ser humano. Como outros curados por Cristo, pode não só pular de alegria mas também ser seu discípulo, o que é sinal de uma verdadeira mudança integral.

Dos "mínimos" aos "máximos"

A Boa-Nova da saúde parte sempre do ser humano, de baixo, e o alcança em qualquer situação que se encontre. É justamente a Boa--Nova porque se situa ao mesmo tempo no ponto de emergência do humano, das pequenas expectativas e das grandes esperanças. Nada descuida nem despreza.

No relato de João, o percurso descrito é uma confirmação eloquente de todo o resto. Para torná-lo mais pedagógico, a intervenção de Cristo (tocar, aplicar o barro) está acompanhada de outras mediações humanas (as águas de uma piscina). A saúde oferecida e acolhida caminha dos mínimos aos máximos, do mínimo biológico (ver as coisas) ao máximo biográfico: o curador é um homem de quem o curado só conhece o nome (v. 11); logo o curado vê naquele homem um profeta (v. 17), alguém que vem "de Deus" (v. 33), e, por fim, o Filho do ser humano (vv. 35-39), diante do qual é preciso prostrar-se em adoração. É evidente que quem restitui a vista aos cegos do corpo veio acima de tudo transformar nosso olhar, condição indispensável para ver as obras que Ele realiza e outras ainda maiores.

Esta gradualidade da saúde é amplamente expressada na ação terapêutica de Cristo. É muito visível especialmente no relato da cura do cego de Betsaida, que só é narrada por Marcos (Mc 8,22.26). Aqui, o processo terapêutico se desenrola em três tempos. Depois de conduzi-lo com sua mão para fora da aldeia, primeiro "cospe" em seus olhos, depois lhe impõe as mãos e por fim o diálogo ocorre. A recuperação da vista é também gradual: da confusão inicial na qual as "pessoas" parecem "árvores que caminham", ele passa a "ver a distância todas as coisas".

Gestos e palavras contribuem também neste episódio para sugerir uma intenção pedagógica.[114] Não se acentua uma hipotética

---

[114] Notemos o contexto em que Marcos coloca este relato: antes de um diálogo de Jesus com seus discípulos, a quem se aplica o texto de Isaías: "Tendes

"dificuldade" de curar certos doentes (neste caso o incapacitado não o era de nascença). Não há nenhum motivo para uma interpretação desse tipo. Já assinalamos, por outro lado, como Jesus enfrentava as ações terapêuticas em termos de "serviço", interessando-se por alguém, tratando também assim de evitar uma interpretação mágica.

Provavelmente, tanto neste como em outros relatos, com estas "parábolas" encenadas buscava transmitir uma mensagem dirigida a todos (primeiramente aos discípulos): é preciso ir do ver (com minúscula) ao Ver.[115] Também aqui, do mínimo biológico ao máximo da biografia humana.

A chave simbólica não deveria, entretanto, conduzir-nos a atribuir àquele "Ver" um conteúdo exclusivamente espiritual e sobrenatural, onde certamente a biografia humana alcança o topo. O olhar da fé, o que coroa a cura, tem certamente como horizonte o Deus revelado em Cristo e confessado pelos crentes sob a ação do Espírito, mas projeta sua luz transformadora e salutar sobre todo o ser humano e suas vicissitudes. Em outras palavras, a saúde dos olhos se revela também no modo de viver e de experimentar a doença, o corpo, tudo.

Dos enfermos aos chamados sãos

No relato de João, os destinatários do sinal eram os chamados sãos, aos quais é oferecido o mesmo percurso terapêutico e salvífico que ao cego de nascença. Como néscios, em vez de dirigir o olhar na direção para a qual Jesus aponta com seu dedo revelador, continuaram olhando o dedo. Estavam mais doentes que o cego de nascença, e se sabe que não há pior cego que o que não quer ver.

Aqui também a gradualidade se manifesta. O percurso da saúde à salvação está aberto a todos, e os doentes (colocados por Jesus no "centro") se convertem em ponto de referência e de contraste, em memorial e sinal indicativo.

Pertencem a um "submundo" de periferia criado pelos sãos. Tem o tom permanente de uma suspeita: *tu, em tua totalidade, és pecado*. Seu caminho parte sempre de "baixo". Estão destinados a correr na solidão de uma longa maratona. Mas de início, como pobres

---

olhos e não vedes" (Mc 8,18). Sua "cegueira" os impede de ver o verdadeiro significado das duas multiplicações dos pães. No texto seguinte, por sua vez, Pedro abre os olhos e vê "Cristo" naquele a quem outros confundem com diversos personagens (Mc 8,28-29).

115 A distinção mais clara entre esses modos de ver se encontra no Evangelho de João.

levantados do povo e como humildes postos de pé, se convertem em uma espécie de paradigma de uma estupenda transformação. Os outros estão mais cegos que o cego, são mais escravos que quem está acorrentado... Convertem-se em palavra que revela, em juízo que submete à prova.

Do indivíduo à comunidade

Na obra salutar de Cristo, a saúde oferecida remete sempre a uma comunidade necessitada também de cura.[116] No relato de João e em outros textos sobre as curas, está ativamente presente a dimensão comunitária da saúde. Também neste caso o percurso é sem dúvida exigente, mas também clarividente.

Em Cristo é oferecida a saúde segundo uma nova aliança, segundo o pacto definitivo de Deus a favor do ser humano, segundo a realização do desígnio de recriar e de transformar tudo, especialmente o ser humano. Além de a saúde ser confiada ao indivíduo e à sua responsabilidade, ela o é também à comunidade como missão, uma *verdadeira aliança terapêutica*, cuja raiz exige tanto um novo modo de viver são e saudável quanto a colaboração da solidariedade fraterna.

O curado é posto no centro da comunidade (Lc 6,8), é enviado de novo a sua casa, entre os seus, recupera o lugar perdido dentro da comunidade. Não basta curar o indivíduo; é necessário também sanar a comunidade. No relato de João, este é o foco, mas também um dos problemas. A cegueira dos adversários de Jesus, com um poder que dá medo, e sua oposição a Jesus põem em apuros os familiares e inclusive o incapacitado. Estes têm medo, sentem-se oprimidos. O processo terapêutico tende, então, a promover um novo espaço de liberdade, um âmbito vivível onde não haja lugar para a opressão, para a exclusão, para a rigidez, para a injustiça.

Esta é a dinâmica da saúde relacional oferecida por Cristo. A meta final: *que todos sejam um...*

Da saúde à salvação

Nesta perspectiva, a saúde adquire toda a sua profundidade antropológica e salvífica. Continua sendo saúde humana, por consequência responsabilidade do ser humano, mas ao mesmo tempo um dom que conduz o humano mais além das conquistas da ciência, por mais surpreendentes que sejam. Tanto no texto bíblico de João

---

116 Ninguém é curado realmente se não tiver alguém que lhe espere fora do hospital (H. J. Nouwen).

como no conjunto das intervenções terapêuticas de Cristo esta direção é clara. *A transformação da saúde física em saúde espiritual*, a explosão de louvor (verdadeiro sinal da cura), o convite a não pecar mais, a reinserção do doente na sociedade, o desejo do curado de seguir Jesus... são sinais ou reações que indicam a implicação de toda a pessoa no processo terapêutico.

Aceitar a saúde significa em certo sentido nascer de novo. Quanto melhor é acolhida, interiorizada, personalizada e assumida como tarefa, mais se aproxima da acolhida e da experiência da salvação. Entende-se assim por que Jesus disse que havia curado a um *holon anthropon* (Jo 7,23) e por que os evangelistas usam indistintamente os verbos *sozein* e *therapeuen* para as ações terapêuticas de Jesus. Nele, sem dicotomias nem fragmentações de nenhuma classe, tudo está ordenado à salvação integral do ser humano, e esta compreende a restituição da vista a um cego, o cuidado de quem está doente, mas também a libertação do pecado, a última raiz do mal.

– "Que salvação" Cristo veio oferecer?

Se por um lado levamos a sério *a universalidade da saúde* (oferecida a todos, doentes e sãos) e por outro sua *hierarquização* (seu caráter relativo, de bem penúltimo orientado à salvação...), a pergunta pode parecer desnecessária, mas do ponto de vista metodológico é muito oportuna.

Servindo-nos do esquema dos três níveis da saúde ("estar bem", "sentir-se bem", "ser bem"), há que dizer sem titubear que o sofrimento está orientado sempre pedagogicamente, e também teologicamente, ao terceiro nível, o mais profundo e especificamente pessoal. O foco era sempre a saúde da pessoa, não necessariamente a cura da doença. Grosseiramente dito: Jesus não veio para restituir a saúde física (primeiro nível). Sua finalidade só podia terminar em fracasso. Veio para proceder como vimos. Sua ação terapêutica/salutar, no entanto, não tinha como fim único nem final a cura física, mas sim que a saúde começa ali.

Jesus tampouco veio para garantir a seus seguidores essa dimensão de saúde tão apreciada e ao mesmo tempo não poucas vezes ambígua como é o *sentir-se bem*. Porque a experiência da saúde, nos aspectos mais subjetivos, além de ser sempre relativa, não exclui as sensações desagradáveis (sofrimentos internos...) nem consiste na procura da satisfação de todo desejo e de uma felicidade plena. O Jesus saudável e terapeuta do Evangelho conheceu, ao extremo, os maiores sofrimentos internos: tristeza em Getsêmani, abandono/

solidão na cruz, incompreensões e repúdios... Em um nível mais profundo, a paz que o acompanhava e ele transmitia, a coerência interior a toda prova, sua tensão saudável entre o divino e o humano... devem situar-se mais além do normal "sentir-se bem". Encontramo-nos no terceiro nível, o da saúde que é ao mesmo tempo dom e conquista.

Jesus veio certamente para "isso". O oferecimento da salvação salutar dirige-se de maneira especial àqueles "núcleos" da pessoa que constituem suas características próprias, suas "notas", segundo a expressão de X. Zubiri: a consciência, o livre-arbítrio, a relacionalidade, a capacidade de amar, a abertura à transcendência, a procura de sentido. Nunca pediu a ninguém que renunciasse a "essa" saúde nem que a sacrificasse em função de outros valores. Contudo, situando-a no centro de sua estratégia terapêutica e salutar, fez entender ao mesmo tempo a importância das outras dimensões. O ser humano não pode ser fragmentado. Nada nele é sem valor. Mas é necessário encontrar o centro unificador, a teleologia impressa por Deus na natureza humana (aprender a ser o que se é) e a pedagogia de Cristo: ser homens/mulheres como Ele. Ou seja, *aprender a viver diferentemente*.

e) Da "kénosis" à Páscoa – dimensão salutar do mistério pascal

Ao tratarmos do terceiro momento de nosso percurso sobre o acontecimento salutar de Cristo, temos que nos referir a duas dificuldades importantes. Em primeiro lugar à vastidão e complexidade do tema, no qual se entrecruzam inúmeras questões, e depois à necessidade de ter que caminhar em certa solidão.

Também neste caso a Teologia da Saúde segue a metodologia já usada ao afrontar a dimensão salutar da encarnação. Mais que repetir formulações teológicas que são patrimônio comum, faz uma leitura do dado bíblico tentando descobrir nele a revelação sobre a saúde. É, então, uma leitura certamente seletiva, mas também "interessada". Levando em conta sua relação com o acontecimento pascal, assinalamos de saída muito brevemente nosso ponto de partida e o itinerário que seguiremos.

– Ponto de partida

Visão unitária do acontecimento Cristo

O conceito de acontecimento não é tomado aqui no sentido de uma "facilidade pontual", mas sim no sentido de uma história vivida e contada, desenrolada no tempo dentro de uma dinâmica de gradualidade, não de fratura nem de contradições internas. Desse modo, os conceitos nucleares que modulam o acontecimento pascal se encontram já de alguma forma latentes, anunciados e realizados nos demais momentos.

A *kénosis* acorre em diversos momentos. O despojo inicial, a aniquilação, tem seu coroamento na cruz, onde o "morrer para si mesmo" adquire uma densa materialidade: o abandono, a entrega filial total, o sepulcro. Por outro lado (segundo exemplo), a *glorificação* ocorre já na cruz, onde o filho foi erguido, e prolonga no tempo, consumando-o, o modo de viver mais grato ao Pai que ressuscita o Filho com a força do Espírito e o senta a sua direita.

Visão unitária do acontecimento pascal

Ela "deve ser entendida a partir da inseparável unidade de suas dimensões de paixão / morte e ressuscitação / efusão do Espírito Santo. Na tradição espiritual e teológica da Igreja, sublinharam-se, de modo preferencial, a realidade da encarnação (os Padres e a Escolástica), a da cruz como redenção (teologia latina) ou como revelação (*theologia crucis* luterana) e a dimensão da ressurreição (teologia oriental), enquanto isso nas últimas décadas, e além das diferenças confessionais, a teologia veio recuperando de maneira mais equilibrada e completa o caráter integral e indivisível dos diferentes aspectos e fez da índole integral a chave da fé e da existência cristãs, como acontecia por outro lado nas origens".[117]

Para a Teologia da Saúde, é fundamental esta perspectiva unitária, já que, a meu modo de ver, é a única que pode explicar a dimensão salvífica e salutar do sofrimento, da doença e da morte, sem ter que pôr entre parênteses, com isso, a saúde e o corpo. Ou melhor, a ótica neotestamentária da saúde, objetivo permanente do Reino, ilumina os "lugares" do sofrimento e da morte, sem diminuir, com isso, o drama da existência vivido por Cristo até as consequências finais.

---

[117] CODA P., Pascua – Misterio pascual, in: VV.AA., *Diccionario de Pastoral de la Salud y Bioética*, San Pablo, Madrid, 2009, p. 1249.

Nem está errado lembrar aqui a lógica já citada dos "pensamentos duplos", a que permite afirmar a saúde na doença, a glorificação na cruz, a vida nova no sepulcro vazio, a glorificação do corpo no serviço dos corpos destroçados pelo sofrimento.

Mais uma vantagem: dado que é impensável uma existência livre de seus incômodos companheiros de viagem (sofrimento, doença e morte), só dentro desta lógica é possível devolver à confissão e à celebração da ressurreição de Cristo (fé, sacramentos e existência cristã) sua verdadeira profundidade antropológica e sua dimensão eclesial (e também social).

A dor, a penalização do corpo e do prazer, a resignação fatalista ante o mal, visões excessivamente desencarnadas e espiritualistas da salvação e, por outro lado, interpretações ingenuamente otimistas da condição humana, leituras psicologizantes e materialistas da salvação etc., remetem inexoravelmente a uma equivocada visão unitária do momento central da fé cristã.

– Itinerários e metas

Em primeiro lugar, trataremos de destacar alguns dos *motivos teológicos e antropológicos* do evento pascal mais relacionados com a Teologia da Saúde. É evidente que isso impõe um limite, mas também é uma opção metodológica.

Continuando, de acordo com o enunciado desta seção, aprofundaremos o sentido salutar da *kénosis* (sempre na ótica de um itinerário), e isto na tripla vertente de:

- *kénosis* como o novo "lugar de encontro de Deus com o ser humano",
- *kénosis* como o novo itinerário da saúde acolhida e da saúde assumida como ministério confiado aos crentes e à Igreja,
- *kénosis* enquanto linguagem simbólica das antinomias da salvação salutar e da vida mesma. Uma consideração especial deve ser concedida à *esperança* enquanto "virtude salutar" e sinal específico da existência vivida pelo cristão.

Em um terceiro momento, concentraremos nossa atenção na *ressurreição de Cristo* como primícia e causa da nossa ressurreição já verificada, mas à espera de completar-se. Sempre na ótica da saúde, poremos em evidência alguns aspectos: a ressurreição como último horizonte da saúde oferecida por Cristo, a existência cristã vivida como um "processo de ressurreição", o serviço da saúde como glorificação de Deus no corpo humano e testemunho da fé na ressurreição final. E, em um quarto momento, poremos em destaque especialmente, mesmo que brevemente, a ação salutar do Espírito do Ressuscitado, o Espírito da plenitude.

E neste ponto terá chegado o momento de expor alguns traços do *modelo cristão da saúde*. O evento pascal foi de fato o *Sitz im Leben* onde nos foi transmitida a atividade taumatúrgica e terapêutica de Cristo.

– Verdades culminantes de nossa fé[118]

A Teologia da Saúde concede especial atenção a alguns dos propósitos teológicos (e antropológicos) que percorrem o evento pascal, pois neles inspira-se e a eles remete de maneira especial.[119]

O mistério pascal, na sua integridade (como vimos anteriormente), deve ser compreendido na *lógica* de "algo" que *devia acontecer*. Não se trata de uma lógica fatal capaz de reduzir os acontecimentos à liberdade do Pai e de seu Enviado, como tampouco à liberdade dos seres humanos.

Como realização, remete à *história*, onde Deus revela a si mesmo (o que Ele é) e seu desígnio em favor dos seres humanos. É a história da gradual implicação de Deus na biografia dos indivíduos e nas vicissitudes do povo. História de fidelidade, de *paixão pelo ser humano*, que o leva a assumir sua própria carne. O mistério pascal está estreitamente vinculado *à encarnação*,[120] é seu fim "natural": o aprofundamento final da *kénosis* (*até a morte*).

O cumprimento se realiza de outro modo

Certamente, como cumprimento das *Escrituras*. A preparação dos discípulos à compreensão de sua morte violenta e da sucessiva ressurreição é central na pedagogia de Jesus. "Começou a dizer abertamente a seus discípulos que Ele tinha que ir a Jerusalém e padecer muito... ser morto e ressuscitar no terceiro dia" (Mt 16,21).

É um ensinamento difícil de aceitar. Parece mais fácil crer no Messias dos milagres que no Servo de Javé da cruz. A severa advertência

[118] "A ressurreição de Jesus é a verdade culminante de nossa fé em Cristo, crida e vivida como verdade central pela primeira comunidade cristã [...], pregada, juntamente com a cruz, como parte essencial do Mistério Pascal" (*Catecismo da Igreja Católica [CIC]*, n. 638, 1992).

[119] O que dissermos aqui de nenhum modo pretende subvalorizar outras afirmações ou outras linhas interpretativas.

[120] Cf. CIC, n. 653.

de Jesus a Pedro ("Afasta-te de mim, Satanás!, pois és um obstáculo para mim, porque teus sentimentos não são os de Deus, mas sim os dos seres humanos"; Mt 16,23) é uma espécie de resumo dramático da consciência/conhecimento de Jesus em relação a sua missão: nada deve afastá-lo dela, nem seus discípulos da descoberta do *sentido* (não só do anúncio) das Escrituras na experiência do Ressuscitado.

A referência às Escrituras é constante no primeiro sermão apostólico, como se vê nos Atos dos Apóstolos, e talvez encontre sua expressão mais genuína em 1Cor 15,3: "Transmiti-vos, em primeiro lugar, o que eu mesmo havia recebido, a saber: que Cristo morreu por nossos pecados, segundo as Escrituras; que foi sepultado e ressuscitou no terceiro dia, segundo as Escrituras".

Como se deve interpretar esse *dei* ("é necessário") das Escrituras? Certamente não como uma espécie de "decreto" imposto de fora ao Filho e que deve necessariamente ser cumprido. As Escrituras, anunciando o que acontecerá e "é necessário" que aconteça, estão revelando em primeiro lugar o próprio Deus, seu amor feito história *propter homines*. As Escrituras manifestam o Filho, o qual, imagem de Deus invisível, manifesta o amor do Pai, e se identifica com seu propósito de salvação. As Escrituras, enfim, são também revelação do homem, de sua indigência radical, da necessidade de ser levantado do pó e do pecado, de ser salvo.

É, pois, *o cumprimento do amor* em uma história que implica não só o Filho mas também o Pai e o Espírito. História levada às últimas consequências, aonde somente Deus pode chegar.

Em relação a Jesus, o mistério pascal constitui realmente uma situação e *uma experiência-limite*,[121] à beira do impossível, e isso em sua condição de verdadeiro ser humano e de Filho. Tudo chega ao extremo: a capacidade de amar e de sofrer, de obedecer e de ser fiel, do abandono e da solidão, do oferecimento da própria vida e da recuperação dele, de humilhação e de glorificação. Sublinhemos também um dado fundamental: o supremo da liberdade. "O Pai me ama, porque eu dou minha vida para recuperá-la de novo. Ninguém a tira de mim, mas eu mesmo a dou. Tenho o poder de dá-la e o poder de recuperá-la" (Jo 10,17-18).

"Por isso, o Pai me ama." O mistério pascal é certamente o lugar mais emblemático da relação única do Pai com o Filho e, Nele, com todos os seres humanos. Uma relação na qual se deve afirmar ao mesmo tempo o sofrimento extremo do Filho e a bondade ilimitada

---

[121] CODA P., op. cit., p. 815.

do Pai. Não é obviamente um Pai que quer o sofrimento do Filho, mas tampouco pode pôr limites ao amor. Somente um amor *infinito* pode passar através de Getsêmani e da cruz.

A intimidade entre o Pai e seu enviado se manifesta melhor ali onde o Filho expressa de maneira mais extrema o que é o Pai. Em sua paixão/morte Jesus revela sua total identificação com o Pai, expressa em sua carne a paixão do Pai, comporta-se segundo o desígnio "do homem amado por Deus", e o Pai o glorifica, o ressuscita, confirmando, assim, seu total beneplácito. Nessa intimidade, que não evita o sofrimento, Jesus nos revela o verdadeiro rosto de Deus: o *Abbá*.

O *ponto alto da revelação* de Deus no mistério pascal coincide com o momento *culminante da salvação*. Não sem razão nem sem significado. A revelação de Deus não só se realiza *propter mostram salutem*, mas sim já é a salvação. E no mistério pascal ocorre a máxima "condensação" e manifestação de Deus (Pai, Filho, Espírito). (Por isso, é inconcebível a Páscoa sem a efusão do Espírito: o Espírito do Ressuscitado, poder do Pai).

Como expressar o momento culminante da salvação? No Novo Testamento esta verdade central se expressa com uma rica variedade de expressões e imagens: resgate, expiação, reconciliação, justificação, aquisição, regeneração, adoção como filhos, participação na vida divina, nova criatura etc. Estas e outras expressões salvíficas devem ser lidas sob a ótica da saúde, porque como afirma o Catecismo da Igreja Católica, a "cura mais radical", "a vitória sobre o pecado e a morte", ocorrem na Páscoa.[122]

Trata-se de uma variedade de expressões que nos oferecem a possibilidade de compreender cada vez melhor que o momento culminante da salvação coincide com o *momento culminante do oferecimento da saúde.*

– A longa viagem da "kénosis"

Nunca exageraremos ao assinalar a importância salvífica e pedagógica do caminho escolhido por Deus ao procurar o ser humano. A *descida* de Deus supera todas as manifestações que ecoam no Antigo Testamento. Na encarnação, objetivo de uma longa espera, começa a nova viagem. Depois que Ele mesmo veio até a *sarx* ("carne"), a pergunta do crente não pode ser *quando virá?*, mas sim *onde podemos encontrá-lo*?

[122] CIC, n. 1505.

"Kénosis", lugar de encontro, é também itinerário pascal da salvação e da saúde

Itinerário *impregnado de símbolos*, uma linguagem que quer, por um lado, nos transmitir a seriedade (e até a dramaticidade) da aventura vivida por Cristo e, por outro, aproximar, o quanto possível, nossa experiência de vida e a realidade da salvação e da saúde.

Descer/subir. Somente à luz da encarnação (na qual o significado da *descida* de Deus aparece mais escancarado aos olhos humanos) se pode compreender que o caminho até Jerusalém é uma verdadeira *subida*. Assim é apresentado por Lucas o percurso de Jesus até a cruz,[123] que também para João é lugar de glorificação.

Na cruz se revela e se esconde a *realeza* de Cristo.[124] "Esconde-se" na ignomínia, no fracasso aparente, na extrema profundidade da humilhação. Mas revela-se, aos olhos da fé, a quem compreendeu que *o ser humano novo* é aquele que "não veio para ser servido mas sim para servir" (Mt 20,28), que na nova humanidade quem quer ser o primeiro (ou simplesmente ser) deverá ser servidor de todos.

O título da realeza, no contexto do mistério pascal, emerge com mais força quando se contempla o caminho da *kénosis*. A *cruz* não é somente o lugar da *elevação*, mas também ponto de referência salvífico necessário: "E eu, quando for erguido da terra, atrairei todos a mim" (Jo 12,32). A *morte*, descida à sepultura e aos *infernos* (*sheol*, *hades*),[125] foi também o modo como Cristo penetrou a última realidade do mundo, alcançou toda a história (anunciando a Boa-Nova também aos mortos)[126] e venceu as últimas resistências do mal.

O *sepulcro*, portanto, não foi para Ele um lugar de corrupção ("não deixarás que teu servo veja a corrupção"),[127] e sim o verdadeiro e definitivo *ventre fecundado* pelo Pai com a força do Espírito. "Tenha, então, todo Israel a certeza de que Deus constituiu *senhor* e messias a este Jesus a quem vós haveis crucificado" (At 2,36).

A *nova vida* somente pode nascer desse ventre. Fazer-se "nova criatura" (2Cor 5,17), participar na nova vida (a única autêntica),

---

123 "Quando chegou a hora de partir deste mundo, [Jesus] *resolveu* ir a Jerusalém" (Lc 9,51).

124 Cf. Jo 19,19-22; Lc 23,39-43.

125 Cf. Fl 2,10; Hb 2,24; Ap 1,18; Ef 4,9.

126 Cf. 1Pd 4,6.

127 Cf. Sl 16,10; At 2,26-27.

exige não viver mais para si mesmo e sim para quem morreu e ressuscitou (2Cor 5,15); portanto, começar do princípio, de “baixo”...

Leitura salvífico-salutar deste itinerário – algumas indicações

A força reveladora da *kénosis* (como percurso que tem uma meta) está em significar abertamente que esse é o “lugar” onde Deus e o ser humano se encontram (Deus porque desce, o ser humano porque já “estava” ali), que a *kénosis* é o caminho que é preciso percorrer para a plenitude total (não estamos condenados a ser eternos famintos sem possibilidade de ser saciados), e finalmente que a *kénosis* é também o *caminho até a saúde oferecida por Cristo.*[128]

Situemo-nos primeiro na ótica de Cristo.[129] Sua *kénosis*, especialmente na dimensão da cruz, é uma afirmação categórica da condição pecadora do ser humano e, por consequência, dos esforços da esperança. O peso do pecado se manifesta também na oposição à aceitação de sua novidade ou da mudança, e na resistência à cura.

Nossa saúde, em um mundo doente, lhe custou “doença”: sacrificar sua saúde na cruz, ser considerado “diferente”, um inadaptado, alguém fora dos cânones e das normas sociorreligiosas de seu tempo. Sua paixão pela vida (biofilia), expressada de tantos modos (defesa da liberdade, promoção da dignidade, condenação de toda forma de opressão...), custou-lhe a morte. Sua solidariedade, levada às últimas consequências em um mundo dividido, sempre tentado a negar aos outros não só o direito à diferença, mas também o direito de existir, levou-o a padecer em sua própria carne a brutalidade da maior injustiça: a morte violenta do justo.

A *kénosis* salvífica e salutar de Jesus fez Dele um verdadeiro *curador ferido*. “O autor da salvação” (Hb 2,10), o Salvador único, arcou com nossas doenças, foi feito “pecado” por nós, sofrendo aprendeu o que significa obedecer, e suas feridas nos curaram.[130] Trata-se de uma *empatia* especial e única que não só enfatiza a condescendência do Servo, como também revela que esse é o caminho para a salvação e a saúde.[131] Ele não é um solidário que não pode

[128] Essas afirmações não estão em contradição com um dos paradigmas da Teologia da Saúde: o acesso à revelação sobre a saúde (e sobre a salvação) privilegia o caminho da plenitude, sem descuidar, obviamente, do caminho da indigência. *Kénosis* e plenitude, como vimos, não se excluem; a primeira não é somente o caminho até a segunda, é também sua expressão.

[129] Cf. ÁLVAREZ F., El Evangelio, fuente de vida, cit., pp. 41-43.

[130] Mt 8,17; Is 53,4.11...

[131] É interessante neste sentido a afirmação de Pedro Crisólogo, segundo a qual Cristo só pode curar assumindo nossas enfermidades: “Christus venit

salvar (não basta a empatia para curar os outros), tampouco é um mago que trata de oferecer "saúde triunfal". Ele não se deixou seduzir pela "fascinação absoluta do bem"; sua luta contra toda forma de mal (e especialmente contra o pecado) foi humilde nos meios,[132] e por isso desiludiu a tantos. Mais ainda, sua "modéstia" na realização do bem, sua passagem por este mundo fazendo o bem e curando (mas não *todo* o bem nem curando a *todos*) foram motivo de escândalo e sem dúvida também de condenação por seus adversários.[133]

A *Boa-Nova da Saúde* é incompreensível fora deste percurso, tecido, como se vê, de tensões e paradoxos. Vejamos algumas expressões sobre ela.

O que significa acolher a saúde oferecida por Cristo? Quer dizer justamente entrar na dinâmica salutar da *kénosis*. Quem se aproxima dela descobre que, para crescer, algo deve morrer em nós; que para viver sadiamente é preciso integrar na própria vida o sofrimento, a doença, a morte; que para ser livre é preciso viver um processo de libertação; que para dar fruto é preciso ser "sepultado" (de muitas maneiras) como o grão de trigo...

O que significa, desta mesma perspectiva, ser ministros da própria saúde? Cuidar (no sentido de "se encarregar") e curar se transformam, finalmente, em um modo de compartilhar, de dar a vida através da própria humanidade, e inclusive de entregar a própria vida no fogo lento do serviço. É a lógica da saúde relacional.

À luz destes paradoxos, entende-se por que Jesus nunca idolatrou a saúde (especialmente física), e ao mesmo tempo por que deu tanta assistência aos doentes (também a física) no centro de seu ministério, e por que, tendo Ele próprio sacrificado sua saúde (na austeridade, não se cuidando nem na alimentação nem na moradia, morrendo na cruz...), foi tão sensível aos detalhes mínimos da existência humana, até o ponto de dar valor determinante à visita ao doente.

Estes paradoxos (latentes no itinerário pascal da *kénosis*) remetem necessariamente à *perspectiva do Reino*, a que dá unidade a todo percurso, mas acrescentando a tensão que há nela.[134] O Reino,

---

suscipere infirmitates nostras et suas nobis conferre virtutes [...]; quia medicus qui non fert infirmitates, infirmitates curare nescit; et qui non fuierit cum infirmis infirmatus, non potest auferre infirmitatem", *Serm. 50* (PL 52, 340A).

[132] Lutar contra o mal com as armas do bem...

[133] Cf. GESTEIRA M., "Christus medicus". Jesús ante el problema del mal, cit., pp. 282-283.

[134] Cf. ÁLVAREZ F., El Evangelio, fuente de vida, cit., p. 43.

presente e futuro, manifesto e oculto, dom e conquista, promessa e cumprimento..., é esse *unicum necessarium* de onde *tudo adquire suas verdadeiras dimensões e de donde se dá a cada coisa seu verdadeiro nome.*

Tudo deve ser medido segundo este *absoluto*. A promoção da saúde, a cura da doença, o progresso da ciência e o alívio do sofrimento são sinais do Reino à medida que se transformam em modos concretos de realizar seus dinamismos e de fazer tornar operacionais seus valores. Mas também a aceitação da morte como limite inexorável, a reconciliação com os sofrimentos inevitáveis, a convivência com a doença são sinais saudáveis do Reino.

Virtude salutar da esperança

Na longa viagem da *kénosis*, a esperança é a virtude mais tentada, a mais necessária. Quais são as tentações? Afogar ou adormecer a tensão, matar os interrogadores, pegar atalhos, viver dando as costas aos companheiros incômodos da vida, deixar-se seduzir pelo encanto do imediato etc.

A esperança é a linfa da *kénosis*, seu dinamismo mais forte. Assim foi vivida por Cristo. A subida a Jerusalém não obedecia a um instinto suicida nem a uma espécie de fanatismo "messiânico". Não procurava tampouco a realização de si mesmo, mas sim sua máxima abertura Àquele que pode satisfazer a cede de autotranscendência de Jesus enquanto verdadeiro ser humano.

É então a esperança de chegar à máxima comunhão e identificação com o Pai, de retomar a vida ressuscitando ao terceiro dia, de derrotar a morte em seu próprio terreno... No horizonte, vislumbra-se a meta dos "novos céus e da nova terra" (2Pd 3,13), uma nova qualidade de existência, quando Deus será tudo em todos, e o ser humano conseguirá sua realização final.

Entretanto, a única existência sadia e salutar possível consiste em viver *em trabalho de parto*,[135] na dor e na espera. A partir de qualquer ponto de vista, o ser humano está sempre em projeto, *in fieri*. Fazer-se e mudar (chegar a ser), o qual não é possível sem dar verdadeiros *passos* (pascais) que têm ao mesmo tempo conotações de morte e de vida, de chegada e de ponto de partida, de esperança e de cumprimento.

A esperança não só "define" e prepara o futuro; é elemento constitutivo da própria identidade. *O ser humano é sua esperança.* Por

[135] Cf. Rm 8,19-23.

isso o itinerário pascal da *kénosis* sublinha com força ao mesmo tempo a morte (pegar a cruz, deixar-se sepultar com Cristo) e a nova vida (homens e mulheres renovados no mais profundo). *Isto é o ser humano*, o que acolhe a salvação e o que recebe do mistério pascal sua força salutar.

A esperança, em primeiro lugar, *liberta o ser humano do narcisismo* (circuito fechado) favorecido pela busca da realização de si mesmo. Não é este o caminho salutar até a salvação. A realização de si mesmo só será o "resultado" da abertura a Deus. O ser humano tem necessidade especialmente de autotranscender, e nesta aventura terá que aprender a viver na intimidade, na comunhão, na solidão radical e no intercâmbio, no esquecimento de si mesmo e na abertura ao outro. Uma aventura impossível sem a esperança.

Graças à esperança, o crente pode *prolongar suas experiências salutares* até os umbrais da morte, viver "sadiamente" a última passagem como o momento de grande decisão ("não me tiram a vida, eu a ofereço"), da autoentrega e do abandono, do último sentido que se deve dar à própria vida. Pode também dizer "adeus" sem ter que ter de renunciar ao reencontro definitivo com o melhor de si mesmo e com o Deus da vida.

A esperança *se afirma na fragilidade e na adversidade*. É a força propulsora do tempo da espera porque dinamiza a existência, dá-lhe consistência, abre-a para objetivos que a superam e satisfazem. É salutar não só porque ajuda a curar, mas também porque projeta o ser humano mais além de toda cura.

Graças à esperança, pode acima de tudo descobrir o especificamente cristão: o destino final da saúde consiste em "desaparecer" completamente "diluída" e ser transformada na salvação definitiva.[136] Esta é para o ser humano a última meta do itinerário pascal.

– Primícia de nossa ressurreição

Acontecimento central do sermão apostólico e verdade culminante de nossa fé em Cristo, a ressurreição é também a fonte mais fecunda da iluminação para a Teologia da Saúde; em outras palavras, para uma existência plenamente saudável, além de salvífica. Limitemo-nos por ora a oferecer esta via de reflexão: *o Ressuscitado como paradigma dos sinais do Reino*.

---

[136] Aqui se reivindica um dos pontos de apoio para a denúncia e o esclarecimento do "salutismo" e da busca obsessiva da saúde, física ou psíquica: o que acontece quando termina a saúde? É dela a última palavra?

A ressurreição, confirmação do valor da corporeidade

No itinerário até a salvação, percorrido por Cristo de maneira singular e proposto a seus seguidores, tudo se produziu em e através da sua corporeidade, verdadeiro eixo do ministro da salvação. A corporeidade está implicada (protagonista) na ressurreição, não menos que na cruz. Os autores do Novo Testamento, começando pelos Evangelhos, o sublinharam de maneira diferente: o túmulo vazio, o contato direto dos discípulos com o Ressuscitado, a constatação de que o corpo do Ressuscitado é o mesmo que o do Crucificado.

A ressurreição significa e realiza de forma singular, como premissa de nosso futuro e como condição de existência, todos os valores do corpo vivido. Assim, por exemplo;

- é a última prova da dignidade do corpo, da "seriedade" da existência neste mundo;
- confirma um modo concreto de viver a própria corporeidade (existe também a terrível possibilidade de que o corpo não seja finalmente glorificado), de viver a própria humanidade;
- é a libertação definitiva do corpo (não *a partir do* corpo), ou seja, dos limites inerentes à fragilidade da carne, da opacidade (a abertura se transformará em transparência, sem necessidade da fé e da esperança), do peso do pecado...;
- é a possibilidade de uma nova comunhão com Cristo (não condicionado mais pelo espaço e pelo tempo), especialmente através da vida sacramental.

A ressurreição, primícia de uma nova qualidade de existência

Diferente da "ressuscitação" de Lázaro, a ressurreição de Cristo significa um estupendo "salto de qualidade", em que está implicada toda a Trindade. O Pai ressuscita o filho com a força do Espírito, mas também o Filho tem o poder de recuperar a vida.[137]

A ressurreição deve ser considerada a obra culminante da ação de Deus na criação e na história, e como antecipação real (mas ainda a se cumprir plenamente) dos novos céus e da nova terra, a meta final do parto de que fala a Carta ao Romanos.

No novo existir do Ressuscitado, não é interrompida nem sua identidade nem a linha de continuidade de seu ser histórico: "O mesmo que desceu é o que subiu ao mais alto do céu, para que se

[137] Cf. At 2,24; Rm 1,3-4; 6,4; 2Cor 13,4; Fl 3,10; Ef 1,19-22; Hb 7,16; Jo 10,17-18.

cumprissem todas as coisas" (Ef 4,10). Subtraída a condição temporal, sua existência transformada *enche o tempo de sua presença* com a força de seu Espírito. Sua humanidade glorificada é o lugar onde Deus e o ser humano se encontram: sacramento do encontro com Deus.

De seu corpo, não mais submetido à morte nem a seu conjunto de experiências, nós participamos porque estamos habitados por seu Espírito.[138] À espera de sua glorificação e da passagem para a morte, nosso corpo deve oferecer-se como seu, vivido em forma de *presente* (culto, oferecimento, porque é "boa obra") a Deus e de serviço aos irmãos.

Seu existir transfigurado, sentado à direita do Pai, antecipa para nós o final de nosso processo de ressurreição, quando nosso corpo se converter também em "corpo espiritual" (1Cor 15,44).

A ressurreição, fonte de uma nova vida e de uma nova força

Na ressurreição de Cristo confluem de maneira natural e se condensam todos os motivos espalhados ao longo de outros momentos de seu acontecimento e se relacionam com estas expressões: *nova vida e nova força.*

A ressurreição, ação trinitária, é a melhor confirmação de que Deus não é o Deus dos mortos e sim dos vivos, o aliado da vida. A biofilia ("paixão pela vida") de Deus realizou-se em Jesus e superou todas as antigas promessas. A partir de agora o corpo pode ser vivido, ainda que seja dentro de seus limites, como *corpo de vida.*

A ressurreição é, sempre dentro do mistério pascal, a expressão plena da "vida abundante" (Jo 10,10); e não só dela, mas também *da única vida autêntica.* Fora dela não há mais que aparências e substitutos da vida. A ressurreição não "apaga" os sinais da crucificação: que a vida nova surge do "seio fecundo" do sepulcro, que o acontecimento central de nossa fé acontece sem testemunhas (sem evidências)... Como "autenticar", sob esta luz, a "biografia" dos que aderem a Cristo?

Na ressurreição está expressa e se faz possível a transformação de nosso corpo já neste mundo. É este um dos sinais mais saudáveis relacionados ao processo de ressurreição, nele que estamos enxertados pela adesão à fé e pela força do Espírito. Não é transformado

---

[138] 1Cor 6,15-20.

somente o olhar.[139] São também possíveis outras transformações em nossa corporeidade. Como não aludir aqui *à educação do corpo*, realizada pela graça, convertendo-o em veículo dócil e criativo da ternura e do amor de Deus. São transformados o olhar, o rosto, as mãos, os sentidos... Uma transformação real, visível, que pode chegar também ao âmbito moral, místico e estético.[140] Transformação certamente salutar.

Na ressurreição de Cristo foi instaurado um longo e maravilho *processo de ressurreição* ao qual tudo faz referência e em que todos estão incluídos (também a criação). Um processo animado (no começo, no meio e no fim) pela força do Espírito. Estes são alguns dos conteúdos desse processo:

– Processo de *reconciliação*, em primeiro lugar com o próprio *corpo*. Conviver com os limites, aceitar seu condicionamento e suas contradições, ser donos deles..., é um longo caminho, iluminado pela ressurreição. A sua luz, as feridas, os pregos..., devem ver-se e viver-se de maneira diversa. Reconciliação também com os *outros* e com a *criação*. O *shalom* do Ressuscitado significa o máximo da *saúde relacional*. Saúde comunitária e saúde ecológica. Cura das relações, do tecido relacional. "Que todos sejam um." Nova relação com a criação: contemplativa para que possa ser saudavelmente transformadora.

– Processo de *unificação*. A perspectiva da meta ilumina o caminho. Para a esperança é enormemente importante o presente. A ressurreição de Cristo é fonte de uma nova vida, na medida em que conduz o crente a responsabilizar-se, a decidir, a viver lucidamente (acordado), a "centrar o foco", a perceber o essencial.

– Processo de *superação de todas as formas de morte*, ou talvez seja melhor dizer *todos os atentados contra a vida*. À luz da ressurreição é mais fácil distinguir vida e qualidade de vida, o sofrimento gerado pelo amor e o provocado pelo egoísmo, pela indiferença ou pelo ódio; a cultura promove a aceitação dos "diferentes", a integração dos excluídos e oferece a eliminação de tudo que já não serve.

---

[139] Trata-se de um aspecto no qual já insistimos. A esta transformação faz referência, por exemplo, Santo Agostinho quando fala da "beleza de Cristo" nos diversos momentos da Paixão: "Formoso é Cristo na Cruz".

[140] Essa transformação é particularmente constatável em certos santos, em especial naqueles que viveram seu corpo como espaço de intimidade com Deus ou como dom aos irmãos. Entre estes últimos, em São Camilo a transformação de sua humanidade foi mais que evidente.

– Sob a ação salutar do Espírito do Ressuscitado

Acrescentamos a tudo que foi dito duas afirmações centrais na fé e da comunidade do Ressuscitado: "Ninguém pode dizer: 'Jesus é o Senhor' se não é movido pelo Espírito" (1Cor 12,3), e a outra: "Deus enviou a vossos corações o Espírito de seu Filho, que clama: *Abbá*, Pai!" (Gl 4,6).

O Espírito do Pai e do Filho é o Espírito da plenitude e da revelação e da salvação, alcança a última meta na confissão do *Kyrios* e do *Abbá*. A fé não pode expressar nada maior nem ousar além disso...

É a plenitude do próprio Deus, mas continua sendo *propter homines* e *propter mostram salutem*. O *Kyrios*, o Ressuscitado, com o corpo glorificado, autor da vida (At 3,15) e da salvação, o Salvador único, origem e símbolo da humanidade renovada; o que desvelou definitivamente o verdadeiro rosto de Deus Pai (*Abbá*) e curou a relação do ser humano com Ele.

"É conveniente que eu vá; porque, se eu não for, o defensor não virá a vós; e, se vou, vo-lo enviarei" (Jo 16,7). A partida de Cristo é uma verdadeira separação. É necessário que se afaste, para que os discípulos entrem em um novo processo pedagógico.

É o tempo para a interiorização (um verdadeiro processo de personalização) da revelação escutada do Mestre, de seus ensinamentos. O tempo no qual será necessário encontrar o equilíbrio entre o valor da autoridade (do Mestre) e o da experiência pessoal (sob a ação do Espírito). É a longa viagem da fé pascal, que vai do "quadro" da razão à experiência única e interiorizada da ressurreição e da "descida" do Espírito.

É, então, o tempo para a intimidade. A separação de Cristo introduz os discípulos em outra lógica: agora "seguir" é imitar, reproduzir, representar... Antes era possível "estar com Ele" (Mc 3,12) sem uma verdadeira comunhão com Ele. Agora estar com Cristo é necessariamente "viver com Ele", "viver Nele", e ainda, "já não sou eu quem vive, mas é Cristo quem vive em mim".[141] É neste "espaço sagrado" que se acolhe a salvação, se encontra o melhor de si, se descobrem e se experimentam as verdades últimas da vida, se manifestam também as próprias sombras, os desejos do coração, as energias escondidas.

É o tempo para viver a filiação, a nova relação (curada) com o Pai, dom que descobrirá na intimidade. Mas na "lógica" da revelação a

---

[141] Gl 2,20; cf. Rm 14,7ss; 2Cor 5,15; 1Ts 5,10; 1Pd 4,2.

consequência imediata da manifestação da paternidade de Deus é a fraternidade. "Se Deus nos amou tanto (e primeiro), também nós devemos amar-nos uns aos outros" (1Jo 4,11). Filiação e fraternidade são as duas linhas que percorrem toda a história da salvação. Esta é a intenção salvífica e pedagógica de Deus: revelar em Cristo a plenitude da paternidade (no dom da filiação) e a plenitude da fraternidade (no dom do Espírito, cujo amor foi derramado em nossos corações).[142]

Esta é a obra salvífica e salutar do Espírito da interiorização e da intimidade, da filiação e da fraternidade.

Como expressar esta economia, latente e visível, espontânea e misteriosa, humilde, discreta e forte? O Espírito necessita de muitos nomes, porque também é variada, abundante e inefável sua ação. São numerosos os apelidos com que ela é nomeada,[143] mas é especialmente rica a simbologia bíblica em torno do Espírito. Que outra linguagem poderia expressar melhor sua ação salvífica e salutar? Água, fogo, luz, nuvem, mão, dedo, selo, unção... são como as janelas de Deus abertas a um mundo (o do Espírito) no qual vivemos sem nos apercebermos disso, no qual nos movemos e existimos.

A força terapêutica e salutar dessa simbologia está claramente presente nos Padres e na liturgia,[144] espaço onde o Espírito desdobra sua ação plenificante em favor do ser humano.

A serviço da filiação e da fraternidade, é preciso contemplar os carismas e, em geral, todos os dons (e os frutos) relacionados com a ação do Espírito. Ele é o princípio da unidade e da diferenciação, de identidade individual e de intercâmbio. Com seus dons valorosos, leva a sério, assume plenamente a realidade de cada um, porque ninguém é abandonado. A cada um é concedido talento suficiente para ter um fim na vida, mas insuficiente para acabar antecipadamente a aventura dela. A cada um oferece o suficiente para achar a direção, não tão forte que deslumbre nem tão insuficiente que elimine a sede pela verdade. Com seus dons, quer edificar a comunidade, juntar a dimensão ofertante (não só indigente) de cada pessoa, conduzir todos à união mais salutar.[145]

---

[142] Rm 5,5.

[143] Cf. Jo 14,16.26; 15,26; 16,7; 16,13; Rm 8,9; 2Cor 13,17; Rm 8,9.14; 15,19; 1Pd 4,14.

[144] Cf. mais adiante.

[145] Cf. 1Cor 12–13.

Talvez um dos textos mais paradigmáticos da ação salutar do Espírito seja Gl 5,22-23. Trata-se dos "frutos" de um modo de viver. Se o termo "fruto" sugere o prêmio de um esforço, é preciso definir que esse viver é também dom do Espírito: "Se vivemos pelo Espírito, deixemo-nos conduzir pelo Espírito" (5,25). Do indicativo se passa ao imperativo, mas o segundo seria impossível sem o primeiro.

A obra do Espírito consiste também em transformar de tal modo nossa humanidade, que seus frutos não sejam mais os da "carne", mas sim os do Espírito (o Espírito do Ressuscitado), ou seja: amor, alegria, paz, paciência, benevolência, bondade, fidelidade, mansidão, moderação (5,22-23).

São "frutos variados" (permita-se a expressão), porque nem todos têm o mesmo valor nem a mesma importância, mas todos remetem a uma única economia salvífica: a ação do Espírito se coloca na mesma frequência de onda de Cristo. Seus frutos "tocam" toda a realidade humana, têm como finalidade a moderação (o domínio de si mesmo) e o amor, a paz e a mansidão. É salvação que se torna carne no tecido corpóreo e social, que transforma o modo de viver o próprio corpo e as relações com Deus e com os irmãos, que torna possível uma vida mais saudável.[146] É saúde relacional.

f) "Em nome do Senhor Jesus" (Hb 3,6) – a comunidade do Ressuscitado

Começamos a última etapa de nosso percurso sobre os quatro "momentos" salutares do acontecimento Cristo com esta afirmação: a comunidade protocristã, reunida ao redor do Ressuscitado, que vive sob a ação do Espírito, é a *comunidade salva/curada, sã e salutar/terapêutica*. Pela adesão a Cristo na fé e no batismo, participa dos efeitos salutares da salvação (a saúde como dom) e acolhe o mandato de realizar em favor da saúde e dos doentes a força salutar e terapêutica do Evangelho (a saúde como *missão*).

A reflexão se realiza necessariamente em torno de *dois motivos centrais*.

- *Comunidade reunida ao redor do Ressuscitado*, sob a força e a guia do Espírito. É comunidade acima tudo pelo que nela

[146] Há inclusive quem veja neste texto "uma vacina polivalente para a prevenção da maioria das doenças que têm sua origem no comportamento" (cf. RAM E. R. [ed.], *Healing of the spirit, in Transforming Health. Christian Approaches to Healing and Wholeness*, Marc Publications, 1995, p. 93).

aconteceu e continua acontecendo. Isso nos leva a acentuar três aspectos que definem sua verdadeira natureza: o dom da comunicação (estar *reunidos*), a força propulsora do *acontecimento* (a história fonte de comunhão) e a primazia da *graça* (obra do Espírito do Ressuscitado).

- *Comunidade que faz memória de Cristo e prolonga a experiência e a ação Dele.* Faz memória Daquele que passou pelo mundo anunciando, fazendo o bem e curando (At 10,38); a comunidade, portanto, tem uma viva consciência de sua missão, *validada* pela força do Espírito e pelos sinais em nome do Senhor. Na primeira comunidade, já é evidente a tensão que acompanhará a história do cristianismo: deve-se passar dos milagres aos sinais, da cura (saúde) à salvação.

– Comunidade reunida ao redor do Ressuscitado

Enquanto comunidade indivisivelmente vinculada ao mistério pascal, fez uma experiência profunda da *indigência* e da *plenitude*, um caminho iluminado justamente pelas experiências-limite de Jesus. A "paixão" vivida pelos discípulos foi paradoxalmente um verdadeiro aprendizado do itinerário salutar da salvação. A comunidade foi alcançada pela salvação *ali onde se encontrava.* O acontecimento pascal (na dupla vertente de paixão/morte e ressurreição) foi para a comunidade um verdadeiro *diagnóstico diferencial* de efeitos extraordinários.

A salvação salutar lhes alcançou em suas *resistências* a acolher a grande mudança, a abrir-se às Escrituras, a aceitar que a cruz é o caminho da salvação. Uma personificação exemplar dessas resistências é a *biografia de Pedro.* Foram alcançados em seu desconcerto, em seu medo, em sua desilusão. A morte de Jesus havia sido também "morte" para eles. Escondem-se em busca de uma "segurança já impossível" ou voltam às coisas de sempre (Emaús).

Por isso, a comunidade do Ressuscitado é formada por aqueles que, principalmente segundo a terminologia paulina, *estavam nas trevas, desconcertados, alienados, pecadores, irreconciliados e divididos...* Agora, em troca, também eles ressuscitaram com Cristo (vivem em processo de ressurreição), foram transformados pelo Espírito, fazem uma *profunda experiência de cura*: quebradas as corrente, resolvidos e ousados (irreconhecíveis), com entusiasmo e sem medo de ter que sofrer pelo Evangelho, saem do esconderijo, superam a desilusão, encontram luz em seu coração e se atrevem a arriscar sua vida por Cristo.

Seu anúncio tem a cor de um *relato* cujo protagonista é sempre Cristo. Ele é o Senhor, o único Salvador. O relato sussurra também a credibilidade de sua *experiência*: eles foram os primeiros convertidos, os testemunhos que fizeram a longa travessia da resistência, da dúvida e do desconcerto, os que aderiram a uma causa cuja gratuidade compreenderam e aceitaram muito tarde.[147]

Agem também em seu nome, mas a adesão a Ele não está principalmente em dizer e fazer o que Ele disse e fez, mas sim em *unir-se a Ele profundamente*. Trata-se principalmente de caminhar em *novidade de vida, de revestir-se do ser humano novo*, de conformar a própria existência com sua imagem, de ter os mesmos sentimentos e atitudes, de viver no Espírito, segundo a lei do Espírito. Nessa chave principalmente devem ser lidas a atividade terapêutica da comunidade pascal e, não menos importante, a força terapêutica do Evangelho.

– Comunidade que relembra o Ressuscitado e age em seu nome

"Não tenho ouro nem prata; mas o que tenho, isso te dou: em nome de Jesus Cristo, o Nazareno, levanta-te e anda" (At 3,6).

São pelo menos três os pontos de referência para adentrar na consciência terapêutica e solidária da comunidade protocristã: o mandato missionário, a adesão a Cristo pela fé e a ação gratuita do Espírito que se manifesta também no carisma das curas.

Mandato missionário...

Na experiência do acontecimento pascal, a comunidade encontrou a luz sobre sua missão de cuidar e anunciar. Fazendo memória, põe em destaque que desde o primeiro momento os discípulos foram eleitos para isto: "E escolheu doze para que estivessem com Ele e para enviá-los a pregar com poder de expulsar os demônios" (Mc 3,14-15). Com o mandato vai o poder (*exousia*) eficaz "de curar todas as enfermidades e doenças" (Mt 10,1),[148] um poder em princípio reservado aos doze e excepcionalmente concedido aos 72 (Lc 10,1-6).

O contexto *missionário* nos ajuda a compreender dois aspectos intimamente relacionados com a atividade terapêutica e salutar da

---

[147] Cf. At 1,6.

[148] Cf. Mt 10,8, onde se especifica o âmbito terapêutico da *exousia*: "Cura os doentes, ressuscita os mortos, limpa os leprosos, tira os demônios".

comunidade: o cuidado dos doentes coloca-se no mesmo nível do anúncio (como já dissemos em outro lugar) e, o que não é menos importante, a *exousia* doada aos discípulos para a atividade terapêutica remete à *exousia* com a qual Cristo ensinava, perdoava os pecados e realizava em geral sua missão.[149]

O serviço da Palavra e da saúde *são inseparáveis*. São as duas vias de realização do Reino, o único absoluto. Por isso, o anúncio, além de salvífico, deve ser terapêutico e salutar. E o cuidado do doente, para ser realmente eficaz, deverá ser também anúncio e realização da salvação. Porém, a origem da eficácia da *exousia* é única: Cristo, que trabalha com a força do Espírito.

A comunidade teve consciência da missionariedade que devia realizar naquela dupla vertente. A atividade taumatúrgica e terapêutica dos apóstolos, especialmente nos Atos dos Apóstolos, é inquestionável. Eles realizavam *terata kai semeia* ("prodígios e sinais") em nome do Senhor e com seus próprios meios terapêuticos: a palavra, as mãos ("pelas mãos dos apóstolos"), inclusive por meio da sombra de Pedro.[150]

A comunidade se prodigalizou também no anúncio (ao qual deu sem dúvida a precedência), consciente da urgência de proclamar a salvação em Cristo. Entretanto, a eficácia deste anúncio, provada com o testemunho e os sinais, dependia em última instância da conversão, da mudança radical de vida.

Adesão pela fé e pelo batismo

Este é o horizonte da vida e da atividade apostólica: "Arrependei--vos e que cada um de vós seja batizado em nome de Jesus Cristo para o perdão de vossos pecados; então recebereis o dom do Espírito Santo" (At 2,38.) Este é o princípio de transformação dos indivíduos e da comunidade. E, efetivamente, a comunidade ideal representada nos Atos dos Apostólicos está formada precisamente pelos que aderiram a Cristo e receberam o Espírito. Uma transformação certamente salutar, na qual eram visíveis os sinais salutares da ressurreição.

---

149 Para o ensino, ver Mc 1,22; Mt 7,29; Lc 4,32; para a remissão dos pecados, Mc 12,10; Mt 9,6.8; Lc 5,24. Cf. LANGELLA A., La funzione terapeutica della salvezza nell'esperienza della Chiesa: Sguardo diacronico e riflessione sistematica, in: VV.AA., *Liturgia e terapia*, cit., pp. 90-91.

150 Cf. At 5,15.

É princípio de transformação porque todos os dons (começando pelo da salvação) estão enraizados em Cristo. A adesão a Ele, na fé e no batismo, reproduz no crente sua vida, seus gestos e seu poder.

Note-se a respeito disso o final canônico do Evangelho de Marcos.[151] No contexto do mandato missionário dirigido aos onze ("ide..."), diz-se: "O que crer e for batizado será salvo..." (v. 16). E estes são os "sinais" que acompanharão os que creram: "Em meu nome afastarão os demônios, falarão línguas novas, agarrarão as serpentes [...], porão suas mãos sobre os doentes e os curarão" (vv. 17-18).

Esta é a importante novidade que nem sempre é levada em conta: o poder de realizar sinais (sinais terapêuticos, sinais do Reino) se estende a "todos o que creem". Devemos ver nesta afirmação algo mais que uma provável constatação circunstancial. Nos tempos em que se acrescentou o final de Marcos, existia "difusa efervescência carismática".[152] Provavelmente se sugere aqui a possibilidade de um grande passo, sempre difícil, dos milagres aos sinais, dos prodígios espetaculares ao serviço. A força da salvação, quando acolhida, é irrefreável, eficaz, tudo penetra. Não necessita de milagres. Todo crente em Cristo e toda a comunidade reunida em seu nome podem ser (são) realizadores e portadores da saúde de Cristo. É preciso fundar biblicamente aqui também a dimensão salutar e curadora da Igreja.

Sob a ação do Espírito...[153]

"Não me atreveria a falar de alguma coisa que Cristo não tivesse feito por meio de seu ministério [...] com palavras, ações, com força de milagre e prodígios e com o poder do Espírito Santo" (Rm 15,18-19). A fundação do ministério de Paulo (e da Igreja) é claramente cristocêntrica. Expressada por ele em todos os seus escritos, o invade todo: Cristo é o conteúdo, a mensagem, o modelo, a salvação e a causa da salvação. Anunciar e imitar se identificam, mas também o pecador deve pregar.

A adesão a Cristo e o batismo são condição necessária para receber o Espírito e viver sob sua ação. O Espírito é o Espírito de Cristo, do Ressuscitado. Viver como ressuscitados significa viver segundo

---

[151] Mc 16,9-20.

[152] Cf. LANGELLA A., op. cit., p. 95.

[153] Levamos aqui em consideração especialmente a doutrina de Paulo sobre os carismas, mais concretamente sobre a fundação da atividade terapêutica da comunidade.

o Espírito: seres humanos espirituais, lei do Espírito, não segundo a carne... O Ressuscitado se faz ativamente presente em seu Espírito, que distribui seus bens abundantemente e com eles embeleza e edifica a Igreja e enriquece e transforma os crentes.

Na Primeira Carta aos Coríntios,[154] partindo da realidade carismática daquela comunidade, Paulo oferece indicações fundamentais para compreender a atividade terapêutica da Igreja:

- O Espírito se manifesta de diferentes modos (os carismas pertencem também às "manifestações" do Espírito) em cada um e na comunidade.
- Os "carismas de curas" (*charismata iamaton*),[155] como dos demais dons, são para "a utilidade comum" (1Cor 12,7), para "a edificação da Igreja", mas não são "garantia" de viver segundo o Espírito ("não podem ser chamados de espirituais"). É preciso discernir.
- Por isso, o importante é viver segundo o Espírito e ser "humanos espirituais", que não vivem segundo a carne. Há aqui um eco da advertência do Mestre: "Nem todo que me diz: Senhor, Senhor!... afasta-os de mim" (Mt 7,22-23), dirigido aos que realizaram muitos prodígios em seu nome.
- Nessa troca de rota, talvez seja necessário interpretar também o fato de que, na comunidade de Corinto, ávida de dons, e à qual não parece faltar nenhum dom de graça,[156] haja também, segundo Paulo, "muitos doentes e fracos, e outros morreram"[157] porque, comendo e bebendo sem discernir o corpo do Senhor, comem e bebem sua própria condenação.[158]

As peculiaridades circunstanciais da comunidade de Corinto motivaram o amplo discurso paulino, o maior sem dúvida de todo o Novo Testamento, sobre os carismas. Isso não diminui o valor universal de seu ensino. Um dos motivos básicos é que os carismas não devem ser vistos somente como *dons funcionais*, cuja principal finalidade seria (e não só essa) habilitar para uma função, para um ministério. Estes fazem parte, também comum, da economia salvífica, da ação do Espírito na Igreja.[159]

---

154 1Cor 12–14.

155 Cf. 1Cor 12,9.28.30.

156 1Cor 1,5.

157 1Cor 11,30.

158 1Cor 11,29.

159 Assim foi reconhecido, por exemplo, no Concílio Vaticano II. Ver LG 12.

Porém, para ser pedras vivas da Igreja não basta desejar ou acolher este ou aquele dom; é necessário deixar-se guiar e transformar pelo Espírito. Por isso, o ideal do cristão é e sempre será o amor, a caridade, "o melhor dom" (1Cor 12,31). A falta deste dom inutiliza todos os demais dons: a profecia e a própria fé... "Tudo isso (sem o amor) de nada serve" (1Cor 13,3).

Estamos, pois, no núcleo da dimensão salutar e terapêutica da Igreja, dimensão que deve ser compreendida através da categoria do *sinal*, por consequência dentro da sacramentalidade da Igreja. Estes são, a respeito, alguns pontos de conclusão.

– A saúde, sinal do Reino

A saúde continua sendo um *sinal do Reino*, mas não sem condições ou a "qualquer preço". Como sinal do Reino, foi confiada à Igreja, mas também é verdade que foi confiada à Igreja para que continue sendo sinal do Reino.

É *sinal do Reino enquanto dom*, vinculando-se não só a eventuais (e incomuns) "dons de curas", mas sim especialmente aos *grandes dons*, em primeiro lugar o Espírito, a Palavra, os sacramentos, a comunidade.

A saúde não é a salvação, mas esta se expressa sem dúvida em dons e experiências salutares, pela força do Espírito, pelos dinamismos da vida teologal, pela vida sacramental. As variadas expressões salutares da Igreja remetem a um denominador comum: a dimensão salutar está intimamente relacionada com a dimensão sacramental. Mas em última instância a salutogênese eclesial é só expressão ou canal da força salutar (transformadora, curadora...) do amor de Deus.

Sinal enquanto missão

A saúde confiada à Igreja (toda a saúde em seu itinerário até a salvação) não está mais vinculada a uma eventual (e em todo caso incomum) atividade taumatúrgica. Os milagres não são objeto de preceito.

A saúde (toda a saúde) é missão da Igreja na dupla vertente em que foi colocada por Cristo:

- De *anúncio* (proclamação, celebração). O anúncio do Evangelho é salutar, a evangelização deve evangelizar também a saúde, a celebração dos sacramentos é salutar e terapêutica, os sacramentos devem ser vistos também como fontes de estilos de vidas saudáveis, como educação à arte de viver e de sofrer e à solidariedade.

- De *gesto* (promoção, serviço, alívio, acompanhamento...). Gesto que se converte em sinal do Reino, e, portanto, também em anúncio, na medida em que produz os mesmos sentimentos e atitudes de Jesus. O gesto tem um valor especial de anúncio (também terapêutico) quando se dirige aos mais pobres.[160]

4. Considerações finais sobre o modelo cristológico da saúde[161]

Uma das perguntas que se insinuaram ao longo de nosso percurso até este momento é esta: *Que saúde ofereceu Cristo aos homens e mulheres de seu tempo?* A resposta se encontra em toda parte, às vezes também nas entrelinhas. Por isso, as considerações finais que ofereço pretendem em primeiro lugar recapitular, destacando alguns aspectos que considero significativos no modelo cristológico da saúde.[162]

Partimos de uma afirmação fundamental. No modelo cristológico a *saúde está inseparavelmente unida ao projeto de vida*. Assim é também no caso da dimensão biológica, cujos conteúdos parecem escapar frequentemente não só à capacidade de controle mas também à capacidade de decisão do ser humano, cuja primeira tarefa é viver a *própria corporeidade*.

Na perspectiva bíblico-teológica o corpo é o primeiro espaço da saúde, por consequência, da liberdade. Para viver sadiamente, é preciso decidir sobre o corpo. Pode ser vivido como algo irremediavelmente imposto, mas também pode ser *acolhido* como dom. Acolher-se a si mesmo sabendo que se está "programado" para o crescimento, mas também para a decadência e a morte, habitar de boa vontade na própria pele, aceitar os limites, reconciliar-se com as incertezas e os riscos de uma existência sempre bela e sempre

[160] Com relação ao valor do testemunho, são eloquentes, por exemplo, algumas expressões ou afirmações da EN. No n. 21, fala-se de "interrogações irresistíveis" que o testemunho apresenta.

[161] Este último tópico do capítulo III, ainda que necessária e parcialmente repetitivo, deve ser considerado metodologicamente oportuno. Com ele, além disso, já nos colocamos no pórtico do capítulo IV, antecipando alguns de seus conteúdos.

[162] Reproduzo aqui parte de uma conferência feita por mim com o título "O Evangelho da saúde".

frágil... são as primeiras e as permanentes decisões que fazem vivível e saudável a vida.

Nesse sentido, o corpo não é somente espaço da saúde dos órgãos e das funções vitais, mas também o *território iniludível da saúde da pessoa*. Sem dualismos nem fragmentações indevidas. O corpo é mais que um sinal de identidade, é nosso modo de ser e de existir. Um "modo" acabado, mas ainda por completar, vinculado à natureza, mas que se realiza na história.

Por isso, "saúde biográfica" significa fazer história de nosso corpo, e isso reclama a vocação originária do ser humano: ser dono dele, apropriar-se dele, torná-lo familiar, vivê-lo, escutar seu silêncio, amá-lo e respeitá-lo, mas também sacrificá-lo na cruz do fogo lento do serviço, convertê-lo no que é chamado a ser: lugar de encontro e doação que se alimenta da abertura relacional, lar da intimidade que se recria na solidão e na comunhão, templo habitado pelo Espírito e sedento de infinito.

A cruz projetada no *mistério da encarnação* ilumina todo o ministério de Cristo, ou melhor, toda a sua pessoa. Se Ele tivesse vindo só para curar, para dar visão aos cegos, para enviar para casa alguns dos excluídos, prolongar em uns anos a vida de alguns doentes crônicos..., isto não seria mais que um remendo à incurável condição humana. Veio para que *tenhamos vida e a tenhamos em abundância* (Jo 10,10). Não se trata somente de curar uma enfermidade, mas sim de *elevar a condição humana à máxima dignidade e de encaminhar o ser humano pela vereda da máxima realização pessoal.*

Este Deus não podia ser inventado pelo ser humano. Deus não é a projeção de um sonho nunca verificado nem verificável. É o Deus de uma história dividida em alegrias e sofrimentos, em limites e possibilidades, em vida e morte, em saúde e enfermidade; de uma história sempre aberta a surpresas dolorosas e exaltantes e que, percorrendo o longo caminho da esperança, é capaz de plenitude.

Perfilam-se assim alguns traços esplêndidos da nova saúde. Nós os resumimos brevemente.

a) Saúde para toda a pessoa

Somente Cristo podia curar inteiramente o ser humano (Jo 7,23), e isto é algo de que não devemos duvidar. Ele, de fato, não descuidou de nenhuma dimensão da saúde, atuou sobre toda a pessoa. Ofereceu saúde física, psíquica, mental, relacional, comunitária, ambiental, moral e espiritual.

Porém, sem ceder ao pessimismo da afirmação "o são é um doente que ignora que o está, bem ou mal diagnosticado", sabemos que a saúde integral não existe, especialmente se nos deixamos diagnosticar por Deus, e tampouco é este o fim do Evangelho ou da evangelização, a não ser que desejemos uma espécie de cristianismo "muscular".

A integridade da saúde oferecida por Cristo não está em uma soma das "partes", mas sim na *capacidade de integrar* as diversas dimensões, inclusive as que estão feridas, de apropriar-se delas, de levá-las a uma unidade sempre difícil, de perceber, portanto, sua tensão, de reconduzi-las à realização do próprio projeto de vida.

Bastam alguns exemplos para captar melhor a mensagem. Saúde para toda a pessoa significa conviver criativamente com uma enfermidade física, incorporar a morte à vida, não arrancar do calendário da vida as folhas que os anos deixaram amarelas ou enegrecidas pelas oportunidades perdidas. Significa viver, mais que sob o peso dos limites, ao acaso das possibilidades e manter intacto ao máximo o eu integrador da existência.

Não estaria aqui uma das explicações mais convincentes da experiência de tantos homens e mulheres que, na adversidade, na doença crônica, no sofrimento, encontraram, amadureceram e deram o melhor de si mesmos? Quem é mais são: o que vive criativamente sua dependência de uma cadeira de rodas ou o que leva as muletas no cérebro, o que tem bolsos cheios e o coração vazio?

b) Saúde oferecida, não imposta

A saúde não é uma mercadoria oferecida de fora (a chamada *health delivery*). Em nossos dias este traço cristológico da saúde é o mais atual. A crente capacidade de intervenção da ciência nos acontecimentos fundamentais da existência, sem excluir a origem e a transmissão da vida, e a busca do ser humano por respostas técnicas e resolutivas a seus problemas médicos e existenciais favoreceram indubitavelmente um notável progresso, mas também alimentaram uma gradual perda de responsabilidade no ser humano, em detrimento da dimensão biográfica da saúde e de sua humanização.

Por estar relacionada com o projeto de vida, com o desempenho da liberdade e com o caminho da salvação, Cristo nunca a impõe, e deste modo não só implica o ser humano no processo terapêutico ("tua fé te salvou"), mas também busca despertar e potencializar o que Schweitzer chamava o *médico interior.*

Cada um é o sujeito de sua saúde, portanto, seu protagonista, ou melhor, sua primeira fonte. Na prática médica, equipada com uma bibliografia crescente, abre-se caminho a uma corrente que quer devolver ao doente seu protagonismo, dando vida a grupos de autoajuda com a ajuda da terapia, incidindo também no estilo de vida e na etiologia não específica da doença, favorecendo a vontade de viver e ajudando a encontrar razões para continuar vivendo.

Isso é ainda mais evidente na práxis pastoral, cujo primeiro objetivo consiste em favorecer no doente (e nos sãos) as melhores experiências saudáveis possíveis, também ante uma morte próxima, em que *o oferecimento da saúde chega até a morte.*

c) Capacidade de mudar, de viver diferentemente

Seja qual for o ângulo a partir do qual consideremos a saúde oferecida por Cristo, implica sempre uma mudança... a melhor; mais ainda, é saúde à medida que comunica a quem acolhe a capacidade de mudança. São muitos os dados que assinalam nessa direção. Um deles, muito explícito, é o uso do mesmo verbo ("ser erguido", "ser levantado") para as curas e para a ressurreição de Cristo, muito diferente da reanimação de Lázaro.

A última meta simbolizada na saúde e oferecida é a nova criatura, representada na recuperação das funções vitais perdidas ou nunca tidas, na libertação do mal, na reinserção na comunidade, no começo de uma vida laboral e social nova e, acima de tudo, plasmada na conversão. *Sem conversão não há saúde.*

Também na linguagem secular e científica é hoje evidente a conexão entre saúde e conduta e, de modo mais geral, estilo de vida. Sete das doenças humanas que causam mais mortes hoje no Ocidente estão diretamente relacionadas com o modo de viver e, através dele, com a cultura subjacente, com os valores nos quais se apoia, com a normativa social e, paradoxalmente, com o ideal social da saúde. Não há necessidade de alimentar o novo *ex opere operato* secular que faz a saúde depender de algumas condições consideradas consciente ou inconscientemente infalíveis.

Porém, está claro que só pode ser fonte de saúde quem influi positivamente no modo concreto de viver do indivíduo e da sociedade, nos critérios de juízo e de valor, no sentido da vida e da morte. Nesta ordem de coisas, quem mais que a Igreja está chamando a influir na saúde humana, pelo menos na de seus membros?

d) "Só uma vida livre é uma vida saudável"

O que faz a saúde humana é nossa possibilidade de decidir sobre ela. Ainda que diferente, é inseparável da liberdade. No modelo cristológico, sempre nos é oferecida sob a forma de libertação, certamente a níveis distintos, os níveis da liberdade. Também aqui, o percurso assinalado e oferecido pelo Mestre caminha de mínimos a máximos. Do mínimo da libertação de uma febre ao máximo da libertação das escravidões interiores e do poder do pecado. Que Cristo curara os doentes podia não maravilhar, pois havia outros curadores; o que escandalizava era que perdoava os pecados, que ligava saúde física e saúde espiritual, liberdade de movimento e recuperação da liberdade interior.

Em outras palavras: a meta da ação salutar de Cristo não está em dar a "liberdade de" (caminhar, ver ou fechar os olhos), como tampouco na "liberdade do/da" (mal, enfermidade, escravidão, inclusive pecado), e sim na "liberdade para". Esta última é o grande paradoxo da liberdade cristã.

Cristo deu acima de tudo um novo conteúdo à liberdade. Estávamos doentes, éramos escravos e pecadores, mas Ele nos libertou para que pertencêssemos a Ele, para ser propriedade sua. Somente Ele faz com que seja livre nossa liberdade, curando-a de suas feridas, enriquecendo-a com novos conteúdos e novas razões para viver. Não há em nosso tempo quem se pergunte o que fazer com sua liberdade, o que fazer do e com seu corpo? E a pergunta do sentido. "Ninguém goza de saúde enquanto não sabe responder à pergunta: Que fazer com a saúde?" (Siebeck).

e) Saúde para a missão

Na mentalidade comum, é praticamente impossível separar a saúde humana da capacidade de trabalhar. É este um dos critérios que deram origem no passado aos sistemas atuais de previdência social. Logo que a febre desapareceu, a sogra de Pedro se pôs a servi-los, ou seja, a trabalhar. Mas Jesus não disse a nenhum dos curados: *E, agora, trabalhe!*, ainda que a realização de uma atividade e especialmente o fato de deixar de viver à custa dos demais possam ser sinal de saúde. No entanto, sempre é relativo. A missão não se esgota na atividade. Esta pode transformar-se em doença, evasão, escravidão, ocupação desagradável. Uma coisa é trabalhar e outra muito diferente (frequentemente) é cumprir a missão a que fomos chamados.

Na perspectiva cristológica, saúde e missão situam-se na corrente do *seguimento*, do projeto de adesão a Cristo e de entrega ao Reino como o "único necessário". Viver sadiamente significa para o discípulo identificar-se com o projeto de Deus, secundar sua vontade, percorrer o caminho que conduz da *kénosis* à Páscoa, da indigência à plenitude, da cura interior à santidade.

Nesse caso, o projeto é explicado mediante uma lenta e progressiva transformação pessoal, cujo cume está na própria configuração pessoal segundo a imagem do Filho. Esse caminho salutar necessita de mais braços treinados para o trabalho, um coração ganhado pela Boa-Nova; feito de trabalho e descanso, de fatigas, de aflição e de abandono, de ação e de paixão (*fazer e deixar-se fazer*), de adesão e de renúncias.

Parafraseando André Godin, é muito certo que à saúde humana pode lhe pedir sempre mais. Quando a saúde é incorporada a esse projeto de vida, ela se transforma em aventura, modulada por riscos e incertezas, até o ponto de conduzir o ser humano a descobrir e dar o melhor de si e inclusive a terminar cravado na cruz. Na capacidade de viver a própria existência como pró-existência (de doação), resplandece o novo no rosto do ser humano salvo e curado. É o rosto de quem já está (embora ainda não) ressuscitado com Cristo e vive, como nova criatura, uma *nova qualidade de vida*.

f) Saúde confiada a uma nova aliança, saúde da nova humanidade

O povo de Deus reunido em Cristo está constituído, obviamente, por quem se incorpora a Ele pela fé e pela caridade, por quem aceita ser salvo Nele e por Ele, mas também por quem acolhe sua ação salutar. É um povo curado, são e curador. Essa afirmação pode ser explicada de modo diferente. Duas considerações são suficientes.

A nova saúde está ligada a um pacto selado na cruz que foi confirmado na ressurreição de Cristo por força do Espírito. Deus, sempre do lado do ser humano, de sua vida e de sua realização, não só revelou em Cristo o modo de conseguir a plenitude do humano, como também a tornou possível. A saúde, em pé de igualdade mas à longa distância da salvação, faz parte *do compromisso de Deus* a favor da humanidade. O novo povo adere ao pacto à medida que aceita esse modo de *caminhar até a plenitude*.

A saúde se converte em objetivo comum, em meta coletiva. Daí que tenha sido confiada à comunidade e não somente aos indivíduos. A pertença ativa à comunidade é de algum modo garantia de vida saudável. A comunidade conta com ricas reservas salutares. Em primeiro lugar o Espírito, que cura e fortalece a liberdade ferida, que enriquece com seus dons, que distribui frutos tão próximos à vida e aderentes à saúde como "amor, alegria, paz, generosidade, benignidade, bondade, fé, mansidão, autodomínio" (Gl 5,22-23); ou seja, o Espírito que educa o desejo, que sustenta a esperança (um dos dons terapêuticos e saudáveis por excelência).

A comunidade, habitada pelo Espírito, iluminada pela Palavra, alimentada pela Eucaristia e fortalecida na reconciliação mútua, é chamada a ser sempre "lugar da saúde", espaço habitável da liberdade, proposta de um estilo de vida de contraste, lugar de acolhida para os diferentes e excluídos. Como poderia hoje a Igreja permanecer afastada da grande aliança terapêutica da sociedade?

g) Nova comunhão com Deus

Estamos diante do último horizonte de nosso itinerário, a meta na qual o discurso sobre a saúde adquire uma dimensão de totalidade indubitável. Digamos com palavras simples: Cristo veio certamente para curar a relação do ser humano com Deus. Em seu tempo, a religião oficial havia se convertido – um risco sempre à espreita – em um instrumento de poder, de manipulação das consciências e da liberdade, em um sistema de excepcionalidade em benefício dos chefes e em uma carga que oprimia o povo. Portanto, em um enxame patógeno a partir de muitos pontos de vista, Jesus, por sua vez, não procurou uma inversão de funções; o que fez foi provocar uma mudança total de sistema. Não substituiu uma religião com outra mediante uma simples alternância de liderança.

No entanto, Jesus não veio somente para curar. Seu acontecimento é mais que medicinal. Lembraria mais a imagem da medicina perfectiva que a da medicina corretiva ou curadora. Em outras palavras, ofereceu aos seres humanos, sempre necessitados de cura integral, uma saúde insuspeitada, muito acima das expectativas, que eleva a condição humana, é fonte de novas possibilidades. Desse modo, superou o risco, inerente a toda religião, de propor uma "religião" (a sua na realidade não o é) que se coloca à margem do que poderíamos chamar de a "medida de Deus" e a "medida do ser humano".

Religiões patogênicas porque no fundo aparece um Deus competidor do ser humano, incompatível com sua sede de liberdade, freio e limite de suas possibilidades; ou um Deus projeção (invenção) dos sonhos não realizados, remédio impossível dos males inevitáveis, onipotência temida e invocada.

Não deve nos surpreender, portanto, que as religiões não sejam sempre contempladas como aliadas da saúde do ser humano, e tampouco que psicólogos como C. G. Jung se expressem do seguinte modo: "Entre aqueles dos meus pacientes que chegaram à metade de suas vidas não encontrei nenhum cujo problema determinante não tivesse sido a atitude religiosa [...]. Ninguém se cura realmente se não recupera essa atitude".

Esse não é o Deus revelado por Jesus. Através de um mosaico de gestos, de sinais e de palavras, através de sua pessoa e muito frequentemente em aberto contraste com seus adversários, Jesus, o novo ser humano e o grande símbolo da nova humanidade, despertou a tensão do ser humano até o infinito, abriu a mente e os corações a uma relação filial com Deus-Amor sem cortes e nos ensinou que Ele, o Deus apaixonado pela vida, é nossa possibilidade máxima, a consistência de nosso ser, a meta dos rios de nossa vida.

Viver segundo seu desígnio é o melhor, o mais saudável que pode acontecer em nossa vida. A comunhão com Ele é, então, o espaço privilegiado das experiências mais humanas: o amor e a liberdade, a alegria e o sofrimento, a vida e a morte, a aurora e o ocaso, a solidão radical que nos habita e a abertura ao outro.

Nessa comunhão, os crentes em Cristo apostamos a sorte da *saúde espiritual*. Seu percurso não é o da religião entendida no sentido tradicional, mas sim o da *fé*. A religião desemboca não poucas vezes na magia, na subversão dos papéis (é o ser humano quem merece a salvação), nos interesses e desejos frustrados, na busca de seguranças impossíveis, ao passo que a fé é ponte estendida entre as duas margens e ao mesmo tempo aventura e abandono, sintonia profunda com Deus e a busca de Deus alimentada pela sede e pelo amor.

A saúde espiritual caminha, então, de mãos dadas com os significados e o sentido da vida, com as necessidades e os valores mais profundos do ser humano, com as capacidades recebidas e adquiridas, para encontrar o melhor de si mesmo e fazê-lo crescer no bem pelos demais até as últimas consequências, para crescer no caminho da bondade, da verdade e da beleza, para buscar Deus nas coisas e as coisas em Deus, e para conseguir o amadurecimento de Jesus no difícil equilíbrio entre comunhão e liberdade.

IV

Perspectivas teológicas

1. Introdução

Ao começar este último capítulo, é muito oportuno fazer uma breve recapitulação dos precedentes para captar suas linhas condutoras ou ao menos os pontos mais relevantes e assinalar algumas linhas do percurso teológico.

O *enfoque antropológico* oferece à reflexão teológica um horizonte aberto que permite dar um certificado de cidadania teológica à saúde. O discurso teológico, de fato, começa onde se descobre a profundidade antropológica da saúde. Sem pretender ser exaustiva, acolherá e desenvolverá ao menos as seguintes dimensões, que são ao mesmo tempo objeto de uma *opção bem precisa:*

- *Dimensão pessoal.* A saúde, objeto da reflexão teológica, é "toda a saúde". A inevitável tensão entre objetividade e subjetividade, entre corpo objeto (*Körper*) e corpo vivido (*Leib*), entre biologia e biografia, em suma, entre as diversas dimensões, analisa a sede de totalidade e, ao mesmo tempo, a necessidade de encontrar o sujeito da totalidade. Daí que a linguagem teológica, justamente porque é sensível a essas tensões, usa como chave hermenêutica essa dimensão, que compreende as outras, que denominamos *ser bem.* Somente assim pode-se evitar que a Teologia da Saúde possa ser confundida com uma "ciência da saúde" (seu objeto não é o corpo – saúde física/estar bem –, nem a psique – sentir-se bem – mas sim a pessoa). É dentro desse esquema onde toda a dimensão encontra sua justificação e seu lugar: não tem sentido falar de saúde de um corpo sem sujeito, como tampouco de saúde espiritual sem sua "encarnação" material (compreendida a ambiental e histórica).
- *Dimensão experiencial.* Como dissemos, o conceito de experiência não define a saúde, entre outras razões porque nem tudo o que se entende como são pode ser experimentado. Porém, esse conceito está presente em quase todas as definições, já que é o que torna humana a saúde. Experiência elaborada, complexa, unida a outras..., significa que a saúde é incorporada à consciência, converte-se em objeto de decisões, é vivida como um valor ou como um objeto de consumo, necessita de um sentido, pode ser vivida cristã ou paganamente, entra no âmbito da fé etc. Tem, pois, um conteúdo (não é somente *santé vide*), e, mesmo que seja sempre um adjetivo da vida (subordinada então a ela), no modo de vivê-la o ser humano constrói o substantivo de sua experiência.

- *Dimensão relacional.* Uma das provas mais evidentes da profundidade antropológica da saúde está em sua relacionalidade. É uma dimensão que penetra todas as coordenadas antropológicas, mas de modo muito especial a relacional. A saúde é sempre relação, diálogo, interação. Seja qual for o ângulo do qual é contemplada, o olho atento deve descobrir sempre nela uma realidade/fenômeno vivido/explicitado dentro de um processo, de uma espécie de *continuum* (não um estado estável) no qual as partes estão teologicamente ordenadas ou relacionadas com o todo: os órgãos ao corpo, este ao sujeito, este ao ambiente, à cultura. A saúde se move ao compasso da dimensão relacional da pessoa (de suas capacidades, pobrezas e condicionamentos), participa, então, de seu mistério. A reflexão teológica, por consequência, deve enfrentar o desafio de associar a racionalidade causal (que, quando é absolutizada, faz aumentar o foco entre biologia e biografia) e o relacional, não só como chave hermenêutica para a compreensão do mosaico saúde (e de suas intenções), como também enquanto premissa para a práxis da saúde: a saúde, portanto, dentro de uma grande e poliédrica aliança.
- *Dimensão simbólica.* A urgente tarefa de dar uma linguagem, teológica também, à saúde nos remete necessariamente a sua categoria simbólica. A pergunta de C. Kriland, "What makes man human?", deve-se aplicar também à saúde, e também a resposta: sua capacidade de criar e usar símbolos.[1] A complexidade da saúde aparece claramente no ato de não ser nem poder ser considerada (de acordo com sua inspiração cartesiana) ciência da natureza. O enfoque simbólico, possível e agradável também na arte de cuidar/curar, é uma porta privilegiada de acesso. Ali só entram os que sabem escutar o "relato" do doente, ler mais além do desejo (insaciável) de estar/sentir-se bem, escrutar suas imagens representativas, o ideal social e seus cânones. À reflexão teológica não deveria ser estranha a frondosidade desta selva, onde sempre se encontram os rastros marcados pelo itinerário salutar de Cristo.

Estes pontos destacados se confirmam, ou ao menos se encontram, no capítulo em que expusemos o tema "A saúde na história da

---

[1] Citado por LAÍN ENTRALGO P., La psicoterapia como somoterapia: El proceso de simbolización, in: ALEMANY C., GARCÍA V., *El cuerpo vivenciado y analizado*, DB, Bilbao, 1996, p. 48.

salvação". A reflexão teológica é evidentemente mais que devedora dela. Também neste caso, sem dar as costas à riqueza de conteúdos, a exposição será seletiva, tratando de desenvolver algumas linhas condutoras.

Parte-se em primeiro lugar de uma *visão unitária do ser humano e da história da salvação*, a única que dá razão profunda da revelação de Deus sobre a saúde. A tarefa da teologia será escrutar de que modo se realizam no *hic et nunc* da história o *desígnio salutar* de Deus (sua vontade de saúde) e seu *modelo de saúde*. Em outras palavras, deverá perguntar-se quem é o homem/mulher são/sã e quais são as vias e os recursos para viver essa experiência. Tudo isso, evidentemente, tendo presente que a saúde não é na revelação fundamentalmente *algo que se tem* (não pertence ao mundo dos objetos), mas sim um *modo de viver*, de situar-se, de estar (o mundo dos valores e das relações). Sublinhamos também o fato de que a saúde, em todas as suas dimensões, não é um dado da natureza *tout court*, atributo do corpo submetido às leis controláveis e às vicissitudes incertas da natureza. Na própria ordem da salvação, é ao mesmo tempo um bem criatural e de graça, que deve ser acolhido como se acolhe o corpo, inseparável da condição/homem e, ao mesmo tempo, espaço de graça aberto sempre aos horizontes da nova criação.

Outro dado que devemos destacar na revelação da saúde é que nunca é um bem essencial como a salvação, mas sempre aparece *unida à ação salvífica de Deus*; por consequência, não só o que Deus fez, mas também o seu ser. Isto é especialmente claro em Cristo, que cura porque Ele mesmo é saudável. Desse dado emergem com força algumas linhas que a reflexão teológica deve enfrentar. Por exemplo, se a saúde está vinculada à salvação, significa também, ainda que seja de modo diferente, que é oferecida a todos os seres humanos e não só aos doentes, do que se deduz que a ação de Deus em favor da saúde não deve ser entendida só da perspectiva "medicinal". Desse modo, amplia-se o horizonte e dirige-se o olhar não somente às intervenções terapêuticas e aos processos de cura. A saúde atravessa toda a história da salvação como o *novum* (nova situação, novas possibilidades, nova saúde) que brota para o ser humano e para a humanidade salvos.

Para aprofundar e dizer em uma linguagem teológica atual esta forma de ver as coisas, a revelação ainda nos oferece outras perspectivas de interpretação. Em primeiro lugar, *a simbólica*, mediante a qual se desdobra a *pedagogia salvífica e salutar* de Deus: saúde e doença, em sua profundidade humana e em sua compreensão salvífica, constituem um capítulo importante da pedagogia de Deus. Isso quer dizer, entre outras coisas, que não se pode compreender o ser humano fora dessa realidade, verdadeiro "lugar teológico". A antropologia se converte necessariamente em antropologia da saúde e da doença. E mais uma perspectiva: a *relacional*. Acolhendo e aprofundando este dado bíblico, oferece-se à reflexão teológica a possibilidade de descobrir e ler hoje a dimensão relacional/dialógica do ser humano, da Igreja e dos sacramentos também em perspectiva de saúde. Uma possibilidade indubitavelmente fecunda.

Da revelação bíblica procede também o estímulo para explorar teologicamente algumas das expressões de um conceito-chave, expressado com o neologismo "salutogênese". Descartados possíveis maus entendidos ou ambiguidades latentes neste conceito, trata-se de perceber e aprofundar uma visão do mistério de Cristo e de sua prolongação na Igreja, onde aparecem como causa/fonte de saúde. É uma visão positiva, que não esconde nem descuida do caminho da indigência, mas trata especialmente de ser fiel ao Deus revelado da história: aliado da e apaixonado pela vida, Deus é a máxima possibilidade do ser humano (não competidor), porque viver de acordo com Deus (vocação criatural e de graça) conduz todo ser humano a sua plenitude, à plena realização de si mesmo.

O que dissemos nos leva pela mão ao que será o eixo condutor da Teologia da Saúde, seu fundamento e o espaço de seu desenrolar: *o mistério de Cristo em seus diversos momentos*. A referência a Cristo sempre seria explícita, ou ao menos subjacente. Dado que se trata da saúde humana, relacionada com a pessoa e sua condição corpórea, daremos um acento especial ao acontecimento da encarnação, no qual a antropologia converte-se necessariamente em cristologia. Em outras palavras, o ser humano (são) querido por Deus, esse homem que cumpriu a saúde segundo o desejo de Deus, é quem assumiu a humanidade segundo um modo muito atento de ser e de viver como ser humano.

Este quarta capítulo se inspira fundamentalmente no mistério da encarnação. Trataremos de responder algumas interrogações presentes e latentes nos capítulos precedentes. Assim, por exemplo: Quem é o ser humano são à luz desse mistério? Onde está o tipicamente humano e cristão da saúde? Com o que contribui a reflexão teológica para o diagnóstico individual e coletivo da saúde? A partir de que critérios é possível esse diagnóstico? Por tudo isso, na articulação deste capítulo, o primeiro tema que devemos enfrentar é justamente a necessidade de um *novo diagnóstico*. Em seus claro-escuros, nos permitirá desenvolver a continuação dos demais temas: *a saúde, um modo de ser humano; a saúde, uma experiência relacional pluriforme; a saúde, uma existência liberta, livre e libertadora; a saúde, uma experiência salvífica...*

2. Necessidade de um novo diagnóstico

Uma hermenêutica cristã da saúde não deve prescindir de que o acontecimento de Cristo, em todos os seus momentos, constitui o ponto culminante da antropologia de Deus. À luz desse acontecimento, o ser humano e suas realidades aparecem em suas verdadeiras dimensões. O olhar de Deus em Cristo realiza um diagnóstico profundo da condição humana e de cada um dos seres humanos. É um olhar que penetra, diagnostica, restitui a dignidade, cura.[2] Quem se deixa diagnosticar descobre ao mesmo tempo sua radical indigência, frequentemente posta à mostra pela doença, e sua vocação de plenitude; é confrontado pelas próprias sombras e introduzido em uma nova luz; recupera o entusiasmo de ser humano ainda estando destinado à morte. A adesão ao Reino, explicitada somente por quem aceitou submeter-se a esse exercício, é realizada somente por quem aceitou submeter-se a esse exercício.

Se para uma adequada evangelização é necessário percorrer o caminho do ser humano e encontrá-lo quando vive os acontecimentos fundamentais de sua existência,[3] deveria também ser claro que não se pode compreender a antropologia de Deus (saber quem é o ser humano que precisa ser evangelizado) à margem dos *modos de ser humano* (são e/ou doente) e de viver como tal. Trata-se de um diagnóstico novo, necessário e possível, mas especialmente que é preciso recuperar.

Viemos de uma longa tradição que no "diagnóstico" teológico e pastoral favoreceu quase de maneira exclusiva a dimensão moral do ser humano e da existência cristã, que pôs em surdina ou silenciou outros capítulos importantes do "diagnóstico" e, portanto, do encontro com a verdade nua do ser humano. A polarização entre os dois extremos da história da salvação (graça – pecado) não permitiu

---

[2] Cf. ÁLVAREZ F., *El Evangelio de la salud*, San Pablo, Madrid, 1999, especialmente o capítulo intitulado "El Magnificat desde el mundo de la salud y de la enfermedad. Historia de una mirada que salva y sana", pp. 108-140.

[3] Exigências hoje pacificamente aceitas em relação à evangelização e postas também em destaque nos documentos pontifícios, por exemplo RH (passim), EN e SalDol.

descobrir ali a dimensão saúde/doença. A graça tem suas tradições e expressões saudáveis (*onde abundou a graça abunda também a experiência da saúde*), mas não se identifica com a saúde. Tampouco a condição pecadora deve identificar-se com a condição patológica do ser humano. Não raramente, no entanto, o diagnóstico pastoral (praticado no confessionário como na evangelização em geral) identificou como pecado o que seria mais bem considerado patológico ou patógeno, mais necessitado de cura que de perdão; ou não conseguiu descobrir as profundas aspirações de felicidade e de plenitude escondidas ou obscurecidas nos compartimentos considerados ambíguos e inclusive errados. As patologias do comportamento ou as patologias espirituais necessitam de terapia e, por consequência, de um esmerado diagnóstico, sensível não somente às conotações morais mas também à demanda de salvação que ali se esconde.

a) Nova e diferente

Sua novidade consiste fundamentalmente em três fatos. Em primeiro lugar, nos critérios e nos parâmetros que usa. Não plagia a prática médica nem busca a individuação das características da saúde, mas, melhor que isso, sua *tipicidade humana*. A pergunta que guia a busca é: à luz do diagnóstico feito por Cristo e confiado à fé vivida e pensada pela Igreja, *o que torna humana a saúde?* Como se disse, não é o fato de ter dois olhos, e sim o modo de olhar, também de dentro. O diagnóstico, por consequência, não leva em consideração o primeiro nível (em certo sentido tampouco o segundo), mas sim o terceiro: o *ser bem*, mas de um modo concreto, ou seja, baseando-se no sujeito da saúde e em sua biografia. Essa novidade (talvez não seja necessário recordar-lhe) finca sua raiz na encarnação, que é a grande novidade da história da fé cristã. Sob sua luz, como já havíamos dito, o mandato de viver (sadiamente) se converte em vocação/possibilidade *de viver diferentemente*.

Representa também uma novidade que não é indiferente à *finalidade de nosso diagnóstico*. A reflexão teológica e a ação pastoral devem evitar o risco de voltar a formas camufladas de "gestão cristã" da saúde. Sempre está a espreita a tentação de querer exercer certo controle sobre os comportamentos sociais e ditar as normas que estabelecem a normalidade e a normalidade através das intervenções diretas ou indiretas sobre a saúde. Não deve ser esquecido que a medicina e a religião tiveram sempre um forte poder de governo neste campo. Tampouco se trata de "medicalizar o desvio", neste caso a infração moral, reduzindo, assim, a práxis cristã a uma simples questão de higiene moral, de saúde privada e pública.[4]

O diagnóstico, tal como Cristo nos ensinou, não tem como finalidade prioritária/fundamental a cura/saúde nem uma forma de constrição sobre as consciências, mas sim a salvação, cuja centralidade nunca deve cair na sombra. Porém, justamente porque é a mesma salvação oferecida e realizada por Cristo, também hoje pode ser terapêutica e deve ser salutar.

Finalmente, e não menos importante, o diagnóstico esboçado pela Teologia da Saúde representa um esforço de superação da indevida hegemonia do "pensamento causal", essa forma de conhecimento e de interpretação que guiou o sistema médico convencional. Além da lógica das causas, o diagnóstico deve levar em conta o chamado *processo relacional*,[5] que ajuda a reconhecer a impossibilidade (também científica) de encontrar sempre e definitivamente o porquê de todo o processo patológico e, acima de tudo, reclama a copresença multiforme do sujeito, de seu mundo (interior e exterior) e de sua implicação na gestão pessoal da saúde.

b) Necessária

São múltiplas as razões que se aconselham para concentrar a atenção nesta característica de nosso diagnóstico. Damos alguma indicação detalhada sobre isso repassando determinados aspectos da saúde, como resulta do enfoque antropológico.

Partimos deste postulado: a saúde humana é uma realidade biológica e ao mesmo tempo claramente metabiológica. Por consequência, sua entidade não se esgota em ser um dado de fato, isolável, irremediavelmente ligado a seu suporte biológico/corpóreo. Por isso, usamos o conceito da *experiência*. E é especialmente esta dimensão da saúde que torna necessário o diagnóstico.

– Enquanto experiência pessoal

Como qualquer outra experiência humana, a da saúde está sulcada por certa ambiguidade/ambivalência radical, e, na verdade nenhuma, nem sequer a do amor, é por si mesma garantia absoluta de

---

4 Cf. McGUIRE, Religión, salud y enfermedad, in: *Concilium* 234 (marzo 1991), pp. 294-296.

5 Cf., por exemplo, EPPERLY B. G., Prayer, Process and the Future of Medicine, in: *Journal of Religion and Health* 39, 1 (1999), pp. 23-37.

plenitude/salvação. A experiência pode tornar sã ou malsã a saúde, são ou malsão o corpo vivido. Pode assim mesmo tornar vãos os esforços dos processos terapêuticos e das variadas formas de prestar culto ao corpo. É ela que explica, pelo menos em parte, que haja doentes e são imaginários. A ambiguidade alcança cumes muito altos quando em um dos extremos a experiência/saúde está dirigida a si mesma (vive-se para estar/ser sãos, segundo a expressão do doutor R. Siebeck),[6] tornando absolutas certas expressões suas, ou quando, confinada no esquecimento ou no descuido, não se faz dela objeto de experiência.

– Enquanto fenômeno constitutivamente cultural

A urgência do diagnóstico é também evidente. É preciso constatar em primeiro lugar a resistência, de origem pluricausal, para interpretar biograficamente a própria saúde. O "caminho triunfal da medicina", com seus êxitos e fracassos, favoreceu um tratamento cada vez mais técnico da saúde. Juntamente com a fé no poder atual e futuro da ciência, aumenta certa confiança nos novos *ex opere operato* que garantiriam uma boa qualidade de vida, a prolongação do tempo são da existência e a neutralização dos fatores de risco. Estamos, então, em um nível de *saúde coisificada.* O interesse cada vez maior pela saúde convive com a perda de responsabilidade individual, com estilos de vida patógenos, com a asfixia ou a evitação da tensão voltada aos ideais e aos valores.

A introdução do sujeito no pensamento e na prática médica que teve lugar em boa medida graças à "rebelião do sujeito"[7] é incompleta e ineficaz *sem a introdução do sujeito em sua saúde.* Se isso não acontece, o diagnóstico nos desvia do caminho. Detalhamos alguns sintomas por não tê-lo feito na introdução.

– Enquanto ideal social[8]

A saúde está muito condicionada pelo exterior, até o ponto de fazê-la coincidir com sua integração (acrítica, evidentemente) na sociedade. Está-se são à medida que se respeitam e seguem os cânones

---

6 SIEBECK R., *Medicina en movimiento: interpretaciones clínicas para médicos*, Editorial Cinetífico-Médica, Barcelona, 1953.

7 Interessante acréscimo de Laín Entralgo à conhecida expressão de von Weizsäker. Cf. LAÍN ENRALGO P., *La relación médico enfermo*, Alianza Editorial, Madrid, 1983, p. 218.

8 Cf. McGUIRE, op. cit., pp. 294-296.

e normativas sociais, esquecendo frequentemente que a boa saúde consiste em trabalhar contra, na libertação de prisões escravizantes e alienantes.[9] Uma profunda ambiguidade está latente na busca, com frequência obsessiva, dos sinais visíveis desse ideal imposto, com o qual passa a faltar a personalização e a interiorização do mesmo ideal. Esta alienação patógena explica, pelo menos em parte, que o ideal pode converter-se em uma espécie de ídolo, que com frequência termina "comendo" seus adoradores. Fica-se doente por causa de uma saúde "doente", desprovida de um adequado diagnóstico.

Na sociedade do *tudo vai bem*, uma cadeia ininterrupta de remoções de tudo o que é lembrança dos companheiros incômodos da vida e da dimensão patológica da existência guia o sujeito, com frequência inadvertidamente, a uma "saúde impossível".[10] Seguindo o exemplo dos desejos e da medicina que busca satisfazê-los, a saúde é um "produto" ou objeto de consumo cada vez mais procurado e devedor dos variadíssimos recursos da técnica e da inventividade, mas se afasta do sujeito, não corresponde à natureza humana. O ideal, no fundo, torna-se distante do sujeito.

As tendências culturais atuais da saúde, pelo menos no Ocidente, dificultam o processo de "recuperação do sujeito" e através dele sua capacidade para o diagnóstico e para tornar-se responsável por ele. Além das características às quais já aludimos, outras menos importantes obstaculizam o processo de personalização. Em primeiro lugar, a mentalidade, à qual deu legitimidade a definição da OMS, que considera "o bem-estar perfeito uma grandeza realizável; e a eliminação de todas as doenças e de todas as dores uma possibilidade humana".[11] Uma vez mais devemos dizer que esta convicção, tão difundida, se alimenta não só da fé na ciência,[12] mas também de evidentes reducionismos.

---

[9] FORTMANN H., *Salute e salvezza. Vita religiosa fra equilibrio e nevrosi*, Herder/Morcelliana, Brescia, 1969, pp. 22ss.

[10] Cf. CALLAHAN D., *La medicina impossibile. Le utopie e gli errori della medicina moderna*, Baldini&Castoldi, Milano, 2000.

[11] EIBACH U., Salute e malattia. Riflessioni antropologiche ed etiche sul concetto e sul senso di salute e malattia, in: VV.AA., *Chiamati alla libertà. Saggi di teologia morale in onore di B. Häring*, Paoline, Roma, 1980, p. 208.

[12] Para muitas pessoas este continua a ser uma espécie de dogma de fé. Apesar das desilusões que desalentam uma fé como essa (ver a respeito as reflexões de KEEN S., *Inno a um Dio ignoto, cit.*), do inconsciente coletivo e habitado pela esperança escondida (utopia) de derrotar o inimigo último do homem. Entretanto, o homem hoje, como afirma Laín Entralgo, não pede ao médico que o cure, e sim *o exige*.

O primeiro dentre eles talvez seja o de fazer coincidir a saúde com o *bem-estar.* Às críticas já feitas, acrescentamos agora que este conceito nem sequer permite um verdadeiro diagnóstico. A identificação da saúde com o bem-estar e, por consequência, a transformação de todo mal-estar em categoria de doença fazem com que cada vez seja mais árdua a tarefa de assumir a dimensão dolorosa/sofrida que se necessita em uma vida vivida sadiamente. Em última instância, este reducionismo, além de ter claros os reflexos morais, não permite ao ser humano interpretar em perspectiva salutar a sabedoria do corpo (especialmente quando está doente), perceber o valor salutar levado às ultimas consequências do sacrifício da própria vida/saúde em favor do outros...

Talvez o modo mais claro de pôr entre parênteses o assunto, de não levá-lo em conta, esteja no último reducionismo duplo: *o esquecimento da dimensão espiritual e da relacional.* A hermenêutica da saúde encontra aqui sua última consistência e especificidade. Não é preciso se espantar que o fenômeno da humanização e da introdução do sujeito na medicina tenha tomado como uma de suas referências fundamentais a recuperação dessas dimensões. O diagnóstico e o "tratamento" da saúde em todos os âmbitos deve encontrar o sujeito dos verbos da vida e da saúde, o único capaz de conduzir à unidade as diversas partes, de reunir através do sentido, de compor uma única história através de relatos fragmentados, um sujeito em diálogo, idêntico e diferente de seu corpo, *indigens* e *offerens* em relação aos outros...

– Enquanto realidade oculta

Uma última razão faz especialmente necessário o diagnóstico também em nossos dias. Viemos de uma longa tradição que, além de penalizar o corpo, não educou o ser humano a ser consciente dele e torná-lo familiar. A experiência da saúde ocorre normalmente por via do contraste e de sua ausência. Como realidade oculta, evidenciada através da doença, precisa de linguagem. É o corpo doente que projeta luz sobre a saúde;[13] é a consistência objetiva na doença (seu peso) que desperta a consciência da saúde, mas sem dar-lhe um conteúdo facilmente descritível.

Uma saúde não experimentada corre o perigo de desvanecer-se, de perder sua verdadeira entidade. Recuperar a tipicidade humana

[13] GRACIA GUILLÉN D., Salud, ecología, calidad de vida, in: *Jano* XXXVIII (nov. 1988), pp. 133-144; ver ainda sobre isso GADAMER H.-G., *Dove si nasconde la salute*, Raffaelo Cortina Ed., Milano, 1994, pp. 82-83 e 113-125.

da saúde significa entre outras coisas descobrir que "o estranho não é a doença, mas o prodígio da saúde".[14] Estamos aqui ante um dos objetivos fundamentais da Teologia da Saúde. Ajudar a viver esta realidade lucidamente, tornando-a novamente nossa, incorporando--a ao âmbito da liberdade e da fé, assimilando-a aos demais acontecimentos/dimensões fundamentais da existência.

c) Possível

A possibilidade de tal diagnóstico, ainda que nada tenha de habitual, é condição necessária para a prolongação no tempo do desígnio e do modelo da saúde revelados e realizados por Cristo. O ministério terapêutico e salutar da Igreja requer, além de um bom conhecimento das patologias (e de suas possíveis causas), um *projeto de saúde*. As patologias assinalam especialmente o *terminus a quo*, enquanto isso a saúde é sempre a meta, também quando deve conviver com o inevitável patológico. O diagnóstico, de fato, tem presente o dado fundamental do Evangelho salutar de Cristo, que não veio para "canonizar" a condição humana e sim para transformá-la, fazê-la nova e levá-la à plenitude. Por consequência, o diagnóstico feito à luz da fé deve ser especialmente sensível ao "novo" radical, porque, com respeito à doença, a atravessa e a condiciona, ou dinamiza a partir de dentro o ser humano.

Resta dizer que este exercício não pode limitar-se aos ambientes tradicionais da Pastoral da Saúde (hospitais, centros de saúde e instituições sociossanitárias). Além disso, tampouco nestes âmbitos se consolidou a necessidade da dimensão do diagnóstico da pastoral e da possibilidade de realizá-la. Um sinal de esperança, mas também de alarme para os agentes de pastoral, surgiu onde os profissionais da saúde (e não somente doentes) descobriram que também sua profissão (e não somente a do pastor) compreende a arte de diagnosticar e de responder às necessidades pastorais dos doentes.[15]

A Teologia da Saúde reconhece que uma "teologia biblicamente fundada [...] implica um diagnóstico da enfermidade do ser humano, de sua pecaminosidade e alienação, de seus sofrimentos devido a um mundo alienado, de [...] condições e relações socioeconômicas

---

[14] GADAMER H.-G., op. cit., p. 113.

[15] Em alguns países, como os Estados Unidos e a França, existem protocolos preparados pelo pessoal da enfermaria para o diagnóstico das necessidades espirituais no tempo da doença. Cf., por exemplo, *AH* 156 (outubro 1997): *Le espiritual, le religieux, la foi.*

não sãs".[16] Reconhece também, nos processos patológicos e terapêuticos, a importância de fatores metafísicos, por exemplo, "a experiência da falta de sentido e de esperança, a frustração e a insegurança, a falta de amor, uma vida não vivida ou vivida falsamente, o fracasso no plano da realização pessoal dos valores".[17]

O diagnóstico que se tornou objeto da Teologia da Saúde não se limita, dizíamos, nem à doença nem aos lugares onde ela é institucionalizada e tratada. Na verdade, uma pastoral renovada, inspirada no Evangelho da Saúde, deve superar, por um lado, o corte *assistencial* (outros diriam sacramentalista) que a distinguiu durante muito tempo e, por outro, deveria ampliar a leitura salutar do Evangelho a toda atividade, sem excluir nenhuma, da Igreja. O diagnóstico não é feito para benefício de inventário, nem é, tampouco, um exercício intelectual. Trata-se de deixar-se guiar por algumas convicções. Por exemplo, a de que a saúde pode e deve ser vivida hoje também como sinal do Reino, a de que a aceitação prazerosa da salvação se traduz em experiências saudáveis da plenitude; a de que no oferecimento da salvação sempre há uma nova possibilidade de saúde; a de que a saúde humana está vinculada à missão e ao próprio projeto de vida.

Nas páginas que seguem, iremos ler a saúde, sempre sobre o pano de fundo do mistério de Cristo (especialmente da encarnação), nas duas vertentes *de fragilidade e de possibilidade, de indigência e de plenitude*. Comecemos pelo primeiro, ainda que recordando que a característica principal da saúde, na ótica cristã, reside no fato de ser capacidade/possibilidade/força/dom para superar e/ou conviver com os limites e as adversidades, inclusive a morte, para sofrer (U. Eibach), para ser humano (K. Barth), para aprender a arte de viver, de sofrer/gozar/morrer (I. Illich). Para cumprir a missão, para viver como homem/mulher (R. Siebeck).

3. A saúde, um modo de ser humano

A partir do momento em que a saúde e a doença foram introduzidas com pleno direito na ordem do ser, se lhes reconhece certo sentido de necessidade ou certa inevitabilidade, como inevitavelmente somos espírito encarnado. Isso não significa, por exemplo, que o ser humano, para sê-lo, tenha que ficar necessariamente doente "posteriormente" em um determinado momento de sua vida. A

---

16 HÄRING B., *Liberi e fedeli in Cristo*, Paoline, Roma, 1982, p. 82.

17 EIBACH U., op. cit., p. 220.

possibilidade de *adoecer* se deve a nossa *in-firmitas*, a nossa falta de firmeza e de consistência própria: a enfermidade não é mais que a manifestação explícita da *enfermabilidade* na qual estamos constituídos, o que emerge, o lado visível de algo que precede a toda manifestação. Alguém, não muito pessimista, poderia dizer: "O são é um doente mal diagnosticado".[18] Além da freudiana "psicopatologia da vida cotidiana", está presente com todo o direito a "somopatologia (sic) da vida cotidiana",[19] ou, melhor ainda, "a antropatologia da vida cotidiana".

Para compreender melhor a profundidade antropológica dessas duas realidades, não nos serve mais o esquema das antropologias filosófica e teológicas "clássicas", que durante séculos pareciam ter como objetivo o ser humano *neutro* a partir do ponto de vista da saúde e da doença: nem são nem doente. Nós nos valeremos da chamada *antropologia modal*, que busca o equilíbrio entre atemporalidade e história, entre o que é dado/imposto e o que o ser humano se torna projetando. Saúde e doença, de fato ainda não podendo ser reduzidas sempre a "acontecimento", pertencem à história do ser humano, fazem parte de seu projeto; como afirma Laín Entralgo, participam do seu poder criativo; mais ainda, podem chegar a ser uma quase-criação.[20] Inseparavelmente unidas ao *homo viator*, são inevitavelmente história, itinerário. Tem sua própria gênese e certa teleonomia: não são água parada, fonte sem saída, rio sem desembocadura...

Enquanto relacionada com o ser humano (a seu ser e a seu vir a ser), a saúde compartilha com ele duas dimensões essenciais e ao mesmo tempo radicalmente históricas: o limite e a possibilidade, a indigência e a plenitude, o barro e o hálito, a força da graça e o peso do pecado. Não se pode estar são nem viver sadiamente fora destas coordenadas. Por isso, a pedagogia salvífica e salutar de Deus, realizada de maneira culminante no mistério de Cristo, se mostrou de maneira especial *no ensinar ao ser humano a ser humano*. Vejamos mais de perto o que significa isso a partir do ponto de vista da saúde.

---

[18] Cf. BIZOTTO M., Salute e benessere. Il corpo reale e il corpo immaginario, in: *Camillianum* 13, nova série (2005). "O eslogan da antropologia médica: estar são significa estar curado", p. 67.

[19] Cf. ÁLVAREZ F., *El Evangelio de la salud*, San Pablo, Madrid, 1999, p. 93.

[20] Uma boa síntese do pensamento deste autor está em ORRINGER R. N., *La aventura de curar. La antropología médica de Pedro Laín Entralgo*, Círculo de Lectores/Galaxia Gutenberg, Barcelona, 1997, especialmente pp. 165-214.

a) O ser humano é só ser humano

Dentre as múltiplas categorias que explicam o ser humano (por exemplo, animal racional, alguém que se faz perguntas, animal hermenêutico, animal de circunstância, animal cultural...), serve-nos aqui de maneira especial a de *animal vulnerável*.[21] A saúde humana, considerada a partir de qualquer ângulo, deverá sempre afirmar-se no espaço da fragilidade e de todas as condições mais ou menos afins. A fragilidade é um âmbito necessário de realização. Por mais paradoxo que pareça, a saúde não só exige a dimensão "triunfal" da vida ou da experiência de plenitude/felicidade/harmonia etc., mas também a angústia e o esforço de ser e viver. Vejamos, pois, em primeiro lugar por que partimos da fragilidade para logo, em um segundo momento, adentrarmos em algumas das expressões da *fragilidade salutar*.

– A partir da fragilidade[22]

Em primeiro lugar, a fragilidade/vulnerabilidade ontológica

Esta característica ou nota (no sentido que define e torna conhecida) da condição humana universal se expressa mediante uma ampla gama de aspectos. Nesse nível significa em primeiro lugar que o ser humano é contingente, portanto metafisicamente não necessário, e assim também finito e mortal. A esta radical vulnerabilidade (que evoca a imagem do rosto/vulto ferido) remetem múltiplas epifanias ou expressões, especialmente a somática.[23] Sublinhamos algumas das mais relacionadas com a saúde. Por exemplo, o ser humano "mendigo",[24] ou o ser humano *indigens* (Laín Entralgo), submetido à prova pelas experiências que ameaçam sua vida, que são contrárias a seu desejo de viver e acrescentam a distância entre as aspirações mais profundas e os limites inerentes à existência. Por exemplo, a tensão entre a autonomia e a dependência provocada por não poder dispensar o outro, especialmente nos momentos que

---

[21] Cf. CLAVEL J. M., *El animal vulnerable. Invitación a una filosofía de lo humano*, Ed. Universidad Pontificia de Comillas, Madrid, 1997, pp. 256-257.

[22] Em teologia, esse conceito somente pode ser usado em chave analógica. Compreende, pois, todas as dimensões da condição humana, desde a ontológica até a biológica, e desde a psicológica até a moral e a espiritual.

[23] Cf. TORRALBA F., La cura di sé. Prospettiva etica, in: SANDRIN L., CALDUCH-BENAGE N., TORRALBA F., *Aver cura di sé*, EDB, Bologna, 2009, pp. 67-76.

[24] ZAMBRANO M., *L'uomo e il divino*, Lavoro, Roma, 2001, pp. 140-141.

sente a necessidade premente de ser atendido; ou a impotência ante o curso incessante de uma doença irreversível ou ante a inevitabilidade da morte, especialmente quando é vivida como paixão mais que como ação.

Por fidelidade ao percurso genético (biológico) e biográfico da saúde

Biológica e biograficamente (dados assumidos e aprofundados pela reflexão teológica), a saúde humana parte *de baixo*. Apresentamos alguns exemplos, referidos especialmente ao percurso *biológico*.

O nascimento de uma criança é ao mesmo tempo explosão e afirmação de vida e aparição neste mundo do símbolo mais eloquente da fragilidade. Sua saúde, mesmo quando seu diagnóstico é excelente, é muito frágil e extremamente dependente. O recém-nascido, vindo traumaticamente à luz, necessita de um novo "ventre", mais amplo, porém igualmente protetor, porque por si mesmo não pode sobreviver. Paradoxalmente, o nascimento é uma espécie de símbolo embrionário, de parábola proposicional de toda a existência humana: viver sadiamente significa sempre "sair" para um incessante suceder-se de limites e dependências, de riscos e incertezas. O corpo recebido como dom de outros, além de frágil e geneticamente programado para a deterioração e a morte (com data certa, mas ignorada), está inteiramente por fazer, o que é símbolo de uma indigência permanente, podendo morrer a qualquer momento. Estranho e maravilhoso, aberto à exploração minuciosa do laboratório e impenetrável tanto como o mistério que lhe acompanha, nosso corpo, necessitado de atenção afetuosa e de desvelos, é epifania permanente da vaidade. É sempre um corpo incapaz de se livrar da morte.

Do ponto de vista *biográfico*, o discurso adquire uma maior evidência e amplitude, ainda que não seja isenta de complexidade. Limitemo-nos a algumas observações. É evidente que, deste ponto de vista, a saúde é humana justamente porque é personalizada, interiorizada e, portanto, vivida em um permanente (*continuum*) processo de elaboração que se desgrenha, como vimos, através da percepção, da interpretação e da valorização, processo que tem seu húmus mas também sua fragilidade. A saúde continua a partir "de baixo".

O processo de apropriação (e de acolhida) do corpo é lento, fatigoso e sempre às tentativas. É preciso apropriar-se dele para que, vindo de outros, seja meu e possa ser igual a mim mesmo. De objeto (*Körper*) se converterá em "corpo vivido" (*Leib*), biologia biográfica saudável, a condição de que se aceite como é, como projeto que precisa ser desenvolvido, com suas responsabilidades inevitáveis. A saúde neste caso deverá ser acolhida cedo ou tarde como *vontade de viver a partir do limite*, um dado antropológico que assume no tempo muitos nomes. No percurso biográfico, o flanco da fragilidade (que não é condenado) nos ajuda a entender melhor certos paradoxos da vida e também da saúde. Por exemplo, "para crescer, algo deve morrer dentro de nós; para viver é preciso aprender a dar a própria vida; a adesão comporta também renúncias, a paz se constrói no combate espiritual; para ter futuro é preciso dizer adeus".[25]

Nossa história é sempre de salvação

Essa é a única história da qual o crente faz experiência, também no que se refere à saúde. Sem ceder às interpretações pessimistas que atribuem ao pecado original efeitos corrosivos sobre a natureza humana, é preciso, no entanto, reconhecer que, nessa história, as melhores experiências humanas (amor, liberdade, relações fraternas, saúde etc.) estão impregnadas de ambiguidade, insidiosamente tentadas, envoltas na fragilidade, sempre necessitadas da graça da salvação. Por isso, não é um erro afirmar que, na única economia da salvação que nos reconhecemos, livre é aquele que foi libertado, santo o que se deixa santificar. Amamos porque somos amados primeiramente. Também o são é quem aceita viver um processo ininterrupto de cura e acolhimento da saúde. A saúde humana, especialmente a partir deste ponto de vista, parte "de baixo".

Na compreensão teológica da salvação biblicamente fundada, não se pode prescindir nunca da categoria de indigência e experiências afins: as que encontram o ser humano onde este está e indicam o ponto de partida do itinerário seguido pela intervenção salvífico/salutar de Deus. Isso é assim também para a saúde. Que o pecado, expressão final da indigência, tenha uma relação inclusive estreita com os percursos da saúde em todas as suas dimensões está fora de cogitação. Alguns exemplos o demonstram.

A história da saúde do corpo/corporeidade poderia ser narrada como um incessante cruzar/choque, encontro/desencontro de graça/pecado, de luzes/sombras, de verdade/mentira, de liberdade/escravidão, de responsabilidade pessoal/pressões socioculturais, de injustiça/solidariedade etc.[26] Esta dialética se confirma em todos os níveis da saúde. Sem reclamar uma relação causalmente direta entre

25 ÁLVAREZ F., op. cit., p. 49.

26 Que fique claro que essas associações não requerem necessariamente o esquema causal, que, como já se disse, não explica a complexidade dos processos humanos e sociais da saúde.

pecado e doença, nem entre saúde física e graça, quem poderia afastar/excluir o corpo e sua sorte de seus comportamentos, valores e crenças? Um salto qualitativo nessa direção, ao menos no Ocidente, são as contribuições das disciplinas que estudam a chamada *saúde comportamental* e do mundo da bioética. A capacidade de intervenção direta e radical sobre a saúde se estende e aprofunda: o universo da saúde é cada vez mais sensível e frágil. A acumulação das interdependências e das interações, também no âmbito alimentício, faz com que cada vez mais seja visível o *iceberg* escondido, justamente o mais necessitado de salvação.

Nesse nível profundo, e, além disso, profundamente arraigado na experiência de muitas pessoas, as pegadas e as feridas do pecado alargam sua sombra sobre todas as dimensões da saúde. Seguindo com a referência do corpo, onde encontra, em última instância, a razão final de algumas de suas "feridas"? Também os condicionamentos psicológicos (não necessariamente atribuíveis ao pecado ou à "pecaminosidade") e os sociológicos podem ser, e de fato assim acontece muitas vezes, influenciados pela condição pecadora. Por exemplo, a recusa do corpo e da corporeidade, sua redução instrumental e funcional com vistas à utilidade e ao prazer, a busca obsessiva da saúde e da excelência física, os maus-tratos, o abandono e a incapacidade de viver seus significados.

Esses e outros fenômenos nos remetem à profundidade do *iceberg*, onde cada um, diante de Deus e de sua consciência, se pronuncia sobre o essencial da existência e constrói sua história de liberdade. Neste âmbito é onde o corpo deve decididamente ser vivido como dom acolhido e confiado ou como "propriedade privada" zelosamente guardada, como espaço de liberdade ou como cenário atormentado/anestesiado de escravidão, como itinerário até a unidade da biologia e da biografia ou como submissão à lei do instinto, como lugar de harmonia com o espiritual ou como experiência de conflito permanente, como templo habitado por Deus e de encontro/comunhão com os demais ou como ensimesmamento narcisista, egoísta e estéril...[27] Tudo, também a saúde, acontece no corpo e através do corpo, o "sacramento primordial" da pessoa, mas não se deve esquecer que é justamente em nossa condição corpórea que acontece o grande combate da liberdade. Para aprender a ser humano, é necessário percorrer, como as grandes aves, uma longa pista de decolagem. É o peso do pecado.

---

27 Para completar estas ideas, cf. ROCCHETTA C., *Per una teologia della corporeità*, cit., pp. 154-157.

Finalmente, uma terceira razão: resultados de uma "radiografia"

A sociedade plural de hoje, se submetida a uma radiografia superficial, apresenta (como em outros campos) clamorosas contradições. Sociedade sã e doente ao mesmo tempo, fonte de patologias, de modos sãos de viver e promotora da saúde, preocupada com a qualidade da saúde e criadora de mentalidades e ambientes contaminados e de violência destrutiva, apaixonada pela vida e promotora de culturas de morte.

A expressão "sociedade doente" já entrou na linguagem corrente: encontra-se nas intervenções do magistério da Igreja, nos tratados de psicologia e sociologia da saúde e nos meios de comunicação. Nosso discurso tratará de refletir algumas *expressões da vulnerabilidade/fragilidade social*; por conseguinte, o ambiente, o húmus e o clima social aos quais devem fazer frente especialmente as novas gerações. Trata-se, de qualquer modo, de fenômenos especialmente complexos que, além de pôr em destaque o caráter metamédico e metabiológico dos processos de saúde, estão relacionados necessariamente com a pós-modernidade. Mencionamos alguns.[28]

Fragilidade espiritual

Que a sociedade de hoje, especialmente no Primeiro Mundo, sinta-se agitada por uma profunda crise espiritual (com reativações significativas) parece ser um dado já visto. Ao menos uma de suas expressões tem uma estreita relação com a saúde: o ter perdido ou posto entre parênteses o *sentido total* da vida (P. Ricoeur), ou a insuficiência dos chamados *sentidos parciais*. As coincidências em atribuir ao sentido um valor terapêutico e salutar são cada dia mais numerosas e provêm de diversos campos: desde a logoterapia de Viktor Frankl[29] à conhecida tese de C. G. Jung, que vê na origem de numerosas patologias uma problemática espiritual oculta não resolvida; desde as interpretações de P. Tournier, que percebeu em certos processos patológicos um timbre de alarme de problemas

[28] Cf. PAGOLA J. A., *Es bueno creer*, cit., pp. 134-141.

[29] A busca da cura através da palavra ou a introdução da palavra, do logos e do sentido, a arte de curar, vem de longa data e teve na medicina (ou na filosofia da medicina) representantes emblemáticos. Hoje essa convicção, especialmente em função das correntes humanistas e da psiquiatria, vem se ampliando cada vez mais. Felizmente também no campo teológico/pastoral começa a adquirir um estatuto positivo. Sobre este último aspecto cf. BAUMGERTNER I., *Psicología pastoral. Introducción a la praxis de la pastoral curativa*, DDB, Bilbao, 1997.

existenciais de base,[30] à afirmação da *Salvifici doloris*, que sublinha a necessidade de respostas satisfatórias às perguntas do sofrimento sem as quais o ser humano "sofre de maneira humanamente ainda mais profunda".[31]

A fragilidade se encontra de maneira especial em alguns fenômenos patológicos e em todo caso patógenos. Em primeiro lugar, no chamado *vazio existencial*, derivação imediata da crise/carência de sentido.[32] Quem vai dando os primeiros passos em sua vida, encontra-se mais exposto que em outros tempos a sofrer algumas formas de alienação profunda, a não saber descobrir o centro que unifica e enriquece e a partir do qual se projeta a existência, a "adoecer" de *inconsistência*, ou seja, de falta de firmeza (*in-firmitas*), de solidez e de identidade. Corre, pois, o risco de encher os vazios do eu com a fuga do eu para as coisas (para possuí-las e consumi-las), ou para a satisfação das necessidades mais imediatas. A inconsistência ameaça não somente a qualidade humana e espiritual da vida, mas também a própria vida,[33] empobrece o mundo das motivações espirituais (trocam-se motivações por estímulos) e indubitavelmente deixa mais despreparado ante as múltiplas formas de sofrimento, modificando o umbral da capacidade de resistência.

Fragilidade moral

A experiência da saúde deve ser afirmada em uma sociedade na qual o quadro dos valores (éticos e cristãos) se fez em cacos. É inútil negar a dimensão axiológica da saúde e, por consequência, sua necessidade de alimentar-se de liberdade. Inseparavelmente associada ao projeto pessoal de vida (seja qual for), a saúde está especialmente vinculada ao ensaio moral de seu sujeito e da sociedade. Um diagnóstico mais duro afirma que "parte da sociedade está doente de uma espécie de dissociação moral".[34] Sempre com referência à saúde, esta forma de fragilidade remete a um conjunto de fenômenos carre-

---

[30] Cf. TOURNIER P., *Bibbia e medicina*, Borla, Torino, 1966; id., *Medicina della persona*, Borla, Torino, 1968.

[31] SD 9.

[32] Cf. FRANKL V., *Ante el vacío existencial*, Herder, Barcelona, 1994.

[33] É interessante a respeito disso o estudo feito nos Estados Unidos sobre cem estudantes universitários que tinham tentado o suicídio. Como escreve Lain Entrelgo, o motivo principal para 85% deles consistia em não ter encontrado um sentido para sua existência. Cf. *Antropologia médica*, cit.

[34] MARCHESI G., Il dramma dell'occidente: La libertà contro la vita, in: *Civiltà Cattolica* 3325 (enero 1989), p. 56.

gados de consequências patógenas. Um deles se pode ler, expressado em linguagem bela e gráfica, na pena de B. Pasternark: "Tua saúde se ressentirá irremediavelmente se dia após dia dizes o contrário do que sentes, se te prostras ante o que te desgosta e te alegras ante o que não te traz mais que desgraças. Nosso sistema nervoso não é fantasia; é parte de nosso ser físico, e nossa alma existe no espaço e está dentro de nós como os dentes na boca. É algo que não pode ser violentado impunemente".

Muitos comportamentos têm sua matriz em uma perturbação/perversão de valores (frequentemente compenetrados com a cultura) que se retorcem contra o ser humano mesmo e sua saúde. Limitemo-nos a assinalar duas expressões que têm em comum o inegável destaque dos valores quantitativos em detrimento dos qualitativos. A primeira delas, *o critério de utilidade e de bom funcionamento*, se usa como hermenêutica da bondade e qualidade da saúde: somos à medida que funcionamos bem, e somos competentes e eficazes se somos capazes de dispor do tempo e seguir o ritmo de uma sociedade sempre agitada. Obviamente, este critério faz com que cada vez seja maior o fosso da marginalização e da exclusão de quem chegou a uma idade avançada[35] e dos que se encontram em condições físico-psíquico-mentais diminuídas e em situações de pobreza, mas especialmente faz com que se amplie o espaço da fragilidade por causa de um "ideal" tão falso e vão quanto efêmero.

A outra expressão, não menos insidiosa, consiste na *patologia da abundância*; na verdade, trata-se de uma relação insana e patógena com as coisas, com o mundo e com seus bens. Em última instância, consigo mesmo. Através do conceito de bem-estar, interpretativo da saúde em todos os seus níveis, esta passa a depender da capacidade de ter/possuir e de consumir. A abundância se faz patológica porque perverte a hierarquia dos valores: a ordem das relações é substituída pela dos objetos; o desejo de controlar a realidade transforma tudo em "coisa" que deve ser dominada; a busca de bem-estar cria dependência obsessiva; somente vale o que pode ser consumido. A dinâmica latente nos deixa entrever que também o ser humano se transforma em "coisa", e a saúde em "objeto" que deve ser controlado,

35 É difícil não perceber o influxo desta cultura da saúde no chamado *ageism* (discriminação assistencial e terapêutica dos anciães devido à idade), nos sintomas/sinais de fobia com relação à velhice, considerada a época patológica e tempo de sobra/inutilidade, e, por fim, nos movimentos sociais e políticos em favor da eutanásia.

em "mercadoria" que deve ser fornecida, em "bem" que deve ser consumido... enquanto existir.

Fragilidade psicoemotiva

"A guerra contra os micróbios foi amplamente vencida, mas estamos perdendo a batalha da serenidade", disse Norman Cousins, um grande especialista em lutar com os próprios recursos pela saúde a partir "de dentro".[36] Esta afirmação nos remete àquele mundo em que a saúde se converte, por um lado, em realidade concebida e vivida e, por outro, se "com-funde" com a própria selva de afetos, sentimentos, emoções e motivações, com a psique e a mente e seu sujeito. Não é possível esboçar uma panorâmica, nem sequer aproximada, das fragilidades que habitam hoje esta dimensão da saúde. A dificuldade se deve também ao fato de que, apesar do crescimento do desejo de qualidade de vida e apesar da gradual psicologização da vida e da saúde,[37] habituamo-nos a conviver com os conflitos/moléstias/incomodidades psicoemotivos não diagnosticados nem considerados insanos. Porém, existem patologias que revelam uma crescente fragilidade: quem nasce hoje em uma grande cidade tem muitas possibilidades de ter que conviver com uma depressão passageira ou crônica; os jovens de hoje não são mais maduros, somente têm mais notícias; as possibilidades de encontrar-se com patologias do comportamento são cada vez maiores (alcoolismo, toxicomanias, ludopatias, dependências do sexo, do trabalho, da comida, anorexia...), ou certas formas de neurose e estresse.

Fragilidade relacional

A dimensão relacional da saúde está presente em tudo o que dizemos. Aqui nos referimos ao mundo relacional dos indivíduos e da sociedade. Os sintomas evidentes de fragilidade, sempre a partir da perspectiva da saúde, estão relacionados com a "solidão imposta" vinculada com a tendência gradual de viver mais "relacionado com o mundo" (com as coisas) do que com os outros (J. Gevaert) e com as diversas formas de violência e destrutividade. Sendo sintético, podemos dizer que esta vulnerabilidade é, em certo sentido, causada pelo fenômeno complexo e multifacetado de *desumanização*. Basicamente, os fatos prevalecem sobre os significados: o corpo, a sexualidade, a saúde, os outros, a própria sociedade são "vividos" em

---

[36] COUSINS N., *La volontà di guarire*, cit., p. 45.

[37] Cf. DUCH Ll., *Simbolisme i salut*, Publicacions de l'Abadia de Montserrat, Barcelona, 1999, pp. 396-397.

um nível de objetividade verificável, fruível, tangível. Empobrece-se assim, com frequência alarmante, a vivência de experiências e de valores fundamentais da vida. A sexualidade, o amor e a saúde perdem em grande parte sua profundidade relacional e tipicidade, perdem, portanto, sua tipicidade humana. Estão "feridos" no cerne.

Finalmente, a fragilidade dos modelos de saúde

Do ponto de vista da oferta e da demanda de saúde, a sociedade de hoje seria irreconhecível para alguém vindo da década de 1950. Nestes últimos sessenta anos, temos visto mudanças incalculáveis que tiveram uma enorme capacidade de penetração no sistema de vida e nos valores. No entanto, o progresso, sempre ambíguo, desigual e muitas vezes demasiado seletivo, está imbuído de novas fragilidades: ideais de saúde pouco humanas ou pelo menos inacessíveis; obsessão especial com a saúde e quase nenhuma responsabilidade pessoal; invasão da medicina e dos medicamentos em todas as esferas da vida; negligência com a arte de viver (para desfrutar e sofrer); deturpação do papel do médico e da medicina como responsáveis pela felicidade do indivíduo e por responder aos seus anseios; descontentamento daqueles que utilizam os sistemas de saúde; medicina defensiva e corporativa por parte dos profissionais...

Esse panorama expôs uma série de fragilidades. Certamente, não é exaustivo e provavelmente necessite, devido à brevidade do espaço, de não poucas matizações e complementações. Uma Teologia da Saúde credível e realista iluminada pela fé em busca de entendimento não pode prescindir dele. A partir deste momento, a perspectiva se abre para outras questões. A fragilidade não é uma condenação. A reflexão teológica deve distinguir entre, de um lado, as que devem ser assumidas/integradas e, do outro, as que devem ser evitadas/superadas.

– Para que a fragilidade possa ser salutar

Começamos com duas declarações. A primeira: o valor da saúde não está apenas em parcelas de felicidade, de bem-estar e de harmonia, sempre relativas, das quais pode estar acompanhada; mas está, sim, especialmente em ser *bem-sucedido na aventura de ser um ser humano* (pessoa), em primeiro lugar em *ser o que se é*. Falhar nisso realmente é a doença das doenças. Note-se que, desta forma (segunda alegação), nós nos comprometemos com um tipo de determinismo antropológico: no ser o que se é está sempre incluída a possibilidade de chegar a ser, a liberdade criativa, a vocação de *ser o que ainda não se é.*[38]

Em ambas as afirmações, apresenta-se radicalmente a dupla dimensão do ser humano de que estamos falando: limite e possibilidade, *indigens* e *offerens*. Para que a fragilidade possa ser vivida de forma salutar, é necessário, mais uma vez, recorrer à necessidade dos "pensamentos duplos" para nos ajudar a superar a recalcitrante tentação da dualidade: limite e possibilidade não se excluem, coabitam, um é o outro; a plenitude (salvação, saúde ...) se afirma no limite (pobreza, sofrimento, adversidade). Assim, abre-se o caminho que nos guiará nas considerações seguintes: o caminho do realismo salutar/salvífico.

O realismo está enraizado na revelação, que temos chamado de "antropologia de Deus". No livro do grande realismo se dá a cada fato o nome certo ("nomes são coisas sérias"). A condição humana aparece envolta em suas misérias e elevada em sua grandeza. Nenhuma realidade está oculta ou suavizada, não faz pactos com a mentira nem com a lisonja, denunciando as mentiras e hipocrisia, a paixão pela vida é onipresente e, portanto, desmascaram-se as aparências e as alternativas de vida, de verdade, de amor... A mão sábia e carinhosamente pedagógica de Deus quer trazer o ser humano para viver/conviver na verdade, para habitar aquele centro onde, presentes Deus e o ser humano, são decididos os destinos de cada biografia.

Essas são algumas das luzes que a Teologia da Saúde extrai da *pedagogia do realismo*. Como a experiência de fragilidade pode ser salutar?

Vamos chamar a atenção para esse fim no *mistério da encarnação*, ampliando a linha de interpretação proposta no capítulo anterior. A encarnação é um mistério carregado de pedagogia e epifania da dupla condição humana totalmente assumida pelo Verbo. O

[38] O determinismo bloquearia o ser humano em uma espécie de círculo pré-determinado pela natureza. O ser humano, no entanto, é natureza e história. Por exemplo, o fato de as mãos, os braços, os olhos etc. terem, a partir do ponto de vista biológico e morfológico, uma "predisposição" (uma espécie de predeterminação) para a abertura, para a aceitação da realidade do outro, ainda não os faz humanos. É o sujeito que, agindo/criando, os humaniza e cria a história do seu corpo (cf. GEVAERT J., *El problema del hombre. Introducción a la antropología filosófica*, Sígueme, Salamanca, 1976, pp. 92-93). Dito de outra forma: a condição humana nos é dada por nascimento, mas viver humanamente é uma escolha aberta para a possibilidade de fracassar ou ter sucesso.

Deus que vem ao encontro[39] desceu muito, pois o ser humano está sempre abaixo. O "Novo Adão", o único que respondeu plenamente à vontade divina no ser humano, partindo de baixo, veio não para "canonizar" a condição humana mas sim para ensinar a vivê-la como homem e mulher renovados, curados. Mais especificamente:

- Apropriando-se da fragilidade, escolheu uma maneira muito clara para ser humano. Ao fazê-lo, assim, quis curar-nos da pretensão (patogênica e pecaminosa) de ser como Deus (Gn 3,3) e, portanto, da não aceitação da nossa condição de criaturas. A tentação de roubar o fogo dos deuses e tomar atalhos, evitando o longo caminho para a liberdade, está sempre à espreita. A tentativa estéril está presente, muitas vezes não consciente nem focada, em todo o pecado,[40] mas se camufla especialmente atrás de inúmeras expressões da vontade de ser e de viver sem restrições ou limites de qualquer tipo. No que diz respeito à saúde e ao seu mundo, a rejeição torna-se a nova deusa Hígia, sonha com uma derrota definitiva da morte, refugia-se na fé cega na ciência, ignora as "verdades definitivas", penaliza os símbolos sociais da vulnerabilidade (idosos, deficientes, "diferentes"...). Esquecer que *o ser humano é apenas um ser humano e nada mais*: nem anjo nem animal.
- Apropriando-se da fragilidade e compartilhando seus inúmeros nomes (com exceção do pecado), a fez definitivamente salvífica e salutar. O ser frágil (ou seja, homens e mulheres) não deve viver como condenado nem apenas como o preço do pecado. *A fragilidade é uma aliada do ser humano e da sua saúde.* Esse é o grande paradoxo de mil faces. Talvez a primeira, a fragilidade, do ponto de vista teológico, seja inevitável, e, ao mesmo tempo, necessária a sua aceitação. O primeiro aspecto é mais do que amplamente testemunhado pela experiência e não precisa de demonstrações especiais.[41] O segundo não apenas não é admitido de forma pacífica mas é inclusive objeto de inúmeras resistências.

---

[39] Esta é a singularidade do cristianismo: encontramos Deus porque Ele se deixou encontrar (em VON BALTHASAR H. U., Esperienza di Dio nella Bibbia dei Padri, in: *Communio* 30 [1977], pp. 4-15); e acrescentemos que isso aconteceu no nosso território, e não em campo neutro.

[40] Não é em vão que no Pai-Nosso se pede para não cair em tentação (no singular, não no plural).

[41] No entanto, destacar esse fato em excesso ou fechá-lo radical e definitivamente à esperança é sempre possível, como mostram certas mentalidades e filosofias em voga.

A jornada pessoal de Cristo, da *kénosis* até a Páscoa, é pontuada pela segunda alternativa. Sua submissão voluntária às leis comuns da corporeidade, o seu "habitar entre nós" deixando-se condicionar pelos limites impostos pelo espaço, pelo tempo e pela história (Ele não era necessariamente o melhor carpinteiro ou sabia como usar o computador); a renúncia de todo tipo de poder interessado, a identificação que gradualmente vai envolvendo-o com representantes mais vulneráveis na sociedade foram motivados pela percepção de que, para ser verdadeiramente humano, precisava ser assim. No *dei* da Escritura ("era necessário"), que orienta a sua jornada em direção à morte,[42] não há nenhuma maneira de extrinsecismo, nenhuma vontade imposta externamente. Esta é uma lição fundamental para a teologia e a saúde. *Os inevitáveis necessários tornam-se oportunidade para o crescimento, área de liberdade, questão aberta.*

É verdade que a morte nunca poderá ser eliminada deste mundo, sendo inerente à condição humana, mas também neste mundo de pecado pode ser vivida como uma experiência salutar, e, se integrada à vida, pode ser um elemento dinâmico da existência[43] e a última chance de dar sentido à vida no último ato de liberdade. Também é verdade que são poucos os sofrimentos historicamente inevitáveis (pelo menos não são evitados) e que outros estão intimamente relacionados com o amor, mas, precisamente por isso, o sofrimento neste mundo marcado pelo pecado torna-se o preço da liberdade saudável e curada. Também é verdade, em um sentido profundo, como o Mestre salientou, que ninguém pode mudar sua altura ou (pode-se acrescentar) subtrair-se às leis do processo biológico do corpo, pois a aceitação de sua corporeidade é a única maneira de viver razoavelmente com saúde (inclusive física).

Assumindo a condição humana até as últimas consequências, Cristo confirma que a fragilidade deve ser vivida como sede a matar, como fome a saciar, como uma questão a ser respondida, como vazio esperando para ser preenchido... O realismo característico da revelação seria cruel e sem sentido se não fosse aberto.[44] Aceitan-

---

42 Assim, cansativa e lentamente entendido por seus discípulos até que chegaram à confissão pascal: "Temos de passar por muitas tribulações para entrar no reino de Deus" (At 14,22).

43 No *Prometeu Acorrentado*, a ocultação da data da morte é considerada um presente dado aos seres humanos, já que a partir daquele momento despertou o instinto filosófico, mas também a possibilidade de que a ignorância da data torne-se esquecimento da morte.

44 Seria no mínimo inaceitável que aquele que despertou em nós a sede não quereria ou poderia saciá-la.

do-o, o ser humano encontra a verdadeira natureza de si mesmo; confrontando-se, descobre o que ainda não é; em sua luz, pode discernir os pontos fracos que deve assumir e os que deve evitar justamente porque estes últimos (devido a excessos ou defeitos) envolvem uma diminuição indevida ou uma falsificação do humano. Esse realismo leva o indivíduo a buscar dentro de si (evitando todos os tipos de alienação) o potencial curador,[45] seus recursos internos, a fonte de suas energias, para não ser esmagado pela doença[46] e pela adversidade, para não deixar, apesar de tudo, de ser humano; para afirmar a vontade de viver, mesmo no limite e do limite, para libertar-se da resignação passiva, da sensação de inutilidade, da resistência à mudança...

Como vimos, a pedagogia transmitida através da aceitação da fragilidade humana de Cristo está muito presente no mundo da saúde. Vamos fazer alguma observação sobre isso como resumo e conclusão. A leitura teológica que fizemos segundo o mistério da encarnação nos ajuda a compreender até que ponto a experiência de saúde está relacionada a uma das experiências mais complexas e fundamentais do ser humano (a fragilidade).

A pergunta *qual saúde para qual ser humano* é uma questão a ser respondida também à luz da fé. A perspectiva da vulnerabilidade, do limite ou como quiser chamar, não só nos adverte contra algumas ilusões, mais atrativas hoje do que no passado (sonhos irreais, utopias alienantes, sedativos da tensão que habita em nós, pretensão a salvar-se...), mas principalmente liberta a saúde do impasse sem saída de fechar-se sobre si mesma e a coloca dentro de um *caminho*, longo e cansativo, mas aberto. Nele, a fragilidade não é só resistência, mas também incentivo e ajuda. É o caminho para a plenitude, a realização de si mesmo e das próprias potencialidades humanas. A perspectiva teológica desenvolvida até agora nos faz lembrar que a saúde ainda não é a salvação, que a religião não pode ser substituída ou alterada por nenhum tipo de psicoterapia, mas confirma-nos na convicção de que a saúde humana, precisamente porque ela

---

[45] "O melhor que podemos fazer – dizia A. Schweitzer – é fornecer ao médico que habita em todo paciente uma chance de começar a trabalhar."

[46] Ainda que já se tenha aludido a isso, vale lembrar que a doença pode ser experimentada como processo de recuperação de dimensões perdidas, como a recomposição da própria biografia, e, de qualquer forma, como uma oportunidade de mudança, de crescimento... Ver a este respeito, por exemplo, BECK D., *La malattia come autoguarigione*, Cittadella Ed., Assisi, 1985; VV.AA., *La malattia, follia e saggezza del corpo*, Cittadella Ed., Assisi, 1988.

caminha com a história do ser humano, não tem como único fim a decadência, o declínio, a fome e a morte. A saúde também é uma possibilidade, projeto, futuro. E essa convicção vai orientar o resto do nosso discurso até o fim, por tratar-se da *marca mais específica da Teologia da Saúde.*

b) O ser humano também é possibilidade que deve se realizar

O ser humano não é definido exclusivamente a partir do limite e da miséria. A partir deste momento abordaremos, mas com a brevidade necessária, o outro lado da antropologia teológica da saúde. Mais uma vez, apresentamos as categorias ou linhas de pensamento mais utilizadas pela antropologia teológica desde o pós-concílio até os nossos dias. Obviamente, o ser humano da antropologia teológica da saúde, além desse ser frágil/vulnerável que temos discutido até agora, é *imago Dei* e está associado com Ele de modo único e singular. É o sujeito da esperança e da tensão/projeto a ser desenvolvido gradualmente no enredo da história (decisões, relacionamentos, dificuldades...) e completamente no futuro. É a unidade multidimensional e pluripotente a ser alcançada não através da libertação do corpo mas pela apropriação gradual da corporeidade segundo o modelo e a estatura de Cristo. É a realidade dialógica que encontra no amor fiel de Deus sua realização e que se expande na comunhão...[47]

Do ponto de vista metodológico, talvez seja apropriado fazer um esclarecimento: a saúde, como vimos, não é só um fato (com suas diversas conotações de "imposição", acaso, neutralidade etc.), mas também um objetivo, uma meta. Pertence ao ser do ser humano na dupla função de *poder ser* e de *dever ser.* Este último, no entanto, não significa que a saúde deve ter sempre, em todos os casos e em todas as suas formas, uma dimensão moral.[48] *Não é a saúde como*

---

[47] Cf. CINÁ G., Antropología en el mundo de la salud, in: VV.AA., *Diccionario de Pastoral de la Salud y Bioética*, cit., pp. 81-97.

[48] A "moralização" indevida da saúde tem cada vez mais lugar e por vias transversais. Por exemplo, quando a sua saúde, identificada com o bem-estar, prevalece sobre os valores mais altos como o nascituro, ou quando a saúde, identificada com a "qualidade de vida", torna-se o critério de decisões que não respeitam a vida e/ou impõem outras formas de qualidade exigindo o sacrifício da própria saúde, ou, finalmente, quando, muitas vezes inconscientemente, ela sobe para o nível de recompensa/bênção a ser creditada ao bom comportamento.

tal que é objeto de um mandato, mas viver saudavelmente. Mais uma vez, deve ser lembrado que a ação salvífica e salutar/terapêutica de Deus está sempre *centrada na pessoa*, afirmação necessária para compreender que a saúde pode estar ligada inseparavelmente com o devir e com o dever do ser humano. E uma vez que este vem do estado de criatura/vocacional que vem de Deus, vejamos este aspecto em primeiro lugar.

Ao longo de nossa viagem através da história da salvação, foi-se delineando cada vez mais claramente o plano de Deus, esmiuçado e explicitado de muitas maneiras, e não apenas por meio de intervenções terapêuticas: *o ser humano amado por Deus é o ser humano saudável.* A saúde, e não apenas a doença, é parte integrante do seu plano. O desempenho e a divulgação do modelo de saúde teve, como já vimos, o seu clímax em Cristo, o ser humano amado por Deus, causa e princípio da nova humanidade. Aprofundemos essa vertente tentando captar alguns de seus significados.

– Bondade e beleza da saúde

Desde o início, como lemos no primeiro relato da criação, Deus estava satisfeito em olhar com bons olhos para a sua obra. Esse "Deus viu que tudo era muito bem" (Gn 1,31) referido ao ser humano nos lembra que a saúde, como um adjetivo do ser humano e da sua vida faz parte da sua condição de criatura. Assim afirmou-se na Bíblia. Avancemos agora em nossa reflexão.

O olhar divino que penetra até as dobras mais íntimas de suas criaturas é guiado por uma visão que une (Ele não "divide" nem aumenta): é bom e belo[49] esse corpo vivo e esse espírito encarnado. A saúde, aos olhos de Deus, passa necessariamente pelo corpo, é boa e bela porque participa da bondade e da beleza do corpo. Deus inverte, portanto, essa mentalidade que nunca abandonou a humanidade e que faz a beleza do corpo consistir em sua saúde física. No entanto, é o corpo vivido que torna toda a saúde boa e bonita, e paradoxo muitas vezes difícil de aceitar e viver, porque tampouco a doença pode retirar esses atributos.

Dessa forma, e ainda na abertura, ratificamos a afirmação de que o corpo é fundamental para a saúde, para o seu futuro. A realização de seu potencial, as agressões sofridas e os fracassos têm sempre

[49] Adicionamos este segundo adjetivo, que de modo algum deve ser subestimado, porque, como diz um bem conhecido aforismo filosófico clássico, *bonum, verum et pulchrum convertuntur.*

como palco e como suporte a condição corporal, mas a maioria confirma a crença de que um bom percurso biográfico da saúde pode apoiar-se apenas em uma visão positiva do corpo. Para os cristãos, isso significa, entre muitas outras coisas, que ainda temos a chance de ver que o corpo, independentemente da sua condição física, é o tema da vocação. Como síntese final, pode-se antecipar que a glorificação final, o último e definitivo esplendor do corpo, é precedida por um processo complexo e misterioso de ressurreição que já começou neste mundo, e foi realizado de muitas maneiras. Não se trata de uma beleza antecipada ou sonhada, mas ainda latente, por exemplo, "dentro" da doença e da deterioração física. O olhar de Deus, que se tornou definitivo na humanidade de Cristo, revela que nada pode eliminar completamente essa bondade/beleza; o olhar crente deve descobri-la sempre e de qualquer maneira.[50]

Finalmente, este ponto de partida se faz necessário para entender por que e como aquela bondade/beleza da saúde, inicialmente dom mais que conquista humana, pode e deve ser respeitada e reforçada em todas as situações da vida. O serviço aos doentes, a promoção da saúde e o alívio da dor são, sem dúvida, trabalhos bons e belos.

Uma história a construir

A saúde, como seu sujeito, se realiza na história. Por isso é biografia. Agora, a história é o resultado da interação do ser humano com a natureza. Este ser humano faz a história a partir do que encontra, do que lhe é dado/imposto ou que ele na verdade não tinha escolhido. De um ponto de vista geral, pode-se dizer que a natureza possui e oferece *recursos* que podem tornar-se *possibilidades*.[51] O ato criador transforma uvas em vinho, carvão em fogo, luz e meio de transporte: a natureza se faz história, e isso é um processo de transformação, sinal eloquente da condição humana original, intimamente ligada à natureza (porque também natureza) e emergência

---

[50] No fundo, você pode ouvir o eco das declarações famosas de Santo Agostinho sobre a beleza de Cristo na sua paixão e morte. "Belo é Deus, Verbo junto de Deus [...]. É belo no céu, belo na terra, belo no útero, belo nos braços de seus pais, belo nos milagres, belo nos suplícios, belo ao convidar a vida e belo ao não temer a morte; belo ao abandonar a vida e belo ao retomá-la, belo na Cruz, belo no sepulcro, belo no céu. Ouça a canção com inteligência e que a fraqueza da carne não afaste seus olhos do esplendor da sua beleza" (*Enarrationes in Psalmos*, 44,3; PL 36, 495-496).

[51] Cf. GRACIA GUILLÉN D., Medicina y cambio cultural, in: *Dolentium Hominum* 46, 1 (2001), p. 51.

constante acima dela (porque a transcende, a "recria"). Este discurso é também aplicado, sem necessidade de forçar, à saúde humana.

Esta história, enquanto apropriação do corpo (Gracia Guillén) e experiência biográfica, começa quando a pessoa passa a assumir a grande aventura de transformar os "recursos" em "possibilidades", à medida que adquire a consciência de que a condição corporal, para além dos limites, é uma fonte fecunda de novas possibilidades, como veremos mais adiante. Do ponto de vista teológico, este dinamismo transformador (quase-criador) não é explicado fora da sua localização em Deus, criador e salvador. *Imago Dei*, o ser humano é o único capaz de escrever e contar uma história, de submeter e associar a natureza à biografia, viver além do limite.

A capacidade de viver de forma saudável é baseada, em última análise, na condição de criatura, comum a todos os seres humanos. Nela, o crente descobre que, por um lado, a dependência radical de Deus não limita o seu potencial, ao contrário, é o fundamento último de sua consistência, a origem das suas possibilidades, o horizonte de sua liberdade finita. Além disso, o crente sabe que deve renunciar à inútil pretensão de pensar em si mesmo, de dizer-se a si mesmo e de realizar-se sem a referência vital (e não apenas moral, filosófica, teológica...) a Ele. A liberdade é afirmada com a aceitação da dependência; a projeção não pode ser selvagem. O ser humano amado por Deus (saudável) é aquele que, com fidelidade criativa, se apropria do projeto já vivido por outro, o "Novo Adão". Em Cristo, se aprofunda e se torna realidade a saúde de acordo com a vontade de Deus.

Nele, criação e recriação, a natureza como condição livre e a história como um evento e dom da salvação atingem o clímax da transformação dos "recursos" em "possibilidades". Ninguém como Ele elevou a natureza (aquele corpo que havia sido preparado) a nível biográfico tão alto (aquele corpo que se entregou em oferecimento e salvação por todos). Ninguém tomou como Ele a condição de criatura em tamanha perfeição de liberdade criadora, até as últimas consequências de se entregar ao Pai na escuridão suprema da cruz.

A partir desta perspectiva cristocêntrica, a história da saúde é a história escrita/contada através de um corpo acolhido e vivido, cheio de oportunidades para descobrir e desenvolver e animado de um dinamismo de graça que pede e espera chegar à plenitude. Do ponto de vista teológico, já não serve um corpo neutro ou ignorado nem uma saúde vazia de conteúdo ou à mercê dos acontecimentos.

A saúde almejada por Deus (justamente por ser almejada) brota do fornecedor de certas características que a identificam, como se de alguma forma sempre estivessem impressas nela as iniciais de Deus. Talvez a primeira dessas características seja a *vocação à plenitude*. Na dialética entre finitude e infinitude, mesmo quando expressa por meios cruzados ou buscada de maneira equivocada, a saúde sempre aponta para além de si, supera a norma e caminha com desejo, se move em meio aos limites, mas com esperança de superá-los. Há sempre um resquício de transcendência, sua coroação (mesmo para aqueles que não acreditam) é a salvação.[52]

Como não vislumbrar na chamada *medicina dos desejos* e especialmente no *backgroung* em que se origina, apesar da ambiguidade na qual estão embebidas, uma chamada para que a tensão leve a plenitude? Na verdade, este fenômeno, cada vez mais difundido (como vimos), tenta responder a uma busca pela saúde que vai além das necessidades básicas.[53] Seja ela medicina corretiva ou perfectiva do corpo, seja para melhorar seu desempenho (mental, lúdico, sexual etc.), seja para considerar várias formas de melhorar a qualidade de vida. Seria imprudente interpretar o fenômeno apenas como uma rejeição submissa do corpo como ele é (quando não responde aos ideais impostos de fora) ou como negação do limite. A tensão dada por Deus também é expressa assim. E, sob este sinal, tão ambíguo quanto se queira, a teologia deve aprofundar *a saúde de acordo com a vontade de Deus*.

Uma missão a cumprir

Um segundo aspecto deve ser visto no fato de que Deus uniu de forma indivisível a saúde humana e a *missão*. Como já suficientemente salientado,[54] a saúde oferecida por Cristo sempre foi a *saúde para a missão*. Em seu sentido mais profundo, o conceito de missão refere-se aqui às várias dimensões do ser humano segundo a antropologia de Deus. Em primeiro lugar, o fato de que se realiza a si mesmo na história ("uma história a ser construída"), portanto, a estrutura dialógica do ser humano, que é ao mesmo tempo rela-

[52] GRESHAKE A., *Esistenza redenta*, cit., p. 14, coincidindo com outros autores, como U. Eibach, mostra que o desejo por saúde não tem limites, o ideal é cumprido apenas na experiência de salvação, ou seja, na superação da provisoriedade, da fragmentaridade, do limite etc.

[53] Cf. SALVINO L., Salud, enfoque ético y pastoral, in: VV.AA., *Diccionario de Pastoral de la Salud y Bioética*, cit., pp. 1514-1516.

[54] Ver o tópico "O modelo cristológico da saúde", no capítulo 3.

ção com Deus (deve-se viver em fidelidade criativa) e capacidade de responder (responsabilidade). Nesse caso, a oferta de saúde feita por Deus em Cristo, prolongada na Igreja (como se verá), está destinada à realização da missão. Viver de forma saudável significa ser capaz de realizar o seu próprio projeto de perfeição, certamente compatível com os limites impostos pela doença. Um projeto como esse, no pensamento teológico, vai além do que é normalmente entendido por capacidade laboral ou por "performance vital razoável". Alcançar a perfeição pelo caminho do *verum*, *bonum*, *pulchrum* e pelo caminho para a santidade não garante a saúde física nem a ausência de distúrbios psicológicos, mas é inseparável da rota de saúde para plenitude.

4. O itinerário cristológico da saúde

A revelação da saúde por Cristo atinge o seu nível máximo de desempenho e proposta na dimensão a qual chamamos *ser bem*, a mais profundamente humana. Como vimos, a saúde oferecida por Ele tem uma hierarquia adequada. Isso significa, entre outras coisas, que deve ser vista dentro de um longo processo de interiorização e integração em que nenhuma de suas formas (física, psicológica, ambiental ou social) deva ser subestimada. Mas seria igualmente errado atribuir o mesmo valor antropológico, axiológico e salvífico para todas as suas dimensões. Então, não é preciso dizer o quão necessário é encontrar o sujeito que irá unificar a diversidade e, especialmente, que saiba descobrir as dinâmicas humanas e espirituais que orientam o processo de acordo com o modelo de Cristo. A ideia de itinerário manifesta, em primeiro lugar, a condição histórica da saúde e ao mesmo tempo sublinha que ela é parte da viagem salvífica do ser humano, do seu crescimento humano e espiritual, da sua adesão gradual a Cristo, como outras realidades importantes de sua existência, tais como a liberdade e o amor.

a) Acolher a vida

Em Cristo, além de encontrarem-se de forma exemplar as notas que identificam o tema da saúde, é-nos revelado o itinerário que a saúde humana, vista da perspectiva do sujeito, é chamada a percorrer. A partir da encarnação, Cristo é o grande símbolo do caminho salutar para o nosso estar no mundo. À luz deste mistério, podemos dizer que o *primeiro ato da saúde consiste em aceitar a vida*, vinda de outro, assim recebida como um dom e missão. Aceitar a vida significa tornar ativo o verbo "nascer", inicialmente apenas passivo: uma tarefa tão grande quanto a existência.[55]

Esse itinerário tem uma referência vital e constante na encarnação. Cristo, assumindo o corpo que havia sido preparado para ele (Hb 10,5-10), aceita um novo modo de existência, que envolve a aceitação radical da vida humana, da igualdade básica com o resto da humanidade e dos limites inerentes a ela. O alcance desse ato de saúde inicial está solidamente confirmado pela experiência, a ponto de ser uma espécie de axioma teológico para a reflexão sobre saúde. Apenas o que é assumido é salvo e curado; a vontade de ser, a força de ser humano, a possibilidade de realizar as potencialidades próprias da condição humana, o caminho para a plenitude..., tudo isso parte desse e tem impulso nesse primeiro ato, que deve ser renovado ao longo da existência.

b) Do ser ao saber que se é – o exercício da lucidez

O modelo cristológico da saúde é muito explícito nesta segunda etapa do itinerário. Não é possível viver de forma saudável sem o exercício de uma lucidez gradual, de certa autotransparência. Além da longa questão debatida sobre a "consciência messiânica" de Jesus, parece claro que o seu itinerário humano, espiritual e ministerial foi marcado por uma gradual tomada de consciência da condição humana, além do plano do Pai para Ele, verdadeiro ser humano.

Podemos seguramente dizer que Ele veio para despertar o ser humano da sua longa noite de certa escuridão difusa, para torná-lo consciente de sua identidade (de sua verdadeira condição), para ajudá-lo a ser "senhor" de si mesmo e protagonista de sua existência, para trazer à tona sua capacidade de ser e decidir. A proposta salvífica e salutar brota, de fato, de um homem que, em obediência filial assumida em liberdade, sabia ser o sujeito ativo e passivo dos verbos fundamentais da sua vida, acolhida, vivida em primeira pessoa e doada em *plena consciência*.

Também deve ser interpretada, nesse sentido, *a urgência* causada pelo aparecimento do Reino, o advento/acontecimento que preenche todos os momentos e que, ao mesmo tempo, faz com que seja muito importante, mas talvez muito breve, o tempo de vida. Sua acolhida

---

[55] Cf. ÁLVAREZ F., "Vita e vita in abbondanza" nel Vangelo di Giovanni, in: *Camillianum* 14, nova série, V (2005), pp. 219-248.

através da fé e através da conversão não pode ocorrer sem o dom da lucidez: "convertei" e "despertai" são o mesmo verbo.

Essa clareza é, por sua vez, a condição que possibilita outras notas profundamente relacionadas com o "ser bem". É necessária para tomar posse de si mesmo, *para se apropriar do que realmente se é*, evitando o risco da alienação radical que está sempre à espreita: a de que a existência se torne uma busca inútil de um eu emprestado ou imposto de fora. Também é necessária para tornar *familiar* o próprio corpo, vivido em código de oferta e oferecimento. Sem o dom do discernimento, que deve ser alimentado de forma responsável, seria impossível para qualquer um dos "momentos" mais importantes ao cuidar de sua própria saúde: *a interiorização*. Com essa categoria, que deve ser lida em sentido análogo, sugerimos que o processo, tão longo quanto a vida, que se consagra na capacidade de assumir e discernir, de tomar as distâncias de si mesmo e da realidade evitando o ensinamento narcisista ou a própria dissolução nas coisas, de viver dentro de si mesmo e não na periferia, de familiarizar-se/identificar-se com o eu interior, com suas sombras e luzes, de descobrir e fazer frutificar seus próprios recursos internos...

c) Da tensão à unificação

Lucidez, apropriação e interiorização coabitam, nem sempre em parceria perfeita, para ativar e fomentar outro aspecto da jornada biográfica da saúde: *a integração*. Viver de forma saudável normalmente se traduz (e, especialmente, em determinados momentos da existência[56]) na capacidade de integrar. Já que não é possível pensar em uma saúde perfeita ou completa, a tensão deve mover-se qualitativamente no sentido *da integração*, um processo (devo dizer) lento e cansativo, cuja relevância salutar é cada vez mais aceita pacificamente.[57] A capacidade e a necessidade de integrar são ricas em conteúdo e remetem a muitas questões. Em primeiro lugar, sugerem que a saúde se move sempre em direção a uma harmonia, uma integridade e uma totalidade que não são dadas desde o princípio

[56] Isso é especialmente verdadeiro em tempos em que a evolução pessoal traz a necessidade de adaptação a novas situações, ou quando, como nos processos de doença ou envelhecimento, não é possível viver de forma saudável sem a nada fácil aceitação do peso do novo.

[57] O mérito deve ser dado especialmente para as antropologias médicas de cunho personalista (como vimos), para a psicossomática, mas também para a crescente importância da bioética.

do ser humano. Integrar significa reunir/agregar, manter-se inteiro/ não dividido ou fragmentado, unificar o solto e o diverso, encontrar o assunto dos tempos da vida, aceitar o inevitável, perceber a si mesmo... Nenhuma visão holística, seja como teoria seja como práxis, pode prescindir da consideração da saúde como o processo de integração.

A harmonia derivada disso nunca será completa, já que se desgasta através de uma dialética que, caso se tente evitar, contornar ou afogar, volta-se contra a saúde por ser constitutiva do ser humano e companheira inseparável da sua história. Nós a chamamos de a *tensão* inerente à condição humana. Espírito encarnado em um mundo que pode ser para o caos ou cosmo,[58] em um corpo que pode ser um amigo ou inimigo, dócil ou rebelde, familiar ou estranho, colocado entre o nada e o infinito..., não pode viver de forma saudável se não acolhe essa tensão e a torna sua. Só ele será capaz de descobrir que essa tensão está também animada radicalmente por uma grande *teleonomia*, ou seja, por um propósito, por uma orientação que guia o processo de viver e viver com saúde.

Mais especificamente, apropriar-se da tensão quer dizer perceber que *as partes são dirigidas ao todo*, que o corpo vivido é a expressão totalizante do indivíduo e, como tal, só faz sentido como um todo unificado pelo sujeito. Também significa descobrir uma hierarquia das necessidades e valores (é possível, por exemplo, sacrificar a saúde física, mas não a espiritual), deixar-se guiar pelo "sábio interior" e ouvir as razões da mente e do coração. Em suma, a tensão e a teleonomia que a dinamiza é a *mesma salvação* de Deus que se encarna na carne espiritual do ser humano. A experiência da salvação reorienta e centra a vida, é um processo de unificação e libertação da alienação, educa o desejo, facilita estímulos e motivações novos e introduz o ser humano em uma jornada em que a atração de Deus pode chegar a ser simplesmente irresistível. Assim, quanto mais viva ela for, mais o tempo de vida cresce e se prolonga.

Neste ponto, podemos dizer que Cristo, a humanidade de Deus, é o verdadeiro símbolo deste estender, que – deixamos bem claro – não foi influenciado por uma condição pessoal pecadora, nem sob a forma de freio, paradoxalmente, nem sob a forma de impulso.

---

[58] Dois termos que indicam os dois polos: o primeiro é desordem (= doença, divisão, desintegração...) e mais radicalmente o pecado, enquanto o segundo sugere a ideia de harmonia (saúde, unidade, integração...) e, seguindo o mesmo sentido, a graça unificadora da salvação. Conforme DUCH Ll., op. cit., p. 328.

Ninguém viveu como Ele, como verdadeiro e completo ser humano, em tamanha *alta tensão* a condição humana, porque ninguém como Ele se abriu a Deus a ponto de dizer que em Nele "habita corporalmente a plenitude da divindade" (Cl 2,9). Experiência única, ela reflete exemplarmente o que todo ser humano, como simples ser humano, é chamado a viver. A tensão, na verdade, além de ser inscrita na natureza humana, é uma vocação a ser acolhida, experiência ligada a uma relação pessoal com Deus: sempre maior do que nós, revelado e escondido, íntimo e estranho...

Como um ser humano de verdade, em Cristo a adesão tinha realmente que suportar, e ainda de maneira pedagogicamente exemplar, as tentações, que apenas visam à asfixia, à distração, à derivação da tensão. A sua biografia foi uma história de vida com tentações, não só nas suas relações com o Pai (comunhão de intenções, abandono Nele...), mas, mais especificamente no que se refere a ser um ser humano, de aceitar sê-lo e de encontrar o caminho certo de ser não apenas em situações extremas de sua vida, mas também na vida cotidiana. Ceder à tentação de transformar magicamente as pedras em pão também teria significado (e não só) fazer prevalecer o instinto sobre a razão, os objetos sobre os valores, o biológico sobre o biográfico, a parte sobre o todo. Ao escolher o longo caminho da sobriedade e da partilha, não só mostrou ser "senhor" do seu corpo e da sua corporeidade, mas também revelou, a quem quisesse segui-lo, que essa possibilidade, enraizada na condição humana, é também uma condição essencial para aprendermos a viver como seres humanos. Rejeitando as ambições de poder e de gozar de um *status* de privilegio/conforto, deixou claro que certas formas de viver se contorcem, pelo menos a longo prazo, contra a realização do ser humano.

Diante da possível objeção de que esta forma pode desvanecer um pouco a dimensão sobrenatural de ensino e a prática de Cristo e considerá-lo um pedagogo/filósofo, deve-se indicar claramente que a credibilidade da salvação oferecida e realizada por Ele tem suas raízes no fato de que, em vez de condenar a condição humana, a acolhe, a declara digna, a eleva, mas tomando posse dela. Portanto, inserindo-se nela para trazê-la à plenitude. Não sacrifica nem deprecia o humano. Desperta, no entanto, a tensão que a incentiva e a abre a novos horizontes. Ser humano, à luz da humanidade de Deus, significa, portanto, caminhar da saúde à salvação, da depressão/fragmentação biológica à unidade biográfica, além de ouvir o silêncio, fiscalizar a sabedoria do corpo, além de dominar e possuir, viver desperto para ingressar no centro, onde Deus está (pelo menos suas pegadas) e onde está também o melhor de nós mesmos.

d) Rumo à plenitude

O último horizonte da saúde no itinerário cristológico não é certamente a morte, embora essa represente inevitavelmente o final, geralmente acompanhada pela deterioração do corpo e ou pela doença. Por mais paradoxal que possa parecer, isso nos permite afirmar a possibilidade real de saúde humana até o último momento da sua existência. Esta possibilidade está presente no modelo cristológico. Para compreendê-la, é necessário enfatizar alguns conceitos.

A história da saúde não coincide necessariamente com a história do corpo. É no corpo, mas também além dele, onde o sujeito faz o seu caminho vital e salutar. O ideal que Cristo nos deu, ou seja, a harmonia (sempre tendo, por outro lado, a tensão) entre o biológico e biográfico, significa, entre outras coisas, que o corpo assumido e vivido, educado e capacitado, apreciado e sofrido, oferecido e sacrificado... é sempre o aliado indispensável do sujeito (mesmo quando seja "hostil"), mas nunca deve prevalecer sobre ele. Destinado à morte, geneticamente programado para decomposição gradual com data desconhecida, mas determinada, o corpo participa evidentemente da vocação do sujeito à plenitude, cuja ratificação última será a ressurreição.

Mas isso é verificado, como Cristo nos mostrou, não por meio de paradoxos mas sim pelos pensamentos duplos (já lembrados). O corpo, especialmente se você vive na dinâmica da fé, é animado interiormente pela vocação natural da criatura para a perfeição. O corpo não é apenas o limite, o qual coloca de forma mais clara a condição de pecador, mas também é possibilidade, capacidade de aperfeiçoamento e crescimento. Nele a natureza torna-se história, criação, cujo desafio é superar as resistências e aceitar o inevitável. No entanto, este dinamismo, que é graça e conquista, se afoga, se desvia e se torna estéril se não entra gradualmente no caminho dos muitos paradoxos, humanos e cristãos. A perfeição não é possível sem a entrega do próprio corpo, sem a doação da própria vida, sem o sacrifício da própria saúde física no calor do serviço diário. A perfeição nunca é alcançada à custa do inevitável.

A maior complexidade da saúde humana, misteriosa como a pessoa, reside justamente na impossibilidade hermenêutica de reduzi-la a uma única expressão, mas sua matriz cristocêntrica nos leva a enfatizar a *primazia do sujeito*: o que é capaz, ao mesmo tempo, de sacrificar sua saúde pela saúde dos outros, de oferecer seu corpo (templo do Espírito e casa de Deus), como Cristo (que sacrificou definitivamente sua saúde na cruz), o que sabe como encontrar a graça na desgraça.

É dessa forma que, sem concessões a posições intransigentes triunfalistas de qualquer tipo, o itinerário da saúde humana pode ser visto e vivido como caminho da *salutogênese*. Nada pode contradizer essa afirmação, hoje tão necessária, que coloca a saúde como uma meta constante da revelação de Deus e, em particular, do desempenho de seu plano de salvação em Cristo. A saúde, e não a doença, é o objetivo. Como ainda veremos, o itinerário proposto por Cristo apresenta a via hermenêutica da salutogênese (mais que a da patogênese). Ou seja, a interpretação da salvação como uma fonte de um novo modo de vida regenerada e renovada, de nova qualidade de existência. Em suma, de todas essas expressões e experiências de plenitude que se traduzem no ser bom, nessa dimensão da saúde, que é, por sua vez, o espaço cotidiano (muitas vezes não observado) da salvação.

Por esta direção avançaremos, em seguida, em duas das expressões mais características dessa saúde: a *saúde relacional* e a *saúde como experiência de liberdade*.

5. A saúde relacional

Com o desejo de dar uma linguagem teológica à saúde capaz de expressar seus diversos conteúdos, usávamos como chave hermenêutica a experiência. Acrescentemos, agora, relacional. Na pessoa, constitutivamente relacional, também a saúde participa dessa condição. Com esse conceito, é vista enquanto incorporada à consciência e à liberdade.

A saúde, tanto do ponto de vista do modelo cristológico como do ponto de vista antropológico, é sempre vista em um processo que, com base nos níveis mais claramente biossomáticos, "progride" em direção a formas mais explícitas de apropriação do objeto. A pessoa estabelece na relação a distância entre o eu e o corpo e o que acontece nele, e ao mesmo tempo toma posse de si. *A relação cria a identidade e marca a diferença.*

Na experiência da saúde, é a relação que tem a capacidade de fazer a saúde "saudável" ou "doente", de viver de forma saudável o que não é saudável, mudando, até mesmo, o caminho da saúde. Na relação, a natureza torna-se biografia, história vivida.

Essa linha de interpretação, presente em toda a história da salvação, foi explicitada no modelo definitivamente cristológico. Partindo dos níveis primários, será oferecida a continuação dos capítulos mais relevantes da saúde relacional:

- A saúde como experiência da relação com o próprio corpo.
- A saúde relacional como aliança com a criação.
- A saúde relacional como capacidade de viver relacionamentos saudáveis e curadores com os outros.

a) A saúde como capacidade de reagir, de se adaptar, de mudar

O modelo relacional permite-nos perceber e apoiar o processo de apropriação/humanização da saúde em todos os seus momentos, nos quais o sujeito, obviamente, nem sempre está presente e ativo da mesma maneira.

Do ponto de vista biofísico, a saúde é, em primeiro lugar, a capacidade de *reação e resposta* (saudável e enferma) para os agentes ou estímulos externos/internos e para a programação genética do corpo, bem como para as vicissitudes da natureza. Neste nível, a participação do sujeito pode/deve ser preventiva e, ao mesmo tempo, consequencial: a pessoa é chamada a ler os sinais do próprio corpo, uma tarefa na qual não são estranhas nem a cultura nem a fé.

Em um segundo nível, a saúde se expressa (aumenta ou diminui, se aperfeiçoa ou se deteriora) em capacidade de *adaptação*, que implica totalmente o sujeito. O processo de apropriação da saúde não pode inventar a realidade ou submetê-la. A criatividade envolve necessariamente o teste de adaptação e certa "obediência" ou fidelidade à realidade: o inevitável do corpo, o preço do amor e da liberdade, a vida ambiental, o contexto ambiental, social e cultural onde se desenvolve a vida...

Mais ativa e exigente é a capacidade de *integração*, porque invoca uma resposta intimamente ligada à nossa experiência de desenvolvimento do processo da experiência da saúde, ou seja, a percepção, interpretação e avaliação. O ser humano expressa e submete sua responsabilidade à prova afirmando-se ele mesmo (escolhendo) diante de tudo o que é diferente dele (o mundo, as coisas, os outros...) e diante de si mesmo. A integração no contexto vital em que se desenvolve a existência vital não pode ser nunca, apesar de tudo, o critério final e determinante da saúde vivida humanamente. A integração pode ser patológica ou patogênica, pode ser alienação.

Finalmente, a *mudança*. De qualquer ponto de vista, mas especialmente do ponto de vista antropológico e teológico, no caminho da saúde para a plenitude do ser humano de acordo com o plano de Deus, a mudança pode ser considerada como o clímax (se corretamente compreendida). A plenitude à qual teleologicamente está ordenada a saúde humana não é possível sem mudança. Do mesmo modo a experiência. Todo mundo vive a saúde como um *dever mudar* (por exemplo, diante de determinados êxodos e novas jornadas...).

A saúde, especialmente para aqueles que descobriram o valor da saúde de Cristo e do Evangelho, consiste também em *ser capaz de viver de forma diferente*, mudando o estilo de vida, abrindo-se a um novo mundo de valores e experiências. Cristo veio não para canonizar o ser humano e justificar qualquer forma de vida, mas sim para transformar e levar à plenitude sem eliminá-lo. A mudança se transforma, necessariamente, em *conversão*. Esta é a resposta mais abrangente e radical ao pedido da saúde. Paradoxalmente, está presente de alguma forma (embora muitas vezes ignorada) no ideal social de saúde e até mesmo no chamado “salutismo”.

A conversão representa o mais alto nível de apropriação e interiorização da saúde, a maneira mais saudável de viver, o mais próximo da salvação.

No pano de fundo deste longo e complexo processo, estão esboçadas as características contínuas do conceito e da experiência da relação. A saúde é uma realidade sempre relacionada.

b) A saúde como experiência da relação com o próprio corpo[59]

– “Caro cardo salutis”

Este axioma, aplicado à salvação, também deve ser aplicado à saúde, cujo eixo é o corpo. Tudo acontece no corpo, mas nem tudo tem uma tradução corporal.

---

[59] Neste tópico, muito esquemático, tento não repetir o que já foi dito na parte bíblica (especialmente na interpretação do mistério da Encarnação, em chave saudável e terapêutica). Para maior aprofundamento, lembro novamente a literatura lá referida, especialmente C. Rocchetta, R. Cavedo e M. Bizzotto.

Todo processo de saúde em suas diversas fases já vistas, passa necessariamente pela condição corpórea. A saúde não é, inevitavelmente, um "apesar do corpo". A acentuação da relação como categoria descritiva da saúde de modo algum significa desvalorizar o corpo ou a condição corporal do ser humano. Pelo contrário, devemos dizer que *é o corpo que dá realismo e consistência à racionalidade.* Lugar de diagnóstico, de revelação e de ação, o corpo também está envolvido em expressões mais espirituais e especificamente humanas de saúde.

– O corpo que se tem – o corpo que se é

O estado único de ser humano reside neste fato antropológico complexo: *ser e ter um corpo.* Trata-se de um dado fundamental para a reflexão teológica da saúde. Por um lado, a *imprescindibilidade* (ser) do corpo, sua gravidade/valor antropológico, teológico e espiritual. Por outro, sua *incompletude* (ter), a incapacidade de manter e expressar a realidade plena do ser humano. Portanto, sua ambivalência natural revela e esconde, é aliada e "hostil", idêntica e diversa... De modo que essa condição é habitada por uma tensão radical que exige ser ouvida, vivida e aprofundada. Nessa tensão estão, em grande parte, as sortes da saúde e torna-se decididamente explícito o modelo cristológico.

– À luz do modelo cristológico de saúde

Em primeiro lugar, como vimos na Bíblia, a rota saudável "começa na encarnação". Com a assunção da natureza humana, não apenas aumenta a nossa condição corpórea para a mais alta dignidade, mas também nos ensina a vivê-la de maneira santa e saudável. A importância da "corporeidade" do modelo também é revelada em toda essa sinfonia de atitudes, de gestos e de palavras que indicam como Cristo está imerso na realidade humana, que evidenciam a sua sensibilidade única para todo ser humano, o caráter familiar, doméstico ("terreno") da sua palavra e, ao mesmo tempo, o ordenamento (subordinação) de todo ser humano à plenitude.

O oferecimento da saúde, finalmente, a todos os doentes sobre os quais pesava a exclusão e o constrangimento social sempre foi acompanhado pela recuperação ou devolução da dignidade perdida, ou injustamente usurpada. Curar significa recuperar o corpo e poder estabelecer outro novo (saudável) relacionado a ele.

– “Momentos” e características salutares da relação com o próprio corpo

Na linguagem teológica da saúde, reaparece aqui a opção precisa que guia todo o itinerário, de modo que na relação da pessoa com o corpo se deve pôr a ênfase na dimensão saudável. Não esquecendo que a relação também pode ser terapêutica (na verdade, deve ser), é importante, principalmente, enfatizar que o corpo vivido não é apenas “o que” deve ser sanado e curado, pois devemos ter em mente que é também parte essencial e indispensável da vocação para a plenitude. A saúde também é perfectiva, e, segundo o modelo de Cristo, na perfeição máxima é alcançado o máximo de saúde.

Assumir

Ainda no ser humano o primeiro ato de saúde (pelo menos *in intentione*) consiste em assumir e aceitar a própria condição de vida corporal. Tendo chegado a este mundo sem conhecê-lo previamente, a aceitação da vida se traduz necessariamente na acolhida do corpo, que recebe dos outros. Para nascer ativamente, é necessário apropriar-se desse verbo, em que, embora sendo o mais importante de uma existência chamada à liberdade, foi, paradoxalmente, o mais passivo e menos livre. “Preparaste-me... e eu o assumi”. O caminho para a plenitude, especialmente quando visto de modo cristão, não começa até que nos tornamos sujeitos, muito gratos, pelo verbo “nascer”. O “sim” inicial ao dom da vida, o mandato de viver e a aventura da existência são indispensáveis para a experiência de saúde.

“Assumir” significa cuidar de um projeto, uma realidade inicial, inacabada: acolher os limites e as potencialidades. No fundo, aprender a ser humano a partir de sua condição única: associado à terra, lama destinada a voltar ao pó, e hálito divino que nunca se acaba. Quer dizer também saber ler no próprio corpo a vocação para a plenitude. Essa meta final está acompanhada por outros momentos salutares:

- Manter viva a tensão entre os limites e as possibilidades, entre as necessidades e os desejos, favorecendo uma visão positiva sem ceder ao narcisismo e a obsessão pelo controle do corpo.
- Ganhar familiaridade com o corpo, vivê-lo com lucidez, ouvir o silêncio, discernir as suas mensagens, tornar a experiência de saúde cada vez mais viva e consciente.

- Descobrir a dignidade/beleza do corpo, que possui a marca de Deus, que é o templo do Espírito Santo, que é morada do Pai e do Filho. Essa visão, inspirada pela fé, e defendida nas áreas de uma cultura em muitos aspectos contrária, é uma fonte de experiências seguras e salutares. Ajuda, de fato, a se libertar da rejeição do corpo e dos abusos a que é submetido, para viver com alegria e com um senso de apreciação da própria corporeidade, relativizando cativantes ofertas do mercado de abundância, da medicina dos desejos, das "liturgias" que cultuam o corpo.

Por fim, "assumir" quer dizer viver na dimensão espiritual da vida a partir da corporeidade. Em primeiro lugar, pela homenagem a Deus, glorificado no próprio corpo; em seguida, inserindo-o na relação com Deus na oração e na espiritualidade das várias fases da vida.

Educar

O corpo é não apenas o "espaço" constante da saúde mas também o seu primeiro e habitual recurso. O processo de educação, longe de ser sem o corpo, reconhece sua vocação – enraizada no mistério da encarnação – a uma *transformação* gradual. A condição humana é dada a todos: o corpo é "igual" para todos os seres humanos, mas viver humanamente é uma escolha que exige liberdade e sentido.

Portanto, o processo de apropriação do corpo torna-se um processo de *humanização*, cuja referência vital (e não apenas normativa) para o crente é o próprio Cristo. Estes são alguns de seus "momentos":

- Da materialidade do corpo a seus significados.
- Da natureza à história.
- Do biológico ao biográfico/cultura.

Esses "momentos" têm em comum o mesmo dinamismo, confiado à responsabilidade da pessoa: o corpo é o sacramento primordial dos símbolos que fazem do ser humano um ser humano e, ao mesmo tempo, cada vez mais perto de Deus. O corpo, bem como órgãos, tecidos e funções, é epifania, linguagem, comunicação, lugar de encontro, abertura, presença, limite, possibilidade, sede de transcendência...

É a natureza chamada a fazer/ser a história, a capacidade de descobrir e agir, potencialidade a aperfeiçoar. As mãos se convertem em arte, poema, bênção; o corpo, em veículo da ternura de Deus; os olhos em olhar que eleva e cura.

Educar significa torná-lo capaz de transformar em acontecimento cultural/espiritual o que é basicamente biológico. Comer torna-se comunhão e troca, convite à solidariedade, Eucaristia; a atividade sexual torna-se possibilidade de viver e expressar a dimensão mais espiritual do ser humano: o amor livre e criativo que tem a sua fonte no Deus trinitário.

O processo de educação é, então, ao mesmo tempo *humanização e configuração a Cristo*. Além disso, o corpo, embora destinado a se deteriorar, é chamado a caminhar em direção à perfeição mais elevada, de acordo com o modelo de Cristo. Para conseguir sua estatura e revestir-se de seus sentimentos, é preciso *corporificar* o processo de conversão e configuração com Ele, e isso significa, entre outras coisas, transformar a própria humanidade, de modo que suas energias e poderes, começando com os sentidos, reproduzam os de Cristo. E, assim, o corpo, educado em sua escola (especialmente na *schola cordis* do Bom Samaritano), torna-se o veículo e o sacramento da própria humanidade de Cristo. É uma transformação que poderia também ser denominada *estética* (e não apenas moral ou mística): a beleza do corpo (bela obra, que tem sua origem em Deus) se traduz também, cada vez mais doce e espontaneamente, em suas ações.

A nova *harmonia/unificação entre o ser e o fazer*, entre a fé proclamada e a verdade em ação, entre o biológico e biográfico... torna-se realidade, se *baseada no corpo*. Esta transformação, comum na experiência cristã, teve uma importância especial na vida de alguns santos, cujos escritores sagrados continuaram a enfatizar como a obra da graça tem tido uma tradução especial, seja em imagem corporal (rostos iluminados e radiantes, doçura e serenidade nos olhos), seja nos sentidos e faculdades, alterando, assim, a linha de tolerância à dor e à percepção do agradável e do desagradável, melhorando significativamente as capacidades de desempenho vital, despertando novas energias no corpo e, especialmente, tornando-o cada vez mais aliado da própria humanidade de Deus. É também nessa aliança que o crente, além de viver saudavelmente sua corporeidade, é introduzido nos dinamismos teológicos do seguimento de Cristo: desejar ser educado para viver como Jesus, tocar e sentir como Ele, para irradiar saúde como Ele.[60]

---

[60] Cf. SPINSANTI S., *L'alleanza terapeutica. Le dimensioni della salute*, Città Nuova, Roma, 1988, pp. 68-80.

A mais recente confirmação dessa vocação, na qual se expressa a saúde relacional da pessoa com seu corpo, será realizada ao final na ressurreição.

Oferecer

A saúde relacional reivindica especialmente o protagonismo da pessoa em tudo o que diz respeito ao que poderíamos chamar de *economia do corpo*. Do ponto de vista teológico, parece claro que o corpo *recebido como um dom deve ser oferecido como um dom*. Nessa vocação, não é de estranhar a sua condição natural: de todas as perspectivas a serem consideradas, a sua dimensão sacrifical/ofertante parece, no mínimo, razoável. Nesse sentido, pode-se dizer que o corpo é sempre uma questão em aberto, a qual a pessoa deve responder. Não se encontra em último lugar esta pergunta: *o que fazer com ele? Como conduzi-lo?*

Ainda na linha do modelo cristológico, a saúde encontra aqui algumas das maiores e mais belas expressões. Mencionemos algumas.

Na relacionalidade, o corpo revela-se, ao mesmo tempo, como *indigens* e *offerens*, portanto, aberto à complementaridade e ao encontro, para receber e oferecer. Mais do que propriedade proibida aos outros ou mercadoria de troca, é um local de encontro, de hospitalidade que (como discutido) é constitutivamente saudável e curadora. Na abertura, o corpo se faz humanidade que reúne em si todas as línguas e as virtudes que ele por si só não seria capaz de governar.

"Sacramento" multiforme da vida, o corpo humano, como o de Cristo, é saudável apenas quando se torna um aliado da vida, aceitando os paradoxos humanos e cristãos, sem os quais a existência, além de ficar a mercê do pecado, torna-se patogênica ou patológica. É uma parceria que requer sacrifício e ascetismo, deixar-se "enterrar", não considerar a saúde física um imenso tesouro que deve ser preservado a todo o custo...; viver saudavelmente com o próprio corpo acarreta inevitavelmente consumi-lo, gastá-lo no oferecimento de cada dia. "Não temais os que podem matar o corpo...".[61]

A esta vocação saudável está associada a missão. Corpo para a missão – saúde para a missão. Esta formulação teológica de alguma forma resume a passagem necessária do corpo/instrumento de trabalho, baseado nas coisas e na transformação das coisas, ao corpo/sujeito da missão, a qual não está limitada à realização das atividades. A passagem do cumprimento de determinadas funções/tarefas,

---

[61] Mt 10,12; Lc 12,4.

para cumprir sua própria vocação. A passagem do "eficientismo" ao desempenho vital possível e, em certo sentido, a passagem da atividade terapêutica ao *cuidado*.

Na perspectiva teológica em que nos movemos, o corpo aberto e ofertado ao outro mediante o cuidado reproduz no tempo o mesmo modelo de Cristo. Nele, não havia diferença entre ser e fazer. A mediação salvífica e saudável de sua humanidade era essencial e não meramente circunstancial. Nesta harmonia entre suas expressões de sua corporeidade (palavras, gestos terapêuticos, relações...) e sua mais profunda identidade, entende-se que *ele teve o cuidado do outro, porque era serviço*, oferecia a cura, porque era totalmente saudável. Da mesma forma, guardadas as devidas distâncias, o oferecimento da saúde através do "sacramento" da nossa corporeidade reside na nossa capacidade de conseguir esta harmonia, que nos faz descobrir, entre outras coisas, a dimensão antropológica e cordial de cuidar do outro.[62]

Não é necessário enfatizar o quão fundamental é no mundo de hoje da saúde e do ser saudável a recuperação dessa dimensão e, antes ainda, da consciência do valor saudável e terapêutico realizado através do corpo. Neste caso, a saúde relacional vai além da laboral, mas não pode nem deve prescindir dela. A humanização do corpo e de suas funções/possibilidades envolve necessariamente a humanização do trabalho e de seus ambientes, o respeito pelo valor individual sobre os valores de produção e consumo. No fundo, no entanto, a medida final da qualidade da economia do corpo encontra-se na descoberta da missão do ser humano neste mundo. Paradoxalmente, como o foi para Cristo, o "melhor" da missão está no final, quando a cruz, o declínio das forças e a proximidade da morte exigem passar do fazer para o deixar fazer, e sublinhamos a importância de coroar ativamente a própria existência.

Superar – transcender

No itinerário da saúde relacional, ainda com referência ao próprio corpo, este é, talvez, o momento mais dialético ou paradoxal. Por outro lado, diz respeito em elevado grau à condição humana excepcional. Em um primeiro nível, a superação e a transcendência não tentam sugerir a dimensão do *limite* tão presente no corpo, mas sim uma de suas *possibilidades mais intrigantes*. No patrimônio genético e espiritual do corpo, está presente a capacidade de autossuperação e autotranscendência, que se manifesta de muitas maneiras.

[62] Cf. BOFF L., *Il creato in una carezza*, Cittadella, Assisi, 2000, pp. 71-115.

Nos limites estão ativas também as possibilidades. Vale a pena fazer alguns comentários sobre o assunto.

Em primeiro lugar, como condição indispensável, é preciso pensar e viver o relacionamento em termos de lucidez, de familiaridade e de transparência (como dito antes), mas também com *totalidade*. Comunicar-se com todo o corpo significa, entre outras coisas, não ignorar ou diminuir nenhuma de suas potencialidades e dimensões. A relação parcial, fragmentada, desequilibrada, além de correr o risco de "identidade parcial", leva, inevitavelmente, ao empobrecimento ou asfixia dessas possibilidades. É o que acontece hoje, por exemplo, com a dimensão do *patior* ou do paciente ou com a contemplativa. O horizonte sofrimento, passividade, sacrifício, resistência, perseverança... está cada vez mais longe dos sistemas de ensino pedagógicos e vitais.

Assim, ignora-se o outro lado da realidade. No sofrimento não há apenas passividade ou paixão: pode ser este um elemento dinâmico da vida, uma energia latente que exige ser ativada, uma resistência que nos permite poder voar... Na doença, nem tudo se torna necessariamente patológico; pode até ser terapêutico e saudável, ou ser vivido de forma santa e saudável; é possível encontrar graça na desgraça.[63]

No sulco aberto por Cristo e seguindo o impulso do Espírito que conforta e anima, o crente pode descobrir que seu corpo está animado por esta vocação desconcertante: permanecendo corpo, vivendo como ser e não apenas como ter, e isso é claramente confirmado em pessoas que, embora com corpo debilitado, são capazes de um grande desempenho vital, de levar a *hypomoné* ("resistência ativa") até as últimas consequências da liberdade e do amor aos outros.

Além do corpo, mas não sem o corpo, esta é a experiência dos que, em seu itinerário salutar e salvífico, se juntaram ao esforço de alcançar a santidade. A graça atua convertendo-o em espaço privilegiado de saúde, que o renova e transforma. Todos estão envolvidos no processo, incluindo os sentidos, o olhar, a sensibilidade, o biológico... Como barro nas mãos do oleiro, no corpo se manifesta de alguma forma o selo, o sopro divino que sempre nos fez ficar tão próximos dos anjos e tão penetrados pela terra.

É sempre uma transformação que tem efeitos sanitários e saudáveis, pois fortalece a capacidade imunológica espiritual, ativa novas

---

[63] Cf. ÁLVAREZ F., El Evangelio, fuente de vida saludable, in: *Camillianum* 13, nova série (2005), pp. 49-53.

energias latentes (esses recursos que podem tornar a doença saudável ou ser causa de crescimento no sofrimento), restaura novos motivos para continuar a viver e doa uma certa serenidade, paz e equilíbrio que são refletidas no próprio corpo.

Em suma, a dimensão saudável do corpo deve ser vista como um dom que vem da autocomunicação de Deus, nunca negada. O corpo continua sendo obra bela e boa, mesmo quando está doente ou se deteriora. Não é a saúde física que fornece esses atributos, ou pelo menos não de modo determinante. Por isso, é possível e até necessário descobrir a beleza na feiura aparente e submeter ao crivo do Evangelho todas as práticas ou recursos que oferecem outras "transformações".

c) A saúde como relação e aliança com a criação[64]

A saúde sempre se refere a um conjunto de relações que, nesta seção, focalizaremos com conceitos mais familiares, como meio ambiente e bens deste mundo. Em outras palavras, o que está em causa é, por um lado, *o saber estar neste mundo*, e, em segundo lugar, o espaço verdadeiro da saúde individual e coletiva, isto é, o que chamaremos de *ecologia humana*.

Temos aqui uma oportunidade para mergulhar no modelo cristológico de saúde a partir de uma vertente muito moderna. Neste caminho nos concentraremos em três pontos-chave considerados fundamentais.

– O cenário da saúde

A reflexão teológica cada vez mais atenta às realidades humanas em que a história da salvação se desenrola abriu claramente a variedade da vida (e de seus adjetivos) tentando considerá-la em todas as suas dimensões: as individuais ou a comunitárias, as sociais ou culturais, as históricas ou ambientais. O mesmo ocorre com a saúde. Deus, juntamente com o dom da vida e o mandato para viver, deu ao ser humano (como já dissemos várias vezes) *um cenário habitável*, um lugar saudável para executar e aprimorar seus potenciais e, ao mesmo tempo, onde viver em harmonia criativa (cocriadora) com as coisas ao seu redor. O propósito inicial não foi apenas alterado, mas, sem volta, tornou-se um capítulo integrante da nova

---

64 Cf. ÁLVAREZ F., "Vita e vita in abbondanza" nel Vangelo di Giovanni, in: *Camillianum* 14, nova série (2005), pp. 219-247.

aliança sancionada em Cristo: *o novo povo, reunido em torno do ressuscitado, vive sob o impulso dos novos céus e da nova terra*, antecipados neste mundo, graças à possibilidade de entrar em acordo sobre uma nova maneira de alcançar a harmonia com a criação e um relacionamento saudável com as coisas.

Na fidelidade ao novo pacto, está em jogo a vida, mas também a saúde em todas as suas dimensões. Um diagnóstico, embora superficial, pode nos ajudar a compreender o alcance desta afirmação. Bastando algumas alusões, também para evitar a repetição. Genericamente, podemos dizer que hoje a relação do ser humano com os bens deste mundo e, mais especificamente com o meio ambiente, foi muito problematizada.[65] Tornou-se até mesmo uma fonte de preocupação. Existem sintomas evidentes de doenças relativamente novas. A contaminação é quase total, certa cultura se espalha como uma mancha de óleo; a obsessão de possuir coisas e desfrutá-las torna-se valor absoluto, é muitas vezes confundida a qualidade de vida com a quantidade de vida,[66] a abundância é patológica. O indivíduo corre o risco de perder sua subjetividade na trama das coisas e viver alienado, submetido acriticamente pelos cânones que, de fora, definem comportamentos, usos e costumes e o ideal da saúde.

A relação com as coisas e com o meio ambiente está profundamente correlacionada, como causa e efeito, com o estilo de vida, com os valores sobre os quais se assenta, com os efeitos sobre a harmonia interna e externa, com a qualidade de existência e, em geral, com todas as dimensões da saúde. Dificilmente se exagerará a interação profunda entre o indivíduo e o meio ambiente, especialmente com a ecologia humana, assim como entre o sujeito e as coisas. Além disso, do ponto de vista teológico, nada justifica uma desvalorização do valor salvífico e salutar de tal relação, pois não é em vão que a dimensão histórica do ser humano também corresponde a uma tradução da história da salvação.

Seguindo o esquema interpretativo da Teologia da Saúde, continuaremos enfatizando *a salutogênese dessa relação*, a partir, obviamente, da visão cristã. O desígnio salutar de Deus envolve necessariamente que o ser humano possa promover e melhorar a sua saúde, aperfeiçoar a qualidade da sua vida, desenvolver seus próprios potenciais, andar em direção à plenitude aprendendo a, segundo o

---

[65] Cf. WESTMÜLLER H., Qualità di vita, in: VV.AA., *Dizionario di antropologia pastorale*, EDB, Bologna, 1980, pp. 1230-31.

[66] Cf. GRACIA GUILLÉN D., *Ética de la calidad de la vida*, FSM, Madrid, 1984; ver também *Concilium, Qualità di vita per tutti* 10 (1975).

modelo de Cristo, ser e viver neste mundo *de modo que a própria realidade em que está inserido torne-se aliada indispensável de sua saúde.*

– Alguns momentos saudáveis deste itinerário...

Não é fácil elucidar, do ponto de vista teológico, a relação entre a saúde e as realidades em meio às quais o ser humano está vivendo sua passagem pela terra; mas nunca como hoje se vê de maneira tão obvia a interação entre os modos de viver e a saúde, entre a vida e a relação com os bens deste mundo. A terra, que não se destina a ser o lugar de "caos", corre o risco de já não ser a casa saudável dos filhos de Deus.

A posição única do ser humano em relação a todas as realidades o coloca em um estado de *tensão permanente*, associado à terra e sedento de Deus, atraído pelo imediato e incapaz de ser saciado por suas ofertas, acomodado à natureza e emergindo acima dela em uma espécie de sonho nostálgico de "algo mais, melhor, diferente...". O caminho saudável, então, deve ser feito entre polos opostos, em um equilíbrio difícil. Somos guiados novamente pelo modelo cristológico e, mais concretamente, por sua relação com as realidades do mundo.

Novamente neste caso a saúde "começa" no momento em que o ser humano cultiva uma atitude de *acolhida*, que cria uma sensação de proximidade, solidariedade e gratidão. Encontrando-se em um mundo que ainda não deve nada à sua contribuição, o ser humano, ao acordar para a vida, é chamado a começar a imensa marcha necessária para crescer e se desenvolver. Mas, ao mesmo tempo, a acolhida deve ser acompanhada, quase equilibrada, por uma *distância respeitosa*. O ser humano não se confunde com a realidade do mundo. Não se deixa engolir pelos bens, pelo instinto de posse, pela magia da realidade. Cresce com o pão, mas não vive só de pão. Precisa de ar e luz do sol, mas estes por si só não são suficientes para dissipar a escuridão da noite e dar incentivo para novos horizontes.

Seguindo o exemplo de Cristo, o caminho saudável dá uma prioridade de maneira especial a outras atitudes. Primeiro a uma *visão positiva e confiante*. Ele nunca condenou os bens, e só excepcionalmente uma intervenção taumatúrgica sua teve um aparente caráter punitivo sobre a natureza.[67] Usou os bens do mundo de uma

---

[67] O caos é a maldição da figueira estéril (Mt 21,18-22; Mc 11,20-24), na qual a atenção, de acordo com a intenção pedagógica de Jesus, se centra na paciência de Deus.

maneira espontânea e não evitou participar em momentos de certa abundância, nem estigmatizou com a suspeita da impureza as realidades externas do ser humano...

Esta atitude está imbuída de uma *liberdade* santa e saudável, talvez, uma das expressões mais belas, incisivas e atuais do seu modelo de saúde. Progredir na saúde equivale a avançar no caminho de uma liberdade que vai além dos princípios de uma psicologia saudável ou das ofertas atuais de saúde por parte dos movimentos que a buscam. Suas motivações profundas não devem ser procuradas principalmente no desejo de garantir o vigor e a forma física, a melhoria do desempenho físico ou a prevenção de possíveis doenças. Trata-se de uma liberdade, cansativa, mas alegre, que brota de uma experiência de fé que leva o crente a estabelecer em seu itinerário de saúde uma *hierarquização* coerente. Trata-se da liberdade curada, motivada e orientada por conteúdos novos: *a liberdade de.* Nesta perspectiva, os bens deste mundo não representam um fim em si, não devem ser adorados, não podem substituir o valor da pessoa; o seu objetivo é apoiar a viagem do ser humano à plenitude. A servidão, a escravidão, o desejo de acumular e possuir, a obsessão pelo controle da vida (favorecendo a cultura da "liberdade contra a vida")[68]..., além de seus componentes morais, são atitudes patológicas e patogênicas.

Interagir de forma saudável com as coisas deste mundo significa também perceber a sua "vocação" natural para a comunhão, a *partilha.* Ser possuído em vez de possuir é um dos altos preços pagos pela falta de solidariedade, pela exasperação da propriedade privada, pela insensibilidade para com as necessidades dos outros. Na mente de Deus, era impensável um mundo de propriedade de alguns poucos, e, no exemplo de Cristo, sua paixão pela vida (especialmente a ameaçada) faz com que pronuncie as palavras mais duras contra aqueles que, guiados pelo egoísmo, se recusam a partilhar com os outros a mesa dos bens. Em suma, a recusa de compartilhar provoca em alguns, entre outras coisas, a "patologia da abundância", a corrida febril para o hedonismo e a busca desenfreada do consumo,[69] enquanto em outros, que são a maior parte da humanidade, a per-

---

[68] Cf. MARCHESI G., Il dramma dell'occidente: La libertà contro la vita, in: *La Civiltà Cattolica* 3325 (1989), pp. 55-64.

[69] "O ato de comprar tornou-se para muitos um dos eventos mais importantes da vida [...]. Acaba-se vivendo sozinho para consumir coisas: roupas, carros, bebidas, livros, conferências, revistas, passeios, televisão, cultura, religião [...]. Tudo está à disposição para ser consumido. O indivíduo não sabe se relacionar de forma saudável com as coisas" (PAGOLA J. A., *Es bueno creer,* cit., p. 138).

sistência de doenças que poderiam ser superadas, a incapacidade de se curar e crescer com saúde entre os bens do mundo.

Finalmente, outra expressão do relacionamento saudável está na tensão entre a atitude que às vezes leva o ser humano a *observar*, outras a *transformar* a realidade. É uma questão difícil e duradoura que continua envolvendo várias disciplinas, não estando em último lugar a ética da vida e da saúde. Do ponto de vista teológico, ambas as atitudes são necessárias e, portanto, saudáveis. A fidelidade à terra, o respeito pela natureza, o olhar que sabe discernir a mão de Deus e seu propósito no curso das coisas, o honrar a vida em todo o itinerário de sua existência, a descoberta de Deus nas coisas, o encontro com Ele através da beleza e a insuficiência radical dos bens deste mundo... Tudo isso é essencial para que o ser humano possa crescer, especialmente na área da saúde alcançada através do *ser bem*. Mas o plano de Deus quer que o próprio ser humano se realize a si mesmo participando no evento ininterrupto da criação, na transformação da realidade, na finalidade de crescer, de melhorar a qualidade de vida, de promover e melhorar a saúde física, de humanizar o mundo, respeitando ao mesmo tempo a dignidade do ser humano e da vida e apoiando a vontade de Deus. Como se vê, um problema cada vez mais aberto e complexo a que agora apenas aludimos de passagem.

– Uma nova aliança com o meio ambiente

O cenário em que foi colocado o ser humano está em estreita relação com o meio ambiente, considerado de forma ampla e genérica, e tem como objetivo o saneamento e a potencialização da ecologia humana. Referimo-nos aqui ao chamado *acolhimento de saúde*, que de alguma forma prefigura os novos céus e a nova terra. No longo intervalo, cansativo e atormentado, da história, o ideal do modelo de saúde cristológica está aqui diante de um desafio e de uma tarefa que, como serão vistos, estão comprometidos com a Igreja enquanto sacramento da salvação e, portanto, é também um acolhimento de saúde. Por ora, destacaremos apenas dois aspectos.

No que diz respeito à relação da saúde com o ambiente, queremos enfatizar um dado muito importante do ponto de vista teológico. No plano de Deus, o ser humano é sempre chamado a viver um tecido relacional cuja qualidade é expressa de muitas maneiras. Uma delas é representada pela ideia de acolhimento. Símbolo de intimidade e de partilha, de proximidade que cria diferença e acolhimento, do cuidado mútuo da liberdade que faz ser e permite ser..., o acolhimento é memória de um mundo habitável, à medida do ser humano (o ser humano querido por Deus), repleto de espaços de liberdade e de partilha, respeitoso das estruturas fundadoras da comunidade (família, fé, educação...), onde as coisas não têm primazia sobre as pessoas, e o imediato do eficientismo não fecha as portas para o futuro. A saúde dos indivíduos e da comunidade precisa desse clima.

A importância atribuída à ideia do acolhimento é confirmada pelo conceito teológico de *aliança*. A saúde no evento Cristo é confiada a uma aliança, cujo princípio e protagonista é o próprio Cristo. É uma realidade multifacetada, da qual enfatizaremos agora apenas uma de suas caras: *a aliança com a criação*. O ser humano não pode viver, nem virando as costas nem contra o enorme cenário em que vive e pelo qual é responsável. Sem entrarmos no complexo mundo da ecologia e do ecologismo, a reflexão teológica não pode deixar de compreender este capítulo essencial da saúde.

O cristão, individual e comunitariamente, pela adesão a Cristo e por sua condição batismal, está inserido em uma dinâmica impulsionada pela força transformadora da salvação. Seguindo o plano de Deus para o mundo, respeitando a autonomia das realidades terrenas e suas leis, procura imprimir nelas o sinal de Deus, tornar-se amigo da terra e não apenas seu manipulador ou transformador, perseverar na aliança pela vida. É um compromisso que exige a *colaboração de todos*, uma aliança da qual ninguém deve ser excluído. O ideal final da saúde, neste caso, consiste justamente em que, sendo crentes em Cristo e homens/mulheres de boa vontade, a aliança é possível, ou seja, *é possível viver assim e é também possível entrar em acordo sobre essa possibilidade.*

d) A saúde relacional como capacidade de viver relacionamentos saudáveis e terapêuticos com os outros

Abrimos aqui novamente os horizontes da Teologia da Saúde a um espaço grande e complexo, mas também frutífero. Tendo que limitar a reflexão a nosso tema específico, somos obrigados a fazer uma escolha muito precisa, tendo em mente que a saúde é relacional precisamente porque a relacionalidade constitui a pessoa. O núcleo, no entanto, será este: *explicar teologicamente por que e em que condições a saúde humana consiste também na possibilidade de estabelecer relações saudáveis e terapêuticas com os outros.*

Nosso roteiro tem dois momentos. No primeiro, sobre o pano de fundo do mistério da encarnação e do modelo cristológico da saúde, trataremos de dar razão ao caráter saudável e terapêutico daquela relação, e, em seguida, vamos destacar alguns momentos do itinerário saudável e terapêutico, iluminando suas expressões mais relevantes.

– Sobre o pano de fundo do mistério da encarnação e do modelo cristológico da saúde

Um esclarecimento inicial: estamos no campo da teologia; por isso, não façamos a pergunta do ponto de vista de outras disciplinas (como a psicologia das relações humanas ou a relação pastoral de ajuda ou de aconselhamento [*counseling*]), mas nem as ignoremos. A reflexão teológica deve procurar um equilíbrio (sempre difícil) entre os dados da experiência e sua fundação, evitando canonizar aqueles e chegar às mesmas posições apriorísticas, abstratas ou irreais. Isso significa que a afinidade, embora sendo um elemento constitutivo da pessoa, é saudável e terapêutica apenas à medida que reproduz em sua história a vocação criatural do ser humano e, mais especificamente, o modelo cristológico de saúde.

Por sua vez, o discurso teológico dirige seu olhar em primeiro lugar para o *mistério da encarnação*. Momento culminante da história de Deus que busca o ser humano e se deixa encontrar, esse evento da salvação marca para sempre o seu encontro com a humanidade e uma nova relação com o ser humano. Visualizado a partir da perspectiva da sua mensagem salutar, a encarnação não só eleva a condição humana a sua máxima dignidade mas também é a confirmação do valor (salvífico e salutar) da mediação do próprio corpo e em geral das mediações humanas. *A partir deste mistério, o corpo é o sacramento imprescindível e eficaz da relacionalidade.*

No entanto, é necessário acrescentar outro dado, o mais conclusivo: na encarnação ocorre o momento culminante da *autocomunicação de Deus ao ser humano*, a expressão do seu amor sem limites: "Deus amou o mundo de tal maneira que lhe deu seu único Filho..." (Jo 3,16). Ao tornar-se visível e encontrável em seu Filho, manifesta não só seu modo de agir mas também sua própria identidade: Deus é amor, e este amor é visto a partir da autocomunicação e do encontro, o que salva, recria, transforma, renova, regenera e cura. *O amor é fonte de saúde.*

É o que nos foi revelado por meio do modelo cristológico da saúde. Duas referências podem ser suficientes. Pode-se dizer que Cristo viveu de maneira particularmente intensa sua relacionalidade. Tendo vindo para revelar o Pai e para encontrar-se em profundidade com o ser humano, colocou a sua própria humanidade a serviço dessa missão. Sua própria educação estava integrada na relação, pois andava por vilas e cidades, não tinha morada fixa, ia em busca da ovelha perdida e dos excluídos, dirigia-se ao coração, o centro das decisões, e buscava sua adesão. Na atividade terapêutica, cujos destinatários eram também os oficialmente saudáveis, a cura e a nova saúde brotavam do amor, a maior energia terapêutica; um amor que se manifestava em uma relação feita de proximidade, carinho, ternura, respeito, aceitação. "Para Jesus, curar é a sua maneira de amar" (J. A. Pagola).

A relacionalidade praticada por Jesus não é um dado antropológico de maneira ascética, mas um *modo de ser humano*, ou melhor, *a única maneira de sê-lo verdadeiramente, profundamente*, de acordo com o desígnio de Deus. É uma verdade que deve ser acolhida e que pede que se realize.

É a mesma verdade do ser humano. Esta, com efeito, descobre na experiência da sua relacionalidade que o outro não é apenas alguém que se impõe, que está diante dele como sujeito de deveres e de direitos, mas também como "alguém" que é *imprescindível* para construir a sua existência, para ser e crescer, para percorrer o caminho da saúde. Na relação com o outro, verifica-se de alguma forma que o encontro entre duas humanidades (a partir do centro da pessoa) se refere ao mesmo encontro de Cristo com a humanidade. O que é especialmente verdadeiro quando a relação é permeada e guiada pelo amor e por seus muitos e variados nomes. É nessa relação que o ser humano descobre, reconhece e honra a presença do próprio Deus no outro e reproduz fielmente o mesmo comportamento e os mesmos sentimentos de Cristo. Na imitação fiel e criativa, o crente se realiza a si mesmo como um ser humano, isto é, desenvolve suas potencialidades e caminha em direção à plenitude. *O outro se torna um capítulo fundamental da própria saúde.* Vamos tentar especificar estas afirmações.

– Alguns momentos e expressões saudáveis da relação com o outro

Reconhecida a impossibilidade de fazer uma exposição abrangente sobre este assunto, mostrarei, sob a forma de roteiro, algumas de suas viagens.

Também sob este ponto de vista, o primeiro ato de saúde consiste em acolher e ser acolhido. Não é fácil de perceber a importância desse fato com relação à saúde. A acolhida, rica também em nomes e variações, significa reconhecer de saída o outro como diferente de mim, portanto em sua individualidade e em suas diferenças, aceitar que o outro existe e é diferente. A essas atitudes poderiam se somar a empatia, a aceitação incondicional, o respeito pelos seus direitos e pela sua dignidade. Tudo isso é, como a experiência confirma, claramente saudável, já que permite ao outro ser e crescer. Mas ainda não estamos no núcleo desse primeiro momento saudável. A acolhida (quaisquer que sejam seus nomes) significa, literalmente, *reconhecer no outro a imagem de Deus*, a presença de Cristo, um *dom* a ser vivido a partir da gratidão e do encontrar. Na relacionalidade, a fé envolve necessariamente um salto de qualidade não só capaz de unir o ser humano com as raízes mais profundas do seu ser, mas também influenciar e orientar radicalmente o caminho de sua vida.

Um segundo momento, não necessariamente cronológico, consiste na capacidade de *internalizar* a relação com o outro como parte de sua existência. Foi assim para Cristo. O outro, diferente Dele, formou, no entanto, parte Dele, integrou-o em sua consciência, em sua própria identidade, em sua missão.

A interiorização do outro vai se transformando em hospitalidade, na abertura da própria intimidade, no âmbito do intercâmbio e da liberdade oferecida e compartilhada. Sem esta atitude básica, não seria possível viver como reconciliados, em harmonia de relações, perdoar uns aos outros, perseverar em oferecer ao outro as novas oportunidades. A hospitalidade, fornecida especialmente no campo da saúde e da cura, em todas as suas dimensões, *torna-se uma espécie de parábola da encarnação*. Quem recebe o outro (permitindo-o "entrar" = interiorização) reconhece nele uma igualdade básica ("a sua fome é como a minha"), assume a sua realidade ("só se pode curar o que é assumido"), concede-lhe um espaço de intimidade e liberdade ("sou amado, logo existo"). A hospitalidade, enraizada no mistério da encarnação, de alguma forma é a prova definitiva do valor saudável e terapêutico da nossa relacionalidade natural, iluminada e reforçada pela fé. Deus queria nos curar assim e, desse modo, nos levar à plena realização de nós mesmos. As instituições de saúde, incluindo as mais sofisticadas do ponto de vista tecnológico, respondem ao desígnio saudável de Deus à medida que reproduzem, mesmo de longe, o mesmo esquema.

Por fim (deixando de lado outros momentos), a *partilha*. Tanto em Cristo como em nós, a existência é um exercício constante de "ex-sistentia" e "pró-existentia". A relacionalidade, vista a partir da perspectiva crente, implica um compromisso de viver em certo êxodo, a partir do centro (o conforto, o egoísmo, os interesses pessoais...) até a periferia, do eu para o tu/nós. Paradoxalmente, o caminho para a plenitude não é possível sem esta saída em busca do outro, sem o oferecimento do próprio amor. Esta relacionalidade é fonte de comunhão, desperta anexações, faz parte do mistério da Igreja, que é, como será visto, além de sacramento de salvação, acolhimento e oferecimento de saúde.

Embora não sendo completo o panorama que acabamos de esboçar, não é difícil de descobrir nele as dimensões e/ou repercussões saudáveis, e isso no que se refere ao itinerário completo da saúde, e, por conseguinte, também sobre os aspectos do "estar bem" e do "sentir-se bem". Basta apelar à experiência, pelo caminho tanto do contraste quanto da afirmação. Nos processos de saúde e cura, de crescimento pessoal e desenvolvimento das potencialidades, a relação com o outro, quando acompanhada por essas atitudes, muitas vezes se torna decisiva; do mesmo modo o é, infelizmente, nos processos em que o ser humano se torna objeto de exclusão e marginalização, de violência e desprezo, de rejeição e indiferença, de subjugação e escravidão, ou quando as estruturas fundamentais da sua existência (família, hábitat...) estão também doentes.[70]

Pode-se dizer que a patogênese e a salutogênese, individual ou social, devem ser buscadas sempre nesse âmbito relacional. A vontade salvífica e salutar de Cristo, que percorre todo o seu evento, é revelada de uma maneira especial (como vimos) em seus esforços para curar a comunidade e as relações interpessoais, para tornar possível uma nova qualidade relacional e confiar à Igreja o dom e a missão de ser espaço de saúde, sacramento de vida plena, ponto de referência vital para a construção de uma sociedade mais saudável e salutar.

---

[70] "Se alguma coisa está clara a partir dos estudos da psicologia moderna, é que a saúde do ser humano pressupõe a sinceridade de suas relações com os outros e que a sinceridade dessas relações consiste em reconhecer e admitir o outro em termos de seu valor, em amá-lo; o que também faz parte do trabalho de Jesus Salvador" (CONGAR Y., *Un pueblo mesiánico. La Iglesia sacramento de salvación*, Cristiandad, Madrid, 1976, p. 163).

6. Saúde, uma experiência de liberdade

A associação entre saúde e liberdade-libertação foi tratada várias vezes ao longo de nossa exposição e tem estado cada vez mais presente como motivo de alguma forma subjacente ou de fundo. Do ponto de vista antropológico, a saúde em todas as suas dimensões (começando com a biológica) é humana à medida que o sujeito se apropria dela, incorpora-a em sua biografia, em seu plano de vida e de perfeição. A saúde se torna escolha, um dos espaços emblemáticos, onde cada indivíduo pode realizar sua humanidade, individual e coletivamente.[71] Não menos determinantes, a esse respeito, têm sido os dados bíblicos, tanto do Antigo como do Novo Testamento. Basta lembrar algumas características breves: a saúde como um compromisso de viver, de honrar a vida, de assumir em primeira pessoa a responsabilidade de dirigir a sua própria existência, de maneira não só sagrada mas também saudável. No Novo Testamento, fica claro também que a saúde oferecida por Cristo não se impõe pela força, apesar de apelar à vontade, já que Ele a insere em um processo que envolve toda a pessoa e a orientação radical da própria existência. Em suma, *a saúde humana não pode não ser uma experiência de liberdade e libertação.*

Nesta seção, concentraremos nossa atenção em alguns momentos mais importantes do ponto de vista teológico sobre essa associação. O percurso que seguiremos será o seguinte: primeiro, temos de encontrar os três "níveis" ou dimensões da liberdade, a fim de focar adequadamente sua relação desigual com a saúde; então, sempre na linha/guia da salutogênese, trataremos de mostrar como a liberdade, entendida não apenas como o livre-arbítrio, mas sobretudo como um compromisso para o crescimento em direção à plenitude, é uma aliada e uma condição essencial para viver saudavelmente.

a) As dimensões saudáveis da liberdade

Uma vez que nem mesmo de passagem podemos fazer um discurso bíblico teológico sobre a liberdade como dado criatural e antropológico e como dom da graça dentro da história da salvação,[72]

---

[71] Cf. WILSON M., op. cit., pp. 37 e 46.

[72] Em relação a isso, pode ser interessante conhecer alguns paradoxos da liberdade cristã, sobre a qual o crente em Cristo está convidado a viver o oferecimento de saúde de Cristo. Cf., por exemplo, COHEN L., BEYREUTHER E., BIETENHARD H. (dirs.), *Dizionario dei concetti biblici del NT*, EDB, Bologna, 1986, p. 921.

vamos lançar alguma luz sobre as três dimensões e sua relação com a saúde.

O primeiro nível seria a liberdade, a experiência comum, que muitas vezes não implica de forma significativa a capacidade de decidir. Na ausência de restrições ou impedimentos (perda de autonomia física, por exemplo), a saúde, neste caso, consiste na possibilidade de administrar de forma desenvolta e autônoma o próprio corpo, de movimentar-se e desenvolver uma atividade. Essa é uma dimensão que não pode ser subestimada, não só pela importância óbvia da autonomia física, mas também porque não deve ser separada das outras e porque interioridade e exterioridade são momentos inseparáveis de um projeto único: o corpo (como vimos) deve ser levado plenamente para o caminho que conduz à plenitude. Separar equivaleria materializá-lo de tal modo que se tornaria estranho ao sujeito.

O segundo nível trata mais diretamente da jornada mais existencial e axiológica do ser humano, sua condição de *viator* e sua posição dialética entre o limite e as possibilidades, entre as aspirações ilimitadas e a sensação de peso, muitas vezes agressiva da realidade. É a *liberdade de*, ou talvez mais claramente a *libertação de*. Esse é o território diário da saúde humana, compreendida em todas as suas dimensões. Do ponto de vista teológico (e este é um dos paradoxos da liberdade), para ser livre é preciso deixar-se libertar. Da mesma forma, a saúde também oferecida por Cristo exige profundamente viver no processo de cura. Obviamente, nem todas as versões têm a mesma profundidade humana e espiritual (no caso da cura de uma enfermidade física passageira ou da libertação de uma grave dependência compulsiva), mas também é verdade que a liberdade está sempre envolvida, o que explica, por exemplo, que há pessoas que se recusam a ser curadas e outras que confiam no protagonismo da sua vontade durante todo o processo de cura, especialmente diante do fracasso da medicina convencional ou de outros meios terapêuticos.[73]

Ambos os níveis devem ser vistos como teleologicamente orientados ao terceiro, que poderíamos chamar de *livre/liberdade para*. "O que define o verdadeiro preço da liberdade não é estar livre *de* fazer isto ou aquilo, mas sim ser livre *para* fazer isto ou aquilo".[74]

---

[73] São muito representativos sobre este tema os livros já citados de COUSINS N. e de ALBISETTI V., ambos intitulados *La volontà di guarire*.

[74] AYEL V., *Qué significa "salvación cristiana"*, Sal Terrae, Santander, 1980, p. 59 (fr: *Ce monde qu'on dit sauvé*).

Essa afirmação tem uma tradução especial na Teologia da Saúde de todos os pontos de vista. Como vimos, a saúde humana ultrapassa a categoria de *dado da natureza* (predefinido, "imposto"), e chega a sua especificidade humana só quando tomada como *objetivo* a ser perseguido, como um *valor* que deve ser integrado no próprio projeto de vida, como *rota* que aponta para além de si mesma... como *tarefa*. Liberdade e saúde coincidem aqui.

Voltemos a um dado bíblico que pode nos ajudar a propor a questão de um ponto de vista expressivo. Nas curas realizadas por Jesus, a *libertação de* não está destinada para si nem termina com a recuperação da função perdida ou nunca tida. A cura se torna realmente saúde somente quando o curado descobre e acolhe os dinamismos da intervenção terapêutica, quando a *libertação de é vivida como liberdade para*. Ao curado é confiado o compromisso de oferecer novos conteúdos para a extraordinária experiência da cura: não pecar mais, ver o mundo com novos olhos, reconciliar-se com o próprio corpo, talvez começar uma "nova jornada", reorientar a própria vida, inserir-se na comunidade, seguir Cristo...

Compreende-se, assim, que no longo caminho da saúde há dois compromissos/conteúdos específicos de saúde fundamentais: a saúde exige o perdão dos pecados e comporta o propósito de *viver para* (nunca para si mesmo). "Como o ser humano está sob o poder das forças que impedem o seu relacionamento com Deus, qualquer outra 'cura' só poderá ser efêmera, porque ele vai sempre estar à mercê dessas forças"[75] que o dominam e ferem sua liberdade. Assim, o modelo cristológico inclui não só a cura, mas também seu fortalecimento e a abertura para novos conteúdos/esforços salvíficos e salutares.

Vamos olhar para alguns desses compromissos tratando de responder a esta pergunta: o que o ser humano pode decidir sobre a saúde? Seguindo a visão interpretativa da salutogênese, interessa-nos particularmente esclarecer como a liberdade (resgatada, curada e fortalecida pela graça) é uma fonte de saúde: *apenas uma vida em liberdade é uma vida saudável.*

b) Acolher a saúde: aprender a viver diferentemente[76]

O itinerário da saúde de acordo com o modelo de Cristo é ritmado, como vimos, pela visão interpretativa (muitas vezes proposta) *da*

75 COHEN L., BEYREUTHER E., BIETENHARD H., op. cit., p. 1522.

76 Não queremos repetir aqui o que dissemos na parte bíblica, no tópico "Considerações finais sobre o modelo cristológico da saúde".

acolhida: da vida em primeiro lugar, da própria corporeidade e da relacionalidade, dos outros e da criação. Uma visão que sempre reivindica a liberdade humana e na qual está latente, simultaneamente, a ideia do *dom* (que se deve aceitar e partilhar) e do *mandato* (que se deve aprender e cumprir). Este é o momento de reafirmar a vocação natural da liberdade de ser e se situar a favor da vida e, portanto, de um de seus objetivos que sempre deve ser buscado: a saúde. Trata-se, finalmente, de aprofundar um dado teológico fundamental: *a liberdade torna saudável a vida e também... a saúde*. De que modo? Vejamos alguns.

– A vontade de viver...

A experiência humana e cristã da saúde, em nossa condição de "já, sim, mas ainda não completamente" inclui não apenas a agradável acolhida do dom da vida, mas também *a afirmação da vontade de viver.*[77] Ela vai além do instinto de preservação e, obviamente, muito mais além da rejeição natural da morte. A liberdade, redimida, consolidada pela graça, se revela especialmente quando se escolhe viver a partir dos limites inerentes à natureza humana ou aos acontecimentos (doenças crônicas e incapacitantes, perdas irreparáveis...), quando se encontram novas razões para perseverar na resistência ativa e na esperança e se nega à doença ou a qualquer adversidade seu poder devastador e monopolizador. Isso está especialmente presente nas pessoas que, enriquecidas ou purificadas humana e espiritualmente, no momento da prova ou depois de ter passado por uma longa e dolorosa doença, estão convencidas do caráter benéfico e saudável da experiência vivida.[78] Outra observação: a afirmação da vontade de viver abrange também com frequência e muitas nuances *a vontade de se curar.* Assim foi visto no modelo cristológico da saúde, além de amplamente confirmado pela experiência. É preciso querer se curar, mas nem sempre é fácil, especialmente porque a saúde nem sempre é vivida como um bem. Pode até ser temida por ser percebida como uma ameaça, dolorosa mudança de estilo de vida, de costumes, ou desenraizamento, como "segunda viagem" para o desconhecido, como o pedido de conversão radical. Por trás de certos sintomas ou sinais físicos e de humor

---

[77] Essa mesma ideia pode ser formulada com outra categoria, isto é, o desejo de vida, que conduz a um projeto de vida, o que deve, em seguida, se confrontar com uma densa série de resistências, entre as quais estão, naturalmente, a doença e a morte.

[78] Cf. ÁLVAREZ F., *El Evangelio, fuente de vida saludable*, cit., p. 50.

(que se referem à sabedoria do corpo), estão latentes não raramente, e até mesmo por longos períodos, possíveis doenças básicas, de forte conteúdo espiritual e existencial que é preciso enfrentar, mesmo à custa de sofrimentos.[79]

A recuperação da saúde em sua integridade significa tomar as rédeas da sua própria existência e assumir um papel de liderança na experiência da solidão radical que sempre nos acompanhará: a vontade de viver com saúde se conjuga especialmente em primeira pessoa.

– Diferentemente...

A estreita união (indivisível na verdade) entre saúde e conversão, que apresenta aos nossos olhos o modelo cristológico, revela que a saúde é incorporada por Cristo ao discipulado, portanto à práxis cristã e à vocação de todos à santidade: "Sede perfeitos". Portanto, viver cristãmente e viver saudavelmente deverão coincidir, pelo menos em parte. Com uma condição: que a saúde também seja vivida em atitude de conversão. A aceitação dessa exigência envolve a crença de que a saúde também pertence a um projeto de vida que renova e transforma a nossa existência, chamada a reproduzir a imagem de Cristo e a alcançar a sua estatura... Seriam muitas as "traduções" dessas afirmações. Bastam duas referências.

Não é tarefa da teologia fazer medicina preventiva nem sugerir dieta ou regimes de saúde, mas também não pode ser indiferente às *consequências que o estilo de vida tem sobre a saúde integral*, tanto individual como coletiva. Além disso, deve ser capaz de dar razão, da sua parte, a essa interação. Se por estilo de vida entendemos um conjunto complexo de fatores relacionados não só ao comportamento como também à cultura, ao modo de viver, aos valores e às crenças, podemos razoavelmente dizer "que é o estilo de vida que escolhemos livremente e que praticamos o que provoca a maioria das doenças"?[80] Apesar de reconhecer um amplo espaço de sombra ao "mistério" insolúvel que consiste na incapacidade de chegar a descobrir a causa de cada uma das patologias (incluindo as psicoespirituais), parece cada vez mais claro que o estilo de vida é um dos fatores que mais influenciam a jornada individual e social da saúde,

---

[79] Cf. a respeito, por exemplo, TOURNIER P., *Bibbia e medicina*, Borla, Torino, 1966.

[80] WINDER F., SULLIVAN H. C., Preventive Medicine and Religion: Opportunities and Obstacles, in: MARTY E., VAUX K. L., *Health Medicine and Faith Traditions*, cit., p. 232.

um fato que os especialistas destacam na chamada *saúde comportamental*. A existência de uma patogênese social é indiscutível, e não faltaram alusões a esse fenômeno e a suas variadas expressões ao longo da nossa exposição. Mas talvez seja mais importante se deter na segunda referência.

Esse viver diferentemente (em atitude de conversão constante) convoca a saúde, especialmente em sua dimensão de *ser bem*, o sujeito do corpo e de todas as suas interações, portanto, de tudo o que é especificamente constitutivo da pessoa: a liberdade, a consciência, a relacionalidade, a capacidade de amar, de abrir-se à transcendência, a busca de sentido. O predomínio excessivo de categorias morais sobre as da saúde (e, de certa forma, também da salvação) na transmissão da mensagem cristã não nos permitiu capturar adequadamente a dimensão saudável da conversão e da experiência cristã em geral. Patologias psicoespirituais sempre existiram (ou pneumopatológicas), que precisam, acima de tudo, de um diagnóstico e de um "tratamento" terapêutico em vez de se deixar equilibrar sistematicamente pelos vaivéns do juízo moral. Como é sabido, a conversão cristã é radical, entre outras coisas porque envolve o núcleo da pessoa, seu centro vital, ou seja, *a mente, a vontade e o coração*. A conversão também tem um sólido componente terapêutico e salutar.

Por um lado, isso significa que, se se quer andar rumo à perfeição de acordo com o Evangelho e seguir Cristo, muitas vezes é necessário *curar-se em profundidade* (ou deixar-se curar) na dimensão do ser bem. Assim, por exemplo, superar a ignorância existencial, libertar-se da alienação escravizante ou do vazio existencial, curar a vontade pelas dependências compulsivas (qualquer dependência de droga), curar as possíveis relações patológicas com si mesmo e com os outros, superar uma visão ou experiência patogênica da fé, da relação com Deus etc. Por outro lado, é possível afirmar que as dimensões envolvidas na conversão são chamadas a uma *perfeição que não é só moral*. Uma vez que o corpo se move inexoravelmente em direção à deterioração, o sujeito (exceto nos casos em que as doenças psíquicas ou mentalmente incapacitantes não deixam espaço para o exercício da liberdade) pode alcançar novas metas em seu *ser bem*, o que muitas vezes acontece, por exemplo, na experiência do envelhecimento, quando se reduz a teia relacional. Mas as relações crescem em qualidade; veem-se limitadas a autonomia e a atividade madura da liberdade interior; novas doenças físicas aparecem, mas aumenta a capacidade de conviver com elas; são revisados os projetos do futuro, mas aprende-se a perceber o valor do essencial e a relativizar o supérfluo.[81]

– Por uma nova qualidade de vida

O que estamos dizendo nos conduz quase inadvertidamente ao momento culminante da aliança que chamamos de *liberdade em favor da saúde*. É óbvio que se trata de uma liberdade que é ao mesmo tempo dom e conquista, criatividade participada e passividade ativa, ascetismo/renúncia e adesão...; na verdade, uma visão indispensável para interpretar, do ponto de vista da salvação saudável, o acontecimento Cristo. Sua afirmação: "Vim para que tenham vida e a tenham em abundância" é repleta (e até mesmo inesgotável) em sugestões e conteúdos do ponto de vista da Teologia da Saúde. Trataremos apenas de três, e de maneira muito seletiva.

– Viver como "nova criatura" uma "vida nova"[82]

Como traduzir em termos de saúde essas expressões específicas da salvação, sendo sempre tão cientes não só de sua afinidade mas também de suas diferenças intransponíveis? Para compreender e expandir a "novidade" sem dissolvê-la na ambiguidade, é necessário partir da dimensão radical e globalizante da salvação, que atinge a pessoa em todas as suas dimensões,[83] portanto "a parte mais íntima e germinal do ser humano",[84] e ao mesmo tempo assume carne na carne e se converte em óleo derramado nas feridas.[85] Não obstante, temos que conviver, na fé e na esperança, com perguntas que não têm resposta definitiva neste mundo. Por exemplo: até que ponto as "melhores" experiências humanas são um sinal irrefutável da salvação? Ou: o que significa existencialmente para o ser humano ser salvo? Como experimenta a salvação aqui e agora? O que mudou ou melhorou?[86]

---

[81] Cf. ÁLVAREZ F., Teología y espiritualidad de la ancianidad, in: VV.AA., *La Iglesia y los mayores en la sociedad actual*, Bibliotheca Salmanticensis/ Publicaciones Universidad Pontificia de Salamanca, Salamanca, 2000, pp. 63-88.

[82] Cf. 2Cor 5,17; Gl 6,15; Rm 6,4; Jo 3,39; 1Jo 3,14; Cl 3,9-10.

[83] Cf. RM, 14.

[84] Cf. AYEL V., op. cit., p. 120.

[85] Cf. PERRIN L., *Guérir et sauver. Entendre la parole des malades*, Cerf, Paris, 1987, p. 206.

[86] Cf. MOLTMANN J., *Il Dio crocifisso*, Queriniana, Brescia, 1973, pp. 376ss.

Vamos nos concentrar em nosso ponto de vista específico. As expressões "nova criatura", "vida nova" ou "Novo Adão" evocam uma transformação do ser humano em profundidade e extensão. Não só do indivíduo, mas também da sua teia relacional e do seu contexto. É exorcizada, assim, a ideia de uma salvação depreciada. Do ponto de vista experiencial e existencial (deixemos de lado o mais especificamente ôntico), a oferta de salvação (que é sempre um dom) compromete radicalmente a liberdade e introduz o ser humano em uma jornada sempre aberta às surpresas, ao mistério. Aceitá-la significa estar disposto a sofrer assaltos em garantias pessoais, expor a vida oculta e as próprias sombras, levar uma vida de purificação, abnegação, abertura ao amor sem limites de Deus, o qual nunca diz "basta".

Volta aqui, com força, a ideia de que o caminho da saúde, pelo modelo de Cristo, se afirma necessariamente não só em ser o que se é mas também no dever ser, no compromisso criativo (muitas vezes doloroso) de recriar a própria história. Felizmente, são cada vez mais numerosos os autores que, como B. Häring, mesmo tendo bem presente o esforço de viver saudavelmente como os salvos, consideram que "o seguir a Cristo e a crescente e alegre experiência do amor e da proximidade de Deus são fontes de saúde profunda. A tranquilidade e a serenidade que Deus nos deu incutem uma grande capacidade de apoiar e promover a harmonia interior e, portanto, também a saúde física".[87] Compartilho dessas afirmações, embora com algumas matizações.

A questão da relação, especialmente se direta, da salvação com a saúde física (o *estar bem*) deve estar sempre aberta, obviamente, também à dúvida. A declaração "tudo acontece no corpo, mas nem tudo tem uma tradução corporal" deve ser aplicada especialmente neste caso. Admitindo-se as interações entre as várias dimensões da saúde,[88] é necessário, contudo, salientar que a salvação oferecida em qualquer expressão não tem como fim principal nem específico o *estar bem* nem o *sentir-se bem*, que não estão garantidos pelo tão

---

[87] HÄRING B., *Chiamati alla santità. Teologia morale per laici*, Ed. Paoline, Roma, 1983, p. 259.

[88] Esta consciência continua se afirmando mais e mais amplamente e representa uma das maiores conquistas, não só no conhecimento da dinâmica interna e externa entre saúde e doença, mas também no campo da chamada "aliança terapêutica". Os recursos saudáveis e terapêuticos se multiplicam; disciplinas inexistentes à margem em outros tempos abrem caminho, como, por exemplo, a "terapia do riso", a "musicoterapia" e, naturalmente, a "logoterapia".

desejado *ex opere operato* dos "sacramentos seculares" das novas ofertas de vida saudável e salutar.

Considero que o foco deve se centrar mais na dimensão especificamente antropológica e espiritual (em sentido amplo), ou seja, o *ser bem*, que forma parte plenamente do exercício da liberdade. Em outras palavras, a salvação se refere diretamente àqueles comportamentos (modos de viver, opções, cultura, valores, crenças...) que são *higiógenos* ou, inversamente, *patógenos*. Este é um dos espaços privilegiados da saúde humana vivida na visão da salvação. Independentemente das influências diretas ou indiretas que podem surgir para a saúde física e para o "sentir-se bem", fica claro que a aceitação da salvação implica evidentes transformações individuais e coletivas, bem como um acréscimo de qualidade de vida.

Nesse caso, a aceitação da salvação coincide (obviamente não de forma integral) com a aceitação da saúde oferecida por Cristo, que, como vimos repetidamente, cura, fortalece e aperfeiçoa os núcleos mais específicos da pessoa; uma saúde (a da liberdade, das relações, da capacidade de amar etc.), que é compatível com a doença física e também com a adversidade. É nesse limite que o ser humano experimenta (embora não infalivelmente) as mais diversas expressões do *ser bem*. Por exemplo, certa harmonia com o corpo vivido, a centralidade da vida e da unificação do que está disperso, a educação do desejo, a liberdade diante das seduções dos bens deste mundo, a descoberta do valor essencial, a capacidade de tecer relações saudáveis e salutares com os outros. E também quando o *ser bem* conhece as "noites escuras" da experiência espiritual, a angústia da dúvida, ou quando os sofrimentos do amor e da incompreensão, o dinamismo saudável de salvação, cada vez mais enraizado no ser humano, não se apagam.

Por outro lado, é possível chegar às mesmas conclusões quando adentramos a imensa selva das patologias individuais e sociais que contradizem o *ser bem*, uma de cujas consequências mais graves consiste precisamente em atentar contra a qualidade de vida dos indivíduos e de toda a sociedade. Não deveria haver necessidade de sublinhar a urgência de recuperar e realizar de diferentes maneiras o valor terapêutico e saudável da mensagem de salvação. Como veremos, este é hoje um dos maiores desafios a serem abordados com mais decisão na transmissão da mensagem cristã.

– O valor saudável do sentido

A qualidade da vida e da saúde depende, em grande parte, do sentido com que o indivíduo (e a sociedade) a vive. A questão do sentido, tão grata à reflexão teológica, tem aqui, talvez, uma das leituras e aplicações mais atuais. Devendo ser muito seletivos, tentaremos ao menos capturar alguns aspectos da questão, começando, não sem razão, pelo próprio léxico. O que queremos dizer quando dizemos "sentido"? Em sua aplicação específica à saúde e a sua qualidade, e sempre dentro da reflexão teológica, consideramos o termo de acordo com os seguintes significados: *Valor* (vertente axiológica), *direção* (vertente teleológica), *significado* (vertente simbólico-narrativa), evidentemente acepções aceitas por todos os principais dicionários.

A saúde, especialmente na Bíblia, não pertence à ordem dos objetos, mas a dos valores. Não deveria ser interpretada e vivida como uma mercadoria, que vem de fora, nem como um objeto de consumo cada vez mais desmedido. Qual luz deriva da fé iluminada e pensada? Onde reside o valor da saúde? E de "qual" saúde? Finalmente, quais seriam as consequências?

A saúde deve o seu valor, principalmente, a outras realidades/valores fundadoras. Em primeiro lugar, a *vida* (recebida de Deus como um dom), o *corpo* (expressão/exteriorização do indivíduo e do seu Espírito), a *pessoa* (amada por si mesma por Deus e chamada à plenitude). Nessa tríade, o ser humano realiza seu projeto neste mundo, mostrando as potencialidades criativas transmitidas especificamente à saúde e ao *ser bem*. É possível, então, acrescentar que sua dimensão axiológica brota, também, de sua "indispensabilidade" em relação a essas potencialidades. Assim, por exemplo, a relacionalidade, a liberdade, o amor, a consciência das coisas, a relação crente com Deus não podem prescindir da "qualidade/saúde". É este um dos seus adjetivos necessários para que o ser humano possa realizar o plano de Deus em sua vida. Caso contrário, a saúde não seria parte integral (como um dom e como missão) do novo povo de Deus e do mandato apostólico.

A acolhida efetiva e afetiva desse valor na práxis cristã está carregada de *remissões e implicações*. Enfatizo uma: provavelmente a prova definitiva de ter encontrado e experimentado a sensação de saúde através da descoberta de seu valor é revelada de uma maneira especial ao viver a vida em *postura de gratidão e de obediência agradecida*. Quando isso acontece, a existência crente está ritmada pelo sim inicial/original à vida, pela conjugação da primeira pessoa de seus principais verbos, pelo oferecimento oblativo do próprio corpo, pela sedução do essencial (verdadeiro alimento da liberdade) e pela saudação da despedida amorosa e grata deste mundo quando chegada a hora.

A subordinação da saúde a esses valores fundamentais explica seu caráter relativo e, portanto, hierarquizado. Relativo porque também o é sua "indispensabilidade". Então, *ser bem* (a saúde física) não é em si mesmo um valor salvífico nem é um sinal especial de bênçãos de Deus. Vivê-la de forma salvífica significa cuidá-la e promovê-la atentamente, mas também gastá-la em favor dos demais, até mesmo sacrificá-la na Cruz, apoiar a sua orientação natural ao cumprimento da vontade de Deus. Não raro (para não dizer sempre), o imprescindível não é a saúde física mas sim sua entrega voluntária e generosa ou, em um outro sentido, a superação dos limites impostos pela sua ausência ou sua deterioração através da descoberta e realização das potencialidades da nossa corporeidade.

Ligada a esta hierarquização é que deve ser lida a segunda acepção, a da *direção*. Algo tem sentido para o ser humano quando pode ser vivido na direção certa (saúde em favor da vida, da plenitude), ou porque é guiado de dentro pelo dinamismo de certa "teleonomia" benéfica. Esta última está presente (não infalivelmente, é claro) no corpo e desempenha um papel positivo no que diz respeito ao *estar bem*. No entanto, em outras áreas cabe ao ser humano *decidir o sentido teleológico da saúde*, e isso depende de uma série de fatores, entre os quais não estão em último lugar os valores sobre os quais se constrói a existência, a experiência religiosa e espiritual, a relação saudável ou patológica com o corpo etc. A orientação ativa da saúde (de toda a saúde) para a salvação abrange, por vezes, exigências radicais: estar disposto a sacrificar a parte pelo todo ("se o teu olho é causa de escândalo..."), para superar a obsessão com o corpo e ser sempre senhor de si mesmo, para aprender a progredir na qualidade e não apenas na quantidade de vida...

Finalmente, o sentido contido na acepção de *significado* evoca outro compromisso de liberdade em relação à saúde: dar-lhe uma linguagem, contá-la, capturar, portanto, o seu valor simbólico. Pertence à lógica do significado que possa ser expresso, de diversos modos, sempre significativamente, o que faz parte do capital acumulado pela experiência do indivíduo. Hoje, insiste-se cada vez mais, especialmente no campo da psicologia pastoral, no valor saudável e terapêutico da narrativa biográfica.[89] Do ponto de vista teológico,

[89] Cf. ÁLVAREZ F., *El Evangelio de la salud*, cit., pp. 85-90.

deve-se afirmar, sem hesitação, que o valor salvífico da saúde, e assim seu ingresso legítimo entre as categorias interpretativas da mensagem cristã e a obra da evangelização, caminha no mesmo passo que a recuperação e o aprofundamento da *linguagem* sobre a saúde.

Ao contrário do que acontece com outras experiências (doença, sofrimento, morte), a saúde ainda não entrou suficientemente na linguagem teológica, moral e espiritual. Como expressar a saúde? Qual é o lugar da espiritualidade cristã? Faz parte da práxis moral, iluminada pelo Evangelho? Essas perguntas nos levam à grande questão: a recuperação da mensagem da salvação, hoje desacreditada de tantas maneiras, não será possível até que sejamos capazes de descobrir o valor significativo da saúde e de nele nos aprofundar. Em outras palavras, enquanto não formos capazes de fazer da saúde objeto de experiência (pelo menos como com a doença), de história, como *a coisa mais familiar.*

c) Um caminho de libertação

Para concluir esta seção, considero útil enfatizar alguns pontos que podem nos ajudar a aprofundar a afirmação fundamental para nossa reflexão teológica: *também a experiência da saúde precisa ser salva*. Sem negar nem um pouco o que foi dito até agora, o realismo teológico sugere, por um lado, que deve focar clara mais uma vez a centralidade da salvação e, por outro lado, devemos considerar a saúde como o fruto que amadurece à medida que é acolhida também como uma forma de libertação. Escolhemos e observamos de modo muito sintético alguns conteúdos fundamentais desse processo de libertação.

– A saúde necessita de uma interioridade libertada

A dimensão interior da saúde está presente hoje em quase todas as suas definições, como já vimos suficientemente. Acrescentamos que a qualidade da saúde depende em grande parte da possibilidade de encontrar o *centro* integrador e unificador que ajude a vivê-la como uma experiência de totalidade, que evite as discordâncias e a falta de harmonia entre interioridade e exterioridade, entre "o que nos foi dado" e o que somos chamados a ser e construir. Apenas o "sujeito" pode tornar saudável a sua saúde. Além da interiorização e personalização (como conceitos já evidenciados), é preciso dar uma importância especial à *libertação interior.*

Esta última pode e deve ser expressa de várias maneiras. Na cultura atual da saúde, deve-se insistir, em primeiro lugar, na "formação" ou preparação interior do sujeito para acolher e experimentar a saúde. Isso significa, entre outras coisas, a libertação (ou cura) da pretensão de vivê-la como um valor absoluto, substitutivo da salvação, ou concentrar demais no corpo as energias necessárias, também, em outras dimensões da pessoa. O principal objetivo da vida não deve ser "a saúde a todo custo".

A libertação também das *contradições* presentes, muitas vezes de maneira angustiante, no espaço interior da saúde e que tornam impraticáveis as vias de uma saúde integrada e integral, que dividem o coração e estendem uma ponte impossível entre polos opostos e incompatíveis. Assim, a busca do bem-estar sob a forma de *sentir-se bem*, o esquecimento ou marginalização das aspirações mais profundas do coração, o desejo irrestrito de aumentar a qualidade e o descuido das necessidades espirituais, o cuidado obsessivo com o corpo e seu abuso com comportamentos de alto risco, os desejos compulsivos de felicidade e a perda de uma visão realista da existência...

A experiência humana e cristã de saúde reproduz o mesmo itinerário do modelo cristológico, assumindo a dimensão do sofrimento e da dor da vida. Viver saudavelmente significa aceitar lucidamente os "inevitáveis", reconciliar-se com todos os colegas irritantes da existência, aceitar de antemão sofrimentos que, certamente, baterão à porta... Sem atalhos através do longo caminho de esperança, a aceitação da saúde oferecida por Cristo se afirma na prova e, segura do dinamismo da graça, conduz o crente à plenitude. Que o sofrimento possa ser vivido de maneira saudável e salvífica (mesmo como "ingrediente" da saúde) não deve levar ao engano. A experiência mostra que também é igualmente indispensável aprender a se livrar dos chamados *sofrimentos inúteis*.

Nessa expressão (que poderia ser discutível) se inclui uma gama enorme de sofrimentos, moléstias ou aflições, entre cujas características se encontram as seguintes: costumam ter um forte componente subjetivo, um excesso de "desenvolvimento" pessoal sem uma motivação objetiva suficiente e com sinais claros de imaturidade psicológica ou espiritual. Tocamos aqui em um dos pontos cruciais do que poderíamos tranquilamente chamar de *pedagogia cristã da saúde*. Não é em vão que afirmamos que uma parte considerável dos sofrimentos humanos pertence a essa categoria. Acrescenta-se, ainda, que a "patogênese" individual e social é fornecida em boa medida nesta fonte pouco agradável que enche os ambulatórios de "pacientes" que estão muitas vezes bem mas se sentem mal, ou o que provoca somatizações difíceis de curar profundamente. E isso constitui um verdadeiro obstáculo para a experiência humana e cristã de saúde.

Da importância dada a este impedimento é prova a abundante produção literária, dentro também da Igreja Católica e de outras denominações religiosas,[90] além de movimentos (como a Renovação Carismática) e de associações cuja finalidade consiste em auxiliar na cura interior e na superação dos sofrimentos.

A magnitude desses sofrimentos levanta uma série de perguntas a respeito da "qualidade" humana da nossa cultura em geral (especialmente da saúde) e sugere fortemente a necessidade de recuperar todos os efeitos (como temos afirmado repetidamente) da leitura saudável e terapêutica do Evangelho e da transmissão da mensagem cristã. O que implicaria, por um lado, uma leitura mais encarnada e incisiva da salvação e, por outro, uma revisão minuciosa da linguagem fundamental da Igreja. Trata-se não apenas (apesar de que já seria muito) de impedir que as pessoas sofram por motivos errados ou de evitar qualquer coisa que possa atormentar e oprimir,[91] mas sim especialmente de introduzir, com todo o direito, a pedagogia cristã na obra evangelizadora. Provavelmente, embora nem sempre de modo explícito e consciente, os seres humanos de hoje (também os não crentes) estão à espera de uma Igreja mais saudável e terapêutica.[92]

– Libertação do pecado

Retomemos dois pensamentos que têm acompanhado a nossa jornada até aqui. O primeiro nos lembra a estreita associação entre a saúde humana (em todos os níveis, embora hierarquizada e crescente) e a fidelidade ao plano de Deus, uma ideia expressa de diferentes maneiras no Antigo Testamento (especialmente no Deuteronômio) e

---

[90] É possível encontrar uma boa síntese bibliográfica em MAGLIOZZI P., La guarigione interiore oggi, un cammino di salute edi salvezza, in: *Camillianum* 5, nova série (2002), pp. 333-354; ver também id., *La guarigione interiore. Un modo d'incontrare Cristo medico,* Camilliane, Torino, 2004.

[91] Como afirmam NOUWEN H., *Il guaritore ferito*, Queriniana, Brescia, 2012 [ed. bras.: *O sofrimento que cura*, Paulinas, São Paulo, 2007] e BOROS L., *Esistenza redenta*, Queriniana, Brescia, 1965, p. 154.

[92] Assim em BAUMGARTNER I., *Psicología pastoral. Introducción a la praxis de la pastoral curativa*, DDB, Bilbao, 1997, p. 8.

que encontra explicação definitiva em Cristo, que veio não só para nos santificar, mas também para nos curar. Assim, o Evangelho é para o crente o modo mais saudável de viver. O segundo pensamento, intimamente relacionado ao primeiro, é que Cristo não se "limitou" a expulsar os espíritos malignos e a apagar (com o perdão) os nossos pecados, mas nos deu o Espírito da santificação e da liberdade, que não apenas nos diz o que devemos fazer (fidelidade), mas também nos dá a força para fazê-lo, nos regenera e nos dá uma nova vida.

Ambos os pensamentos nos lembram aquela dialética salvífica e salutar que traça a história da salvação e que modela a espiritualidade do crente: tudo é graça/dom e ao mesmo tempo tudo apela à livre adesão e a implicação do ser humano. Esta é também a dialética da saúde, o que obviamente exige a abertura (acolhida) das expressões multiformes da graça e da libertação gradual do pecado, para sermos santos e para estarmos saudáveis segundo o modelo de Cristo.

Nesse processo de libertação, ou melhor, de aperfeiçoamento e crescimento da graça saudável, adquirem especial importância três aspectos, sempre relacionados com a saúde, aos quais só queremos aludir.

Primeiro aspecto: quanto mais adentramos (pelos caminhos tão variados da ciência, inclusive as comportamentais) nos segredos penúltimos da vida e da saúde, mais deveríamos perceber em que medida a sua qualidade (e também seu futuro) depende da nossa responsabilidade. O sonho de um futuro livre de doenças (saúde para todos) não leva em conta o papel vital de um conjunto de fatores relacionados profundamente à liberdade, com os seus limites e suas decisões erradas e, finalmente, com o pecado.

Segundo aspecto: uma das "vítimas" da presença desumanizadora e destrutiva do pecado no mundo é justamente a saúde, em todas as áreas. Os efeitos nocivos são imensos e alcançam uma multidão de pessoas opostas ou muito distantes entre si: as vítimas da fome e da miséria (a principal causa de doença em todo o mundo) e aqueles que estão presos na "patologia da abundância", aqueles que não têm casa ou abrigo e os que vivem em cidades inóspitas por causa da poluição, da pressa e da violência, os que se encontram em situação difícil para nascer e aqueles que não podem viver um entardecer humano e humanizado...

Por fim, enquanto são aguardados os novos céus e a nova terra, o serviço ao Reino feito pela comunidade dos crentes em Cristo, verdadeiro ponto de encontro para todos os seres humanos de boa vontade (também aqueles que o ignoram), passa necessariamente pela adesão a *sua nova parceria para a saúde.* Esta inserção nos dinamismos misteriosos da salvação, presente e ativa no mundo, conseguirá edificar uma humanidade mais saudável e mais penetrada pela santidade de Deus.

7. A saúde, experiência de salvação – como estabelecer a relação entre saúde e salvação?

a) Uma relação evidente e garantida?

A relação de afinidade entre saúde e salvação foi um constante pano de fundo do percurso de nossa dissertação, sugerido e explicado em diversos momentos. A memória da salvação (ou de algo que se pode chamar "metassaúde") aparece e desaparece nos diversos meandros da saúde. A partir de todos os pontos de vista, a saúde humana remete mais além de si mesma, apresenta-se como uma questão aberta, necessitada de ser "completada". É o que em diversos momentos tentamos esclarecer e que agora devemos tematizar baseando e explicando posteriormente essa relação.

A questão, cada vez mais viva na reflexão teológica atual, não deixa de fascinar. Não é em vão que se situa na esteira dos argumentos que se encontram na base da compreensão e da transmissão da fé, suscetíveis de não poucos enunciados, como são a relação entre Deus e o ser humano, o humano de Deus e o divino do ser humano, entre a transcendência e a imanência, entre a graça e a natureza, entre realidades últimas e penúltimas... Daí que, mais que da evidência garantida, partimos da *problematicidade que deve ser iluminada.*

Saúde e salvação são duas grandezas cuja complexidade é cada vez mais indiscutível.[93] As questões vão sendo despertadas e multiplicadas conforme as penetramos e perfuramos seus múltiplos estratos. Para que a confrontação possa ser considerada teologicamente plausível, é preciso aceitar pacificamente que ela se estabeleça entre

---

[93] Cf., por exemplo, EICHACH U., Salute e malattia. Riflessioni antropologiche ed etiche sul concetto e sul senso di salute e di malattia, in: DURWELL F.-X., CONGAR Y., RAHNER K. (eds.), *Chiamati alla libertà. Saggi ti teologia morale in onore di Bernhard Häring*, Paoline, Roma, 1980, pp. 205-234; SGRECCIA P., *La dinamica esistenziale*, cit., passim.

duas realidades difíceis de captar e definir. E algo não menos importante: as afinidades e a chamada de uma a outra não eliminam as diferenças, mas, pelo contrário, esclarecem o caráter assimétrico da relação. Sem evitar essa assimetria, é conveniente sublinhar que ambas participam do caráter inefável da condição humana e do jogo misterioso da liberdade. Ambas, como vimos, implicam a pessoa em seus núcleos vitais e na integridade de seu ser, e reclamam uma linguagem de totalidade. Não é fácil discernir as relações recorrentes entre realidades cuja não verificabilidade é frequentemente (especialmente no caso da salvação) mais que evidente.

A dificuldade aumenta quando estamos conscientes de outra "distância" entre ambas realidades: a saúde, apesar de frequentemente ser "latente", não observável, inapreensível, metacorpórea, devedora dos percursos da liberdade do sujeito e não só do próprio corpo, é e sempre será em muitos aspectos uma experiência familiar e cotidiana, estimada e procurada. A salvação, por sua vez, nos é apresentada afastada dos interesses vitais, desiludida ou desfigurada em seus conteúdos, ou confundida com outras experiências e valores intramundanos.[94]

Enfim, para que a confrontação seja teologicamente sustentável, deve-se partir de uma visão não só holística/integral/pluridimensional da saúde, mas também de sua abertura dinâmica à salvação. Em outras palavras, como vimos no modelo cristológico, é o sujeito quem pode torná-la salvífica e saudável, incorporando-a a seu projeto de vida e perfeição, vivendo-a como dom e como missão, segundo o modelo da humanidade de Deus encarnada em Cristo. Por outro lado, a confrontação ficaria vazia de conteúdo se a salvação não fosse contemplada em sua historicidade e em suas numerosas criações históricas, como o dinamismo/força/graça que compreende todos os seres humanos e todo o ser humano, capaz de transformar a realidade, que assume carne na carne humana até chegar aos últimos recônditos de sua alma e de seu coração. Uma salvação, por consequência, que assume muitos nomes e que ao mesmo tempo é visível e invisível, presente e ativa no mundo, mas discreta.

A experiência da saúde é e sempre será limitada ao espaço da história e do percurso do ser humano neste mundo. Termina com a morte. Sua referência/orientação/subordinação à salvação (bem essencial e final) nos apresenta inevitavelmente estas perguntas: o que significa existencialmente ser salvo e o que isso significa para o ser

[94] Cf. SHOONBROOD M., Dissolution ou révision du salut chrétien, in: *La Nouvelle Revue* (maio-junho 1972).

humano e para a humanidade? Até que ponto podemos estar certos de que nossas experiências/compromissos humanos são realmente experiências salvíficas? Em que modos e condições pode-se experimentar a salvação e como se traduz na história? E, ainda mais, que relação existe entre as conquistas do progresso (no campo da saúde), a melhora da qualidade da vida e a realização definitiva da salvação?[95]

b) Como estabelecer a relação entre saúde e salvação? Elementos para uma proposta de síntese criativa

A relação entre saúde e salvação se propõe novamente hoje com força como um eterno problema emergente.[96] "É um dado indiscutível que, em todas as culturas humanas, antigas e modernas, orientais e ocidentais, sempre existiu certa forma de relação entre saúde/enfermidade e religião."[97] O tema volta hoje novamente e adquire proporções antes desconhecidas, ampliando os âmbitos de reflexão e de estudo e chegando a ser objeto de discussão nos meios de comunicação, como nos foros dos especialistas das religiões. Às razões "eternas", acrescentou-se um cortejo de novas motivações. O panorama é bastante variado.

A abordagem teológica do nosso discurso nos pede, entretanto, uma escolha bem precisa do ponto de vista metodológico e conteudístico. Por isso, sem ignorar o caráter necessariamente multidisciplinar e interdisciplinar do tema, nossa proposta de síntese criativa:

- Mover-se-á em torno da tríade *saúde-fé-salvação*. O elemento de fé é o que "une", a partir da vertente do ser humano (e da comunidade) os outros dois. É necessário afirmar desde já, portanto, que saúde e salvação exigem sempre a "implicação" ativa e passiva do sujeito, chamado a acolher responsável e criativamente os dons de Deus. Saúde e salvação se integram na nova aliança selada no mistério pascal e prolongam-se na sacramentalidade da Igreja.

---

95 Cf. AYEL V., *¿Qué significa la "salvación cristiana"*, Sal Terrae, Santander, 1986; cf. CONGAR Y., *Un pueblo mesiánico. La Iglesia, sacramento de salvación*, Ed. Cristiandad, Madrid, 1976.

96 Cf. FIZZOTTI E., Religione o terapia? Un eterno problema emergente, in: id., *Religione o terapia? Il potenziale terapeutico dei nuovi Movimenti Religiosi*, LAS, Roma, pp. 15-36,

97 DUCH Ll., Salud, enfermedad y religión, in: ANRUBIA E. (ed.), *La fragilidad de los hombres. La enfermedad, la filosofía y la muerte*, Ed. Cristiandad, Madrid, 2008, pp. 125-158.

- Sem perder de vista essa tríade, apresentaremos brevemente (de modo muito seletivo) *três esquemas.*

– A salvação como cura – a cura como salvação

Este primeiro esquema quer ser, em certo sentido, o resumo de uma *realidade muito complexa, variada e heterogênea.* A associação entre salvação e cura, como já dissemos, não foi empobrecida, apesar das enormes distâncias ditadas pelo curso da história. Hoje, aliás, ampliou-se. Devemos, pois, limitar nosso discurso a algumas breves alusões seguindo este itinerário:

- Alguns representantes significativos deste esquema.
- Ênfases e destaques de seus postulados.
- Fundamentação e motivações de suas posições.
- Elementos críticos a sublinhar.

Representantes

Um elementar e necessário rigor teológico nos sugere esclarecer e distinguir, porque há uma grande diversidade.

Em primeiro lugar, os que denomino "buscadores da aliança eficaz entre salvação (teológica) e saúde (não teológica)". Aqui também o cenário se complica e amplia. Nele estão compreendidas, com uma vastíssima documentação, as investigações realizadas com rigor científico, especialmente no mundo anglo-norte-americano, sobre os efeitos da oração (súplica, intercessão), da meditação e de outras práticas religiosas e/ou espirituais sobre a enfermidade e sobre a cura física, sobre os modos de enfrentar as adversidades, sobre a experiência do envelhecimento e da morte. Incluem-se também as investigações que, sempre dentro de um esquema oracional, descrevem os efeitos sobre a cura interior, uma espécie de psicoterapia ou pneumoterapia (sem terapeuta humano).[98] Está também entre eles

[98] Quanto a isso, para uma ampla bibliografia, cf. PETRINI M., CARETTA F., Preghiera cristiana e salute. Spiritualità e medicina in una visione olistica della persona, in: *Camillianum* 16, VIII (1997); também MAGLIOZZI P., La guarigione interiore oggi, un cammino di salute e di salvezza, in: *Camillianum* 5, II (2002), pp. 333-354. Outras contribuições significativas: WALLIS C., Faith and healing. Can prayer, faith and spirituality really improve your physical health? A growing and surprising body of scientific evidence says they can, in: *Times*, 24 de junho (1996), pp. 35-40. WALLIS C., Faith and healing, in: *Christian Healing* 3 (1996), pp. 5-7. KOENIG H. G., *Is religion good for hour Health? The effects of religion on physical and mental health*, The Haworth Press, New York, 1994. ZUCCHI P., HONNINGS B., La fede

quem, partindo de uma experiência pessoal ou profissional, criou grupos de ajuda mútua (de base também oracional) ou favoreceu a difusão de uma corrente que exalta o caráter terapêutico da fé.[99]

Dela fazem parte também, como se disse em outro lugar, movimentos e associações que têm uma importante força carismática, especialmente os membros da Renovação Carismática, tanto no campo protestante como no católico, dos quais já tratamos no primeiro capítulo e sobre os quais demos referências bibliográficas.[100]

Ênfases e destaques

O que equipara todos os representantes[101] é especialmente a ênfase no valor terapêutico da fé, das crenças religiosas e de um variado conjunto de práticas religiosas ou espirituais que vão desde as *liturgias de cura* dos carismáticos à celebração dos sacramentos, a meditação da Palavra, a oração de intercessão pelos doentes conhecidos ou desconhecidos... Os *slogans* convergem ao proclamar: "A fé cura" (W. Osler), ou "a oração é uma boa medicina" (L. Dossey). O destaque, mais que na afirmação da saúde a garantir, nas potencialidades humanas a desenvolver ou nas enfermidades a prevenir, está na cura. Tudo isso remete a um esquema no qual a saúde é proposta e invocada a partir das múltiplas experiências de fragilidade, vulnerabilidade e adversidade. Sem excluir as curas físicas ou os efeitos sobre a recuperação ou a melhora nos processos de enfermidade crônica ou aguda, o destaque recai quase sempre na chamada "cura interior" (*inner healing*), um conceito muito polissêmico, com

elemento trascendente e facilitante il risultato terapeutico nel paziente sofferente, in: *Dolentium Hominum* 3 (1996), pp. 16-28.

99 Devemos incluir aí, a outro título e como representantes de muitos outros: DOSSEY L., *Il potere curativo della preghiera. Fede, spiritualità e scienze mediche, una nuova alleanza?*, Red, Como, 1996. DOSSEY L., *Guarire con la preghiera e la meditazione*, Rizzoli, Milano, 1996. De Larry Dossey, médico, é conhecida esta afirmação: "A oração é um bom remédio". Numa linha parecida, podemos incluir ALBISETTI V., *Guarire con la meditazione cristiana. Un nuovo modo di pregare*, Paoline, Milano, 1993; COUSINS N., *The Healing Heart*, Norton Books, New York, 1983; id., *Head First: The biology of Hope and the Healing Power of Human Spirit*, Penguin Books, New York, 1990. TYRRELL B., *Cristoterapia: guarire per mezzo dell'illuminazione*, Paoline, Torino, 1987; SIEGEL B., *Amore, medicina, miracoli*, Sperling & Kupfer, Milano, 1990.

100 Cf. também LANGELLA A., La funzione terapeutica della salvezza nell'esperienza del movimento carismatico, in: *Asprenas* 38 (1991), pp. 477-490.

101 Para as chamadas "novas religiões", deveríamos fazer um discurso à parte.

frequência pouco concreto, cujos limites não podem ser determinados facilmente.

Fundamentação e motivação de seus postulados

A relação entre salvação, fé e cura, como vimos quando tratamos da Renovação Carismática e da Teologia Terapêutica, inspira-se em primeiro lugar na leitura da história da salvação em chave terapêutica. Este enraizamento bíblico chega ao máximo na atividade taumatúrgica e terapêutica de Cristo e é prolongado pela Igreja, continuadora da missão de Cristo em virtude do Espírito, que se manifesta de maneira especial nos carismas de cura (como no caso dos carismáticos) e na comunhão com a fonte da vida/cura através da oração.

É preciso sublinhar que esta fundamentação bíblica poderia dar lugar a um apriorismo teológico indevido, que neste caso consistiria em considerar óbvia e exigível no *hic et nunc* da história e da Igreja a continuidade da força terapêutica do Evangelho proclamado e celebrado. Esse risco nem sempre é evitado.[102] O destaque, no entanto, recai mais na experiência ou nas experiências de cura, sejam quais forem. *O Senhor cura* é mais frequentemente a proclamação de uma experiência (por mais ambígua que possa ser) e menos um postulado que necessite ser provado ou contestado.

Na base da difusão do esquema salvação/fé/espiritualidade/cura, que chegou a ter um grande desenvolvimento nos últimos quinze anos,[103] há outras motivações que merecem uma atenta reflexão. Entre eles assinalamos, em primeiro lugar, que a fome de cura supõe um diagnóstico muito severo das inumeráveis patologias, especialmente psicoespirituais, de nossa sociedade. Tomando como ponto de referência o diagnóstico feito em outro lugar, podemos dizer que nossa sociedade se converteu em uma *sociedade terapêutica*,[104] sedenta de cura e de felicidade. Seu sonho, enraizado no inconsciente coletivo, quer que tudo, começando pelas relações, seja eficazmente terapêutico.

[102] FIERRO A., La religione cristiana ha una funzione terapeutica?, in: *Concilium* 9 (1974), pp. 33-46.

[103] Cf. VAN ERP S., Una dottrina che salva. Verso una teologia della salute e della medicina, in: *Concilium* 2 (2006), pp. 158-170.

[104] Cf. DUCH Ll., Salud, enfermedad y religión, in: ANRUBIA E. (ed.), *La fragilidad de los hombres: la enfermedad, la filosofía y la muerte*, Ed. Cristiandad, Madrid, 2008, pp. 128-130.

O sistema médico convencional, apesar de seus esplêndidos progressos, se sente cada vez mais desprovido diante das demandas de saúde que não fazem parte de seu estatuto epistemológico e prático: o "mal de viver", o vazio existencial, a falta de sentido, as feridas profundas da memória e do coração, as patologias relacionadas com uma forma nada saudável de viver o tempo e os ritmos da vida, o fechamento de horizontes... Já não basta a "medicina dos desejos",[105] nem a "medicina das emoções", mais sensível à dimensão relacional e à trama onde acontecem os processos da saúde e enfermidade. Hoje, busca-se na espiritualidade (e também na religião) esse suplemento de alma e de eficácia que não se encontra satisfatoriamente na ciência. Hoje, como ontem, o ideal de muitos consiste em recuperar a saúde (espiritual, psicológica, física inclusive) sem ter que empenhar-se em modificar o estilo de vida ou, em qualquer caso, indo em busca da "bola de cristal" que consiga decifrar e resolver nossa radical finitude e o mistério do mal que, com grande variedade de nomes, nos acompanha ao longo da vida. Neste caso, onde encontrar respostas eficazes ou ao menos o consolo da esperança senão na oração ou na espiritualidade?

Elementos críticos

Um mérito inicial do esquema de que tratamos é ter enfatizado de muitos modos uma perspectiva que continua despertando entre os biblistas e os teólogos uma grande concordância: a leitura da redenção/salvação em chave terapêutica. Atualmente, não só se coincide em afirmar que Jesus realizou gestos terapêuticos a favor dos doentes, mas também se abre caminho para uma leitura mais compreensiva e radical: o acontecimento Cristo em todos os seus "momentos", a realização do Reino, o oferecimento da salvação... têm sempre e em todos os casos uma dimensão terapêutica. *Nele, cura e salvação sempre se encontram.*

Outra chave que guia o esquema salvação como cura-salvação parte de uma pergunta legítima: onde está hoje essa força terapêutica? Como prolongar no tempo as virtudes terapêuticas do Reino? A cura continua sendo um sinal seu? É óbvio que a chave hermenêutica da experiência religiosa (ou, mais genericamente, espiritual) tampouco carece de consenso, mas é preciso interpretá-la com muita atenção.

---

[105] Cf. LEONE S., La medicina dei desideri, in: *Camillianum* 8, III (2003), pp. 249-271.

Dado que se trata de experiências, a pergunta surge: a fé é fonte de saúde ou de enfermidade?[106] Nenhuma resposta crível poderá deixar de considerar que a experiência religiosa encerra e desdobra um potencial psíquico enorme, pois está implicada nos núcleos vitais da pessoa em sua individualidade e sua religiosidade, um potencial que pode ser salutífero, mas também destrutivo. Pode "ser um fator de equilíbrio, de centralização e de amadurecimento pessoal, oferecer horizontes de plenitude, desenvolver as potencialidades do sujeito, [...] em certos casos curar feridas e gerar uma compensação saudável capaz de sanar conflitos precedentes".[107] Outro exemplo: a experiência religiosa/espiritual pode ter efeitos de caráter psicológico (redução de estresse, depressão, ansiedade), ser um antídoto (certamente infalível) contra o medo, a falta de paz, a constrição, a perda de contato, a ausência de uma consciência de realidade, a rigidez...[108]

Do lado oposto, encontra-se suficientemente acreditada sua capacidade patógena ou destrutiva: fanatismo, paranoia, rigidez, obsessões, violência, neuroses de diversos tipos, capacidade criativa debilitada, anulação da personalidade, sentido patológico de culpa, somatizações etc. Trata-se de um panorama negativo originado de experiências religiosas/espirituais fracassadas, desnaturalizadas ou patógenas em sua raiz.

Vamos, então, aos elementos críticos, aos que necessariamente devo referir-me de maneira muito breve e que, oxalá, tiveram um caráter mais propositivo. Com tal fim, eu os formularei como *oito breves ideias.*

1. A advertência de Deus no livro do Êxodo: "O ser humano não pode ver meu rosto e continuar vivendo" (Ex 33,20), também depois da encarnação do Filho, rosto visível e próximo do Deus invisível, continua tendo seu próprio significado. *A experiência religiosa/espiritual é dominante.* Quem aceita que Deus é Deus verá perturbados seus próprios esquemas, os da mente, da vontade e do

[106] Esta pergunta, que se tornou profunda a partir de Freud, intensifica-se na reflexão teológica. São significativos nesse sentido os títulos já citados, como HÄRING B., *La fe, fuente salud,* ou o de DOMÍNGUEZ C., URIARTE J. M., NAVARRO M., *La fe, ¿fuente de salud o de enfermedad?*

[107] DOMÍNGUEZ C., URIARTE J. M., NAVARRO M., op. cit., p. 55.

[108] SANDRIN L., La psicología y el retorno de la pregunta religiosa en el mundo de la salud, in: CINÀ G. (dir.), *Medicina e spiritualità. Un rapporto antico e moderno per la cura della persona*, Camilliane, Torino, 1998, p. 16. FORTMANN H., *Salute e salvezza. Vita religiosa tra equilibrio e nevrosi*, Herder/Morcelliana, Brescia, 1969, p. 47.

coração; sentir-se-á ferido pelo mal do mundo, viverá na instabilidade de quem cedeu sua vontade a outro, sofrerá inclusive desequilíbrios psicológicos e talvez a noite escura da fé.[109] Também o caminho da saúde, quando é vivido nos dinamismos salvíficos, é paradoxal: afirma-se na aceitação da finitude, da distância entre Deus e o ser humano, do buraco negro da tensão radical na qual estamos constituídos por graça.

2. Sendo assim, *é um postulado ilusório pedir que a experiência religiosa nos cure sempre.*[110] O modelo cristão da saúde, na medida em que associa de maneira frequentemente inefável graça e liberdade, não é único e universal para todos. Não é mais são, acima de tudo a partir do ponto de vista espiritual, quem vive habitualmente na serena harmonia do equilíbrio interior do que quem, em um ato de confiança heroico, se abandona a Deus no momento mais difícil da prova. Quem poderá defender que foi mais "sadia" a morte de Sócrates que a de Cristo?

3. Uma religião (fé, espiritualidade) que "se limitasse à satisfação das necessidades individuais e que tentasse a realização, a gratificação e a procura de si mesmo se reduziria a pura psicoterapia e se transformaria em um novo mito",[111] para terminar em um *recurso utilitarista e funcional* incapaz de conduzir o ser humano até a plenitude e de abri-lo ao Transcendente. Na experiência religiosa/espiritual – evidente no cristianismo –, a saúde não pode deixar de estar integrada ao esquema da relação filial com Deus, do seguimento de Cristo, da adesão afetiva e efetiva ao Reino, pelo qual a existência do crente se desenvolve sempre dentro dos dinamismos da obediência, do cumprimento da vontade de Deus. É a saúde vivida como itinerário até a santidade.

4. A partir dessa perspectiva, a força terapêutica do Evangelho, da salvação, não pode ser pensada à margem da graça salutar (que

---

[109] SARANO J., Santé mentale et vie spirituelle, in: *Présences* 128 (3 trim. 1974), pp. 5-13. FORTMANN H., *Salute e salvezza. Vita religiosa tra equilibrio e nevrosi*, Herder/Morcelliana, Brescia, 1969, pp. 26-32. Talvez não seja impróprio citar aqui o testemunho de Santa Teresa de Ávila: "Conheço uma pessoa que, desde que começou a receber do Senhor a mercê mencionada [a união mística], que há quarenta anos, não pode dizer com verdade que tenha ficado sem ter dores e outras maneiras de padecer, de falta de saúde corporal, digo, sem outros grandes incômodos" (*Livro das moradas – Sextas moradas*, cap. 1, 7).

[110] Cf. FORTMANN H., op. cit., pp. 44-45.

[111] FIZZOTTI E., Religione o terapia? Un eterno problema emergente, in: id. (ed.), *Religione o terapia?*, LAS, Roma, 1994, p. 35.

sempre é dom) e, ao mesmo tempo, do compromisso do cristão de viver diferentemente, ou seja, saudavelmente. *Vocação à santidade e "vocação" à saúde* coincidem, mas só à medida que a primeira orienta e guia a segunda.

5. Devem ser evitados *dois reducionismos* que se insinuam inevitavelmente no esquema do que viemos falando. Em primeiro lugar, o de enfatizar a cura como expressão indiscutível da salvação. A salvação é mais que cura. Em segundo lugar, o de dar uma ideia demasiado "medicinal" da fé, do Evangelho, da oração cristã. O que distingue o modelo cristológico da saúde, transmitido à Igreja como dom e como missão, não é somente um conceito de "terapia" e de oferta medicinal, mas sim, como vimos com frequência, uma "nova saúde", que vai mais além da cura...

6. Talvez o dado teologicamente mais frágil ou menos plausível do esquema está na fácil identificação entre cura (e também saúde) e salvação. Nesse sentido, impõe-se a necessidade, muito atual certamente, de um esclarecimento. A partir da vertente de Deus em relação ao ser humano e à humanidade, *tudo é graça e oferecimento de salvação*. Está sempre em ação, ainda que o ser humano não perceba (Deus salva também aquele que não o sabe, os que não se dão conta disso); a salvação não se identifica com suas epifanias, com os acontecimentos e as experiências em que se realiza. Seus dinamismos são misteriosos, discretos e humildes, ocultos e visíveis. Atua inclusive apesar do ser humano, mas *não contra a vontade deste último*. É preciso aderir a ela, acolhê-la, assumir seus dinamismos em atitude de "obediência".

7. Na cura atribuída à eficácia da oração e em geral das diversas formas de oração (inclusive a litúrgica), *a questão mais relevante a partir do ponto de vista teológico* não está em discernir se se trata de efeitos puramente psicológicos, ou de repercussões benéficas sobre a saúde física, ou sobre os processos de terapia em andamento, ou sobre situações difíceis da vida (perdas, envelhecimento...). A salvação se realiza à medida que o "curado" se abre a seus dinamismos, talvez somente insinuados na cura. A *diferença entre "curados" e "salvos"* reside hoje também no fato de que estes últimos se abrem à "nova saúde", se sentem convidados a uma mudança de vida, experimentam a força de uma renovação interior, traduzem a cura em uma nova práxis saudável de vida. É o que acontece, por exemplo, nas pessoas que encontraram a graça na desgraça, a saúde na doença, a força na fraqueza, o Deus compassivo e próximo na prova da solidão.

8. Resta ainda uma questão que se perfila no fundo do esquema: a *relação entre graça* (oferecimento de salvação sob a forma de cura eficaz) e *natureza humana* (em seus diversos percursos de saúde/enfermidade), um tema que abordaremos no terceiro esquema. Por ora, digamos que os dados referidos aos resultados de "laboratório" (as investigações científicas sobre a relação entre oração e cura) não pertencem à "razão teológica", não fazem parte do estudo teológico. Não podemos, tampouco, fechar a questão recorrendo às razões da psicossomática, nem às da teoria holística e, menos ainda, ao chamado "pensamento causal". O discurso teológico, ainda que considerados válidos e em certo sentido imprescindíveis estes dados, se situa em outras coordenadas, que veremos em seu devido momento.

As "novas religiões de cura": um discurso à parte

No final deste percurso sobre o esquema da salvação-cura, assinalamos também, botando-as "à parte", as chamadas *novas religiões de cura*, entre as quais se encontram certas seitas. Trata-se de um conjunto complexo, muito variado, afastado em não poucos casos das coordenadas fundamentais da fé cristã, mas que giram, em geral, ao redor da convicção do valor curador da fé[112] e da espiritualidade.

Sua importância, tanto no Terceiro Mundo como no Primeiro, é comumente reconhecida por diversos motivos: por sua expansão capilar, pelo poder de arrasto que têm sobre diversas categorias de pessoas e de coletividades e por sua força provocadora.

A reflexão não pode deixar de estar atenta a este vasto e complexo fenômeno que compreende uma grande variedade de movimentos e associações (desde a New Age até confissões de matriz evangélica, as seitas que giram em torno de líderes "carismáticos"). Sua oferta vem a ser uma espécie de diagnóstico das patologias sociais e espirituais de hoje em dia e, por outro lado, pretende preencher

---

[112] Para uma bibliografia básica, cf. DERICQUEBOURG R., *Religions de guérison*, Cerf, Paris, 1988. DERICQUEBOURG R., *Croire et guérir. Quatre religions de guérison*, Dervy, Paris, 2001. JAVARY C., *La Guérison. Quand le salut prend corps*, Ed. du Cerf, Paris, 2004. FIZZOTTI E., Religione o terapia? Un eterno problema emergente, in: id. (ed.) *Religione o terapia?*, LAS, Roma, 1994. FIZZOTTI E., Ricerca della felicità o conquista della salvezza? Appunti per una lettura psicologica, in: *Anime e Corpi* 195 (1997), pp. 7-31; e 198 (1998), pp. 435-460. INTROVIGNE M., I nuovi movimenti religiosi e le loro proposte terapeutiche, in: FIZZOTTI E. (ed.), *Religione o terapia?*, LAS, Roma, 1994, pp. 37-54.

vazios existenciais, religiosos e espirituais talvez descuidados pelas religiões oficiais. Suas motivações (em certo sentido, sua matriz) "denunciam" uma sede de identidade, de segurança e de sentido de pertencimento a um grupo humano, de ter em comum os mesmos valores e aspirações, de cura e de felicidade.[113]

– A salvação como saúde – a saúde como salvação

Com esta formulação, quero explorar uma corrente de pensamento, de doutrina, de espiritualidade e de práxis cada vez mais difundida, pouco tematizada, difícil de atribuir a representantes significativos e que, por outro lado, supera os limites de uma única disciplina. Pode-se encontrar na teologia e na sociologia da saúde, na pastoral (obviamente, também na da saúde), nos movimentos religiosos espirituais de origem cristã e movimentos ou associações de inspiração humanista e psicoterapêutica.

Para evitar desde o começo um mal-entendido que poderia invalidar todo o discurso, antecipemos uma distinção elementar. Obviando matizes necessárias, pode-se dizer que existem fundamentalmente duas versões dentro deste esquema que deveremos ter sempre presentes.

- A que restringe, explícita ou implicitamente, os horizontes da salvação a este mundo (realidade intramundana), substituindo-a pela saúde. A soteriologia se torna "salutologia".
- A outra versão gira em torno de um esquema bem preciso da salvação cristã, contemplada em sua historicidade e em sua integridade, e também em torno de uma concepção teológica da saúde inspirada de maneira especial no modelo cristológico e na leitura saudável e terapêutica do mistério de Cristo.

Por razões de brevidade, assim como escolha metodológica, levamos em *consideração somente a segunda versão*, mas sem deixar de advertir que esta pode sentir-se "tentada" a deslizar até a primeira. Hoje, pelo menos no Ocidente, o vento sopra com força a favor do ocultamento da salvação, pois é forte a atração da saúde perfeita, do ser humano realizado, da única felicidade possível: a que se pode conseguir neste mundo.

---

[113] Cf. FIZZOTTI E., Ricerca della felicità o conquista della salvezza? Appunti per una lettura psicologica, in: *Anime e Corpi* 195 (1997), pp. 7-31; e 198 (1998), pp. 458-459; INTROVIGNE M., I nuovi movimenti religiosi e le loro proposte terapeutiche, in: FIZZOTTI E. (dir.), *Religione o terapia?*, LAS, Roma, 1994, pp. 43-54.

Ênfases e destaques

Limitemos nosso discurso aos dois elementos considerados nucleares dentro deste esquema: a *saúde* e a *salvação*, lançando pouco a pouco certa luz na *associação* teológica entre ambas.

Quanto à *saúde*, esta seria telegraficamente (porque significa também voltar a afirmações e posições já expostas) a concepção latente e exposta pelo esquema.

Assinalemos em primeiro lugar que a linguagem usada é fundamentalmente uma *linguagem de totalidade*, já que se parte de uma visão integral, holística. Quando a teologia diz "saúde", remete a uma visão antropológica que vê o ser humano como "unitotalidade", na qual as diferentes dimensões constitutivas do ser humano convergem, sempre em tensão, em um único sujeito. Sob o dinamismo da graça, confiada à liberdade humana, é o sujeito quem pode fazer também com que seja uma saúde, ou seja, uma realidade unificada em um projeto de vida e de perfeição. A saúde continua sendo pluridimensional (física, psíquica, mental, social, relacional, moral, espiritual), mas é a capacidade unificadora (portanto, também simbólica, teologal...) que a torna humana.

Segunda ênfase: a saúde pertence não à ordem dos objetos, mas sim à dos *valores*. É a dimensão axiológica, evidenciada pelo modelo cristológico, que vai muito além das concepções simplesmente descritivas ou estatísticas. Não é necessário assinalar a distância que existe entre as antropologias latentes. Os valores remetem ao mistério da liberdade (graça e responsabilidade: natureza humana); em troca, a outra visão é demasiado devedora de um conceito de natureza muito determinista e ao mesmo tempo excessivamente desvinculado do compromisso da liberdade.

Terceira ênfase: como já dissemos, a saúde nunca é, na visão bíblica vétero e neotestamentária, um substantivo separado e independente, mas sim um adjetivo da vida, um importante valor antropológico. O esquema, sem limitar esta preeminência, ilumina a *reciprocidade indissolúvel entre saúde e qualidade de vida*. Há sem dúvida um intercâmbio entre elas. A vida necessita da saúde em todas as suas dimensões, especialmente as que tornam mais saudável a existência: a força de viver, a capacidade de superação, o desejo de viver e a capacidade de reestruturar e renovar a própria vivência. Por outro lado, na vida está a raiz e a possibilidade da saúde, e por isso esta última nunca deveria possuir a primazia axiológica e moral sobre aquela.

Isso nos conduz espontaneamente à quarta ênfase: a saúde pertence com pleno direito à *dinâmica existencial* do ser humano, habitado pela graça e sempre objeto da autocomunicação de Deus. A partir do ponto de vista antropológico, assim como do teológico e teologal, a vocação à salvação, à perfeição e à santidade integra também a *vocação à saúde*. Este conceito não deve ser confundido com o direito de felicidade criatural e de resposta à graça. A dinâmica existencial, lida em chave de chamado, significa que a vocação à santidade não pode ser vivida sem incorporar a si a obediência ao mandato de viver diferentemente, ou seja, *saudavelmente*.[114] Deus não nos pede que sejamos ou estejamos sãos, mas sim que vivamos saudavelmente (sem excluir, é claro, a conversão, a aceitação do sofrimento...).

Outra ênfase que devemos ressaltar: na ótica cristã, a "saúde perfeita", hoje tão desejada e procurada por caminhos errados e com um imenso mosaico de recursos de todo gênero, é uma aspiração que deve ser não estigmatizada, mas sim reinterpretada. O cristianismo não exorciza nem anestesia o desejo. O *desejo de saúde plena* faz parte do *cor inquietum*, é a confirmação da radical insuficiência da saúde humana, é a epifania da necessária imperfeição da experiência da saúde. Este desejo legítimo remete, assim, para além da saúde: está latente, mas estimula a nostalgia de salvação, os anseios insaciados da salvação final, quando tudo será cumprido e completo.[115]

Finalmente, a experiência biográfica da saúde é sempre memória de um cenário que, como dissemos repetidamente, é tecido por relacionalidade, por alianças, por um imenso mosaico de fatores, saudáveis ou patógenos. Pode-se dizer neste sentido que também a *saúde vem de Deus*, que ela remete ao lugar inicial plenamente

114 SGRECCIA P., op. cit., passim; UFFICIO NAZIONALE CEI PER LA PASTORALE SANITARIA, *Domanda di salute, nostalgia di salvezza*, Edizioni Camilliane, Torino, 1998, pp. 14-19.

115 Essa maneira de ver a saúde encontra consenso cada vez maior. Há uma chave indispensável para compreender a associação entre saúde e salvação. Veja-se (são apenas alguns exemplos): UFFICIO NAZIONALE CEI PER LA PASTORALE SANITARIA, *Domanda di salute, nostalgia di salvezza*, cit.; GRESHAKE G., *Libertà redenta*, cit., p. 8; HÄRING B., *Perspectives chrétiennes pour une médicine humaine*, Fayard, Paris, 1957: "Uma visão completa da saúde humana supõe a melhor harmonia possível entre as forças e as energias do homem, a espiritualização mais avançada possível do aspecto corporal do homem e a expressão corporal mais bela possível do espiritual. A verdadeira saúde se manifesta na autorrealização da pessoa humana que chegou a essa liberdade que mobiliza todas as energias para conseguir sua vocação humana integral" (p. 157).

saudável, que está repleta de certa nostalgia da comunidade saudável que ainda não existe, que se torna visível e ativa, também de forma descontínua, na comunidade reunida ao redor do Ressuscitado, que é confiada a uma nova aliança e, finalmente, que caminha com passos incertos, por ser sacudida pelo sofrimento e pela adversidade, e por estar tentada ou desvirtuada pela injustiça e pelo egoísmo. A saúde, que vem de Deus, faz parte da *própria história da salvação.*

Em relação ao segundo elemento enfatizado pelo esquema, ou seja, a *salvação*, farei referência somente a alguns aspectos. E, para isso, uso a chave interpretativa da *tensão*, provavelmente um dos conceitos que mais se adéquam a nosso tema. Vejamos alguns "momentos", sempre no horizonte da comparação entre salvação e saúde.

A salvação vem de Deus e sempre lhe pertencerá. De suas manifestações históricas (impressas na biografia dos indivíduos e na história do povo), pode-se intuir, por um lado, seu caráter transcendente: revela-nos o ser de Deus, sua absoluta gratuidade, seu alcance infinito, seu imprevisível futuro escatológico. É a salvação segundo a medida divina. Por outro lado, descendendo, fazendo-se carne no Filho do homem, adquire uma grande variedade de "formas" humanas, pois assume todo o humano, não excluindo nada, e adquire muitos nomes.

A aventura da descida (uma verdadeira *kénosis*) não está isenta de riscos, que ficam bem à vista no repúdio do oferecimento da salvação e na condenação da cruz. Deus se "dissolve" no humano, de alguma maneira é obscurecido e fagocitado pelas vicissitudes humanas, pelo jogo não redimido da liberdade... Os seres humanos sempre tiveram dificuldades de aceitar um Deus "demasiado" humano e um ser humano que seja também divino.[116] Talvez tenha sua origem aqui a dificuldade de crer em uma salvação (divina) que toca, move, transforma, abraça, leva a sério, diagnostica, dignifica, eleva, cura, potencializa... todo o humano (porque é este o espaço de Deus), e ao mesmo tempo não é menor a resistência por parte do ser humano de viver todo o humano (começando pelo corpo) como presente para Deus, como o "terreno" onde a salvação é trabalhosa, como o âmbito da felicidade, como itinerário até a última plenitude. É definitivamente o desafio de encontrar saúde na salvação e salvação na saúde. Quando o divino é posto entre parênteses, em surdina, ou quando é afastado, também o humano se obscurece e perde suas verdadeiras dimensões.

---

[116] Esse é o motivo de fundo ou recorrente em todas as heresias cristológicas.

Elementos críticos

Parece evidente que o tema teológico do qual estamos tratando adquiriu nos últimos anos um amplo consenso. Encontra-se cada vez com mais frequência sobre a mesa dos teólogos. E preveem-se novos avanços, debates e consolidação. É, pois, recomendado proceder com cautela tanto ao assinalar suas virtudes como ao tentar descobrir seus elementos críticos.

Em relação às primeiras, cabe assinalar em primeiro lugar a descoberta da *dimensão saúde* na história da salvação como lugar teológico e chave hermenêutica. Uma teologia mais atenta e sensível às realidades humanas, ao que acontece no ser humano e, ao mesmo tempo, a suas profundas aspirações, soube captar na saúde humana (especialmente no aspecto biográfico e antropológico) um existencial do que já não se pode prescindir na reflexão bíblica e teológica, na aproximação de Jesus, na cristologia, na soteriologia, na eclesiologia, nos sacramentos e, de certo modo, em toda forma pastoral.

Essa sensibilidade, favorecida por um melhor conhecimento da experiência da saúde biográfica, soube também entrever no desejo de vida e de plenitude a abertura grata e natural do ser humano ao oferecimento de salvação que eleva, supera e transforma a vivência da saúde em todos os seus aspectos.

A dimensão da saúde é, além disso, portadora de uma visão e uma apresentação *mais positiva* da história da salvação e, por consequência, também da transmissão da mensagem salvífica. Se o esquema precedente sublinhava a cura como expressão e caminho da salvação, este completa aquele olhar pondo em destaque – como se disse uma e outra vez – a *nova saúde*, que nem sempre é fruto da cura. É mais uma das expressões privilegiadas da economia salvífica de Deus: aliado da vida, o fundamento da máxima personalização do ser humano, Aquele que dá juntamente com a vida a possibilidade de vivê-la plenamente, que tornou o ser humano *capax Dei*, que lhe conduz não só pelo caminho da indigência (sofrimentos, limites, enfermidade) mas também pelo caminho da plenitude. Um Deus que em Cristo se revelou não só como "medicinal" mas também como salutar.

Passemos agora a algumas das cautelas que se devem tomar. No contexto sociocultural atual, especialmente no Ocidente, esta visão pode estar influenciada negativamente por alguns fenômenos aos quais necessariamente devemos aludir: a exasperação do valor saúde elevada à categoria de bem máximo, de paradigma da felicidade, de sinal de identidade e símbolo do ser humano realizado e, por consequência, a exorcização ou repúdio da "dimensão prática", frágil e vulnerável; em segundo lugar, certo "decaimento" ou relativização da dimensão dogmática e moral da fé (certamente também da religião); em terceiro lugar, a perda da incissividade humana e existencial da liturgia como lugar de celebração eficaz da salvação, e por fim a pretensão mais ou menos tematizada da ciência (a causa, por exemplo, dos novos avanços da biomedicina e das neurociências) de propor, juntamente com os novos modelos de saúde, um novo modelo de ser humano (antropologia).[117]

Neste contexto, os riscos dos "deslizes" estão sempre à espreita, ainda que seja de forma inadvertida. Bastam dois exemplos que se formulam sem levar em conta as matizações necessárias. *A excessiva ênfase da saúde* pode dar base para uma apresentação da mensagem cristã demasiado doce e ingênua, imoderadamente pretensiosa em relação com Deus (quem por outro lado é "o animal", o antissofrimento) e fechar os horizontes da fé e da esperança ao caráter "nunca ouvido", imprevisível e desconcertante da salvação. Ainda que não se possa dizer que o ser humano de hoje deseja outra salvação que a saúde, a teologia e a pastoral correm o risco de ver a saúde como seu paradigma (único?) privilegiado.

Não é menos insidioso o perigo de privar o esquema da salvação salutar de um suporte fundamental: a dimensão dogmática e moral. Parece claro que a ênfase da saúde coincide no tempo com certo relativismo dogmático e moral. Quanto mais a doutrina "cede", mais é acentuada a procura da felicidade e do bem-estar. *A soteriologia se transforma em salutologia*; as "liturgias", em psicoterapia. As religiões devem ser avaliadas unicamente por sua capacidade curadora, terapêutica e saudável. Saúde contra a fé? Saúde à margem da verdade? Se assim fosse, a salvação perderia sua primeira originalidade; na realidade, a religião seria autorredenção, e a libertação, autolibertação.[118] Qualquer referência a Deus, origem da salvação, deixaria de ter sentido. Seria demasiado fictícia.

---

[117] DUCH Ll., Salud, enfermedad y religión, in: ANRUBIA E. (ed.), *La fragilidad de los hombres: la enfermedad, la filosofía y la muerte*, Ed. Cristiandad, Madrid, 2008, pp. 135ss.

[118] FORTMANN H., *Salute e salvezza. Vita religiosa tra equilibrio e nevrosi*, Herder/Morcelliana, Brescia, 1969, p. 86.

– A saúde como experiência de salvação – a salvação como experiência de saúde[119]

Ao longo de nosso percurso, nós nos valemos do conceito de "experiência" como chave hermenêutica para o enfoque da saúde a partir do ponto de vista antropológico, bíblico e teológico. Não podia ser de outro modo. Minha proposta, de alguma maneira inovadora, tratará agora de retomar a mesma chave, de modo tematizado, como vínculo existencial entre saúde e salvação.

Como "tributo" que impõe um realismo são e objetivo, anteponhamos, no entanto, dois detalhes metodologicamente importantes. Em primeiro lugar, é necessário lembrar que *nenhuma experiência humana*, tampouco as consideradas mais adequadas com a santidade ou as espiritualmente mais profundas, são garantia absoluta de salvação nem traduzem plenamente seu alcance. Isso, obviamente, vale também para a saúde. Está impresso nela o selo da ambiguidade do trabalhar e do experimentar humano e ao mesmo tempo seu caráter inefável, que deriva da desproporção entre a graça e sua acolhida por parte do ser humano, e, portanto, sua repercussão no vivido. O segundo detalhe sugere que se tenha sempre presente que o conceito de experiência *não esgota toda a realidade de saúde e salvação*. Trata-se então de uma categoria cognoscitiva, necessária, mas não suficiente. Nem tudo é objeto de experiência, nem esta é o único modo de conhecer. Se, como vimos, a saúde humana tem sempre um rosto "oculto", inobservado, inapreensível e "metafísico", com maior razão a salvação, tanto na vertente de Deus (a ontológica) como na do ser humano (existencial), foge com frequência do âmbito da experiência. Mais ainda, encontra-se justamente aqui uma de suas "fraquezas": sua força se "submete" ao livre e sempre frágil conhecimento e à adesão por parte do ser humano.

A imprescindibilidade da experiência

Essas matizações não diminuem, no entanto, o caráter imprescindível da experiência como hermenêutica da saúde e da salvação e de sua mútua relação. Explicitamos, com a necessária brevidade,

[119] Como complemento deste capítulo, para evitar repetições, remeto a alguns de meus escritos que tocam direta ou indiretamente este mesmo tema: Salvación, in: *Diccionario de Pastoral de la Salud y Bioética*, cit., pp. 1558-1570; El Evangelio, fuente de vida saludable, in: *Camillianum* 13, V (2005), especialmente as pp. 41-56; e também Come dire il Dio della promessa realizzata?, in: CINÀ G. (dir.), *Dio è amore. Ma può soffrire?*, Edizioni Camilliane, Torino, 2008, pp. 177-196.

esta afirmação dirigindo nossa atenção às *linguagens da saúde e da salvação*. Nós o fazemos seguindo este itinerário: a demanda/necessidade de experiência, algumas observações sobre a linguagem do Novo Testamento, o modelo cristológico da saúde e as linguagens sobre a salvação salutar.

A demanda de experiência

Este é um dos *pontos básicos da antropologia da saúde*, como várias vezes foi afirmado. É humana e vivida humanamente à medida que o sujeito é capaz de tornar biográfico o biológico, de incorporá-la à consciência e ao projeto de vida, de apropriar-se dela, de desvelar seu rosto escondido, de vivê-la como uma realidade existencial guiada por uma teologia acolhida e explicitada, destinada à plena realização do ser humano.[120] Não se pode imaginar uma verdadeira personalização, interiorização e espiritualização da saúde à margem desta petição, uma exigência de outra forma dormente no desejo insaciável de saúde plena, na necessidade de incorporar o sujeito à própria saúde, de humanizar os processos de vida, de cura e de morte e de não desvirtuar a originalidade e a especificidade do ser humano diluído em uma antropologia biologicista e funcional.

Em relação à *salvação*, poderíamos perguntar-nos se, "latente" ou insinuado atrás dessa pergunta, não estará também o desejo de que seja mais manifesta e visível, mais existencial e experimentável a salvação. Para ninguém está oculta a complexidade dessa questão. A resposta deve superar necessariamente a tendência, ainda que hoje viva, a considerar a salvação só em termos espirituais (fruto do dualismo alma/corpo ainda sem solução), como se não incluísse as demais dimensões da pessoa. A resposta, além disso, deverá ser capaz de explicar algumas intuições (talvez pouco tematizadas) como estas: como o ser humano poderia interessar-se por alguma coisa que não pode ser notada, que está sempre escondida e que impossível de ser observada? Como poderia imaginar, desejar e dar nome a uma paz, graça, liberdade, justificação e a outras características da existência redimida se estas não fossem de alguma maneira perceptíveis, objeto de uma vivência particular?[121] Este é um dos motivos da "dissolução" e da perda de incissividade e de força da salvação cristã, que parece ter deixado de ser objeto de desejo, que desaparece

---

[120] Cf. EIBACH U., op. cit., pp. 208-214.

[121] Cf. FORTMANN H., *Salute e salvezza. Vita religiosa tra equilibrio e nevrosi*, Herder/Morcelliana, Brescia, 1969, pp. 52.88.

do horizonte vital e troca de nome. No entanto, o coração do ser humano continua sendo um *cor inquietum*...

Linguagens do Novo Testamento

De acordo com toda a tradição bíblica, a linguagem do Novo Testamento se expressa com *imagens e símbolos*. Nos lábios de Jesus, que torna palpável e compreensível a revelação de Deus invisível e incompreensível, a linguagem possui um conjunto de características. Não é teórica nem discursiva, mas brota da vida vivida e confrontada, fala ao coração e busca sua adesão, é rica em nomes, consciente como é de que, para expressar Deus e seu desígnio de salvação, não basta uma palavra só, uma imagem só. Sugere-nos, então, a necessidade de descobrir e de potencializar outras linguagens, como o olhar e a contemplação, os sentimentos profundos e as experiências íntimas, o amor e o sofrimento. Para expressar Deus, necessita-se de todo o ser humano.[122] *Jesus é "linguagem" total e de totalidade, eloquente e expressivo com a palavra, com os gestos e com sua própria pessoa*. Por isso, está sempre carregado de certa transitividade, não termina em si mesmo. Busca a comunhão e o encontro. É capaz de ativar em quem o acolhe dinamismos novos, de abrir horizontes inimagináveis, de gerar novidades de vida e de pôr em andamento uma multidão de experiências renovadas. Trata-se, então, de uma linguagem carregada de um enorme potencial, capaz de mover montanhas, de enternecer os corações mais endurecidos, de provocar conversações inesperadas, mas ao mesmo tempo participa da fraqueza, da humildade e da parcimônia da linguagem simbólica. Sua energia está não na evidência nem no poder, mas sim na liberdade de quem se deixa seduzir e conquistar.

Educados assim, seus *discípulos*, superadas as resistências de raciocínios humanos frios e calculados, *seguiram a pedagogia do Mestre*. Não são teóricos assépticos de uma doutrina, mas sim narradores de uma experiência extraordinária de vida. O anúncio da salvação é ao mesmo tempo memória do Salvador único, confessado como Senhor, e comunicação da própria cura profunda. Falam do que viram, ouviram, contemplaram e tocaram com suas mãos da Palavra de vida (1Jo 1,1-2). Também Paulo, até nos momentos mais sublimes de seu ministério, escreve com base na vida e nas circunstâncias de suas comunidades. *A experiência precede e provoca o*

[122] Cf. SCHELLENBERGER B., Hablar de lo inefable: ¿cómo se puede hablar hoy de Dios?, in: *Selecciones de Teología* 46, 182 (abril-junho 2007), pp. 119-124.

ensino. A própria validação do testemunho não depende especialmente da sublimidade das palavras e dos gestos, mas sim da capacidade de tornar presente Cristo através da mudança que realiza em seus discípulos.

Modelo cristológico da saúde

É evidente que Jesus não elaborou nem procurou uma doutrina sobre a saúde (como tampouco sobre o sofrimento ou sobre a enfermidade), mas seu modelo é inesgotável nos conteúdos. O que distingue seu sofrimento de saúde no conjunto de seu acontecimento (como vimos na parte central de nosso percurso) é a *dimensão experiencial*. Ele "disse" e realizou a saúde com uma gama de expressões, epifanias e sugestões, sempre com uma intenção pedagógica clara: realizar o desígnio divino de salvação integral desafiando-o em um rico mosaico de experiências de nova saúde, para que saúde e salvação se encontrem em uma coincidência maravilhosa de linguagens, convertendo-se, em quem a acolhe, em uma única e mesma experiência: a do ser humano novo.

Linguagens sobre a salvação salutar

Antes de nos referirmos a algumas de suas características, devemos afirmar sem titubear a centralidade da salvação, ponto de encontro e de referência de todas as linguagens. Analogicamente com a saúde, ainda que guardadas as devidas distâncias, a sua é também uma linguagem de totalidade, que necessita de uma imensa gama de expressões. Tudo está teleologicamente orientado à salvação. Tudo, portanto, deve ser lido segundo seu prisma e segundo sua chave hermenêutica indispensável.

Deixando para outro momento a *vertente ontológica* da salvação, ofereço uma breve resenha de algumas expressões com as quais o Novo Testamento sugere e explicita a *vertente existencial*, afirmando de imediato o caráter preeminente e fundacional do primeiro. Na realidade, todos os sinais e todas as concreções da salvação, desde as mais "materiais" e visíveis (como a cura física ou a multiplicação dos pães e dos peixes) às mais espirituais, remetem sempre a uma realidade mais profunda, que pode não ser observada ou não ser conhecida por quem é beneficiado por ela.[123]

Talvez a primeira característica que se deva assinalar é seu *caráter dialético*, que esclarece sua tensão natural: tem sempre sua origem

---

[123] Cf. MAISCH I., *Salvación*, in: *Sacramentum Mundi. Enciclopedia Teológica* 6, Barcelona, 1978, p. 198.

em Deus (a quem só analogicamente pode-se aplicar o conceito de história), mas não é atemporal, como diria uma teologia excessivamente vinculada a uma simples estrutura mental.[124] É salvação visto que descende e penetra no tecido social, nas vicissitudes dos seres humanos, na ambiguidade dos acontecimentos, até o ponto de se poder afirmar com E. Schillebeekx que "fora do mundo não há salvação".[125]

Trata-se, então, de uma linguagem muito narrativa, concreta, simbólica e ao mesmo tempo integral e integradora. Nada fica à margem do alcance da salvação. Algumas expressões remetem à dimensão existencial do ser humano: dinamismo, tensão, abertura, oblatividade, busca de plenitude e de sentido, desejo de cura e de saúde, paciência, capacidade de suportar, abandono confiante. Outras sugerem uma realidade mais profunda na qual parecem convergir a graça/redenção/salvação e a resposta: vida em abundância e vida nova, plenitude, êxito, diversão, saúde, renascimento, reestruturação, nova criatura, novo modo de ser e de pensar, cura exterior, cura interior, nova saúde, liberdade no Espírito, desejo de Deus e comunhão efetiva e afetiva com Cristo. Outras, enfim, fazem especial referência ao Espírito, cujos frutos salvíficos e saudáveis evocam o dom da nova e renovada experiência de vida: "Alegria, caridade, paciência, benignidade, bondade, fidelidade, doçura, autodomínio" (Gl 5,22-23).

Em todos os casos, é patente a paixão de Deus pela vida, que se revelou até o extremo no mistério de Cristo. Por isso, a linguagem é profundamente positiva e não dá lugar a visões pessimistas. A própria fragilidade humana, que tem sua última raiz no pecado e sua expressão mais insidiosa no mal, fica a salvo (não eliminada) e com espaço e oportunidade (frequentemente indispensável) de crescimento e de plenitude.

Percebe-se aqui facilmente uma das virtudes metodológicas inerentes a nosso esquema: a experiência (sem dúvida está sob a graça) é capaz *de reunir e de unificar realidades ou conceitos opostos e distantes* entre si; por exemplo, saúde e enfermidade, e, mais profundamente, graça e natureza, além de (como estamos dizendo) salvação e saúde, força e fraqueza, peso e leveza. Percebe-se aqui suavemente o

[124] Cf. VILANOVA E., *Historia de la teología cristiana, III*, Herder, Barcelona, 1992, pp. 966-978.

[125] SCHILLEBEECKX E., *Los hombres, relato de Dios*, Sígueme, Salamanca, 1994, pp. 31-39; 207-209.

eco de uma preciosa expressão de Paulo: "Quando sou fraco, então sou forte" (2Cor 12,10).

Uma vantagem a mais, muito de acordo com o tema: o caminho da experiência nos leva a assumir, também como postulados teológicos, o valor demonstrativo dos *paradoxos* que tecem a existência humana, especialmente quando se vive na adesão à graça (morrer para viver, encontrar graça na desgraça...), assim como a necessidade de recorrer aos chamados *pensamentos duplos* (justos e pecadores, sãos e doentes ao mesmo tempo). Dito isso, interessa de maneira especial sublinhar outra virtualidade de nosso método. A experiência da saúde, em sua dinâmica de salvação, nos abre a outras coordenadas, as quais, sem eliminar o pensamento causal ou prescindir dele, "colocam" a saúde dentro de um *tecido relacional* a partir do qual põe em evidência ao menos as seguintes perspectivas: a salutogênese, seja cristológica, seja social, deve ser procurada e pensada não somente em termos de causa e efeito, mas mais como "fruto" de um mosaico de fatores metafísicos, "como a experiência da falta de sentido e de esperança, a frustração, a insegurança, a falta de amor, uma vida não vivida ou vivida falsamente, a falta de êxito no âmbito da realização pessoal dos valores".[126]

Dentro dessa aliança de realidades aparentemente distantes, pode-se entender como a saúde é "guiada" por uma *teologia* interna, algo assim como um "princípio" dinâmico que orienta as partes ao todo, o objeto aos seus significados, o fundamento a uma unidade superior, o mínimo ao máximo, o biológico ao biográfico, a saúde à salvação, ou seja, à realização de um fim, de uma vocação inserida por graça no coração do ser humano.

Estes dinamismos colocam definitivamente a saúde humana (em seu percurso de gênese, de cura e de terapia) dentro de um sistema aberto à relacionalidade. Muito sinteticamente, isso significa que a cura não é possível fora de uma aliança que une competência e humanidade, participação e coparticipação, paixão e compaixão,[127] e ao mesmo tempo em que o cuidado/cura se desdobra através da recomposição da unidade perdida (alienação, perda de unificação interior), da reestruturação do tecido relacional, da recuperação da

[126] Cf. EIBACH U., op. cit., p. 220.

[127] Cf., por exemplo, VON BALTHASAR H. U., Frammenti a proposito della malattia e della salute, in: *Communio* 33 (maio-junho 1977). Esse aspecto, sob o perfil antropológico e teológico da cura, costuma ser destacado a ponto de se poder dizer que o ser humano não somente é curador (aquele que cuida dos outros) *como é ele mesmo cura*.

finalidade e do sentido, da reconciliação com o inevitável da existência.[128] Insinua-se aqui de novo uma perspectiva várias vezes recordada em nosso percurso: a saúde pede sempre um cenário vivível (um lar), foi definitivamente redimida da pretensão de um individualismo insano, da tentação de "salvar-se" por si só.

O ontológico precede o existencial...

Toda experiência humana (também aquelas das quais estamos falando) seria, entretanto, uma falsa ilusão, um drama sem saída possível, se não tivesse seu fundamento, sua fonte e princípio de animação na *dimensão ontológica e transcendente da salvação*. Experimentar humanamente é salvífico e saudável à medida que bebe de sua fonte, ou seja, da ação salvífica/saudável de Deus, na graça.

Tocamos aqui, também agora brevemente, em um ponto culminante de nossa reflexão. Formulado em forma de tese, apoiada sucessivamente na autoridade de diversos teólogos, soa assim: uma vez que Deus assumiu e transformou radicalmente as realidades/acontecimentos humanos fundamentais (a vida e a morte, a saúde e a doença, o sofrimento e os limites enraizados na natureza humana), tornou possível também que essas realidades pudessem ser vividas/experimentadas como radicalmente novas/renovadas.[129]

Por consequência, é preciso afirmar em primeiro lugar a radicalidade e o alcance da salvação, que chega não só aos núcleos vitais, mas à própria natureza. "A salvação e a perdição são salvação e perdição da *natureza*. Um extrinsecismo total do dom sobrenatural em relação à nossa natureza impediria que este mesmo dom constituísse a bem-aventurança, ou seja, a felicidade, a plenitude, o êxito

---

128 Essas afirmações têm seu campo de aplicação e de verificação nos diversos setores da cura e dos processos de saúde. Têm talvez uma comprovação nos sacramentos da Igreja, de maneira especial na Unção, como o mostra, de maneira inovadora, Claude Ortemann, em seu livro *Le Sacrement des malades*, Ed. du Chalet, Paris, 1974.

129 Outra formulação que em parte antecipa algum conteúdo posterior: Deus reorientou a existência. Agiu a partir de dentro da condição humana, reformulou a existência, seus acontecimentos fundamentais, mudando sua direção e, por conseguinte, a experiência: a vida continua caminhando para a morte, mas esta já não é só paixão e destruição, mas também decisão/ação e começo da vida nova em plenitude; a existência continua acompanhada pelo sofrimento, pela angústia das dores de um parto que parece que nunca chega, mas também é impelida por um novo dinamismo que introduz nela a experiência de plenitude, de ressurreição antecipada, de esperanças realizadas, de horizontes infinitos.

completo *desta mesma natureza*".[130] A superação do extrinsecismo permite-nos ler a história da salvação – como dissemos em nossa exposição – em chave unitária, segundo a qual também o momento criacional está atravessado pela graça, já que é autocomunhão de Deus. "A partir do momento criacional que constitui o ser humano em sua natureza, o ser humano está preparado para receber por graça a qualidade do filho de Deus. Foi feito *para isso*, mas nesse nível não se tornou *isso*. O sobrenatural é sempre um dom gratuito, mas coroa, desde sua própria intenção inicial, a natureza feita à imagem de Deus".[131]

A partir da vertente de Deus, essa radicalidade nunca se desvanece. Pode ser contemplada como "algo" realizado definitivamente, de uma vez por todas. Deus não se contradiz. Mas não é assim a partir da vertente do ser humano. O objetivo (a graça) nos precede sempre, mas nem sempre é percebido ou escutado. Haverá sempre uma tensão entre o objetivo e o subjetivo, descrita de maneira muito expressiva (e talvez também pessimista) por P. Tillich. Partindo de algumas formulações neotestamentárias da salvação ("novo nascimento", "regeneração", "ser nova criatura"), afirma: "A realidade objetiva do novo ser precede à participação subjetiva nele. A mensagem que move os seres humanos a converterem-se é em primeiro lugar a mensagem de uma nova realidade à qual foram chamados [...]. Assim entendida, a regeneração (e a conversão) tem pouco em comum com a tentativa de suscitar reações emotivas apelando à subjetividade do ser humano [...]. Suas consequências subjetivas são fragmentárias e ambíguas e não constituem o fundamento de uma pretendida participação em Cristo".[132] O fundamento é outro.

Isso se verifica de maneira especial nas duas realidades que desejo sublinhar: a morte e o sofrimento. K. Rahner, em seu livro *O sentido teológico da morte*, não deixa de nos fazer notar essa tensão, evidenciada pelas chamadas aporias da morte cristã. Apesar de esta ter sido salva e transformada de tal modo que não deva terminar necessariamente na perdição, ou no vazio total, continua sendo o paradigma da opacidade: diante de um morto não é possível verificar se ele morreu em Cristo ou não, se foi uma morte de salvação

---

130 Por exemplo, CONGAR Y., *Un pueblo mesiánico. La Iglesia sacramento de salvación*, Ed. Cristiandad, Madrid, 1976, p. 195. Como confirmação de sua posição, Congar cita aqui RAHNER K., *Escritos de teología I*, Taurus, Madrid, 1963, pp. 325-347.

131 CONGAR Y., op. cit., pp. 195-196.

132 TILLICH P., *Teología sistemática II*, Ariel, Barcelona, 1973, pp. 231-232.

ou de perdição. Este acontecimento fundamental, axiologicamente presente na vida, pede o máximo de empenho da liberdade (também esta é graça), já que pode ser vivida afinal como ação e como paixão, como ultraje sofrido de fora ou como autoentrega decidida a partir de dentro. O dado definitivo, no entanto, como o próprio Rahner diz em outro lugar, está na possibilidade que nos presenteou de fazer da morte um acontecimento definitivo da salvação, de inverter existencialmente também seu rosto, seu sentido e sua vivência. A última decisão sobre a morte como "dom redentor de Deus", "pondo-se à sua disposição" em atitude de oferecimento, *dispondo livremente de si mesmo*.[133]

Também o sofrimento, com seu imenso cortejo de experiências afins, é uma espécie de epifania dessa tensão. Ainda que tenha sido redimida e assumida de maneira exemplar e eficaz por Cristo, a distância entre o objeto (a graça, a redenção) e o subjetivo é dificilmente superável ou reconduzível. Quando e como ocorre a transformação subjetiva da desgraça na graça? U. von Balthasar descreve o ideal dessa inversão dizendo que a cura verdadeira (a experiência da nova saúde) ocorre quando "quem sofre ou quem padeceu até agora a dor como um escravo se faz dono de si mesmo, afirma sua dor com liberdade interior e quando [...] se abandona em Deus".[134]

---

133 RAHNER K, *El sentido teológico de la muerte*, Herder, Barcelona, 1970. Cf. também id., Potere di guarigione ed energia risanatrice della fede, in: id., *Saggi di spiritualità*, Paoline, Roma, 1969, pp. 505, 508, 514.

134 VON BALTHASAR H. U., Frammenti a proposito della malattia e della salute, in: *Communio* 33 (maio-junho 1977), p. 87.

Conclusão: rumo a novos horizontes

Chegando a este ponto do itinerário surge espontaneamente uma conclusão: a Teologia da Saúde, apesar de sua recente história, já fez um longo caminho e acolheu nos últimos anos numerosos e estimáveis autores e adesões. Resta um caminho a percorrer, e este quer, mais que fixar limites ou fronteiras, retomar a reflexão que se fez nestes últimos horizontes em chave de salvação-saúde do mistério da Igreja e, de forma mais genérica, da existência humana, também de quem não está vinculado à Igreja.

A esta e outras conclusões se chegou através da descoberta, cada vez mais aceita, da afinidade e da associação entre salvação e saúde. Faz uns trinta anos, como vimos neste percurso, que começou a se afirmar que *a salvação foi-nos oferecida também sob a forma de saúde.* A necessária associação por parte de Deus em Cristo entre a salvação e a saúde, cada vez mais presente, como vimos também nos documentos da Igreja, surgiu das novas compreensões e culturas da saúde, mas também de uma profunda revisão e aprofundamento da Teologia da Salvação.

Hoje, como consequência da reflexão teológica e da compreensão e realização da evangelização, ou seja, da identidade da Igreja e de sua ação no mundo, a associação entre saúde e salvação são sensivelmente inseparáveis. A convicção dessa afirmação nasce e cresce não só mediante a confissão central do credo, onde *propter nostram salutem* revela, por um lado, a vontade salvífica e saudável/terapêutica da encarnação, e remete, por outro, à dimensão antropológica e existencial da saúde humana.

Considero, com plena sinceridade, que um dos méritos da Teologia da Saúde reside em ajudar a redescobrir a vocação de todo o ser humano à salvação, sempre dom de Deus, na própria experiência de saúde, especialmente quando o antropólogo, o psicólogo, o teólogo, o pastor... são capazes de descobrir na experiência da saúde humana uma demanda e uma nostalgia de salvação.

Por consequência, a associação, nas diversas frentes e níveis (antropologia, psicologia, teologia, eclesiologia, pastoral, medicina, assistência), entre saúde e salvação nos ajuda, por um lado, a adentrarmos prazerosamente no mistério de Cristo, mas também a torná-la história e trabalho dentro da própria histórica. Em outras palavras, a Igreja *é incompreensível fora de seu ministério da saúde.* É especialmente neste ponto onde se podem centrar e adensar alguns dos horizontes mais belos e luminosos da Teologia da Saúde.

À interessante afirmação de que *a salvação nos foi oferecida sob a forma de saúde*, é hoje necessário acrescentar outra, talvez mais professada por teólogos, pastores e até pelo próprio magistério: a *Igreja oferece a salvação também como saúde*. Em poucas palavras, e sem ulteriores explicações, isso equivale a dizer que Jesus, o Senhor, como já dissemos, confiou à Igreja sua vontade e seu desígnio de saúde *como dom e como missão*. Essa dimensão saudável e terapêutica da Igreja está cada vez mais presente na reflexão teológica e na atividade pastoral.[1]

Usando inclusive a nova linguagem centrada na palavra *performativa* (ou *performance*),[2] não somente os teólogos mas o próprio Papa Bento XVI, em sua encíclica *Spe salvi* (n. 2), põem o acento não só no anúncio do Evangelho por parte da Igreja mas também na capacidade de torná-lo operativo, de contribuir, portanto, com eficácia a transformação do ser humano (e da comunidade) em todos os níveis. Também em sua experiência de saúde em todos os âmbitos, mas especialmente na dimensão mais relacionada com a liberdade, no sentido da vida, na esperança mantida sempre viva.

Um dos pontos atuais de destaque pode, então, ser resumido nesta outra expressão: *a Igreja, "sacramento" de saúde*. Trata-se, neste caso, de uma das questões mais atuais e importantes para a Igreja, para o desenvolvimento de sua missão no mundo. Trata-se, provavelmente, de recuperar uma missão/identidade deteriorada ou esquecida durante longos séculos. O mandato apostólico, que encerra em um único ministério a salvação e a saúde, está se transformando hoje nesta grande descoberta da Igreja: *saúde e salvação são sua missão fundamental e indivisível*.

Ainda que o tema possa e deva ser considerado como uma parte da Teologia da Saúde, limitemos, porém, o já longo discurso a algumas expressões da missão salutar e terapêutica da Igreja.[3] Nós o fazemos com muita brevidade, tratando de pôr o acento no fato de

---

[1] Cf., por exemplo, ÁVAREZ F., La salud encomendada a la comunidad como don y como misión, in: *Labor Hospitalaria* 259 (2001), pp. 12-19; id., La Iglesia, hogar de salud, in: *Labor Hospitalaria* 302 (2012), pp. 20-33; id., *El Evangelio de la salud*, cit.; SANDRIN L., *La Chiesa comunità sanante. Una prospettiva teologico morale*, Paoline, Milano, 2000; id., La comunità sanante, modello de chiesa, in: VV.AA., *Salute/salvezza, perno della teologia pastorale sanitaria*, Edizioni Camilliane, Torino, 2009; DULLES A., *Modelli della Chiesa*, Messaggero, Padova, 2005.

[2] Cf. SANDRIN L., *La Chiesa comunità sanante*, cit., pp. 188-189; DULLES A., *Modelli di Chiesa*, cit., pp. 25-38.

[3] Cf. especialmente ÁLVAREZ F., *Liberi e fedeli in Cristo*, Paoline, Roma, 1987, p. 68; cf. também BISER E., La forza sanante della fede. Abbozzo di una teologia terapeutica, in: *Concilium* 5 (1998), p. 16.

que a saúde é ao mesmo tempo *dom e missão da Igreja*. Dito de maneira muito simples, isso significa que a Igreja é também sacramento eficaz, além da salvação, também da saúde.

Essa sacramentalidade faz-se visível e eficaz à medida que a Igreja se converte, e não só para os crentes em Cristo, em um *lugar de saúde*. Muitos dos que não pertencem à comunidade eclesial, ou que não têm uma vida coerente de fé, esperariam da Igreja uma contribuição aos elementos mais importantes do itinerário pessoal e coletivo da saúde. Entre estes últimos, é preciso referir-se especialmente à dimensão relacional, interpessoal, comunitária/coletiva da saúde. Esta remete sempre à relacionalidade, mais concretamente ao lugar, à comunidade, a uma relacionalidade vivida sadiamente. O aprofundamento e a realização da dimensão salvífica por parte da Igreja comporta necessariamente a recuperação e a realização da Igreja como *lugar de saúde*, como sacramento eficaz da fraternidade e da solidariedade necessariamente saudáveis e ao mesmo tempo terapêuticas.

A partir dessa dimensão inerente e inseparável da Igreja, o oferecimento eficaz da salvação sob forma de saúde, tal como foi realizada por Cristo, comporta também outros muitos aspectos, a alguns dos quais quero aludir, ainda que muito brevemente. Partindo, logicamente, da Igreja como sacramento original, cotidiano e eficaz da própria saúde oferecida por Cristo, estes são alguns pontos da missão da Igreja:

- Descobrir, e aprofundar nela, uma nova *capacidade de diagnóstico* que tenha como ponto de referência não somente as dimensões doutrinais e morais da práxis cristã, mas também seu aspecto "higiógeno" (terapêutico e saudável). Uma teologia biblicamente fundada implica necessariamente um diagnóstico da saúde e das patologias da sociedade.[4] No âmbito da saúde (entendida em seus elementos biográficos, antropológicos e sociais), realiza-se em boa medida o anúncio da salvação e da adesão ao Evangelho.
- Redescobrir, e aprofundar nela, a dimensão da saúde na história da salvação, e mais especificamente promover, no anúncio e na catequese, o *valor terapêutico e salutífero da fé vivida*, da espiritualidade, da adesão ao Deus apaixonado pela vida, aliado da felicidade e da plenitude do ser humano.

---

[4] HÄRING B., *Liberi e fedeli in Cristo*, Paoline, Roma, 1987, p. 68; cf. também BISER E., La forza sanante della fede. Abbozzo di una teologia terapeutica, in: *Concilium* 5 (1998), p. 106.

Revisar as propostas morais postas em andamento mediante a transmissão da fé para que não se convertam em um fator patógeno na vida dos crentes.

- Favorecer nas comunidades cristãs (e da sociedade em geral) a consciência do valor saudável e terapêutico de um *estilo de vida fundado nos valores* qualitativos, humanos e cristãos, como solidariedade e sobriedade, justiça e sensibilidade com os mais pobres, respeito pela natureza, espírito de paz e tolerância...
- Descobrir, e aprofundar nele, o *rosto cotidiano da salvação*: senti-la presente, familiar, com um olhar positivo e confiante, nos lugares onde o humano é promovido, nas belas expressões da vida (a arte, o amor, os "milagres" da vida e da própria medicina...). Buscar em toda parte as pegadas e os sinais de Deus na vida. Ele não deixa nunca de salvar.
- Viver a saúde em sua integridade e de maneira especial na *dimensão biográfica do "ser bem"*, como experiência de salvação: a autoconsciência, em chave de lucidez e tensão até o bem, como Jesus; a relação com o corpo, com as coisas, com Deus; a liberdade como capacidade de autodoação através do compromisso e da união; o exercício do amor como a energia mais saudável; a procura do sentido como antídoto contra o vazio existencial; a espiritualidade como fonte de crescimento interior, de libertação e de purificação...

Renovemos, finalmente, uma consciência profundamente saudável: a Igreja, por fazê-lo assim, é imensamente rica em recursos saudáveis: o Espírito, a Palavra, os sacramentos, a comunidade/comunhão. Ela é para todos nós, por consequência, o sacramento eficaz da saúde humana, ou seja, de seu itinerário ou caminho até a plenitude. Dito com outras palavras, a saúde vivida segundo o modelo transmitido por Cristo tem sua coroação na dimensão espiritual (*salus* espiritual), nos elementos da saúde colocada por Cristo no primeiro nível, ou seja, nas dimensões constitutivas da pessoa: autoconsciência, liberdade/vontade, relacionalidade, capacidade de amar, busca e encontro de sentido, abertura à transcendência e relação pessoal, saudável e salvífica com Deus em Cristo.

POSFÁCIO

Uma sessão acadêmica inesquecível

Leo Pessini

Sessão de entrega do título de Doutor ao
Pe. Francisco Álvarez, MI, pela
tese "Teologia da Saúde"
Saint Pere de Ribes/Barcelona (Espanha),
3 de junho de 2013

Estamos em San Pere de Ribes, uma linda cidadezinha (com cerca de 40 mil habitantes, a 37 km de Barcelona), a apenas alguns quilômetros de Sitches, cidade praiana às margens do Mar Mediterrâneo, em uma comunidade de religiosos camilianos. Vivenciamos um fato e encontro histórico, que merece ser registrado e ser conhecido por muitos e não se perder no pó da história. Neste belíssimo lugar da Catalunha, em um dia lindo e ensolarado de primavera, 3 de junho de 2013, a participação em uma sessão acadêmica calou fundo no coração dos presentes ao ato. Os camilianos estão nesta região há mais de trinta anos, com uma comunidade religiosa e um hospital, hoje Hospital Regional Saint Camil, administrado por um consórcio público, no qual eles prestam serviço de Pastoral da Saúde, cuidam do voluntariado e da família camiliana.

São 13hs. Estamos reunidos na capela da comunidade, que conta com a presença de toda a comunidade camiliana local, alguns jovens camilianos que se deslocaram de Madri e mais a comitiva do *Camillianum* (Instituto Internacional de Pastoral da Saúde), que chegou de Roma. São eles: Pe. Renato Salvatore, geral da Ordem Camiliana, Pe. Paolo Guarise, vigário-geral da Ordem, Dr. Maximo Petrini, diretor do *Camillianum*, Pe. Salvatti, dominicano e professor, o secretário e eu, Pe. Leo Pessini, representando os camilianos brasileiros. Motivo deste encontro: conceder o título de Doutor em Teologia Pastoral da Saúde ao ex-provincial dos camilianos da Espanha e professor do *Camillianum*, Pe. Francisco Álvarez, 68 anos, que se encontra gravemente enfermo, diagnosticado há seis meses com um tumor maligno no cérebro que está progressivamente comprometendo suas funções cognitivas, sua memória e sua capacidade de locomoção. Segundo os médicos, estamos diante de um processo irreversível. Pe. Francisco já foi submetido a uma grande cirurgia e, posteriormente, a um tratamento de radioterapia e quimioterapia; agora, as intervenções são basicamente de cunho paliativo, buscando proporcionar-lhes sobretudo conforto.

Pe. Francisco é muito conhecido, respeitado e amado em toda a Ordem Camiliana, tendo sempre sido um líder nato por onde esteve presente e atuando. Por causa da saúde, não pôde estar presente no 57º Capítulo Geral da Ordem, realizado em Ariccia (Roma) em maio de 2013, e enviou uma mensagem em vídeo que foi apresentada para todos os presentes, o que mereceu calorosos aplausos dos capitulares. Em um momento de recesso desta Assembleia maior da Ordem, 11-12 de maio, três capitulares, incluindo a minha pessoa, estivemos em nome de todos visitando o Pe. Francisco, como sinal de apreço, comunhão e solidariedade.

Nesta manhã de 3 de junho, o nosso querido coirmão, que alterna dias melhores e piores, não estava nada bem! Sem forças para se locomover, teve uma queda no banheiro e estava confuso mentalmente. Nada de novo para o Ir. Angelo, que convive diuturnamente com enfermos que padecem dessa doença maligna que acomete Francisco. Com um desvelo fraterno, ajuda-o na higiene pessoal, o veste, o coloca em uma cadeira de rodas e conduz Pe. Francisco à capela, onde estamos reunidos, para o início da sessão acadêmica. Após um cântico de invocação do Espírito Santo e uma oração inicial conduzida pelo superior da comunidade, abre-se oficialmente a sessão acadêmica para a concessão do título de Doutor em Pastoral da Saúde pelo *Camillianum* ao Pe. Francisco, cujo tema "Teologia da Saúde" foi, durante mais de trinta anos, sua maior paixão de estudo, reflexão, questionamentos, escritos e conferências na Espanha, Europa e América Latina. Ele estava no processo de finalização da tese de sua vida, quando começou a apresentar alguns pequenos lapsos de memória, confusão mental, irritação fora do normal, tudo inicialmente atribuído ao cansaço de uma agenda muito sobrecarregada com viagens para cursos de espiritualidade camiliana pela América Latina (julho de 2012), aulas no *Camillianum* (Roma) e a tensão ligada ao processo de finalização de sua tese. Resistiu o quanto pôde para fazer um *chekup* no hospital, o que acabou ocorrendo com a ajuda de um amigo e com a descoberta inesperada e surpreendente de um tumor maligno no cérebro.

O professor Salvatti, examinador da tese, exalta as qualidades do trabalho pela sua originalidade. Apresenta um resumo dos capítulos e os aspectos mais originais da pesquisa teológica empreendida pelo Pe. Francisco. Na verdade, a tese representa a maturidade do pensamento de Francisco Álvarez. Ela poderia ter sido defendida há mais de vinte anos, mas ele sempre buscava um aperfeiçoamento maior, com certa dose de perfeccionismo que o levou a deixar sempre para depois. Finalmente, com a ajuda do Ir. José Carlos Bermejo e o estímulo de amigos de docência, conseguiu finalizar seu grande trabalho intelectual, que sem dúvida se transformará em um precioso legado não só para nós, camilianos, mas para todos aqueles que militam no mundo da saúde como profissionais e nutrem uma perspectiva de valores cristãos. Estamos diante não somente de um primoroso trabalho de cunho acadêmico e expressão de um elevado quilate intelectual, mas nos defrontamos com uma síntese de sua experiência vivida, pelos seus valores professados e doação pela causa do cuidado da vida e saúde humana como camiliano.

Pe. Renato Salvatore, ao fazer uso da palavra, se emociona e com ele todos nós presentes. No ar sente-se a presença da fraternidade e de uma profunda união espiritual, que envolvia a todos nós. Ele agradece ao coirmão enfermo por toda a sua dedicação à Ordem Camiliana ao longo de sua vida e o parabeniza por mais essa conquista intelectual. Finalmente, materializa-se por escrito o legado daquilo que ele viveu e anunciou. Na sequência das formalidades da cerimônia acadêmica e litúrgica, o secretário do *Camillianum* lê a Ata de Aprovação da Tese com avaliação máxima: *summa cum laude*. Todos aplaudem efusivamente em meio a copiosas lágrimas, inclusive do mais novo Doutor em Teologia Pastoral da Saúde. Este dá sinais de que está sintonizado com o momento, entendendo o que está acontecendo, embora sinta dificuldades de expressar-se verbalmente, mas emocionado pronuncia repetidamente *Gracias!*

O Ir. José Carlos Bermejo, camiliano espanhol, que é também professor do *Camillianum*, coordenou todos os detalhes dessa "justa e merecida" homenagem, a começar pelas tratativas iniciais junto ao *Camillianum* para que se concretizasse o quanto antes essa sessão acadêmica de concessão do título de doutor ao nosso querido amigo Pe. Francisco Álvarez, quando ainda ele poderia participar conscientemente, dando-lhe como presente o sentimento de missão cumprida. Ir. Bermejo apresenta ainda outra grande surpresa: a tese transformada e publicada em espanhol em forma de livro, com o título *Teología de la Salud*, publicada por PPC Editorial em colaboração com o Centro São Camilo de Humanização e Pastoral da Saúde de Três Cantos (Madri), do qual é também diretor.

Em seguida, apresento em nome de todos os camilianos brasileiros, que havia ido especialmente à Espanha para visitá-lo e estar presente nesse evento, a capa da edição brasileira de sua tese transformada em livro com o título *Teologia da Saúde*, uma coedição entre Paulinas Editora e a Editora do Centro Universitário São Camilo (São Paulo). Dou-lhe um abraço e um beijo e lhe transmito o afeto de muitos de seus amigos espalhados pelo Brasil e pela América Latina. Lembro-lhe, e especialmente o agradeço, a sua presença entre nós no Brasil, em julho de 2012, quando das celebrações dos 90 anos da chegada dos camilianos ao Brasil, quando ele ministrou durante uma semana um curso sobre "espiritualidade camiliana". Muitos dos participantes desse curso ficaram vivamente impressionados pela profundidade de suas reflexões, memória fantástica, didática envolvente; utilizando-se apenas de uma folha esquemática, fazia longas citações de cor e salteado de expressões bíblicas e pensamentos de grandes autores. Ali estávamos diante de um verdadeiro mestre, no sentido pleno da palavra. E agora... estamos diante de uma pessoa emagrecida, fragilizada e vulnerada, sem poder coordenar os seus mínimos movimentos... em uma cadeira de rodas... sem a lucidez que tanto prezava na vida e nas suas conferências, esforçando-se heroicamente para pronunciar algumas palavras de agradecimento...

Sinceramente, um turbilhão de sentimentos e emoções invadiu-me interiormente, e o mesmo deve ter ocorrido com os que ali estavam, com olhos marejados de lágrimas. A vulnerabilidade de nosso querido coirmão nos tocou profundamente. Que choque, meu Deus!... Ninguém está livre de uma situação como estas! Isso pode ocorrer com qualquer pessoa, inclusive conosco. Na vulnerabilidade alheia vemos como que em espelho a nossa própria vulnerabilidade.

Aqui estamos diante de outro aspecto inquietante e contrastante que nos toca. Francisco sempre foi um zeloso professor que prezava pela lucidez de pensamento e coerência de exposição de argumentos com lógica e metodologia clara. Como um bom filho de Camilo de Lellis, conhece como poucos camilianos sua vida, história e espiritualidade. Por essa competência "teológica camiliana", conquistou o respeito, o carinho e a admiração de todos que tiveram o privilégio de encontrá-lo e ouvi-lo, como conferencista, ou na leitura de seus inúmeros artigos publicados em revistas especializadas na área da saúde e colaborador na redação de inúmeros importantes documentos Capitulares da Ordem Camiliana. Pois bem, escreve "a tese de sua vida" e depois não consegue defendê-la academicamente com o vigor de sua inteligência e pensamento!

Outro aspecto importante diz respeito ao tema estudado e pesquisado: Teologia da Saúde. A tese da "saúde" torna-se realidade quando ele praticamente não consegue mais desfrutar de saúde física e mental para apresentá-la e defendê-la com o brilhantismo intelectual que lhe era tão natural e característico. Uma de suas citações bíblicas mais lembradas é justamente a do Evangelho de João, quando Jesus diz: "Eu vim para que todos tenham vida e a tenham em abundância" (Jo 10,10). Saúde integral é uma amostra qualificada de "plenitude de vida", insistia ele. Um de seus pensamentos mais originais é quando afirma que "em toda busca de saúde estamos diante de uma busca nostálgica de salvação" e de que hoje temos que olhar para a Igreja como sendo "sacramento da saúde", na descoberta de que sua missão fundamental é de gerar "saúde e salvação". Na introdução de seu livro, afirma que "a saúde, sempre vinculada à salvação (da qual é sinal, manifestação, antecipação), se transforma em um verdadeiro *lugar teológico* para a compreensão global da história da salvação. Toda a história da salvação pode ser lida em termos de saúde (e terapêutica) [...]. Uma melhor compreensão do 'Evangelho da salvação' e as exigências da nova evangelização começam a enfatizar a importância da saúde na proclamação da salvação".

O *Camillianum* tem como seu idealizador o ex-geral brasileiro, Pe. Calisto Vendrame (1977-1989), e celebra neste ano de 2013 seus 25 anos de fundação com algumas importantes inovações, como a afiliação à Universidade Lateranense e outras em planejamento para um futuro próximo. Pe. Francisco Álvarez, como vigário-geral da Ordem na época, cuidou de todos os trâmites burocráticos junto ao Vaticano para obter aprovação acadêmica de funcionamento. Foi também seu primeiro secretário-geral. Ao longo desses vinte e cinco anos, Pe. Francisco sempre se deslocou da Espanha, sua pátria natal, até Roma para lecionar sua matéria predileta: "Teologia da Saúde". Agora ocorre uma inversão de rota! Em um gesto institucional de sensibilidade camiliana de primeira grandeza, todo o *staff* diretivo do *Camillianum* vem ao encontro de Francisco, reconhece a importância de sua pessoa e trabalho desenvolvido, aprova a sua tese, que certamente entre todas as já defendidas ao longo desse quarto de século de existência do *Camillianum* é uma das mais emblemáticas. Fica, enfim, oficializado o legado intelectual deste religioso não só para os que hoje estudam Teologia Pastoral da Saúde, mas principalmente para as gerações futuras.

Sobre a tese convertida em livro intitulado *Teologia da Saúde*, o Ir. José Carlos Bermejo, primeiro irmão camiliano que se doutorou no *Camillianum*, assim se expressa – "São trinta anos pesquisando, organizando, dando aulas, atualizando... Provavelmente, se dependesse apenas de sua iniciativa, este conteúdo nunca teria sido publicado, devido também a este afã de continuar explorando, acrescentando, questionando...". Este livro é, para Bermejo, além de um presente pessoal, "um presente para a Igreja e para o mundo. Um presente para os agentes de Pastoral da Saúde, um presente para os religiosos(as) que trabalham no campo da saúde, considerada não somente em termos biologicistas mas em seu sentido integral".

Ao finalizar a reflexão sobre essa experiência, gostaria de dizer sem exagero que esse encontro nos marcou para sempre. Sem querer induzir ou cultivar emocionalismos exagerados, estamos ao final da sessão, literalmente com "o coração nas mãos", orgulhosos de sermos camilianos e de estarmos unidos, orando com um camiliano dessa estatura e dignidade! Podemos até dizer que, bem à moda camiliana, a "academia finalmente se encontrou na enfermaria", ao realizar esse gesto tão significativo, não somente para o nosso coirmão "agora Doutor" que luta para continuar a viver, mas também para todos nós que amamos a vida e procuramos ajudar as pessoas a cuidar de seu bem maior: a saúde. Emocionar-se solidariamente diante de tal situação é sem dúvida não meramente sensibilidade humana ferida e solidária, mas também um dom de Deus!

Que Deus, o Senhor de nossas vidas, que nosso pai inspirador e fundador, São Camilo, e que Nossa Senhora da Saúde protejam este nosso querido amigo e irmão neste momento doloroso de seu Getsêmani e Calvário a caminho de sua Páscoa definitiva. Que o Ressuscitado transforme sua "precária saúde" em fonte de nova vida, saúde e salvação eterna!

Enfim, querido amigo Francisco, essas reflexões sobre sua vida, rabiscadas em horas de espera em aeroportos e no avião durante a viagem de retorno ao Brasil, nesta hora dramática de sua história, foram terapêuticas e salutares, pelo menos para mim, e espero que o sejam também para outros com quem compartilharei estes pensamentos e sensibilidade!

Gracias! Pe. Francisco, por existir em nossas vidas e por ter feito de sua própria vida um hino de serviço aos que se encontram na "periferia da existência humana", principalmente os que perderam o dom mais precioso: "sua própria saúde"! Nós o acompanhamos, sensibilizados, e com carinho oramos "não com meras ideias acadêmicas, mas sim com o coração e a carne: que a nossa carne ore", como nos ensina nosso Pastor Maior, o Papa Francisco (Homilia proferida na missa, celebrada na Casa Santa Marta, 5/6/2013)! Obrigado por nos ensinar que, a partir de Jesus, anunciar o Reino é anunciar a saúde como uma experiência de salvação, e a salvação como uma experiência saudável!

[illegible] nas vidas [illegible] de sua própria idade [illegible] de serviço [illegible] "periferia da existência humana" [illegible] [illegible] própria saúde [illegible] Nós o acompanhamos [illegible] [illegible] [illegible] Papa Francisco [illegible] [illegible] na Casa Santa Marta [illegible] [illegible] de Jesus [illegible] [illegible] como uma experiência de salvação [illegible] [illegible] inesquecível.

Referências bibliográficas

A Teologia da Saúde tem objeto próprio: a saúde humana enquanto experiência e valor, dom e missão, objeto do desígnio salvífico de Deus realizado em Cristo e prolongado na Igreja. Não se trata, é óbvio, de um tema isolado nem pode ser ele separado do conjunto da Teologia Pastoral da Saúde. Suas conexões com outros temas e disciplinas são evidentes. A Teologia da Saúde pressupõe no mínimo um conhecimento dos mais comuns, por exemplo, da antropologia teológica, da graça, da soteriologia... Por outro lado, deve-se ter presente que a Teologia da Saúde, enquanto abordagem específica, é relativamente recente, motivo pelo qual existem ainda verdadeiras monografias. Disso decorre que, sem perder de vista o tema, tenhamos de recorrer a um mosaico de contribuições.

Permito-me indicar minhas contribuições ao tema. São o fruto de muitos anos de estudo e reflexão, e estão presentes em numerosas publicações sobre essa disciplina.

Bibliografia básica de Francisco Álvarez

ÁLVAREZ F., *El Evangelio de la salud*, San Pablo, Madrid, 1999.

_____, Come dire il Dio della Promessa realizzata?, in: *Camillianum* 16, nova série, VI (2006), pp. 187-209; in: VV.AA., *Dio è amore, ma può soffrire?*, Edizioni Camilliane, Torino, 2008, pp. 177-198.

_____, El Evangelio de la salud en una sociedad plural, in: *Labor Hospitalaria* 293-294 (2009), pp. 59-80.

_____, El Evangelio, fuente de vida en el mundo de la salud y de la enfermedad, in: *Camillianum* 11 (1995), pp. 25-65 (tradução italiana parcial: Il Vangelo fonte di vita nel mondo della salute e della malattia, in: *Insieme per servire* 28 [1996], pp. 5-18).

_____, El Evangelio: un modo saludable de vivir, in: UPS, Instituto Superior de Pastoral, *Misión sanante de la comunidad cristiana*, Verbo Divino, Estella, 2002, pp. 113-142.

_____, El Magnificat desde el mundo de la salud y de la enfermedad. Historia de una mirada que salva y sana, in: *Labor Hospitalaria* 250 (1998), pp. 226-238.

_____, Encarnación, misterio terapéutico y saludable, in: *Labor Hospitalaria* 254 (1999), pp. 277-287.

_____, La dimensió espiritual de l'ésser humà: Una lectura des del món de la salut i de la malalttia, in: *Quaderns de Pastoral*, Barcelona.

_____, La dimensione spirituale della persona: per un accompagnamento salutare nella malattia, *Camillianum* 19, VII (2007), pp. 69-44.

_____, La experiencia humana de la salud desde una óptica cristiana, in: *Labor Hospitalaria* 219 (1991), pp. 31-37.

_____, La nuova evangelizzazione del mondo della salute. Prospettive teologico-pastorali, in: VV.AA. *La vita consacrata nel mondo della salute. Gesto e annuncio del Vangelo della misericordia*, Camillianum, Roma, 1993, pp. 47-74.

_____, La salud encomendada a la comunidad como don y como misión, in: *Labor Hospitalaria* 259 (2001), pp. 12-20.

_____, La vita consacrata, tra denuncia e profezia: la missione nel mondo della sanità, in: SANDRIN L. (ed.), *Solidarietà e giustizia in Sanità*, Edizioni Camilliane, Torino, 2006, pp. 43-67.

_____, Salud y salvación: el evangelio, un modo saludable de vivir, in: *Misión Joven* 322 (2003), pp. 17-26.

_____, Salute. Approccio teologico, in: VV.AA., *Dizionario di Teologia Pastorale Sanitaria*, Ed. Camilliane, Torino,

1997, pp. 1079-1089 (tradução espanhola, in: BERMEJO J. C., ÁLVAREZ F., *Pastoral de la salud y bioética*, San Pablo, Madrid, 2009, pp. 1528-1540).

____, Salvezza, ibid., pp. 1099-1108 (tradução espanhola, ibid., pp. 1558-1570).

____, Teologia della salute Salute, in: VV.AA., *Salute/Salvezza, perno della teologia pastorale sanitaria*, Edizioni Camilliane, Torino, 2009, pp. 143-166.

____, *Verbos de vida. Viaje al centro de la salud*, PPC, Madrid, 2004.

____, "Vita e vita in abbondanza" nel Vangelo di Giovanni, in: *Camillianum* 14, nova série, V (2005), pp. 219-247.

Outros autores

Livros

ABRAHAM G., *I segreti del nostro corpo. Conquistare la salute ascoltando noi stessi*, Mondatori, Milano, 1998.

ALBISETTI V., *Volontà di guarire*, Paoline, Milano, 1986.

ARGENTERIO F., *Credere e curare*, Ed. Pontificia Università Gregoriana, Roma, 1998.

AYEL V., *¿Qué significa "salvación cristiana"?*, Sal Terrae, Santander, 1986.

BAUMGARTNER I., *Psicología pastoral. Introducción a la praxis de la pastoral curativa*, DDB, Bilbao, 1990.

BETANCOURT D., *I sacramenti fonti di guarigione*, Roma, 1990.

BOROBIO D., *Sacramentos y sanación: dimensión curativa de la liturgia cristiana*, Sígueme, Salamanca, 2008.

BRUSCO A., PINTOR S., *Sulle orme di Cristo medico. Manuale di teologia pastorale sanitaria*, EDB, Bologna, 2008 (tradução espanhola): *Tras las huellas de Cristo médico. Manual de Teología Pastoral Sanitaria*, Ed. Sal Terrae, Santander, 2001).

BUCCI L. M., *Cristo medico*, Edizioni Camilliane, Torino, 1998.

CARLSON R., SHILED B. (eds.), *La nueva salud*, Kairos, Barcelona, 1990.

CICCONE L., *Salute e malattia. Per una pastorale rinnovata*, Salcom, Varese, 1985.

CHASE-ZIOLEK M., *Health, healing and wholeness*, The Pilgrim Press, Cleveland, 2005.

COUSINS N., *La volontà di guarire*, Armando Ed., Roma, 1982.

DAVIN J., SALAMOLARD M., *Reveiller les forces vives*, Cerf, Paris, 1977.

DIOCESIS DE PAMPLONA-TUDELA, BILBAO, SAN SEBASTIAN, VITORIA, *Al servicio de una vida más humana*, Idatz, San Sebastián, 1992.

DOMINGUEZ C., URIARTE J. M., NAVARCO M., *La fe, ¿fuente de salud o de enfermedad?*, Idatz, San Sebastián, 2006.

DOSSEY L., *Guarire con la preghiera e la meditazione*, Rizzoli, Milano, 1996.

_____, *Il potere curativo della preghiera. Fede, spiritualità e scienza medica: una nuova alleanza?*, Red Edizioni, Como, 1996.

FAUCCI D., *Salute e salvezza: una variazione sul tema della perfezione*, Liviana, Padova, 1997.

FORTMANN H., *Salute e salvezza. Vita religiosa tra equilibrio e nevrosi*, Herder/Morcelliana, Brescia, 1969.

FOUCAULT M., *Nascita della clinica*, Einaudi, Torino, 1969.

GADAMER H. G., *Dove si nasconde la salute*, Cortina, Milano, 1993.

GALIPEAU S. A., *Transforming Body and Soul. Therapeutic Wisdom*, Paulist, New York/Mahwah, 1990.

GONZALEZ N. A., *Antes que el cántaro se rompa. Sobre la salud, la enfermedad, la muerte y la vida*, San Pablo, Madrid, 1993.

GRÜN A., *Come essere in armonia con se stessi*, Queriniana, Brescia, 2000.

HÄRING B., *La no violencia*, Herder, Barcelona, 1989. Especialmente o capítulo 3 ("Paz, salud, curación por la perspectiva histórica salvífica).

_____, *Proclamare la salvezza e guarire i malati*, Miuli, Acquaviva delle Fonti, 1984. (alemão: *Vom Glauben, des Gesund Macht*, Herder, Freiburg im B., 1984). (espanhol: *La fe fuente de salud*, Paulinas, Madrid, 1986).

HOWARD CLARK E., *Medicina, milagro y magia en los tiempos del NT*, El Almendro, Córdoba, 1992.

JASCHKE H., *Gesù, il guaritore. Psicoterapia a partire dal Nuovo Testamento*, Queriniana, Brescia, 1997.

JAVARY Ch., *La guarigione. Quando la salvezza prende corpo*, Queriniana, Brescia, 2005.

JORES A., *El hombre y su enfermedad. Fundamentos de una medicina antropológica*, Labor, Barcelona, 1961.

KOENIG H. G., *Is Religion Good for your Health. The Effects of Religion on Physical and Mental Health*, The Haworth Pastoral Press, New York/London, 1997.

_____, *The Healing Power of Faith*, Ed. Simon and Schuster, New York, 1999.

KELSEY M. T., *Healing and Christianity*, Harper and Row, San Francisco, 1976.

LAÍN ENTRALGO P., *Antropología médica*, Salvat, Barcelona, 1984 (italiano: *Antropologia medica*, Paoline, Roma, 1989).

LAMBOURNE R. A., *Le Christ et la santé. La mission de l'Eglise pour la guérison et la santé des hommes*, Centurion/Labor et Fides, Paris/Genève, 1972).

LAPLANTINE F., *Antropologia della malattia*, Sansoni Ed., Firenze, 1988.

LARCHET J. C., *Thérapeutique des maladies spirituealles*, Ed. de l'Ancre, Suresnes, 1993.

LAUTMAN F., MAÎTRE J. (eds.), *Gestions religieuses de la santé*, Ed. L'Harmattan, Paris, 1993.

LEMZI S., *La salute tra norma e desiderio*, Meltemi, Roma, 1999.

LINN D. e M., *Come guarire le ferite della vita*, Roma, Paoline, 1992.

MARTY M. E., VAUX K. L., *Health Medicine and Faith Traditions. An Inquiry into Religion and Medicine*, Fortress Press, Philadelphia, 1982.

MATHEWS-SIMONTON S., SIMONTON O. C., *Recuperar la salud*, Ed. Los libros del Comienzo, Madrid, 1992.

MCGILVRARY J., *The Quest for Health and Wholeness*, Radius, Tübingen, 1981.

MCNUTT D., *Il carisma delle guarigioni*, Paoline, Roma, 1979.

METZ J. B., *Caro cardo salutis: la concezione cristiana del corpo*, Queriniana, Brescia, 1968.

NORDENFELT L., *La natura della salute. L'approccio della teoria dell'azione*, Zadig, Milano, 2003.

PAGOLA J. A., *Acción pastoral para una nueva evangelización*, Sal Terrae, Santander, 1991. Especialmente pp. 138-163.

_____, *Es bueno creer. Para una teología de la esperanza*, San Pablo, Madrid, 1996. Especialmente pp. 113-171.

_____, *Id y curad. Evangelizar el mundo de la salud y de la enfermedada*, PPC-CEHS, Madrid, 2004.

PAVESI E. (ed.), *Salute e salvezza: prospettive interdisciplinari*, Di Giovanni, Milano, 1994.

PERRIN L., *Guérir et sauver. Entendre la parole des malades*, Cerf, Paris, 1987.

PONTAIS L., *Pour que l'homme vive. Essai sur la santé*, Ouvrières, Paris, 1973.

POWEL J., *Fully Human, Fully Alive. A New Life Through a New Vision*, Argus, Texas, 1976 (espanhol: *Plenamente humano, plenamente vivo...*, Sal Terrae, Santander, 1990).

SAINT-ARNAUD Y., *Il piacere di guarire*, EDB, Bologna, 2006.

SANDRIN L., *La Chiesa, comunità sanante. Una prospettiva teologico pastorale*, Paoline, Milano, 2000.

SCOLA A., *"Se vuoi, puoi guarirmi". La salute tra speranza e utopia*, Cantagalli, Siena, 2001.

SFEZ L., *La salute perfetta. Critica di una nuova utopia*, Spirali, Milano, 1999.

SGRECCIA P., *La dinamica esistenziale dell'uomo. Lezioni di filosofia della salute*, V&P, Milano, 2008.

SILANES N., PIKAZA X. (eds.), *El Dios cristiano. Diccionario Teológico*, Secretariado Trinitario, Salamanca, 1992.

SIMONTON C., HENSON R., *L'avventura della guarigione. Ristabilire la salute del corpo, della mente, dello spirito*, Macro Edizioni, Diegaro di Cesena, 2000.

STELLA A., *Medicare e meditare. Fondamenti teorici per una scienza unificata della salute*, Guerini e Associati, Milano, 2001.

SWINTON J., BROCK B. (eds.), *Theology, disability and the new genetics. Why science needs the Church*, T&TClark, London, 2007.

SPINSANTI S., *Curare e prendersi cura. L'orizzonte antropologico della nuova medicina*, CIDAS, Roma, 1998.

____, *Guarire tutto l'uomo. La medicina antropologica di Viktor von Weizsäker*, Ed. Paoline, Roma, 1988.

____, *L'alleanza terapeutica. Le dimensioni della salute*, Città Nuova, Roma, 1988.

TOURNIER P., *Bibbia e medicina*, Borla, Torino, 1966.

____, *Medicina della persona*, Borla, Roma, 1992.

TYRRELL B. J., *Cristoterapia. Guarire per mezzo dell'illuminazione*, Ed. Paoline, Torino, 1987.

VENDRAME C., *La cura dei malati nel Nuovo Testamento*, Edizioni Camilliane, Torino, 2001 (espanhol: *Los enfermos en la Biblia*, San Pablo, Madrid, 2002).

VV.AA. (Ed. Universidad Pontificia de Salamanca, Instituto Superior de Pastoral), *Misión sanante de la comunidad cristiana*, Verbo Divino, Estella, 2003.

VV.AA., *Esperienza cristiana e terapia*, in: *Concilium* 9 (1974).

VV.AA., *Liturgia e terapia. La sacramentalità a servizio dell' uomo nella sua interezza*, Messaggero, Padova, 1994.

VV.AA., *Santé et societé. Les hommes d'aujourd'hui face à la maladie*, Centurion, Paris, 1982.

VV.AA., *Vivir sanamente el sufrimiento*, Ed. Edice, Madrid, 1994.

WILKINSON J., *The Bible and Healing*, The Handsel Press Ltd., Edinburg, 1998.

WILSON M., *La salute è di tutti*, Ed. Il Pensiero Scientifico, Roma, 1980.

WOLF H., *Gesù psicoterapeuta. L'atteggiamento di Gesù nei confronti...*, Queriniana, Brescia, 1982.

ZANCHETTA R., *Malattia, salute, salvezza. Il rito come terapia*, Messaggero, Padova, 2004.

Artigos, coletâneas, congressos e periódicos

BABINI E., La carne, cardine della salvezza, in: *Communio* 109 (1990), pp. 19-31.

BÁEZ S. J., La sanación física y espiritual en la Biblia, in: *Revista de Espiritualidad* 64 (2005).

BEINERT W., Heilkunde und Heilskunde, in: *Artz und Christ* 4 (Wien 1986), pp. 174-185.

BISER E., La forza sanante della fede. Abbozzo di una teologia terapeutica, in: *Concilium* 5 (1998).

CONGREGAZIONE PER LA DOTTRINA DELLA FEDE, *Ardens felicitatis*, Instrução sobre as orações para alcançar de Deus a cura (14.9.2000).

_____, *Credere oggi* 145 (2005), *Salute, guarigione e salvezza.*

_____, *Religione e società* 19 (1994), *La cultura della salute: terapeutica e religioni.*

_____, *Religione e società* 48 (2004), *Salute e salvezza.*

_____, *Religione e società* 5 (1998), *Salvezza e salvezze.*

_____, *Rivista Liturgica* 81 (5/1994), *Salvezza e salute.*

DEI F., Salute e salvezza: spunti per una discussione, in: *Religione e società* 1 (2004).

DUCH Ll., Salud, enfemerdad y religión, in: ANRUBIA E. (ed.), *La fragilidad de los hombres. La enfermedad, la filosfía y la muerte*, Ediciones Cristiandad, Madrid, 2008, pp. 125-158.

EIBACH U. L, Salute e malattia. Riflessioni antropologiche ed etiche sul concetto e sul senso di salute e malattia, in:

VV.AA., *Chiamati alla libertà. Saggi di teologia morale in onore di B. Häring*, Paoline, Roma, 1980, pp. 205-234.

FIZZOTTI E., Ricerca della felicità o conquista della salvezza, in: *Anime e Corpi* 195 (1998), pp. 7-31; 198 (1998), pp. 435-460.

GARZONIO M., Le virtù terapeutiche della fede e l'aiuto responsabile della psicologia del profondo, in: *Communio* 148 (1996), pp. 64-72.

GESTEIRA M., "Christus Medicus". Jesús ante el problema del mal, in: *Revista Española de Teología* 51 (1991), pp. 253-300.

GODIN A., Santé psychique, santé morale, santé chrétienne, in: *Présences* 77 (1961), pp. 31-40.

GRACIA G. D., Historia del concepto de salud, in: *Dolentium Hominum* 37 (1998), pp. 22-28.

LOIS J., Jesús y los enfermos mentales, in: *Labor Hospitalaria* 238 (1995), pp. 319-329.

LÓPEZ A. M., Aspectos éticos de la acción sanadora de Jesús, in: *Moralia* 26 (2003), pp. 417-438.

MARDONES J. M., Salud, calidad de vida y salvación, in: *Iglesia Viva* 119 (1985), pp. 469-489.

MCGUIRE M., Religione, salute e malattia, in: *Concilium* 2 (1991), pp. 107-120.

MILANI M., Vuoi guarire? Gesù guarisce e salva, in: *Credere oggi* 25 (2005), pp. 43-62.

PRIVITER S., Salute spirituale, in: *Dizionario di bioetica*, EDB, Bologna, 1994, pp. 867-870.

ROCCHETTA C., Salute e salvezza nei gesti sacramentali, in: *Camillianum* 7 (1993), pp. 9-27.

SANDRIN L., La Iglesia, comunidad sanante, in: *Dolentium Hominum* 37, 1 (1998), pp. 69-74.
SARANO J., Les trois dimensions (ou promotions) de la santé, in: *Présences* 77 (1961), pp. 7-17.
_____, Santé mentale et vie spirituelle, in: *Présences* 128 (1974), pp. 5-12.
SHOONBROOD M., Dissolution ou révision du salut chrétien, in: *La Nouvelle Revue* (maio-junho 1972).
SPINSANTI S., Salute oggettiva, salute percepita e benessere, in: *Prospettive sociali e sanitarie* 9 (1995), pp. 1-4.
TERRIN A. N., Nuova domanda di salute e riceca di benessere. Punto d'incontro tra salute e salvezza?, in: *Credere Oggi* 1 (2005), pp. 7-29.
TRIACCA A. M., Integralità della salvezza offerta dai sacramenti, in: *Rivista Liturgica* 81 (1994), pp. 614-644.
UFFICIO NAZ. CEI PER LA PASTORALE SANITARIA, *Domanda di salute, nostalgia di salvezza. VII Giornata Mondiale del Malato*, 1998.
URIARTE J. M., *Religión y salud*, Fundación Caja Rural, Zamora, 1998.
VAN ERP S., Una dottrina che salva. Verso una teologia della salute e della medicina, in: *Concilium* 2 (2006), pp. 158-170.
VERGOTE A., Religion, pathologie, guérison, in: *REvThLouv* 26 (1995), pp. 3-30.
ZUCCHI P., HONNINGS B., La fede come elemento che trascende e facilita il risultato terapeutico nel paziente, in: *Dolentium Hominum* 33 (1996), pp. 16-28.

Documentos da Igreja

BENTO XVI, *Deus caritas est*, encíclica, 2005.

_____, *Spe salvi*, encíclica, 2007.

CATECISMO DA IGREJA CATÓLICA, junho de 2005.

CONCÍLIO VATICANO II, *Sacrosanctum Concilium*, 4 de dezembro de 1963.

_____, *Lumen Gentium*, 16 de novembro de 1964.

_____, *Dei Verbum*, 18 de novembro de 1965.

_____, *Gaudium et Spes*, 7 de dezembro de 1965.

_____, *Nostra Aetate*, 28 de outubro de 1965.

CONFERENZA EPISCOPALE ITALIANA, *La pastorale della salute nella Chiesa Italiana*, 1989.

CONGREGAÇÃO PARA A DOUTRINA DA FÉ, *Ardens felicitatis*, Instrução sobre as orações para alcançar de Deus a cura, 14.9.2000.

JOÃO PAULO II, *Salvifici Doloris*, carta apostólica, 1984.

_____, *Dolentium Hominum*, motu proprio, 1985.

_____, *Pastores dabo vobis*, encíclica, 1992.

_____, *Tertio Milennio adveniente*, carta apostólica, 1994.

_____, *Evangelium Vitae*, encíclica, 1995.

PAULO VI, *Sacram Unctionem Infirmorum*, constituição apostólica, 1972.

_____, *Evangelii Nuntiandi*, exortação apostólica, 1975.

Índice remissivo

D

E

K

L

M

S

Impresso na gráfica da
Pia Sociedade Filhas de São Paulo
Via Raposo Tavares, km 19,145
05577-300 - São Paulo, SP - Brasil - 2013